Linda Roethlisberger

Der sinnliche Draht zur geistigen Welt

Linda Roethlisberger

Der sinnliche Draht zur geistigen Welt

Ein Lehrbuch zur Entfaltung
der medialen Anlagen und der
eigenen Persönlichkeit

Verlag Hermann Bauer
Freiburg im Breisgau

Die Deutsche Bibliothek – CIP-Einheitsaufnahme

Roethlisberger, Linda:
Der sinnliche Draht zur geistigen Welt : ein Lehrbuch zur Entfaltung der medialen Anlagen und der eigenen Persönlichkeit / Linda Roethlisberger
Freiburg im Breisgau : Bauer 1995
ISBN 3-7626-0498-3

Die Abbildung auf Seite 338 wurde mit freundlicher Genehmigung des Verlags Die Silberschnur, Neuwied, dem Buch *Ich male Gesichter Verstorbener* von Coral Polge entnommen.

Die Zitate auf den Seiten 108 und 198 stammen aus dem Buch *Spirituelle Herausforderung* (08/9632) von Rüdiger Dahlke; mit freundlicher Genehmigung des Wilhelm Heyne Verlags GmbH & Co KG, München.

1. Auflage 1995
ISBN 3-7626-0498-3

Lektorat: Dr. Sonja Klug, Rheinbach
Einband und 26 Zeichnungen: Ursula Gebendinger, St. Gallen
Satz und Bildverarbeitung:
Fotosetzerei Scheydecker, Freiburg im Breisgau
Druck und Bindung:
freiburger graphische betriebe, Freiburg im Breisgau
Printed in Germany

Gedruckt auf chlorfrei gebleichtem Papier

Inhalt

Teil II
Ausbildungspraxis: Die Entfaltung der Medialität

Teil III
Die spirituelle Medialität der Zukunft

Anhang

Dieses Buch möchte alle,
die wie ich auf der Suche sind,
auf ihrer Reise zur Weisheit begleiten.

Danksagung

Dank sei meinen geistigen und irdischen Freunden und Helfern, meinen Schülern und Lehrern, die mir auf dem Lebensweg begegnet sind, mir Vertrauen geschenkt haben und mich durch ihr Wesen geleitet und gelehrt haben.

Viele von ihnen haben mir bei der Realisation meines Buches geholfen. Ihnen allen gilt mein herzlicher Dank. Besonders erwähnen möchte ich an dieser Stelle jedoch Karin Vial, Angela Kuepper, Judith Salai und Françoise Zickler.

Die hier vorgestellten Methoden sind nach bestem Wissen und Gewissen dargestellt, die diversen Informationen sollen aber ärztlichen Rat und Hilfe nicht ersetzen. Autorin und Verlag übernehmen keinerlei Haftung für Schäden, die sich eventuell aus dem Gebrauch oder Mißbrauch der in diesem Werk dargestellten Methoden ergeben können.

Einführung

Hier mein Geheimnis. Es ist ganz einfach: Man sieht nur mit dem Herzen gut. Das Wesentliche ist für die Augen unsichtbar.

Antoine de Saint-Exupéry

Zu allen Zeiten und in allen Kulturen hat es Menschen gegeben, die durch ihre besondere Begabung auffielen. Es waren Komponisten, Naturwissenschaftler, Propheten, Mystiker, Handleser – und nicht zuletzt Heiler und Medien. Sie alle waren Vermittler zwischen den Welten des Geistes und der Materie, ein Sprachrohr für das Göttliche. Sie nutzten ihren »sechsten Sinn« und arbeiteten mit ihren medialen Fähigkeiten, die ihnen in die Wiege gelegt worden waren oder die sie bewußt geschult oder entwickelt hatten. Eine solche Schulung war in alten Kulturen nur wenigen Eingeweihten zugänglich.

Bedeutung der Entwicklung medialer Kräfte

Heute ist die Entwicklung der medialen Kräfte erneut in den Mittelpunkt des Interesses gerückt. In unserer immer komplizierter werdenden Welt scheint mehr denn je ein ganzheitliches Erfassen von Menschen, Situationen, Ereignissen notwendig zu sein – und dies nicht nur für wenige Auserwählte. Etliche unserer Verhaltensmuster sind auf Grund der heutigen Schnellebigkeit überholt; wir können uns an den alten Mustern nicht mehr orientieren, doch die neuen bestehen noch nicht.

Die erwachende spirituelle Medialität wird uns den Weg aus der Sackgasse weisen: Der Fluß des Lebens bahnt sich ein anderes Bett – aus dem Chaos in eine neue Epoche. Quer durch alle Berufs- und Gesellschaftsschichten wird der Gebrauch der Intuition dem Leben eines jeden Menschen eine ungeahnte Dimension hinzufügen, eine Fülle von Einsichtsmöglichkeiten und Verständnis, was nicht nur dem einzelnen, sondern auch seiner Umgebung zugute kommen wird. Neue Formen des Miteinanders sind heute schon in vielen Sparten zu beobachten. Im Wassermannzeitalter wird ein mit medialen Fähigkeiten vernetztes Denken in alle Gesellschaftsstrukturen hinein wirken. Unsere Welt kann nur verstanden werden, wenn wir uns selbst verstehen.

Medial Begabte sind zu allen Zeiten eine Quelle des schöpferi-

Verbindung von Alltag, Wissenschaft und Mystik

schen Handelns gewesen und werden es auch in der Zukunft sein. Nur inspirierte Arbeit ist unvergänglich, wie uns die großen Meisterwerke immer wieder lehren, und mit dem Herzen zu schauen macht das Leben erst lebenswert. Es bedeutet, den göttlichen Funken in das Alltags- und Berufsleben einfließen zu lassen, eine Verbindung von Alltag, Wissenschaft und Mystik herzustellen, eine Brücke von der grobstofflichen in die feinstoffliche Welt zu schlagen. Lassen wir inspirierte Informationen aus unsichtbaren spirituellen Welten in die sichtbare Welt einfließen, und zwar auf einer erfahrbaren und beweisbaren Ebene.

Die mediale Wahrnehmung hilft, das Alltagsleben besser zu bewältigen, indem man die Ursachen ergründet, statt nur auf Symptome zu reagieren.

Eines ihrer Ziele ist es, zum eigenen Arzt und Priester, Lehrer und Ratgeber zu werden – das heißt sich selbst zu erkennen und zu erziehen, Verantwortung für sich und sein Handeln zu übernehmen.

Ich selbst entdeckte bereits als Kind meine Fähigkeit, Energien und Farben um die Menschen herum wahrzunehmen. So konnte ich oft »Unsichtbares« sehen oder »hinter die Kulissen« anderer Menschen schauen. Wenn diese beispielsweise in Not waren, fühlte ich einen Heilenergiestrom von mir zu ihnen fließen. Oder ich wußte plötzlich ganz genau, wie eine bestimmte Situation sich entwickeln würde. Vor allem in meiner Jugend fühlte ich mich oftmals allein und unverstanden in meiner Welt, da ich bald erkannte, daß meine Wahrnehmungen nicht von anderen geteilt wurden. Erst viel später begann ich langsam, bewußt zu realisieren, daß ich in der Tat über- oder außersinnliche Fähigkeiten hatte.

Die Entwicklung der persönlichen Medialität steht jedem Menschen offen. Dabei muß die mediale Begabung nicht unbedingt seit der frühen Kindheit bewußt erlebt worden sein – denn auch diese Gabe wird für jeden zu seiner Zeit von Bedeutung sein.

Sie haben die Möglichkeit, mit Hilfe dieses Lehrbuches Ihre medialen Fähigkeiten zu entwickeln und zu trainieren.

Als erstes wird Ihnen ein Weg der Persönlichkeitsschulung aufgezeigt. Am Anfang soll die Läuterung der eigenen Persönlichkeit stehen – und somit auch des »Gefäßes« für die außersinnliche Wahrnehmung. Mit dem anschließenden Training Ihrer angeborenen medialen Fähigkeiten können Sie Ihre Intuition schulen und im Laufe der Entwicklung persönliche Gefühlssicherheit erlangen. Die innere mediale Kompaßnadel soll immer wieder neu und exakt eingestellt werden. Treffsicherheit, Entscheidungsfreudigkeit und Urteilsfähigkeit können somit geschärft und selber kontrolliert werden. Immer wieder Neues vermag bewußter zu werden – unermüdlich, so wie das Meer uns Tag und Nacht immer Neues an den Strand spült ...

Persönlichkeitsschulung ist Teil der medialen Entwicklung

Dieser Weg bietet eine seriöse Möglichkeit, in die Kommunikation mit den verschiedensten Bewußtseinsebenen einzusteigen, angefangen mit dem Mineral- und Pflanzenreich über das Menschen- und Engelreich hinein in unser Sonnensystem – und später vielleicht darüber hinaus in die Weiten des kosmischen Raumes. Der Weg legt ein tragfähiges Fundament für eine immer weiter reichende Kommunikation, ist wie das unerläßliche ABC der neuen »Fremdsprache« der Medialität. Ist durch die Beweisbarkeit der medialen Informationen erst einmal die »Hemmschwelle« überwunden, so werden die medial empfangenen Informationen, Bilder und Eindrücke auch als verläßliche Entscheidungshilfen für die Zukunft empfunden und eingesetzt. Betrachten wir zunächst die Instrumente der Wahrnehmung: Körper, Seele und Geist.

Kommunikation mit verschiedenen Bewußtseinsebenen

Körper – Seele – Geist

Die kleine Spitze eines Eisberges, die aus dem unendlichen Meer ragt, läßt sich symbolhaft mit unserem Körper vergleichen: Sie versinnbildlicht alles, was mechanisch, vegetativ, teilweise unbewußt gesteuert wird und einfach funktioniert. Im Tagesbewußtsein leben, funktionieren wir; mehr oder weniger instinkthaft üben wir unsere Tätigkeiten aus. Unser Körper ist ein Geschenk der Natur oder der Schöpfung – er dient uns als Vehikel, als Gefährt(e) durch unser Leben hier auf dem Planeten Erde.

Betrachten wir das Netz von Blutbahnen in unserem Körper einmal genauer, so entdecken wir ein klares Muster, das sich in anderen Körpern wiederholt und immer gleich aufgebaut ist. Wir ahnen: Hier muß eine höhere Intelligenz am Werk gewesen sein und das Funktionieren unseres physischen Körpers erfunden, kreiert und realisiert haben.

Die persönliche Gefühls- und Symbolsprache

Unser physischer Körper ist greifbar, kontrollierbar, meßbar. Im Gegensatz dazu sind unsere Seele und unser Geist wie die verborgenen Teile des Eisberges. Sie sind weder der präzisen Erforschung noch den physischen Sinnen vollkommen zugänglich. Sie sind abstrakt. Für den normalen Menschenverstand sind Seele und Geist etwas schwer Vorstellbares, etwas nicht Greifbares, noch nicht Erklärbares. Zugang zu ihnen findet der Mensch auf nonverbale Weise mittels Telepathie. Hier beginnt die Erforschung der unendlichen Ebene der Gefühle und ihrer symbolhaften Sprache. Nach Erich Fromm ist die Symbolsprache die einzige Fremdsprache, die jeder von uns lernen sollte. Meines Erachtens ist die aktive Auseinandersetzung mit der persönlichen Gefühls- oder Symbolsprache die abenteuerlichste Reise unseres Lebens – denn, wie schon Sokrates lehrte, die *Selbsterkenntnis* ist die wichtigste Erkenntnis im irdischen Dasein. Auch wenn diese wortlose Sprache, die keine Ländergrenzen kennt, heute wissenschaftlich noch schwer erklärbar ist, gibt es nur eine wichtige Voraussetzung, wenn man sie verstehen und/oder lernen möchte: Wir brauchen Mut – den Mut zum Erforschen unserer eigenen Tiefen, zu notwendigen Veränderungen, zum Wachsen und Entwickeln.

Sich seelisch-geistig zu entwickeln beinhaltet auch, sich *medial* zu entfalten. Mediale Entwicklung heißt nichts anderes, als die eigene außersinnliche Wahrnehmung bewußt zu schulen und zwischen Instinkt, Intuition und Inspiration unterscheiden zu lernen.

Was Sie mit diesem Buch lernen können

Eine Tür ins Geistige öffnen

Dieses Lehrbuch soll Ihnen *erstens* – über das Sammeln eigener Erfahrungen, die Sie in den Übungen des II. Teils machen können, bewußt eine Tür in die geistigen Dimensionen öffnen. In welcher Form Sie die geistigen Sphären mit all ihren Helfern und Schutzengeln erleben werden, ist anfangs unwichtig. Wichtig ist einzig und allein die Bereitschaft, sich zuerst mit der höchsten, göttlichen Führung in Verbindung zu setzen und dann die Abgesandten Gottes vertrauensvoll anzunehmen, zu *wissen*, daß wir alle Kinder Gottes sind und uns auf dem Weg zum höchsten Bewußtsein befinden. Alle herkömmlichen Weltreligionen streben das gleiche Ziel an, nämlich die Re-ligio (also die Rückbindung zum Ursprung) mit der höchsten Intelligenz, dem höchsten Bewußtsein.

Geistiges und Materielles verbinden

Zweitens möchte ich Ihnen folgendes bewußt machen: Wenn Sie das Wissen der geistigen Zusammenhänge in Verbindung mit den eigenen Erlebnissen bringen, beginnen Sie zu erkennen, daß die materielle Welt nur eine von vielen Ebenen ist, die einander berühren und durchdringen. Im Laufe Ihrer medialen Entwicklung lernen Sie die feinstoffliche Welt kennen, zuerst die emotionale, dann die mentale, die kausale und zuletzt die spirituelle Ebene. Die Sprache der außersinnlichen Wahrnehmung – die universale Spiritualität – ist anfangs noch relativ unverständlich, geprägt von unzusammenhängenden oder unklaren Visionen, zu vergleichen mit dem neugeborenen Kind, das sich auch über Jahre mit der Muttersprache auseinandersetzen muß. Durch tägliches Üben lernen Sie, mit Ihrer ureigenen persönlichen Gedanken- und Gefühlssprache immer sicherer umzugehen und so die Botschaften der geistigen Welt differenzierter zu entschlüsseln.

Beginn mit dem Mentaltraining

Drittens soll es für Sie hoffentlich wichtig werden, den ersten vor dem fünften Schritt anzustreben: Damit meine ich, zuerst die Welt der geistigen Helfer der Mentalebene kennenlernen zu wollen und sich damit intensiv und ernsthaft auseinanderzusetzen, bevor Sie sich den höheren, schwerer kontrollierbaren Visionen der geistigen Führer blindlings anvertrauen. Anfänglich werden Sie Ihren geistigen Helfer noch niemandem beweisen können. Vielleicht zeigt er sich Ihnen auch gar nicht, weil er sieht, daß die Zeit für Sie noch nicht reif dazu ist, daß Sie unnötigerweise erschrecken könnten oder sich noch Geduld, Disziplin und Gottvertrauen aneignen müssen.

Im Mentaltraining (Lektion 1, II. Teil) beginnen Sie mit Hilfe Ihres geistigen Helfers als innerem Gesprächspartner, Ihre nonverbale Kommunikation zu üben. Der geistige Helfer ist es, der Sie seine Gedanken und Gefühle telepathisch lehrt, und mit der Zeit werden Sie ihn immer besser erspüren. Haben Sie Freude an ihm, und nehmen Sie ihn an, solange er Ihnen ein positives, beschützendes Gefühl vermittelt. Sie sollten es auch nicht versäumen, parallel zur spirituellen Entwicklung die psychologischen Hintergründe Ihrer Persönlichkeit und Ihrer Wahrnehmung zu erforschen.

Auch der geistige Helfer kann Ihr Spiegelbild sein.

Durch stetes Training werden Sie immer sicherer in Ihren Gefühlen. Sie lernen Ihre Emotionen und Gedanken besser kennen und kontrollieren. Nehmen Sie Ihren geistigen Helfer als höher entwickelten Bewußtseinsteil an, und lassen Sie sich von ihm in neue, höhere Bewußtseinsschichten führen.

Er hilft Ihnen auch, die gesammelten Erfahrungen in Bezug zu Ihrer Persönlichkeit zu bringen, wertvolle Brücken zu schlagen und wichtige Erkenntnisse in Ihren konkreten, handfesten Alltag einfließen zu lassen. Auch unser alltägliches Umfeld will uns immer wieder Spiegel sein, damit wir uns immer klarer erkennen. In und um uns sind sämtliche Wahrheiten gelagert – psychologisch wie spirituell. Wir müssen sie nur verstehen und annehmen. Überprüfen Sie aber immer kritisch auch die geistigen Impulse – mit Ihrem Willen lassen Sie sich bewußt anregen oder nicht.

Nachdem Sie gelernt haben, zwischen Phantasien und Botschaften zu unterscheiden und letztere immer besser zu verstehen, werden Sie Ihre geistigen Helfer über Ihre psychischen Sinne wahrnehmen lernen und auch geistige Helfer anderer Menschen erkennen und treffend beschreiben. Ihr geistiger Helfer verbindet Sie auf diese Weise verantwortungsvoll mit der spirituellen Welt.

Als Mental-Medium (siehe Lektion 4, II. Teil) können Sie Ihre Gedanken- und Gefühlssicherheit sich selbst vielleicht »beweisen« und sich dadurch immer wieder kontrollieren.

Als Mental-Medium und spirituelle Lehrerin freue ich mich, Sie auf Ihrem persönlichen, seelisch-geistigen Entwicklungsweg begleiten zu dürfen und Ihnen vor allem ein seriöses Fundament Ihrer außersinnlichen Wahrnehmung zu legen. Aufbauend auf der psychologischen Basis – der Befreiung aus inneren Fesseln – bewegen wir uns zur spirituellen Basis, und damit

Die spirituelle Basis

1. zur Einladung zur Suche nach Gott und seiner Wahrheit; zum Verständis für neue Realitäten und andere Naturgesetze;
2. zur Entwicklung der eigenen ASW-Fähigkeiten;
3. zur Entwicklung der Intuition zum Mental-Medium.

Ihre persönlichen Erfahrungen, die Sie mit den Übungen sammeln, werden das Material sein, aus dem Ihr eigenes Denksystem entstehen wird. Bleiben Sie also kritisch, liebe Leserin und lieber Leser, und kreieren Sie auf diesem Gebiet der seelisch-geistigen Selbsterfahrung Ihr eigenes Modell. Sind nicht alle Modelle und Systeme von Menschenhand erschaffen und daher nur Teile des Ganzen?

Persönliche Erfahrungen

Auch ich selbst kann nur aus meiner persönlichen Erfahrung sprechen und erzählen. Ich hatte telepathische Erlebnisse in verschiedensten Formen – wie beispielsweise überprüfbare »irdische« ASW und Gedankenübertragungen – und kommunizierte mit Mineralien, Pflanzen und Tieren. Bald realisierte ich, daß ich zudem »außerirdische« telepathische Wahrnehmungen hatte wie interessante Gespräche mit diversen Engelvisionen, Erzengel Michael oder dem Propheten Ezechiel. Im Traum flog ich einmal mental in einem Ufo mit und besuchte auf der Venus des öfteren ein geistiges »Lehrerzimmer«. Auch im Wachzustand »sah« ich einmal ein Ufo aus einem Kornfeld aufsteigen und sich leider sofort auflösen. Der zurückgebliebene Abdruck im Kornfeld wurde anschließend von Fachkreisen untersucht und dokumentiert. Geistige Helfer, die sich als Verstorbene zeigen, möchten ein seelisch-geistiges Weiterleben nach dem Tod beweisen und von ihrer Schutzengel-Funktion erzählen; geistige Führer erinnern an frühere Inkarnationen und/oder traumatische, noch nicht verarbeitete Erfahrungen, um zur Problemlösung beizutragen. In vielfältiger, bunter Art und Weise genieße ich das Zusammensein mit all den erwähnten verschiedenartigen geistigen Wesen in ihren jeweiligen Seinsebenen.

Lernziele des Buches

Grundsätzliche Lernziele dieses Lehrbuches:

1. **Die eigenen psychischen und spirituellen medialen Fähigkeiten entwickeln;**
2. **die große Wirkungskraft und Bedeutung des Geistes gegenüber allem Materiellen erkennen und in Dialog mit den eigenen geistigen Wegbegleitern treten;**
3. **ein vorhandenes mediales Talent regelmäßig trainieren und Lernschritte kontrollieren;**
4. **intellektuelles Wissen mit spirituell-medialen Fähigkeiten verschmelzen und im Alltag anwenden;**
5. **sein eigener Arzt, Priester, Lehrer und Ratgeber werden.**

Im Mittelpunkt steht die Weiterentwicklung der eigenen Persönlichkeit.

Die fünf medialen Sinne

Unsere Wahrnehmung umfaßt die fünf physischen und die fünf medialen Sinne. Uns allen ist die »irdische« Gefühlssprache vertraut, wobei unser physischer Körper mit seinen Augen, Ohren, seiner Nase, seinem Mund und dem Tastsinn die Umwelt wahrnimmt. Daneben setzen wir alle tagtäglich aber auch die »überirdischen« Sinne ein, was uns oftmals gar nicht bewußt ist. So können wir uns etwas bildlich vorstellen oder es uns im Lande der Phantasie ausmalen. Wir nehmen unsere innere Stimme wahr, hören auf unser Gewissen und auf den Teil in unserem Unterbewußtsein, der mit Weisheit in Verbindung steht.

Zu bestimmten Zeiten *wissen* wir schlicht und einfach plötzlich, was wir zu tun haben, oder wir *spüren* ganz genau, was richtig und was falsch für uns ist. Vielleicht *wittern* wir bereits eine herannahende Überraschung – zehn Meilen gegen den Wind.

Ich möchte Ihnen an dieser Stelle einen ersten Überblick über die fünf medialen Sinne geben. Eine ausführliche Darstellung jedes einzelnen Sinnes finden Sie dann in den entsprechenden Lektionen in Teil II.

Hellfühlen

Von allen medialen Sinnen ist Hellfühlen am direktesten mit dem körperlichen Fühlen verflochten. Im physischen Körper ist der Solarplexus der Sitz vieler Nervenverbindungen. Wir alle kennen das plötzliche Unwohlsein, den Klumpen im Magen, Übelkeit, diverse beklemmende Gefühle im Bauch. Solche Erscheinungen sind oftmals nichts anderes als der Impuls einer feinstofflichen Schwingung, die wir in unserer Psyche wahrnehmen und die sich je nach Heftigkeit dann sogar in unserem physischen Körper niederschlägt.

Hellriechen

ist eine spezielle Art des Hellfühlens, ein geistiger Geruchssinn. Beispielsweise erhielt eine Studentin einmal auf ihre Frage an den geistigen Helfer, was sie am besten für ihre chronische Nasenschleimhautentzündung tun solle, die Antwort in Form eines starken Geruches nach Meer und Salzwasser. Sie nahm die Botschaft an, inhalierte Salzwasser und wurde gesund.

Intuitives Wissen

Das prophetische Wissen ist derjenige Sinn, der von allen fünf medialen Sinnen am flüchtigsten und feinsten arbeitet. Es ist eine innere Bewußtheit, die diesen Sinn ausmacht. Man *weiß* einfach. Solche Gedanken oder Geistesblitze »treffen« uns durch unser Scheitel- oder Kronenchakra, von dem aus eine direkte Verbindung zum limbischen System besteht, das die rechte und linke Gehirnhälfte verbindet.

Hellsehen

Unser visuelles Bewußtsein verlagert sich auf unser inneres Auge, »drittes Auge« genannt, die Vorstellungskraft, unsere Einbildungen, Phantasien. Hellsehen geschieht oft mit geschlossenen Augen – innerlich –, mit unserem geistigen Auge.

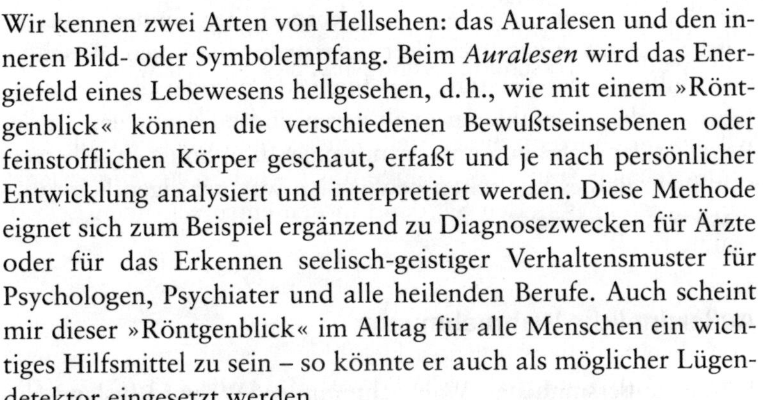

Wir kennen zwei Arten von Hellsehen: das Auralesen und den inneren Bild- oder Symbolempfang. Beim *Auralesen* wird das Energiefeld eines Lebewesens hellgesehen, d.h., wie mit einem »Röntgenblick« können die verschiedenen Bewußtseinsebenen oder feinstofflichen Körper geschaut, erfaßt und je nach persönlicher Entwicklung analysiert und interpretiert werden. Diese Methode eignet sich zum Beispiel ergänzend zu Diagnosezwecken für Ärzte oder für das Erkennen seelisch-geistiger Verhaltensmuster für Psychologen, Psychiater und alle heilenden Berufe. Auch scheint mir dieser »Röntgenblick« im Alltag für alle Menschen ein wichtiges Hilfsmittel zu sein – so könnte er auch als möglicher Lügendetektor eingesetzt werden.

Beim *inneren Bild- oder Symbolempfang* erleben wir genau wie im Traum unterschiedliche visuelle Eindrücke – von den einfachsten geometrischen Formen über gängige Symbole bis hin zu ganzen Bilderfolgen, wie im Film. Bei dieser Form von »Eingebung« (Inspiration) können sich uns auch die verschiedensten nicht-inkarnierten Wesen zeigen. In den Lektionen des Praxisteils werden Sie lernen, das Wahrgenommene richtig zu interpretieren und in eine Botschaft umzusetzen.

Hellhören

Hellhören bedeutet nichts anderes, als innerlich zu hören, vielleicht einen Ton, Worte, Redewendungen etc. Über den Dialog mit den Stimmen unserer Psyche hinaus – dem inneren Kind, den Eltern – vernehmen wir klare Botschaften, die über unsere Persönlichkeitsanteile hinausgehen. Oft wird uns deren Wert erst klar, wenn wir sie überhört haben. Auf der Stufe der Inspiration ist das Hellhören mit dem Hellwissen verwandt.

Die immaterielle Welt

Die Wahrnehmung mit diesen fünf »außersinnlichen« Sinnen findet in unserer *Gedanken- und Gefühlswelt* statt. Die feinstofflichen Sinne sind in einer *immateriellen* Welt – in einer *unsichtbaren,* mit den normalen Sinnen weder riech- noch sicht-, tast- oder hörbaren Welt – beheimatet. Es ist die geistige Welt, der Raum der inneren Stimme, das höhere Selbst, die Ebene der geistigen Helfer oder Führer. Im inneren Dialog mit diesen werden wir die geistige Welt und ihre Sprache immer besser verstehen lernen.

Die Wahrnehmung mit den fünf medialen Sinnen ist ähnlich wie die Wahrnehmung mit den fünf körperlichen Sinnen. Hierbei wird als erstes etwas fokussiert oder wahrgenommen. Anschließend hilft uns der Verstand, der Intellekt und/oder die Lebenserfahrung, diese Gefühle zu analysieren und zu verstehen. In der Regel ist der Gebrauch unserer normalen fünf Sinne so selbstverständlich, daß es uns selten bewußt ist, was wir eigentlich tun – was konkret passiert.

Außersinnliche Wahrnehmung

Bei der außersinnlichen Wahrnehmung (ASW) wird bislang Unbewußtes plötzlich bewußt. Im wahrsten Sinn des Wortes sehen wir hinter die Kulissen. Obwohl die Wissenschaft bis heute nicht recht weiß, wie ASW-Botschaften verarbeitet werden, können wir sie doch täglich empfangen und im Alltag anwenden. Nur: Wir müssen es merken, realisieren, uns dessen gewahr sein. Jeder geistige Impuls ist als ein Schlüssel zu neuen Erfahrungen zu betrachten. Oft weiß man nicht, was man damit aufschließen soll: Geheimnisse? Illusionen? Sehnsüchte? Wunschvorstellungen? Täuschungen? Glücklich aber ist der engagiert Suchende, der irgendeinmal das passende Loch findet – wenn das Tor zu neuen Erkenntnissen selber geöffnet werden kann.

Medialität ist ein Schlüssel zur eigenen Psyche

Mit Hilfe der Medialität entschlüsseln wir das Unter-Überbewußtsein, wir bekommen Aufschluß über die außersinnliche Wahrnehmung oder nonverbale Kommunikation; kraft des sinnlichen

Drahtes zur geistigen Welt verbinden wir unsere irdische Polarität mit dem überirdischen Großen Geist.

Wir können uns bewußt entscheiden, mit unseren fünf medialen Sinnen die Gefühls- und Traumsprache kennenzulernen. Durch die ganzheitliche Wahrnehmung und Persönlichkeitsarbeit werden Krisen als Möglichkeit zum seelisch-geistigen Wachsen erkannt. Wir meißeln sozusagen an unserem Kunstwerk – unserer Persönlichkeit – und befreien Schritt für Schritt unser wahres Selbst. Mit zunehmender Gefühlssicherheit, Entscheidungsfreudigkeit und wachsendem Unterscheidungsvermögen können auch Alltagsfragen immer besser gelöst werden. Auf dieser Stufe der Entwicklung sind wir dann ein *psychisches Medium.*

Stellen wir uns in den Dienst der spirituellen Welt und leben das »DEIN WILLE GESCHEHE«, werden wir zum *spirituellen Medium.* Unser geistiger Helfer oder Führer hilft uns, unser Leben auf unseren ureigentlichen Weg zu bringen, nach dem Willen unseres höheren Selbst oder dem göttlichen Willen. So lernen wir, im Sinne der Verantwortung für uns selbst, für andere Menschen und die ganze Natur unser Paradies auf Erden zu erschaffen. Wir nehmen außersinnlich nicht das wahr, was *wir* wollen, sondern das, was die geistige Welt uns zeigen will. Unsere Wahrnehmung ist nicht mehr nur *intuitiv*, sondern *inspiriert.* Wir werden ein Vermittler, ein Werkzeug der geistigen Welt. Verantwortung, Gefahr und Schutz sind in diesem Zusammenhang von so großer Wichtigkeit, daß ich Ihnen das Kapitel 5 im Teil I nachdrücklich ans Herz legen möchte.

Aufbau des Buches

Teil I gibt Ihnen einen theoretischen Überblick und macht Sie mit dem Weg der Bewußtseinserweiterung durch den Kontakt mit der geistigen Welt vertraut. Teil I

Teil II enthält 6 Lektionen, die aus meiner langjährigen Arbeit als Kursleiterin entstanden sind und Sie Schritt für Schritt zu Ihrer eigenen Medialität führen. Ausgehend von der Schulung der Persönlichkeit und dem Erlernen Ihrer eigenen Symbolsprache werden Sie über das Training der fünf medialen Sinne und ihre Erprobung und kritische Überprüfung im Alltag immer mehr Ge- Teil II fühlssicherheit bekommen. Sie werden Zugang zu Ihren individuellen Begabungen finden; vielleicht entfalten Sie diese sogar weiter und weiter. Aktivierte Energiequellen erschließen immer neue Geisteskräfte!

Sie können an Teil I und II parallel arbeiten, doch lesen Sie vor Beginn der Übungen unbedingt das Kapitel 5 des I. Teils, und beginnen Sie mit Lektion 1 im II. Teil (aus Gründen des Kursaufbaus).

Zwischen den Übungen der einzelnen Lektionen sollten Sie – auch wenn sie Ihnen leicht fallen – mehrere Wochen vergehen lassen, um so Ihrer Psyche Zeit zur Anpassung an die neuen, höheren, feineren Energien zu geben und vor allem die neuen geistigen Erkenntnisse aktiv in den physischen Alltag umzusetzen.

Teil III

Teil III schließlich gibt Ihnen einen Ausblick auf die Zukunft der angewandten Medialität.

Aus Gründen der Einfachheit und damit es nicht schwerfällig wirkt, bitte ich Sie um Verständnis, daß viele Formulierungen nur in der männlichen Version gewählt wurden, obwohl vermutlich mindestens ebenso viele Frauen wie Männer dieses Buch lesen werden.

Beim Lesen und Erproben der Lektionen wünsche ich Ihnen viel Freude – ich bin sicher, daß Ihre geistigen Helfer und Führer Sie schon jetzt unterstützen, begleiten und sich auf die Zusammenarbeit mit Ihnen freuen. Die folgenden Gedanken ergeben sich aus meinen eigenen Erfahrungen. Ich freue mich, Ihnen diese als Gerüst und Anregung weitergeben zu dürfen, damit Sie Ihre eigenen erleben können. Ich möchte mit diesem praktischen Buch Raum schaffen, damit Sie sich weiterentwickeln können und damit Sie nicht nur glauben, daß alles in unserem Leben seinen Sinn hat, sondern kraft der spirituellen Führung immer besser erkennen, *warum* wir diese oder jene Situation erleben dürfen.

Küsnacht, im Dezember 1994 Linda Roethlisberger

TEIL I

Grundsätzliches zur Medialität: Ihre Bedeutung als Verbindung zwischen der geistigen und der materiellen Welt

Je mehr ich entdecke, desto mehr wundere ich mich.
Je mehr ich mich wundere, desto mehr verbeuge ich mich.
Je mehr ich mich verbeuge, desto mehr entdecke ich.

Albert Einstein

KAPITEL 1

Der Austausch zwischen geistiger und materieller Welt: Ein Überblick

Die wahre Entdeckungsreise besteht nicht in der Suche nach neuen Landen, sondern im Besitz neuer Augen.

Marcel Proust

Wer bin ich?

Vermutlich haben auch Sie sich schon einmal diese Frage gestellt. Lassen Sie bitte die folgenden Gedanken auf sich wirken:

Wenn wir erkunden möchten, wer wir sind und was wir nicht sind, müssen wir zu entdecken beginnen, was unser größeres Ich ist.

Glauben Sie, daß Sie in Ihrem jetzigen irdischen Leben mehr zum Ausdruck gebracht haben als nur einen winzigen Bruchteil Ihres ganzen Ichs? Glauben Sie, daß Ihr jetziges Bewußtsein mehr ist als ein winziger Teil des größeren, gesamten Bewußtseins, dessen eine Ausdrucksform Ihr Ich ist? Welches sind Ihre eigenen Gedanken, Vorstellungen oder Einbildungen? Und was geht auf den Einfluß oder auf die Führung zurück, die von Ihrem größeren Ich oder von höheren Welten herrührt, denen Sie als Werkzeug dienen?

Der Geist ist das wahre Ich

Wir sollten die Welt in der richtigen Relation sehen und erkennen, daß wir geistige Wesen sind, deren Ausdrucksform der physische Körper ist.

Der Geist ist das höhere, der Körper das niedere Ich; der Geist ist der Herr und der Körper sein Diener. Der Geist ist jener Teil unseres Selbst, der unsterblich ist.

Ist dies nicht derselbe Geist, der das ganze Weltall erdacht, erschaffen und gestaltet hat – und noch immer gestaltet? Besitzen wir nicht im kleinen, in unserem Mikrokosmos, all die unbegrenzten Fähigkeiten oder Eigenschaften des Großen Geistes, den wir Gott nennen? Wenn wir dieser göttlichen Kraft erlauben, an die Oberfläche unseres Bewußtseins zu gelangen und unser Leben zu leiten, erkennen wir, daß nichts in unserer Welt geschehen kann, dem wir nicht gewachsen sind. Alle Sorgen, Ängste, Zweifel und Qualen werden verbannt. Dieses Vertrauen ist es, das wir lernen müssen.

Leben ist Geist

Die gleiche Kraft, die die Welt erschaffen hat, ist der Urgrund des Lebens. Das Leben ist nicht körperlich oder stofflich – das Leben ist Geist, und wo Geist ist, ist Leben. Die Kraft, die in Ihnen wohnt, ist die Kraft des Geistes – und Sie selbst sind ein Teil des Großen Geistes, der Sie befähigt, am endlosen Vorgang der Schöpfung teilzuhaben. Sie können zu jeder Zeit aus dieser ungeheuren Kraft des Geistes schöpfen, aus sich selber diese Kraft, die Sie am Leben erhält, aufsteigen lassen.

Die Schule des Lebens

Jeder Mensch auf dieser Erde hat eine Aufgabe zu erfüllen. Dank der Schule des Lebens erwerben wir verschiedenste Kenntnisse und wenden diese an, auch um anderen weiterzuhelfen. So wird jeder von uns immer mehr auch die Gaben des Geistes nutzen und damit als Licht für diejenigen strahlen, die noch in der Finsternis wandeln. Alles hängt von unserem freien Willen ab. Wenn wir im Geiste bereit sind, werden sich die Türen ganz von selbst öffnen, damit wir unsere Aufgabe erfüllen können. Niemand kann uns versprechen, daß das Leben frei sein wird von Schwierigkeiten, Verwirrungen oder Schmerz. Was aber gewiß sein kann, ist, daß wir – wenn die Zeit dazu reif ist – *in uns selbst* die Mittel finden werden, alle Hindernisse und Schranken zu überwinden, uns selber immer wieder zu erlösen.

Sind Sie bereit, das Höchste, Tiefste oder Größte in sich zu entwickeln – sind Sie bereit dazu, an Ihrer Persönlichkeit zu arbeiten? Wollen Sie zu Ihrer Unterstützung göttliche Energien oder Wesen um Hilfe bitten, die Sie lieben und Ihnen in Ihrer Entwicklung helfen möchten?

Es ist nicht einfach, geistige Reife zu erlangen – das zeigt uns die Geschichte. Wahrheit und Lüge führen so lange Krieg miteinander, bis geistige Vollkommenheit erreicht wird. Entwickeln Sie Ihre eigenen geistigen Fähigkeiten – werden Sie selbständig und unabhängig, und entdecken Sie Ihre persönliche Wahrheit.

Es liegt in der Natur der Sache, daß der Weg zur geistigen Reife eher ein schmaler, einsamer Pfad ist, auf dem wir immer weniger

Menschen antreffen, je mehr wir die wohlbekannten Wegmarken hinter uns lassen. Doch wenn wir einen Berggipfel ohne Mühe erklettern könnten, was hätten wir dann geleistet? Alles, was selten erreicht wird, ist schwierig.

Werden Sie sich also bewußt, daß Ihr wahres Selbst der Geist, die Seele, das Göttliche, das Ewige ist.

Der Mensch ist »Geist mit Körper«

Werden Sie sich bewußt, daß es eine Illusion ist zu glauben, daß Sie »Körper mit Geist« sind. Sie sind »Geist mit Körper«. Hier beginnt die Entwicklung Ihres geistigen Wesens, der fundamentale Sinn des irdischen Daseins. Wer seine geistigen Fähigkeiten nicht den individuellen Möglichkeiten entsprechend entwickelt und entfaltet, ist wie ein Blinder oder Tauber seiner Sinne beraubt.

Leben in der Materie

Der physische Körper ist nichts anderes als eine ins Grobstoffliche verdichtete, materialisierte – oder langsam schwingende – Energie. Der irdische Körper ist so beschaffen, daß er seinem Zweck zu dienen vermag. Sind Sie sich bewußt, daß Ihr Körper in seiner jetzigen Gestalt nur ein begrenztes Dasein hat? Wenn er seine Aufgabe erfüllt hat, wird er zerfallen. Nur Seele und Geist, die sich bei der Geburt in diesen Körper inkarniert haben (lat. *incarnatus*: fleischgeworden, *incarnatio*: Menschwerdung), sind von Bestand. Unser irdischer Körper dient unserem Geist als Tempel und uns – als zeitlosen und unvergänglichen Wesen – als Gefährt(e) durch unser jetziges Leben. Sobald wir dies als Wahrheit erkennen und akzeptieren, kann das Göttliche in uns erwachen, und unser inneres ewiges Licht kann immer stärker und größer werden, bis es keinen Körper mehr zu seiner Entwicklung braucht. So wie die Blume aus der dunklen Erde dem Licht entgegenstrebt, ist es auch mit dem seelisch-geistigen Bewußtsein, wenn es sich entfalten darf. Wie die Blume wächst auch das Bewußtsein im stillen; Geduld und stete Pflege bringen die Blüten zur vollen Entfaltung. »Alles, was existiert, ist verbunden, hat ein gemeinsames Ziel, einen gemeinsamen Atem. Pflanzen, Tiere, Felsen und Menschen atmen. Erdmutter Natur ist der sichtbar gewordene Atem des Schöpfers«, sagte einmal ein Cheyenne-Arapahoe-Indianer.

Das geistige Licht ist immer da

Für uns Menschen ist es schwierig, die wahren Beziehungen zwischen Seele, Geist und Körper klar zu erkennen. Schließlich leben wir in der materiellen, physisch begrenzten Welt, und so mögen wir uns fragen, wo genau sich denn eigentlich Seele und Geist befinden? An einem bewölkten Tag erahnen wir wohl die Sonne hinter der Wolkendecke, ihre Strahlen kommen aber nicht immer sicht- und fühlbar zu uns durch. Wir lassen uns leicht entmutigen und vergessen – symbolisch gesehen – das Licht und die Liebe, die uns im göttlichen Plan unfehlbar leiten. Das geistige Licht wirkt aber weiter fort, so wie schließlich auch die Sonne immer, auch in der Nacht, weiter scheint. Dieses geistige Licht verhindert, daß wir auf unserem Entwicklungsweg straucheln. Wir werden zu diesem zurückgeführt, wenn wir von ihm abweichen, damit wir auf einem der vielen Pfade, die zum Großen Geist hinführen, weiterwandern können, bis wir uns selbst erlösen und wieder ganz in den göttlichen Geist eintauchen.

Das Geistige in uns

Wenn Ihre geistige Natur, das Göttliche, in Ihnen erwacht, haben Sie jene Stufe Ihrer Entwicklung erreicht, auf der Sie bereit sind, im Leben nicht nur das auf der Oberfläche Liegende zu ernten, sondern den ganzen Reichtum, der nur im Geistigen – in der unsichtbaren Welt – zu finden ist. Geistige Juwelen sind weitaus schöner und glänzender als die irdischen. Und sie werden noch bestehen, wenn die Schätze dieser Welt ihren Glanz verloren haben und wertlos geworden sind.

Seele und Persönlichkeit

Erst wenn sich die Seele ihrer selbst gewahr wird, erkennt sie ihre Stärke. Sie ist ein Teil der mächtigsten Kraft im Weltall! Dieser Bewußtseinsteil – der unsterbliche Lebenskern mit den geplanten Teilgebilden – ist schließlich das, was Ihre Persönlichkeit ausmacht. »Seele« darf nicht mit »Persönlichkeit« verwechselt werden.

Eine Persönlichkeit ist das Produkt der Bewußtseinsarbeit am Wesenskern, die Folge einer steten, seelisch-geistigen Entwicklung.

Dank Ihrer *Lebenserfahrungen*, die sich gefühlsmäßig und in Form von Gedanken-«Abdrücken« in Ihrer Seele angesammelt haben, bilden Sie sich Ihre eigene Wahrheit. Es ist demzufolge wichtig, daß Sie immer auf Ihre innere Stimme hören, ihr vertrauen und ihr treu bleiben. Ihre innere Stimme spricht zu Ihnen über Ihre Träume, Ihre Intuition und Ihre Bilder. Mit Hilfe einer entschlüsselten, bewußt wahrgenommenen Gedanken- und Gefühlssprache, deren Botschaften sie in sich und Ihr Leben integrieren, werden Sie in Ihrer Persönlichkeitsentfaltung schneller vorwärtskommen.

Diese neue Sprache – oder Medialität – ist an kein Glaubenssystem gebunden, und sie ist es, die Sie durch sämtliche Erfahrungen geführt hat, führt und noch führen wird.

Spirituelle Medialität

Mit der seelisch-geistigen, medialen Entwicklung beginnen Sie einen Weg, auf dem Sie Hilfe, Führung, Eingebung, Unterstützung und Weisheit aus der spirituellen oder geistigen Welt erhalten – inspiriert von nicht inkarniertem Bewußtsein. Letzteres wird auch »spirituelle Medialität« genannt.

Dieser Weg ermöglicht Ihnen, sich nicht nur von denjenigen helfen zu lassen, die Sie lieben und die mit Ihnen verwandt sind, sondern auch von Wesen, die physisch in keiner Weise mit Ihnen verbunden sind. Sie sind auf der geistigen Ebene mit Ihnen verwandt, da sie ein ähnliches Bewußtsein haben, und das ist von viel größerer Bedeutung. Richard Bach bemerkte diesbezüglich einmal, daß wahre Familien selten unter einem Dach leben.

Die göttliche Kraft

Es gibt in Wahrheit keinen Tod – die Gestorbenen haben nur ihre Seinsform geändert. Diese nicht inkarnierten Persönlichkeits- oder Bewußtseinsteile leben weiter, und je nach ihrem Bewußtseinsstand und ihren aktuellen Lernaufgaben versuchen sie, als Kanal die göttliche Kraft wirksam werden zu lassen, um so auch Ihnen in Ihrem Leben zu helfen. Im Volksmund sprechen wir vom Schutzengel; das ist ein globaler Begriff, der bei näherem Betrachten differenziert werden kann und unter dem ich nebst verschiedenen Engelwesen die verschiedenen »geistigen Helfer« einordne. (Näheres dazu in Kapitel 3.)

Mit Ihrem freien Willen entscheiden Sie selbst, ob Sie diese Hilfe der Vorsehung annehmen wollen oder nicht.

So wie diese Kraft auf Sie einwirkt und sich verstärkt, kommen Sie langsam aber sicher in den Besitz von etwas, das die materielle Welt Ihnen niemals geben oder nehmen kann: Sie erlangen Zuversicht, Vertrauen, innere Ruhe und Entschlossenheit. Dann wissen Sie ohne jeden Zweifel, daß es nichts auf der ganzen Welt gibt, was Ihrem eigentlichen Ich schaden kann, und daß Sie eins sind mit der größten göttlichen Kraft, welche die ganze Fülle des Lebens geschaffen hat. Der Große Geist wird uns nicht im Stich lassen. Wir dürfen aber auch ihn nicht vergessen!

Die göttliche Ordnung

Das ganze Leben verläuft auf vorgezeichneten Wegen. Die Erde dreht sich um ihre Achse, Sterne und Planeten ziehen am Himmel ihre feste Bahn, Jahreszeiten kommen und gehen als Teil eines ewigen Kreislaufs. Die Pflanzen blühen und verwelken, überall gehorcht das Leben dem Naturgesetz, in das es eingebunden ist. Wir können nicht außerhalb der göttlichen Ordnung leben; wir sind ein Teil davon. Wir wollen daran denken, daß wir immer in den Mantel unendlicher Liebe gehüllt sind, daß wir mit dem Großen Geist, der göttlichen Kraft und Liebe, ewig verbunden sind und diese überall gegenwärtig ist – denn wir sind ein Teil davon.

Eine Seele, die völliges, unzerstörbares Vertrauen zu dieser unendlichen Kraft hat, sorgt sich nicht. Wer sich Sorgen macht, zeigt damit, daß er von Furcht getrieben wird. Furcht ist ein Teil der Dunkelheit, der Unwissenheit – nicht des Lichts.

Seelenhygiene

Bringen Sie Licht in dieses Nicht-Wissen, indem Sie sich Ihrer Unwissenheit bewußt werden und sich bemühen, im Lichte des geistigen Verständnisses zu leben. Die mediale Entwicklung, die auch als »Seelenhygiene« betrachtet werden kann, bietet dazu eine wertvolle Möglichkeit. Mit ihr beginnt die Bewußtseinserweiterung, die seelisch-geistige Entfaltung. Verständnis und vollkommene Liebe verbannen die Furcht, die die Lebenskraft lähmt und den Geist daran hindert, neue Ausdrucksformen zu finden und sich immer weiter auszudehnen. Lassen wir die Liebe das Weltall beherrschen, dann gibt es keinen Platz für Furcht.

Die Verbindung zwischen den zwei Welten

Die Welt der Materie ist nur ein Teil unseres irdischen Lebens. Wir und unsere Schutzengel bzw. geistigen Helfer und Führer leben in demselben Kosmos. Dieser ist so beschaffen, daß irdische und geistige Welt sich durchdringen, sich miteinander vermischen, harmonisieren und ineinander aufgehen. Ein Naturphänomen – die Verwandlungsfähigkeit des Wassers in seine Aggregatzustände Eis, Wasser und Dampf – mag als Beispiel dienen. Im Tod bringen wir nur eine andere Seite unseres Bewußtseins zum Ausdruck und hören auf, im physischen Körper zu empfinden – wir wechseln also in eine andere Daseinsform über. Nach dem Tod treten wir als körperlose Wesen mit unserem Bewußtsein automatisch in eine geistige Welt ein – wir werden für physische Augen »unsichtbar«, wir existieren mit unserem feinstofflichen Seele-Geist-Körper, mit unserem erarbeiteten Bewußtseinsteil oder dem Astralleib weiter. Dieser besteht ebenfalls aus Materie, wenn auch aus einer sehr viel feineren, einer anderen »Verdichtung«, könnte man sagen, einer anderen Seinsform. Wir erinnern uns an neue Formen der Fotografie, die solche Astral- oder Seelenkörper festhalten kann, und wir werden uns auch bewußt, daß unsere Seele und unser Geist demzufolge sogar, weil sie auf eine Art materiell sind, ein »physisches« Gewicht haben. Zwischen der Ebene des Geistes und der Seele sowie zwischen unserem psychischen und physischen Erleben findet immer ein Austausch statt.

Nur unsere erarbeitete Persönlichkeit nehmen wir mit in die geistige Welt

Auf beiden Seiten, der materiellen und der geistigen, drängt das Bewußtsein nach Weiterentwicklung, und die geistigen Helfer und Führer wachsen ebenfalls, indem sie uns hilfreich zur Seite stehen.

Vernetztes Denken in irdischer und außerirdischer Welt

Aufgrund ihres »Aggregatzustandes« und/oder ihres höher oder weniger entwickelten Bewußtseins senden sie uns über unsere feinstofflichen Sinne ihre Botschaft.

Ein Geistwesen kann selten, wenn überhaupt, seine Botschaft, seine Hilfe, völlig eindeutig mitteilen. Dies ist nur unter ungewöhnlichen Umständen möglich. Es ist nicht so einfach wie beim Telefon. (Und auch da können Schwierigkeiten auftreten.)

Können Sie sich vorstellen, wieviel schwieriger solch eine rein geistige Verbindung ist, wo es sich um den Kontakt zwischen zwei ganz verschiedenen Daseinsebenen oder Dimensionen handelt? Das Medium muß Gedanken und Gefühle in Worte kleiden, muß verbalisieren, was als Bild, als Vorstellung oder Symbol im Geist des Mitteilenden seinen Ursprung hat.

In der geistigen Welt wird nicht mit Worten gesprochen, sondern nur mit Gedankenenergie (telepathisch) vermittelt.

Telepathie

Wenn die Übermittlung durch Hellsehen, -fühlen oder -hören geschieht, ist dies ein sehr schwieriges Verfahren für den Sender. Die Verbindung zwischen den beiden Welten erfordert das Zusammenwirken ganz besonderer Umstände. Wenn die richtigen Voraussetzungen gegeben sind, kann der Kontakt sehr leicht zustande kommen; aber es gibt viele den Kontakt störende Umstände. Vielleicht ist das Medium müde, krank, unpäßlich, in schlechter Stimmung, hungrig, hat zuviel gegessen, zuviel getrunken, geraucht. All dies bleibt nicht ohne Einfluß auf die Art der Verbindung zwischen dem sendenden Geistführer und dem Medium. In anderen Fällen mögen sich im Unterbewußtsein des Mediums persönliche Gedanken regen, die in seiner Psyche stark und beherrschend sind und darum nach Ausdruck verlangen, und der Geistführer kann nicht verhindern, daß die unterbewußten Gedanken des Mediums stärker sind als er selbst.

Aus diesem Grund sind symbolische Verzerrungen und Deutungsfehler des Mediums niemals völlig auszuschließen.

Für die mediale Entwicklung ist es demnach besonders wichtig, daß jedes Medium beispielsweise durch mentales ASW-Training mit seinem eigenen Unterbewußtsein an seiner eigenen Persönlichkeit arbeitet.

Geistige Entwicklungsstufen

Will ein Geistwesen zur physischen Welt eine gedankliche Verbindung herstellen, so wird eine Transformierung seines Energiekörpers in eine andere Sphäre notwendig. Das hat für das Geistwesen zu einem beträchtlichen Ausmaß eine zeitweise Aufgabe der eigenen Persönlichkeit zur Folge. Will sich die geistige Welt *verkörpern*, muß sie noch einen Schritt weitergehen. Sie muß den Geist »materialisieren« und dabei ihre Schwingungen ändern – von feinen, schnellen und zarten zu langsamen, schweren und groben. Auch das bedeutet natürlich die Aufgabe der eigenen Persönlichkeit.

Die Art und Weise der Vermittlung ist somit abhängig von der geistigen Entwicklungsstufe des Mediums wie des Geistwesens.

Es ist falsch zu denken, daß jedes Wesen der geistigen Welt, das sich mit Ihnen als Medium in Verbindung setzen möchte, dazu auch imstande ist oder bei passender Gelegenheit eine vollständige Botschaft übermitteln kann. Zudem kommt es auch auf den momentanen Lernprozeß sowohl des Senders als des Empfängers an.

Nicht alle geistigen Wesen werden automatisch geistige Helfer oder Führer, so wie nicht alle Menschen zwangsläufig als Medium aktiv werden.

Liebe der geistigen Helfer zu uns

Geistwesen, die bereit sind, sich zeitweilig aufzugeben, sind voller Liebe für uns Menschen. Die Liebe ist für ein Geistwesen als geistiger Helfer eine zwingende Kraft, diejenigen zu trösten, zu leiten, zu unterstützen und zu inspirieren, mit denen es sich verbunden, wahlverwandt fühlt. (Näheres dazu in Kapitel 3 und 5.)

Sinn und Zweck der Rückkehr der geistigen Welt in die irdische ist, die Aufmerksamkeit auf geistige Wahrheiten zu lenken.

Viele Menschen sind so im Stofflichen gefangen, daß der Geist in ihrem Inneren nur wie eine schwache Flamme ist, so schwach, daß sie fast kein Licht erzeugt. Und doch ist sie da. Erweckt werden wir Menschen meist durch die verschiedensten Schicksalsschläge des Lebens. Wir beginnen, die geistigen Wahrheiten und damit uns selbst und die Bedeutung der geistigen Welt zu begreifen, das Bindeglied zwischen uns und dem Großen Geist, und wir erkennen das einende Band, das ein Teil des Naturgesetzes ist.

Solange das Herz gut, die Seele willig, der Geist aufnahmebereit und der Glaube stark sind, ist der Verbindungsweg zur geistigen Welt offen, und wir ziehen in jeder Hinsicht Nutzen daraus: geistig, seelisch und körperlich.

Viele Menschen verstehen nicht, warum sie keine Antwort auf ihre Fragen erhalten. Die geistige Welt hat keine Hände, wenn sie nicht die Ihren gebrauchen kann. Wenn der Geist auf den Stoff, auf die Materie einwirken soll, braucht er ein Bindeglied, das für seine Einwirkung empfänglich ist. Wird damit nicht auch eine Erklärung des Phänomens »Wunder« oder »Eingebung« möglich?

Unsere Erde als Lernplanet oder Schule

Der Mensch kennt vor seiner Geburt seine Lebensaufgabe

Bevor die Seele sich verkörpert, weiß sie, was sie auf Erden zu tun hat. Sie wählt das Werkzeug ihrer Verkörperung, denn sie erkennt, daß die jeweilige Verkettung verschiedener Umstände ihr die beste Gelegenheit für die notwendige Entfaltung ihrer selbst liefern wird. Sobald sie sich in der Materie verkörpert hat, verhindert deren Dichte, daß dieses tief im Körper eingebettete Wissen ihr Bewußtsein erreicht. Nehmen wir als Beispiel den Edelstein. Kohlenstoff, der sich über Jahrhunderte – geduldig und im Dunklen, Verborgenen – von Grafit zu einem glasklaren Diamanten entwickelt, wird eines Tages aus seinem Fels befreit werden und im Licht in allen Regenbogenfarben erstrahlen.

Der Lebensplan ist etwas sehr Einfaches. Wir alle waren Geist und haben uns verkörpert, um *wissender Geist* zu werden.

Wir sammeln all die Erfahrungen, die wir brauchen, um dieses Ziel zu verwirklichen, um immer differenzierter zu werden.

So lernen wir, unsere Aufgaben zu erfüllen und auch die Freuden zu genießen, die für uns bestimmt sind. Die Befähigung dazu müssen wir in der irdischen Welt erwerben. Dort müssen wir die Lektionen lernen, die uns auf das Leben in der geistigen Welt vorbereiten. Wenn wir unsere Lektionen nicht annehmen, sind wir nicht reif, nicht bereit für das, was nach dem irdischen Leben auf uns wartet. Doch auch in der geistigen Welt gibt es Schulhäuser, andere Wirkungsfelder; oder man kann sich wieder und wieder inkarnieren …

Gerechtigkeit auf Erden?

Trotzdem erscheint es uns manchmal so, als ob das Leben für einige schwerer ist als für andere. Manche sind frei von Schmerz, Qual, Sorge und Mühe, während andere im Schatten leben und kaum jemals das Licht erblicken. Eine große Schwierigkeit besteht darin, daß wir oft nur den irdischen Aspekt des Lebens sehen. Wir fragen: Gibt es eine irdische Gerechtigkeit? Es gibt einen göttlichen Plan. Dieser ist aber nicht so starr, daß wir wie Marionetten darin tanzen. Wir alle haben den göttlichen Funken in uns und dadurch die Möglichkeit, am Vorgang der unendlichen Schöpfung teilzuhaben.

Deshalb hat der Mensch persönliche Verantwortung und ein großes Maß an freiem Willen, das aber nicht gegen physikalische oder geistige Gesetze wirken kann. Sein freier Wille erfährt durch sie eine Beschränkung.

Wir setzen unsere Grenzen selber

Das menschliche Schicksal ist in großen Zügen vorherbestimmt, und es liegt an jedem einzelnen, seine göttlichen Eigenschaften innerhalb dieser Grenzen zu entfalten.

Die Seele ist ruhelos, suchend, bemüht, im Körperlichen Ausdruck zu finden. Trauer, Sorgen, Leid oder Krankheit sind manchmal notwendig, um uns aus unserer Gleichgültigkeit aufzuwecken. Wir lernen von Mal zu Mal besser, hinter die Kulissen dieses »Welttheaters« zu sehen, Zusammenhänge zu erkennen, zu verstehen, »warum« – und langsam erahnen wir, was irdische Gerechtigkeit ist.

Unsere Seele ist von göttlicher Herkunft und unzerstörbar, die irdische Wegstrecke ist nur ein kleiner, aber notwendiger Teil der ewigen Lebensreise. Unser jetziges Dasein sollten wir nicht in der dunklen Unwissenheit, sondern im hellen Licht des Wissens leben, nicht gebeugt, sondern erhobenen Hauptes, nicht in Furcht, sondern in freudiger Heiterkeit.

Wenn Sie Hilfe und Führung benötigen, müssen Sie die Bedingungen schaffen, unter denen Ihnen diese gewährt werden können. Sie können Ihre Lebenserfahrungen dazu einsetzen, um Ihre Seele, Ihren einzigen ewigen Besitz, reifen zu lassen. Vertrauen Sie darauf, daß die Kraft, die Ihnen das Leben gab, Sie auch erhalten wird, weil Sie ein Teil dieser Kraft sind und sie in Ihrem eigenen Ich verborgen ist. Wenn Sie die richtigen Bedingungen schaffen, so rüstet Ihre innewohnende göttliche Kraft Sie zum Lohn mit den Waffen des Geistes – wie der Unterscheidungsfähigkeit, Urteilsfähigkeit und Treffsicherheit –, die Sie für den Lebenskampf brauchen. Sie realisieren dann, daß Ungeduld oder Groll das volle und freie Fließen der göttlichen Kraft verhindern. Entspannen Sie sich, werden Sie aufnahmebereit, ruhig, passiv, still, heiter, vertrauensvoll. In Ihrem Innern wissen Sie, daß alles gut ist und daß das, was Sie in Wahrheit dringend brauchen, Ihnen auch zuteil werden wird. Für die leichteren Dinge dieses Lebens wird kein Lohn gewährt, nur für die schwierigen. Haben Sie eine

Schwierigkeit zu überwinden, vertrauen Sie auf Ihre göttliche Kraft und darauf, daß Ihnen ein Weg gezeigt werden wird.

Seien Sie wachsam und voller Aufmerksamkeit.

Aus unserem Alltagsleben wissen wir, daß unsere persönlichen Lebenserinnerungen und -erfahrungen – unsere Gedanken- und Gefühlswelt – die Wahrnehmung unserer Wirklichkeit prägen. Was wir momentan sehen und hören, hängt stark davon ab, was wir in der Vergangenheit gesehen, gehört oder gefühlt haben. Die auf Erinnerungen beruhenden *Erwartungen* entwickeln eine eigene Dynamik. Unser Gehirn verwendet viel Zeit darauf, unser Bild von uns und von der Welt ständig zu überarbeiten. Wir kreieren unsere Verhaltensmuster. So wird bestimmt, was wir wahrzunehmen haben oder nicht. Ob wir dazu bereit sein wollen, liegt dann ganz allein bei uns – hier beginnt unsere Verantwortung, der Schmied des eigenen Glücks zu sein.

Verantwortung

Unsere Erinnerungen verbinden sich mit physischen *sowie* psychischen, optischen und akustischen Eindrücken. Daraus entstehen Emotionen und Körperempfindungen, damit das Gehirn einen Handlungsablauf entwickeln kann.

Selbständigkeit

Wie *kontrollieren* oder, anders ausgedrückt, wie *definieren* wir nun aber all unsere Visionen, Träume, Wunschvorstellungen, Unverarbeitetes und Verdrängtes in unserer Psyche – seien es Emotionen, Déjà-vu-Erlebnisse, vergangene Leben, Schutz- oder Erzengelvisionen, geistige Helfer oder Führer? Diese Frage mag den Selbstkritischen unter uns schon zu denken geben. Und das ist auch gut so. Denn: Beginnt nicht hier die Selbständigkeit, die innere Freiheit, das eigentliche Leben?

Definieren Sie Ihre persönlichen Seeleninhalte mit Hilfe Ihrer außersinnlichen Wahrnehmung selbst – entwickeln Sie mit der Zeit Ihr eigenes mediales Denkmodell. Die Sicherheit Ihrer Intuition und Medialität wird Ihnen immer wieder als treuester Freund in den fortwährenden Auseinandersetzungen des Lebenskampfes weiterhelfen.

Die Medialität

Medialität bedeutet seelisch-geistige Entwicklung in der Materie, die Erforschung der persönlichen Intuition und das Erlernen der eigenen Gedanken- und Gefühlssprache.

In der Dreiheit von Geist, Seele und Körper erleben wir das Einfließen des reinen, göttlichen Geistes in die tieferen, bewegten Seelen-Bewußtseins-Energien bis hinunter in die physikalische Materie. Dieses »Fluidum« oder die seelisch-geistigen, feinstofflichen Bewußtseinsteile, feinstofflichen Wesen oder auch »das zweite oder höhere Selbst« sind der uns innewohnende göttliche Funke, nach dem wir suchen, bis wir ihn – in uns selbst – gefunden haben. Diesen Prozeß nenne ich Bewußtseinsentfaltung durch seelisch-geistige oder mediale Entwicklung in der Materie. Unsere intuitiven Gefühle und inspirierten Gedanken sind es dann, die sich in unseren Taten und in unserem aktiven Handeln, im privaten, beruflichen und sozialen Alltagsleben manifestieren.

Wir wissen, daß Medialität nichts Neues ist. Zeugnisse des Übersinnlichen sind uns aus allen Kulturen überliefert. Die Medialität will heute wieder befreit, erneut entdeckt, entwickelt und in unserem täglichen Leben bewußt angewendet werden. Es ist faszinierend zu beobachten, wie rapide der Zeitgeist sich momentan verändert und das Bewußtsein für die geistigen Dimensionen nicht nur erwacht, sondern für immer mehr Menschen spür-, erleb- und anwendbar wird. Das ist das Wassermannzeitalter, ein Zeitalter, in dem das individuelle Bewußtsein einen Polsprung erleben will und eine neue Dimension, ein neuer Kontinent mit Hilfe der Medialität entdeckt werden wird.

Die Wirklichkeit liegt im Unsichtbaren

Die Wirklichkeit liegt im Unsichtbaren. Das wird uns spätestens dann bewußt, wenn wir mit dem Herzen schauen lernen.

Nur wenn wir uns in unser Inneres zurückziehen und lernen, bewußt auf die Stimme der Intuition zu lauschen, auf ihre Worte und ihre Bilder, wird unser seelisch-geistiges Verständnis klarer und klarer werden. Der Sensitive stellt sich mit seinen ASW-Fähigkeiten bewußt als Vermittler zwischen zwei Welten zur Verfügung. Als Medium verbindet er die unsichtbare mit der sichtbaren Welt, indem er – je nach seinen medialen Fähigkeiten – die geistigen, spirituellen Energien fließen läßt. Aber genau so, wie das Leben für das Neugeborene nicht zu hart und kalt sein darf, so kann die Kraft des Geistes vom menschlichen Vermittler nur in dem Maße aufgenommen werden, wie dieser dazu befähigt ist.

Alle Menschen sind Werkzeuge der ewigen Schöpferkraft

Die göttliche Kraft beschränkt sich nicht nur auf »Medien«, sie wirkt durch viele Menschen, denen oftmals gar nicht bewußt ist, daß sie Werkzeuge des Geistes sind. »Unbewußt« sind diese bestrebt, mit dem Herzen auf dem rechten Fleck, mit beiden Beinen auf dem Boden und mit gesundem Menschenverstand ihren Alltag zu bewältigen. Die spirituelle Kraft wird auch in ihren menschlichen Bestrebungen sichtbar.

Beweisen nicht nur Taten allein der Liebe Kraft?

Alle Menschen sollten ihre individuellen medialen und heilerischen Fähigkeiten entwickeln und – je nach Belieben und Talent – trainieren, um sie dann im praktischen Alltagsleben – in Familie, Beruf und im zwischenmenschlichen Bereich – anzuwenden!

Die Entwicklung des sinnlichen Drahts zur geistigen Welt und vor allem die Bewußtwerdung der medialen Fähigkeiten, der fünf feinstofflichen oder außersinnlichen Wahrnehmungsmöglichkeiten, trägt zu einem besseren Verständnis der nonverbalen Seelensprache bei. Visualisierungen, das heißt Bilderreisen oder aktive Imaginationen, bringen uns als ein erster Schritt dem Verständnis der Funktionsweise und der Bedeutung unserer inneren Stimme – oder unserer unsichtbaren Gedankenwelt – näher. Oder ertappen Sie sich etwa oft dabei, daß Sie nichts denken? Normalerweise erlebt das nur der geübte Yogi, der Zenmeister oder der konzentriert Meditierende. Eigentlich »denkt es« fortwährend in uns – und lernen wir nicht gerade dadurch bewußt unsere Intuition kennen? Intuition ist unmittelbares Erkennen und bedeutet, zu innerem Wissen, zu Informationen des größeren Selbst, der heiligen Dimension unseres Wesens zu gelangen. Der Prozeß der kontinuierlichen intuitiven oder medialen Entwicklung erschließt uns unser inspiriertes Selbst, unsere unversehrte, göttliche Natur.

Intuition und Inspiration

Nur mit dem Erwachen und dem Erkennen *unserer* geistigen Welt wird es zu einem späteren Zeitpunkt möglich, Intuition von Inspiration zu unterscheiden. In der Menschheitsgeschichte gab und gibt es immer diese zwei Arten, auf die Ideen geboren werden oder wegbereitende Erfindungen geschehen: eine Verbindung mit dem Großen Geist, dem im Stillewerden die Möglichkeit geschaffen wird, sich zu manifestieren – oder der Gedankenblitz, der den trifft, dessen Verstand vor lauter Suchen übervoll ist und sich »ausschaltet«.

Inspiration und Eingebung geschehen in der völligen Ruhe und Stille – oder in der geistigen Wachsamkeit.

Diese Eingebungen, die wir alle immer wieder – mehr oder weniger bewußt – erfahren, sind nichts anderes als unser sechster Sinn. Wir alle besitzen ihn und lassen uns durch diesen psychischen Kanal leiten.

Ein weiteres Merkmal der ASW ist, daß sie auch unmittelbare Informationen über vergangene und künftige Ereignisse zu liefern vermag. Für diese seltsame Fähigkeit – die auch Sie, liebe Leserin, lieber Leser, ganz bestimmt schon einmal erlebt und erfahren haben – fand man bis heute keine eindeutigen wissenschaftlichen Erklärungen. Irgendwelche Signale werden von Personen, Gegenständen oder – wie ich es sehe – von verschiedenen Bewußtseinsteilen empfangen und/oder gesendet. Die Signalübermittlung geschieht mittels einer Art »Energiestrom« oder »Impuls«. Diese »andere Energie« unterscheidet sich natürlich physikalisch von der begrenzten, irdischen Energie. Mit ihren Informationen aus Vergangenheit und Zukunft liefert sie uns den Beweis, daß »ASW-Energie« *außerhalb* unseres irdischen Raumes und der Zeit – in einer anderen Dimension – wirkt.

Transzendentale Psycho-Logik

Ich vergleiche diese »außerirdische Bewußtseinsebene« mit dem Seelenbewußtsein. Verschiedene Impulse beeinflussen sich auch hier immer wieder gegenseitig, und Transformation oder *Persönlichkeitsumwandlung* wird möglich, weil das menschliche Ego hier nicht mehr existiert und das Erfahren anderer Bewußtseinsteile aus dieser Seelenebene dank ASW möglich wird. Demzufolge kann sich diese Seelenebene auch von der reinen Geistebene, vom höchsten Bewußtsein, der höchsten Intelligenz beeinflussen lassen. So erklären sich die biblischen Wunder: als parapsychologische Phänomene.

Es stellt sich weiterhin die Frage, warum bewußte außersinnliche Wahrnehmung sich nicht bei allen Menschen beobachten läßt und warum sie, wenn sie funktioniert, normalerweise auch nur beschränkte Informationen liefert. Die ASW-Fähigkeit ist zwar bis zur persönlichen Perfektion entwickelbar und kann trainiert werden. *Doch sie ist immer ein schöpferischer Akt.* Aus diesem Grund ist es schwierig, sie zuverlässig zu demonstrieren. Sie ist – sofern wir die *spirituelle* Medialität meinen – von einem Höheren Willen abhängig – und wird von höheren, wahrhaftigeren Bewußtseinsebenen beeinflußt. Dies gilt nicht für die *psychische* Medialität, bei der ASW-Fähigkeiten mit dem eigenen Willen eingesetzt werden.

Medialität ist eine Gabe der Schöpfung

Ich möchte die Medialität mit der Malerei, einer musikalischen Komposition oder der Schriftstellerei vergleichen: Alle drei Disziplinen können wir »handwerklich« erlernen – ob wir dann aber *auf Bestellung* ein Meisterwerk kreieren können, bleibt der höheren Führung überlassen. Es ist eine Gabe der Schöpfung.

Hier beginnt das eigentliche Medium-Sein und gleichzeitig die bewußte *Erforschung und Erfahrung* der eigenen ASW-Fähigkeiten, der vielfältigen Inspirationsebenen, des persönlichen Seelenbewußtseins. Durch kritische Überprüfung ist festzustellen, in welchem Ausmaß subjektive ASW-Erlebnisse objektiv gültige Informationen zu liefern vermögen. Um eine zuverlässige Anwendung der ASW zu erreichen, müssen zunächst die Irrtümer und subjektiven Verzerrungen, die den Illusionen, Wunschvorstellungen und Halluzinationen der Sinne entsprechen, gründlich untersucht und erforscht werden.

Auftauchende Zweifel und Unsicherheiten veranlassen uns zu der Frage: Wo beginnt die Einbildung, wo hört die Vorstellung oder Phantasie auf? Tatsächlich müssen alle seelischen Erinnerungen, die in uns schlummern, durch eine entsprechende Resonanz oder Schwingung nur einen Impuls bekommen, und schon beginnen wir zu denken, was nichts anderes heißt als zu kreieren, schöpferisch zu sein. Deshalb scheint es mir wichtig festzuhalten, daß in uns gespeicherte Wunschträume, Erinnerungen und Wissen aus verschiedenen Quellen wie Filmen, Literatur etc. ständig präsent sind und auf ähnliche Weise wahrgenommen werden wie das, was aus dem Kontakt zu anderen Bewußtseinsteilen erwächst. Diese Kreativität, die sich je nach persönlicher Veranlagung eher hellfühlend, -sehend, -hörend, -riechend oder -wissend äußert, macht es uns schwer, exakt zwischen der eigenen Information

– von uns, an uns –, derjenigen, die für einen anderen Mitmenschen bestimmt wäre, sowie den Einflüssen, die von fremden Bewußtseinen oder anderen Daseinsebenen stammen, zu unterscheiden.

Persönlichkeitsschule

Aus diesem Grund ist die Ausbildung der Medialität grundsätzlich sowohl eine Persönlichkeitsschule als auch eine Schulung der außersinnlichen Fähigkeiten – nach dem Motto:

Erkenne Dich selbst – ein Schritt in ASW-Entfaltung oder Medialität bedeutet mehrere Schritte Charakterarbeit …

Mit dem Mental-Training (siehe Teil II) beginnen Sie in der ersten Lektion bei sich selbst, bei Ihrer Person, Ihrer Geschichte, um ein »reines Gefäß« für reine Wahrnehmungen und Informationen zu werden. In der Psychotherapie kamen bereits im ausgehenden 19. Jahrhundert imaginative Verfahren zur Anwendung. Techniken wie Vorstellungsbilder (P. Janet), das freie Assoziieren (S. Freud), die aktive Imagination (C. G. Jung) bis hin zum katathymen Bilderleben (Hanscarl Leuner) wurden und werden eingesetzt, um über die bildhafte Sprache das Seelenleben aufzuschlüsseln.

Das Unbewußte (C. G. Jung)

C. G. Jung ging davon aus, daß unsere Psyche in ihrer Gesamtheit sehr gut weiß, was mit uns los ist. Er vertrat die Ansicht, daß das Unbewußte unsere Problematik in Form von Bildern, Phantasien, Melodien, Emotionen, Stimmen, Gefühlen und ähnlichem zum Ausdruck bringen kann. Jung beschreibt seine Methode der aktiven Imagination als eine dialektische Diskussion mit dem Unbewußten, um mit diesem in Übereinstimmung zu gelangen. Über die persönlichen Symbole und Phantasien hinaus verbindet sich die Psyche mit den Urbildern der Menschheit und findet neue Wege des Wachsens.

Mit dem Kennenlernen und dem Erfahren der eigenen Gefühls- und Gedankensprache beginnt die Entwicklung der persönlichen Medialität.

Unser Verständnis wird sich mit Hilfe unserer geistigen Helfer und Führer wandeln, wir ent-decken und ent-falten unser Bewußt-sein. Sämtliche Mythologien, religiöse Geschichten, viele phantastische Phänomene wollen als Symbole aus anderen Realitäten oder Daseinsebenen uns einerseits helfen, uns selbst besser verstehen zu lernen, und uns andererseits von anderen Daseinsformen und -wirklichkeiten erzählen.

Der griechische Philosoph Platon erkannte in den schöpferischen Gedanken den Ursprung aller Erfindungen – all dessen, was lebt. Reine Inspiration ist durch kein Ego oder sonstige Wertvorstellung mehr gefärbt oder geprägt, sondern wird direkt von dem Großen Geist, dem höheren Bewußtsein, dem göttlichen Plan gespeist. Die Begründer der Weltreligionen, viele Erfinder und Künstler besaßen in hohem Maße die Gabe der außersinnlichen Wahrnehmung oder der Medialität.

Durch mediale Erfahrung hinter die Kulissen schauen

Das Leben will all denen, denen Paranormales widerfährt oder die sich für unsichtbare Zusammenhänge interessieren, *die Augen des Herzens* öffnen, damit auch diese zu sehen beginnen. Die mediale Entwicklung lehrt uns, »hinter die Kulissen« zu schauen. Jeder sollte seine höchstpersönliche Rolle auf der Bühne des großen Welttheaters spielen – und zwar so gut wie möglich! Ob Sie – als Regisseur oder als Schauspieler – auch Ihre medialen Fähigkeiten einbeziehen wollen, müssen Sie selbst erspüren und auch verantworten können! Wenn Sie sich Zeit dazu nehmen, werden Sie auch diese Antwort in sich finden. Wenn Sie je einmal – wie ich selbst – während Ihrer persönlichen Bewußtseinsentwicklung unheimliche Erfahrungen machen müssen, so bewahren Sie Ihr Gottvertrauen! Lassen Sie eine solche Prüfung zu, die Ihre seelisch-geistige Belastbarkeit, die innere Stärke, testen will.

Ihr Gottvertrauen ist der beste Schutz!

Leben ist fortwährendes Wachsen, ist Ausdehnung des Bewußtseins.

Das Göttliche in uns will sich erlösen, und alles, was geschieht, trägt auf seine Art dazu bei. Dieses Vertrauen können wir im Laufe unseres Lebens und unserer Entwicklung erwerben. Über das Erfahren höherer Dimensionen führt uns die Medialität hin zu wachsendem Gottvertrauen; das Göttliche in uns wird berührt, und es ist unzerstörbar, ewig.

KAPITEL 2

Die Auseinandersetzung mit der eigenen Medialität

Gib mir einen festen Punkt,
und ich werde die Erde bewegen.

Archimedes

In jeder Kultur gab es Eingeweihte

Seit Menschengedenken wurden die Talentierten gepriesen, verehrt, gefürchtet oder verfolgt – die Akzeptanz der Gesellschaft hing stets von deren Bedürfnis, Wissen und Bewußtseinsstand ab. Jede Kultur hatte ihre Eingeweihten – entsprechend der Entwicklungsstufe der Erde zur damaligen Zeit, mit eigenen Traditionen, Riten und Aufgaben. Im alten Ägypten dienten die Hohepriester als Heiler und Begleiter der Seele ins Totenreich. In Griechenland war das Orakel von Delphi eine Quelle der Inspiration für Staat und Gesellschaft – im Sinne von Gerechtigkeit und Strukturbildung.

In anderen Kulturen wie Tibet wurde das Gut der außersinnlichen Wahrnehmung bis in die heutige Zeit bewahrt. Schamanen der Andenvölker reisen mit Totemtieren in ihrer Vorstellung zu den Ahnen und bitten sie um Hilfe bei wichtigen Entscheidungen. Hier wurden die Riten der Einweihung überliefert, Schriften heilig gehalten und der Urglaube des Menschen an die Kraft der Schöpfung bewahrt.

Viele spirituelle Überlieferungen sprechen von einer zentralen Quelle der Spiritualität und des Wissens und behaupten, daß die Menschheit von einer höheren Intelligenz zum Ziel der menschlichen Evolution geführt wird. Auch die Gründerin der theosophischen Gesellschaft Helena Blavatski und andere Denker des 19. Jahrhunderts waren der Überzeugung, die Menschheit werde durch die geistige Hierarchie geführt, die unsere Geschicke leitet.

Die Erforschung von spirituellen Ebenen und deren Querverbindungen über die Jahrtausende ist eine spannende Angelegenheit. Zudem hat die Astrophysik beispielsweise kürzlich herausgefunden, daß einige Gesteinsproben aus dem All älter sein sollen als unser Universum. Wären die alten Griechen nicht auch erstaunt gewesen, hätten sie gewußt, daß noch vor ihnen die Mayas und Inkas gewirkt und Fäden der Weisheit gesponnen haben?

Gelebte Spiritualität in Indien

Als ein Beispiel für politisch gelebte Spiritualität mag Indien dienen. In der Geschichte dieses Landes gab es praktisch keine rein politische Revolution. Jeder hinduistischen Bewegung von Buddha bis Shankara, über die Bhagawad-Bewegung bis zu Vivekanandas Vedanta-Aktivismus und Gandhis synkretistischem Hinduismus ging es um die Erneuerung der religiösen Rituale. Als Nebeneffekt veränderte sich auch die Gesellschaft. Das hinduistische Denken kennt keine äußere Evolution in unserem Sinne, kein Ziel in der Ferne. Es sieht die Welt in zyklischen Abläufen, in ewigen Wiederholungen. Das Ziel für den Menschen kann dabei nur die Befreiung aus dem Zyklus von Tod und Wiedergeburt sein. Wenn wir nicht an ein Paradies am Ende der Zeit glauben mögen, leitet uns vielleicht die Vorstellung, daß die persönliche Evolution oder, besser gesagt, die Entfaltung der medialen Anlagen von größter Bedeutung für Erde und Universum ist. Selbstverständlich hat dies Auswirkungen auf die Gesellschaft und das Miteinander. Doch es ist kein Ziel, das in irgendeine Zukunft verlegt werden kann, sondern muß tatsächlich »Hier und Jetzt« zur Wirkung kommen.

Wir stehen an einem Wendepunkt

In unserer westlichen Zivilisation stehen wir, bedingt durch die Flut an esoterischen Informationen und die Qualität des Zeitgeistes, an einem Wendepunkt. Der Glaube ist keine gesellschaftspolitisch zwingende Kraft mehr – wie noch in vergangenen Jahrhunderten –, und die Verbindung zur Natur, der Quelle aller Schöpfung, ist durch das Kontrollbedürfnis des westlichen Menschen durch den Verstand oftmals zu sehr überlagert, um echte Inspiration zu schenken. So verbleibt die Kraft des freien Willens und der dem Menschen innewohnende Drang nach Fortschritt, nach einem Weg aus Leid und Chaos. »Leiden und Mut sind der Stoff für Romane, doch sie sind auch dasjenige Element, das die Geschichte interessant macht«, gibt Anthony Blake zu bedenken. »Es gibt tiefere und oberflächlichere Erfahrungen; unsere eigene Erfahrung vermischt sich mit der des Volkes, dessen Geschichte wir studieren. Ohne Erfahrungen ist Geschichte ein Schattenspiel.«

Die konkrete Erfahrung der Medialität schenkt uns die Möglichkeit, das Drehbuch des Schattenspiels zu erfassen

und mit dem »Autor« in Verbindung zu treten, um die wahren Hintergründe begreifen zu lernen.

Über die Kommunikation mit höheren Dimensionen gelangen wir zur »Kommunion« mit unserem Schöpfer. Während in alten Kulturen dieser Weg nur wenigen Auserwählten zuteil wurde, haben wir heute die Möglichkeit, willentlich diese Richtung zu nehmen, denn die Zeit ist reif und verlangt danach, die in uns schlummernden Sinne zu erwecken.

Die persönliche Eignung

Die Schulung der medialen Fähigkeiten ist heute für alle Menschen sinnvoll, die bereit sind, sich zu entfalten, den Weg nach innen zu gehen, das wahre Selbst zu entdecken, um intuitiver und inspirierter leben und wirken zu können, um verlorengegangene Fähigkeiten wieder zu erwecken. Medialität will »anerzogen« werden.

Wie auch im Sport oder beim Erlernen eines Musikinstruments gehören Offenheit für Neues, Geduld, Durchhaltevermögen, Disziplin und die Kraft der Einsicht zu einer erfolgreichen medialen Schulung. Weiterhin spielen die natürliche Veranlagung und das Talent eine nicht unbedeutende Rolle. Wenn Wunsch und Wille vorhanden sind, werden die sechs Lektionen der medialen Grundausbildung in Teil II auch für Sie eine immense Bereicherung darstellen und Ihren Horizont erweitern. Die beste Voraussetzung ist, keine Erwartungen zu haben und sich fortwährend mit dem Erlebten auseinanderzusetzen.

Lassen Sie sich Zeit, und bestimmen Sie Ihr ganz persönliches Entwicklungstempo selbst. Die Natur lehrt uns, daß jedes Lebewesen, ob Eiche oder Gänseblümchen, ob Maus oder Elefant, sich nach seinem ureigenen Programm, in *seiner* Geschwindigkeit des Wachstums entwickelt.

Geduld bringt Rosen!

Die mediale Entwicklung will nichts anderes, als über die bewußte Schulung der fünf medialen Sinne das Tor zu den geistigen, unsichtbaren Welten zu öffnen.

Grundsätzlich sind für eine mediale Entwicklung all diejenigen geeignet, die

- erkennen, daß das Geistige das wichtigste im Leben ist und über Besitz oder Titel steht;
- verantwortungsbewußt mit der geistigen Welt umgehen, um nichts Unerwünschtes zu bewirken;
- engagiert ihr intellektuelles Wissen mit spirituell-medial entwickelten Fähigkeiten verschmelzen und im Alltagsleben anwenden wollen;
- bereit sind, mit Geduld und Disziplin ihre geistigen Übungen zu absolvieren und auf deren Wirkung im verborgenen vertrauen;
- bereit sind, Charakter- und Persönlichkeitsschulung im Alltagsleben den notwendigen Raum zu geben;
- wissen, daß unsere Gedanken Berge versetzen können;
- sich des positiven wie des negativen Denkens bewußt werden und sich dementsprechend gegen eine »geistige Luftverschmutzung« einsetzen;
- sich freuen, ihre ASW, die innere Stimme, das Zwiegespräch mit Gott oder dem höchsten Bewußtsein kennenzulernen, um mit neuem Wissen zum Ursprung zurückzukehren;
- die mediale Entwicklung im Sinne von Heil-Werdung – als alternative Psychotherapie einstufen;
- in der medialen Entwicklung eine Möglichkeit entdecken, körperlich, psychisch und sozial gesund bleiben und immer wieder neu werden zu können;
- bereit sind, altes Wissen zu überprüfen, indem sie selbst mystische Erfahrungen zulassen und erleben;
- ihr Bewußtsein in andere Dimensionen erweitern wollen, indem sie zu den fünf körperlichen die fünf geistigen, außersinnlichen oder medialen Sinne entwickeln;
- anerkennen, daß es verschiedene Sonnensysteme und noch andere Schulen in der geistigen Welt gibt.

Selbsterfahrung, Selbsterkenntnis, Selbstvertrauen

Die mediale Entwicklung ist demnach für alle Menschen geeignet, die mittels der bewußt angewendeten Gedanken- und Gefühlssprache sich in Selbsterfahrung, Selbsterkenntnis und Selbstvertrauen üben möchten. Diejenigen, die sich das bereits erarbeitet haben, entdecken mit Hilfe der medialen Arbeit neben einer besseren Kenntnis der eigenen Persönlichkeit, daß die Schulung des Charakters ein lebenslanger Prozeß ist. Sie lernen, immer besser mit dem eigenen Einfühlungsvermögen umzugehen, werden entscheidungsfreudiger und gefühlssicherer und erlangen dadurch wahres Selbstwertgefühl. Die persönliche Kreativität kann sich optimaler entfalten, und somit werden Beruf, Freizeit und zwischenmenschliche Beziehungen inspirierter gelebt.

Die praktischen Übungen sind auch dazu geeignet, in Meditationsgruppen von einem erfahrenen medialen Trainingsleiter durchgeführt zu werden. Gedankenaustausch unter Gleichgesinnten ist von Zeit zu Zeit sehr wertvoll und kann besonders zu Beginn der Übungen eine zusätzliche Gefühlssicherheit fördern.

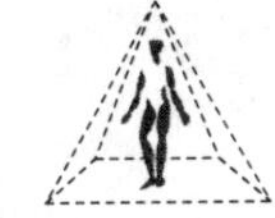

Nicht geeignet sind die anschließenden Übungen bei seelischer Instabilität, Labilität oder seelisch-geistiger Krankheit. In düsteren, depressiven Zeiten empfehle ich, ausschließlich Schutz- und Heilmeditationen als Entspannung mit dem Ziel der inneren Ruhe und Harmonie zu machen. Da nach dem Regen die Sonne meist wieder scheinen wird, kann es dann sinnvoll sein, die Übungen zuerst einmal nur durchzulesen und sie »passiv«, nur in der Vorstellung, zu erleben. Allein dies wird viele neue Impulse und Anregungen geben, die im riesigen Speicher des Unterbewußtseins gelagert werden und – wer weiß – vielleicht in einer, zwei oder drei Wochen, in Monaten oder Jahren wieder auftauchen, um dann bewußt und aktiv trainiert, er- und gelebt werden zu wollen.

Medialität und Schicksalsschläge

Eine Besonderheit sei noch erwähnt: Die persönliche Medialität kann auch über einen Schicksalsschlag plötzlich wiederentdeckt werden oder zutage treten. Ein Schockerlebnis erzeugt eine höhere Gedankenfrequenz, die das Bewußtsein in eine höhere Ebene – die mediale, übersinnliche Frequenz – hineinführen kann und neue Einblicke oder Erfahrungen erleben läßt. Manifestationen der Hellsichtigkeit oder der außersinnlichen Wahrnehmung werden hier auf eine natürliche Art und Weise möglich. Ich denke beispielsweise an Nahtoderlebnisse, außerkörperliche Erfahrungen und ähnliches, wie es beispielsweise Prof. Elisabeth Kübler-Ross in ihren Büchern über die Sterbebegleitung beschreibt.

Mein eigenes Erwachen »aus dem Dornröschenschlaf« war ein solches Schlüsselerlebnis: Ich fuhr alleine und nicht angeschnallt mit hoher Geschwindigkeit auf der Autobahn. Mein Wagen geriet ins Schleudern, kam von der Fahrbahn ab und stürzte einen Hang hinunter. Das Auto hatte Totalschaden – ich selbst blieb völlig unverletzt. Während das Cellokonzert im Radio aus dem zertrümmerten Auto weiter ertönte, spürte ich unerwartet eine starke Präsenz hinter mir: Mein Großvater aus der geistigen Welt war bei mir. Ich nahm ihn auf dem Rücksitz des Wagens als Vision wahr und sah ihn so, wie ich mich an ihn zu Lebzeiten in meiner Jugend erinnern konnte. Der Schock löste in mir die Fähigkeit aus, die geistige Welt wahrzunehmen, und im gleichen Moment begriff ich den Sinn meines Lebens. Dieses Erlebnis wurde zum entscheidenden Wegweiser meiner weiteren Entwicklung.

Der persönliche Nutzen

In der Auseinandersetzung mit Ihrer Medialität lernen Sie die geheimnisvolle Welt der Phantasie, der Vorstellungen, Einbildungen, Eingebungen und der verborgenen Sinne kennen. Sie erleben und leben echte Spiritualität. Sie lernen die verschiedenen Denkstrukturen und Bewußtseinsebenen von Körper, Ätherkörper und Aura kennen und erfahren »Unerklärliches«, das sich naturwissenschaftlich noch nicht nachweisen läßt. Nebenbei gesagt bin ich überzeugt, daß auch die Erkenntnisse der heutigen Naturwissenschaften, der Philosophie und der Kunst eine Renaissance erleben müssen: Altes Wissen will mit neuesten Erkentnissen ergänzt werden – wir kommen auf der Spirale eine Drehung höher …

Krankheiten und ihre Bedeutung

Das Beispiel einer Krankheitsanalyse soll erläutern, wie wir durch Schulung der Medialität an Selbsterkenntnis gewinnen. Im Krankheitsfall haben wir zwangsläufig die Zeit, dem Warum und Weshalb nachzugehen. Über unsere Psyche setzen wir uns mit der Vergangenheit auseinander, um auf den Grund, den Auslöser zu stoßen: Hier beginnt der Prozeß der Selbsterforschung, die um so tiefer und weitreichender sein wird, je mehr Sinne wir einsetzen. Wir lernen unsere Persönlichkeits- und Verhaltensmuster besser kennen. Haben wir den Grund unserer Krankheit gefunden, Selbsterkenntnis erlangt, werden wir einen besseren Umgang mit uns selbst pflegen, eigenverantwortlich sein, woraus wiederum Vertrauen in uns selbst erwächst. Je medialer unsere Wahrnehmung ist, desto besser können wir die Vergangenheit – unter Einbezug früherer Leben und daraus resultierender »Schwachstellen« – erfassen und auf die Gegenwart angemessen re-agieren.

Ein persönliches Erlebnis

All diese Schritte warteten auf mich, als ich vor ein paar Jahren eine Hirnhautentzündung hatte. Durch das plötzliche Auftreten dieser Krankheit war ich quasi gezwungen, still zu werden, innezuhalten. Ich hatte auf einmal Zeit – Zeit zu erkennen, daß ich viel zu viel gearbeitet hatte und unfähig gewesen war, gesunde Grenzen zu stecken. Über die Medialität konnte ich tiefergehende Einblicke in dieses Muster und seine karmische Ursache gewinnen. In dem Vertrauen, daß nichts ohne Sinn ist, fand ich schließlich zu neuen Wegen meiner Arbeit. Die Weichen dazu wurden von der geistigen Welt gestellt. Ich lag mit hohem Fieber in einem komatösen Zustand im Krankenhaus, als ich folgendes vernahm:

»Herzlich willkommen in der 4. Dimension.« Meine beiden Großmütter und eine Bekannte aus der geistigen Welt erscheinen mir klar und geben mir ein Healing (eine Heilsitzung). »Don't worry, Linda, be happy.« Jede der drei Heilerinnen hat eine andere Ausstrahlung oder Aura, einen anderen Bewußtseinsstand und damit eine andere Heilkraft und Aufgabe. Ich nahm diese folgendermaßen wahr: 1. Grün – Arbeit am Nervensystem, 2. Gelb – Arbeit am Hormonsystem und 3. Pink und Blau – Arbeit am Blut. Während der Heilsitzung umgibt uns ein helles, prickelndes Licht. Ich lerne eine neue, feinere Frequenz kennen und erlebe bewußt die Umpolung in eine höhere Bewußtseinsebene. Moosgrüne Schwingungen umgeben mich und werden von blauen abgelöst. Engel des Wissens erscheinen und teilen mir mit:

»Herzlich willkommen in der 5. Dimension! Hier in der blauen Schwingungsebene entstehen die meisten Gefühle. Hier sind auch jene Schwingungsfelder des Unterbewußtseins manifestiert, die sich in allen bisherigen Inkarnationen als Fehlprogramm, als Verdrängung angesammelt haben. Spirituelle Wesenheiten, die schon etwas weiter entwickelt sind als die Menschen, werden nun immer intensiver auf die Erde einwirken und den Menschen helfen, sich mehr und mehr dem ihnen innewohnenden Göttlichen zuzuwenden.

Die universelle Liebe des Schöpfergeistes wird durch geistige Umpolung oder Transformationen von Lichtströmen die Erde reinigen. Die fortschreitende Entwicklung der verschiedenen Bewußtseinsebenen wird immer deutlicher zeigen, daß die Menschen sich für die Liebe entscheiden wollen und auch müssen, was nichts anderes bedeutet, als den in allen Menschen vorhandenen Christusgeist zu erlösen. Durch die Offenbarung unseres wachsenden Bewußtseins, unserer differenzierteren Wahrnehmungsmöglichkeit gelingt es uns immer besser, uns auf der persönlichen Ebene zur eigenen Mitte hin zu entwickeln. Versuche, transparent zu werden für das, was dir jetzt noch unmöglich scheint. Es kann keine Neuerung geben, solange du die geistig-seelischen Kontakte zu all dem, was dir bis anhin unmöglich schien, nicht wagst. Neue Muster des Lebens können nicht entstehen, wenn du deine Arbeit nur innerhalb der alten Muster weiterführst.«

Neue Energieformen durchfließen jetzt meine Hand- und Finger-Chakren. Ich erlebe eine Erhöhung der Frequenz im Hals-Chakra. Mein Leidensbewußtsein, Karma oder unerlöste Ursache-Wirkung-Verspannungen werden aufgelöst, indem ich plötzlich verschiedene frühere Lebensabschnitte sehe. Es bilden sich neue energetische Zugänge zu meinem Unterbewußten. Mein Christusbewußtsein erwacht; harmonisierende Liebes- und Lichtströme beginnen aus meinem Hals-Chakra zu fließen. Blaue Energie bringt Entspannung – ich erlebe eine Erlösung. Musik ertönt. Ich erhole mich und genieße immer noch das an mir praktizierte Healing meiner drei geistigen Helferinnen. Sie klären mich auf über ihre feinstoffliche Arbeit und über die Harmonisierung der biochemischen Prozesse in meinem Nerven-, Hormon- und Blut-System. Sie lehren mich die physischen Veränderungen im menschlichen Körper, die parallel mit der geistig-seelischen Entwicklung einhergehen.

Ein Engel aus der 5. Dimension sagt abschließend zu mir: »Setze dich weiter ein und arbeite an dir: Immer weiter geht es mit deiner Bewußtseinsentwicklung, hohem Gerechtigkeitssinn, Genauigkeit in der Ausführung aller Tätigkeiten, innerer und äußerer Unabhängigkeit und logischem, klarem Denken. Unter unserer weiteren Beeinflussung entstehen noch stärkere Gefühle der Verehrung allen Lebens, der Weitherzigkeit und uneigennützigen Liebe. Dadurch wirst du glücklich und erfolgreich werden.«

Danach kommt ein verstorbener Onkel aus der geistigen Welt, der 4. Dimension, und sagt barsch und streng: »Linda – es ist Zeit, auf die Erde zurückzukehren. Du hast noch viel zu tun ...«

Zeit und Raum bewußt verlassen

Durch die geistigen Erkenntnisse erlangen Sie Erfahrungen, die man sonst gewöhnlich nur im Traum oder nach dem Tod sammeln kann. Bewußt aus Raum und Zeit aussteigen zu können, kann je nach Begabung zu einer wertvollen Bewußtseinserweiterung führen; diese Erfahrungen werden dann mit dem bereits geschulten Intellekt verschmelzen und in das Denken einfließen. Hier beginnt das neue Zeitalter, eine Neuorientierung auf Grundlage der ganzheitlich eingesetzten physischen und psychischen Sinne.

Das »magische Auge«

Entdecken und trainieren Sie Ihr »magisches Auge«, lernen Sie, vom normalen auf den entspannten Blick umzuschalten. Die neue Kunstform der dreidimensionalen Computerbilder zeigt uns diesen Schritt besonders anschaulich. Betrachten wir ein Lebewesen mit dem gleichen entspannten, weichen Blick, wird sich uns dessen Ätherkörper und später die Aura offenbaren. Erwerben Sie die Gewißheit, daß in allen Dingen, die Sie sehen, noch mehr zu entdecken ist. Ist nicht alles eine Frage der Wahrnehmung in verschiedenen Frequenzen oder Daseinsformen?

Sie können telepathische Informationen von anderen Menschen durch die Energie ihrer Aura erhalten, jener Ausstrahlung, die uns allen eigen ist. Dieses Gedanken- oder Gefühle-Lesen ist eine weitere Facette des Wissens. Die Kraft und Möglichkeit, psychische Energien sinnvoll zu gebrauchen, ist von Person zu Person verschieden. Man kann Informationen empfangen und interpretieren, Heilenergien vermitteln, Krankheiten und deren Ursachen diagnostizieren. Die einen sind sich vielleicht ihrer Medialität gar nicht bewußt und leben sie im künstlerischen Bereich aus, als Maler, Musiker oder Schauspieler. Die anderen gehen den Weg der zwischenmenschlichen Kommunikation und wählen Helferberufe oder engagieren sich als Politiker und Theologen.

An dieser Stelle sei auch darauf hingewiesen, daß oftmals Menschen als geistesgestört diagnostiziert und behandelt werden, obwohl sie eigentlich nur nicht wissen, wie sie mit ihrer angeborenen Medialität – ihrer Sensibilität – umgehen müssen. So gibt es sogenannte »Geisteskranke«, die innere Stimmen hören oder Erfahrungen aus vergangenen Leben erzählen. Mediale Supervision kann unter Umständen tatsächlich Zusammenhänge früherer Leben oder gar geistige Helfer verifizieren und feststellen, daß diese unabhängig von der Persönlichkeit existieren. Aufgrund mangelnder Aufklärung und Kontrolle wird so ein Mensch mit sensitiven Gaben als krank eingestuft, und mangelndes Verständnis entsprechender Fachleute wird seine seelische Labilität weiter verstärken.

Medialität ist grundsätzlich eine natürliche Veranlagung und steckt in jedem von uns.

Ursache von Problemen erkennen

In Krisenzeiten bietet sie uns eine große Hilfe, denn jedes Problem – ob physisch oder psychisch – wartet nur darauf, in seiner Ursache erkannt und gelöst zu werden. »Schwierigkeiten bringen Talente ans Licht, die bei günstigeren Bedingungen schlummern würden«, sagte Horaz. Müssen wir so lange warten? Oder sind Sie bereit, sich durch Unerklärliches, aber Erfahrbares zu neuen Ufern motivieren zu lassen? Mit der Entwicklung Ihrer fünf geistigen oder übernatürlichen Sinne lernen Sie Ihre innere Stimme bewußt kennen. Sie erarbeiten sich damit eine wichtige Entscheidungshilfe für Ihren Alltag.

Dank der bewußten Kontaktaufnahme, des Zwiegesprächs mit der inneren Stimme, lernen Sie die unsichtbare, psychische Welt kennen. Hellfühlen, Hellsehen, Hellhören, Hellriechen, Hellwissen – sie alle haben ihre Wurzeln in der geistigen Dimension und bleiben nicht nur einigen wenigen Auserwählten vorbehalten.

Kommt dann Ihre Überzeugung hinzu, daß es zu diesen zwei Dimensionen noch eine dritte gibt, nämlich die ewige Existenz der spirituellen, göttlichen, alles lenkenden Kraft – der höchsten Intelligenz des Großen Geistes –, lernen Sie, sich über Ihre fünf medialen Sinne von diesen höchsten Seinsebenen *bewußt* führen zu lassen.

Die Widersprüchlichkeit, die Polarität unseres irdischen Daseins, erlangt erst dann ihren wirklichen Sinn, wenn wir diese dritte Kraft bewußt integrieren und beständig in unser Alltagsleben einfließen lassen. Nur mit dem Glauben an die geistige oder göttliche Führung, an das kosmische Prinzip, kann unser Leben in ein Gleichgewicht – in eine natürliche Balance, zu Harmonie und Frieden – kommen. Die mystische Verschmelzung mit der höchsten Energie schenkt uns auch das Wissen um die Verbindung mit allem, was lebt. Unser Weltbild wandelt sich – hin zu einer nicht urteilenden, nicht wertenden, sondern einenden Epoche der Ganzheitlichkeit.

KAPITEL 3

Die geistigen Helfer und Führer

Atem der Götter und Lebenskeim der Welt,
frei wandert er.
Ihm bringen wir unsere Verehrung,
ihm, dessen Stimme man hört,
doch dessen Gestalt niemand erblickt.

Rig-Veda

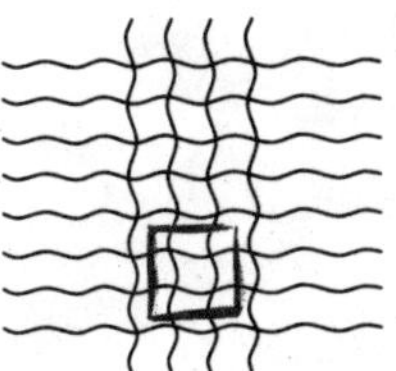

Lauschen wir ganz intensiv dem Klang einer Glocke, so entdecken wir, daß außer dem Grundton die verborgenen Obertöne den Gesamtklang ausmachen. Im Nachhall nehmen wir immer feinere Frequenzen wahr, spüren von der anfänglichen dichten Vibration nur noch zarte Energiemuster. All dies ist in dem *einen* Klang enthalten – und so eröffnet sich dem Wachsamen und Sensitiven eine neue Welt im universalen Hologramm. In diesem Hologramm durchweben sich die verschiedenen Bewußtseinsebenen gitterförmig – horizontal und vertikal.

Die geistige Welt und ihre Hierarchie

Unerklärliche Erlebnisse

Im Universum existieren viele Kräfte, die sich dem Verständnis des Menschen (noch) entziehen. Zahlreiche unerklärliche Erlebnisse oder phantastische Phänomene, die immer wieder erfahren werden, bestärken uns im Glauben, daß neben unserer materiell-physikalischen Welt eine spirituelle Realität existiert beziehungsweise andere Realitäten oder Bewußtseinsebenen mit anderen Naturgesetzen. Verschiedene historische, philosophische und gesellschaftliche Prägungen machen uns geneigt, uns vor diesen schwer faßbaren Dimensionen zu fürchten, es »unwichtig« zu finden, ihnen Beachtung zu schenken, oder gar Hemmungen vor konkreten Vorstellungen zu haben. So haben wir unter anderem auch gelernt: Du sollst dir kein Bildnis von Gott machen. Wie wollten wir das auch – inmitten all der Beschränkungen des Menschseins? Zudem wäre ein Bildnis, eine Vorstellung wiederum bereits erklärbar, definierbar; und so wird von allen Religionen und Mystikern immer nur die Suche nach der Verbindung mit Gott, eine Erfahrung mit der höchsten Intelligenz oder Bewußtseinsebene angestrebt. Wir wissen, daß wir die Verbindung zum Großen Geist im Gebet, in der Meditation, in der Versenkung, in der Stille zu finden vermögen.

Diese höchste Bewußtseinsebene oder höchste Intelligenz können wir weder fassen noch definieren – aber wir können sie erleben, erfahren.

Einweihungen

Wir alle erfahren sie, indem wir ganz einfach Liebe spüren, oder wir erleben dieselbe Kraft in einer Vision in unserer Phantasie, im Traum, in der Natur – wann immer wir das Gefühl bekommen, in unserer Seele vom Göttlichen berührt zu werden und transpersonale Erfahrungen zu machen. Solche Erlebnisse nennen wir Initiierungen oder Einweihungen. Wir alle sind aus der ewigen Kraft des höchsten Bewußtseins hervorgegangen und tragen demzufolge den göttlichen Funken in uns. Wir sind geistige Wesen, die dieses höchste Bewußtsein verkörpern. Auf unserer Lebensreise durch die unendliche Zeit bringen wir diesen Keim zum Wachsen und zur Blüte, in diesem Augenblick als Mensch, in einem anderen als geistiges Wesen in einer anderen Seinsform.

So wie auf unserer Erde die verschiedensten Bewußtseinsebenen gleichzeitig nebeneinander existieren, hat auch die feinstoffliche Welt Hierarchien. Die nebenstehende Tabelle gibt einen Überblick über die Abstufung des Bewußtseins. In den Werken von Steiner, Krishnamurti, Leadbeater, Blavatsky und Bailey finden sich tiefgehende Einblicke in diese Welten.

Geistige Hierarchiestufe	Bewußtseinsebenen	Wesenheiten
KÖRPER		
1. Die Wahrnehmungsbereiche der Menschen	Schein-Täuschung	Naturgeister, Feen und Gnome
2. Die höheren Körper	Verbindung des Ego und der Physis, Erwachen des Intellekts	Verschiedene Engelwesen
SEELE		
3. Die Astralwelt	Gefühlswelt – der 6. Sinn erwacht in Raum und Zeit	Torhüter – Schutzengel Verstorbene, die noch in der Astralwelt sind
4. Die Mentalwelt	Gedankenwelt außerhalb von Zeit und Raum	Geistige Helfer Verstorbene, die sich aus der Astralwelt entwickelt haben
GEIST		
5. Die Kausalwelt	Akasha-Chronik	Geistige Führer Erzengel und aufgestiegene Meister
6. Das höhere Selbst	Vollkommenes Bewußtsein	Lichtwesen
7. Das Christusbewußtsein	Erkennen des göttlichen Plans	
8. Logos		

Geistige Hierarchiestufen, Bewußtseinsebenen und Wesenheiten

Wir alle müssen einmal in das Land des Jenseits reisen. Wenn die Zeit gekommen ist, sich von unserem Gefährt(en), dem irdischen Körper, in Liebe zu verabschieden, erwartet uns erneut eine Geburt – aus dem physischen Körper in unseren psychischen, aus der irdischen Welt in die des Geistes.

Spätestens hier erwachen auch unsere psychischen Sinne – die Medialität –, und wir erfahren über diese Wahrnehmung unsere neue Daseinswelt.

Prof. Elisabeth Kübler-Ross meinte dazu: »In diesem Zusammenhang kann man den Tod als einen Vorhang ansehen zwischen der Existenz, deren wir uns bewußt sind, und einer anderen, die uns verborgen ist, bis wir den Vorhang heben.«[1]) Im Moment des Übergangs werden wir von feinstofflichen Wesen, unseren »geistigen Geburtshelfern«, liebevoll betreut und in die geistige Welt eingeführt.

Die Qualität unseres Bewußtseins, alles, was wir be- und erarbeitet haben, macht die uns eigene »Schwingungsfrequenz« aus – und damit die Ebene der geistigen Welt, die unser neues »Zuhause« wird und unserem Bewußtseinsstand entspricht. Jede dieser verschiedenen Ebenen oder Daseinsformen – von Schwarz über sämtliche Regenbogenfarben bis hin zu Weiß – können wir uns als andere Welt, als neuen Lehrplaneten oder Schule vorstellen.

Geistiges Krankenhaus

Je nach unserer seelisch-geistigen Verfassung beim Sterben können wir uns hier mehr oder weniger gut zurechtfinden. Unsere geistigen Begleiter und Führer stehen uns hilfreich zur Seite; so wie eine Mutter ihr Baby verantwortungsbewußt betreut, werden auch die seelisch-geistigen Neuankömmlinge entsprechend behandelt. Ein Mensch, der beispielsweise an einer schweren Krankheit gestorben ist, wird als Geistwesen zuerst in ein geistiges »Krankenhaus« gebracht, damit er sich von seinen irdischen Strapazen erholen und rehabilitieren kann. So ein geistiges Krankenhaus läßt sich folgendermaßen beschreiben: Es gibt keine Apparate oder Medikamente, sondern die entsprechenden Geist-Heiler stellen sich je nach Bewußtseinsebene und je nach zu behandelnder Krankheit als Kanal für höhere Heilenergien zur Verfügung. Hier wird nur durch Transformation verschiedener Energiefrequenzen gearbeitet und gewirkt.

Geistiges Schulhaus

Ein Kind, das jäh aus dem Leben gerissen wurde, wird unter Umständen direkt in eine geistige Schule gebracht, um dort sein Lernprogramm weiterführen zu können. In einem geistigen Schulhaus wird nicht intellektuell gelehrt wie auf der Erde, sondern übersinnlich. Konkret heißt das, daß man sich anhand verschiedenster geistiger Lehrmethoden der seelisch-geistigen Entwicklung weiter bewußt wird. Die Vermittlungsart geschieht telepathisch. Je nach Bewußtseinsstand kann der Unterricht über die entsprechenden medialen Sinne erfolgen – auch der geistige Lehrer dient als Projektionsebene oder Spiegelbild. Vorträge höherer geistiger Führer geben Anregungen und neue Impulse, die später – im »neuen Leben« – möglichst wirkungsvoll in die Praxis umgesetzt werden können.

Sobald sich der »Verstorbene« völlig bewußt geworden ist, daß er eben nicht gestorben ist, sondern nur seine Daseinsform verändert hat, legt er sich *eigenständig* Rechenschaft ab.

Das läßt sich mit einem Schüler vergleichen, der am Ende eines Schuljahres sein Zeugnis in der Hand hält und einsieht, welche Fächer genügend und welche ungenügend begriffen wurden. Das geistige Zeugnis besteht aus seelisch-geistigen Fähigkeiten, aus erarbeiteter Persönlichkeit oder Bewußtsein. Weil der »Verstorbene«, der Astralkörper oder das geistige Wesen, sich mittlerweile seiner psychischen Fähigkeiten bewußt geworden ist und spätestens jetzt hellsichtig, -hörend, -riechend, -fühlend und -wissend seine neue Welt wahrnimmt, erlebt er sich im Spiegel der Selbsterkenntnis.

Auch in der geistigen Welt geht es um das Erkennen der eigenen Wahrheit – nur fällt die Einsicht leichter, weil die psychischen Sinne helfen, die Illusionen, Wunschträume und falschen Einbildungen besser zu durchschauen.

Wie der irdische Schüler nach seiner Grundausbildung neue Entscheidungen über seine weitere Entwicklung fällen muß, ergeht es auch dem geistigen Wesen. »Informationsbüros« stehen nun zur Verfügung, wo höher entwickelte Geistwesen mit Ratschlägen zur Seite stehen.

Wie unten, so auch oben

Grundsätzlich stehen nun drei Möglichkeiten offen:

1. *Lernhallen oder Schulhäuser* diverser Art dienen in der geistigen Welt einer beständigen Weiterbildung. Von der Grund- bis zur Hochschule sind auch in der feinstofflichen Welt sämtliche Nuancen vertreten.

2. Man kann *zum geistigen Helfer* oder feinstofflichen *Reisebegleiter* für andere geistige oder irdische Wesen werden. Je nach persönlichem Lernprogramm begleitet man eine bestimmte Zeitlang eine entsprechende Energie, die sowohl dem Betreffenden als auch einem selbst im Sinne des Altruismus der Weiterentwicklung dient.
3. *Wiedergeburt in irdischer Materie.* Je nach geistiger Reife stellt sich der Astralkörper ein neues Lernprogramm zusammen und sucht sich das entsprechende Lernfeld aus. Auch dabei leisten geistige Führer Hilfestellung. Geeignete Eltern, geografische Lage, Milieu, soziale Schichten etc. strahlen »magnetische Impulse« aus, die zusammen einen Code ergeben, der das entsprechende Muster der energetischen Anziehung bildet. In der neuen Inkarnation als Mensch werden nun die anstehenden Themen durch die Lebensumstände fokussiert, um bearbeitet und gelöst zu werden. Die aus diesem Prozeß erwachsenden neuen Themen binden uns weiter ein in das Rad des Lebens – bis höchstes Bewußtsein unsere wahre Natur ist.

Folgender Sitzungsbericht möchte das genauer aufzeigen und noch einmal verdeutlichen. Eine geistige Helferin, die vor längerer Zeit verstorbene Patin des Ratsuchenden, erzählte einmal:

Bericht einer geistigen Helferin

»Nach meinem sofort tödlich verlaufenden Unfall erlebte ich einen Schock – wie Ihr Zurückgebliebenen alle auch. Wie lange ich in diesem black-out-artigen Zustand war, kann ich nicht sagen, da es hier in meiner jetzigen geistigen Dimension weder Zeit noch Raum gibt. Als ich dann aber aus meinem Tiefschlaf langsam erwachte, erkannte ich andere geistige Wesen wieder, die mich herzlich begrüßten und willkommen hießen. Ich traf meine Eltern wieder, die sich nach ihrer langen Trennung überglücklich wiedergefunden hatten. Affinitäten funktionieren auch in der geistigen Welt noch. Hier findet man übrigens viel leichter einander ergänzende Seelen und Charaktere, mit denen man glücklich sein kann. Die Vereinigung hier geschieht durch einen ständigen intensiven Energieaustausch zwischen den Seelenkörpern.

Ich wurde von meinen geistigen Helfern in ihre Welt eingeführt, indem sie mir erklärten, wo und was ich jetzt sei. Sie empfahlen mir, in eine geistige Lernanstalt zu gehen, wo ich von kundigen geistigen Führern unterrichtet und über die weiteren Möglichkeiten meiner Bewußtseinsentfaltung aufgeklärt würde. Diesem Impuls folgend ließ ich mich instruieren. Ich staunte nicht schlecht, als ich mir langsam aber sicher bewußt wurde, daß ich all meine be- und verarbeiteten seelisch-geistigen Bewußtseinsteile, die mich, meine Ausstrahlung, mein Wesen, meine ehemalige Persönlichkeit ausmachten, immer noch ›hatte‹. Mir wurde auch bewußt, was ich noch zu bearbeiten und zu entwickeln hatte – deshalb entschied ich mich, einen Schritt nach dem anderen in Angriff zu nehmen. Ich erinnere mich nämlich an eine unerledigte, große Arbeit auf Erden, die ich durch meinen jähen, überraschenden Tod nicht mehr beenden konnte. Das will ich jetzt als geistige Helferin so gut als möglich tun, indem ich mich als Werkzeug für höhere spirituelle Kräfte momentan bemühe, göttliche Energie vor allem denjenigen zufließen zu lassen, die sich immer noch für dieses Projekt engagieren ... damit diese in ihrer Kreativität wieder neu inspiriert und aktiviert werden können, bis es erfüllt ist ...

Was ich nach dessen Vollendung dann machen werde, ist noch ungewiß. Vielleicht möchte ich weiter als geistiger Helfer wirken. Ich könnte beispielsweise als Empfangskommitee für Neuankömmlinge behilflich sein; Überraschten, die sich das Leben vorzeitig genommen haben oder sonst schlecht loslassen können, könnte ich helfen, sich vom Irdischen besser zu lösen; Süchtigen aller Art könnte ich ebenfalls mit Liebe begegnen, damit diese durch die Berührung vom göttlichen Licht vielleicht rascher die Kraft bekommen, an ihrer seelisch-geistigen Bewußtheit selber aktiv weiterarbeiten zu können.

Vielleicht interessieren mich geistige Lehranstalten für meine eigene Weiterentwicklung aber mehr, vielleicht sogar andere Planeten oder gar andere Sonnensysteme ... das alles weiß ich jetzt noch nicht, da ich zuerst meine jetzige Pflicht ordentlich zu erfüllen habe. Alles Weitere wird sich dann bestimmt ergeben ...

Grundsätzlich darf man nicht glauben, daß die verschiedenen Daseinsformen in der geistigen Welt mit unserer irdischen Ebene verglichen werden dürfen, weil wir nicht mit unseren physischen, sondern mit unseren psychischen Sinnen wahrnehmen. Wie im Traum können die Farben vollkommener sein, der Reichtum an himmlischeren Düften unendlich, und aus einem Ton kann eine ganze Symphonie erklingen – alles ist so anders, als ihr es euch auf dieser Welt gewöhnt seid. Die Gebäude sind nicht aus euren Bausubstanzen, obwohl sie glatt wie Marmor, zugleich aber durchsichtig wie Alabaster erscheinen können und Lichtströme von hellsten, regenbogenfarbigen Farbschattierungen in die angrenzende Atmosphäre oder Bewußtseinsebene aussenden. Diese andere Natur erscheint dem Hellsichtigen – und das bin ich ja jetzt, da ich nur noch mit meinen psychischen Sinnen wahrnehmen kann – üppiger, so bunt und in leuchtenden Farben, wie man es sich nur in den kühnsten Träumen vorstellen kann, so wie sich viele Menschen beispielsweise das Paradies, den Garten Eden oder das versunkene Atlantis vorstellen.

Im glitzernden Wasser der geistigen Teiche und Flüsse also, die klar wie Bergkristalle funkeln, schwimmt man auch als Nichtschwimmer und ohne naß zu werden – taucht man, ohne Schnorchel oder Tauchermaske. In diesem feinstofflichen Wasser läßt man sich von dessen Energie magnetisch reinigen und auftanken, und je nach Bewußtseinsebene genügt ein Gedanke beispielsweise an ein Segelschiff, und schon ist es da. Selber kann man den Wind beeinflussen und damit die Fahrtgeschwindigkeit seines Bootes … Viele Seelen oder Bewußtseinsteile können sich unter Umständen angenehmem Zeitvertreib in geistigen Sphären hingeben, der ihnen aus verschiedenen Gründen, während sie inkarniert waren, vielleicht sogar versagt war. Mit meinem Besuch bei Dir möchte ich wie andere, vielleicht sich auch noch freiwillig meldende Bewußtseinsteile nichts anderes als heilige Feuer auf Erden anzünden, damit diese wieder andere ›anzünden‹ und damit auch diese immer wieder ihr spirituelles Licht weitergeben …«

Jedes Bewußtsein hat einen freien Willen

Die verschiedenen geistigen Helfer und Führer sind es also, die uns – zum Teil auch inspiriert von höheren spirituellen Bewußtseinsebenen – erzählen, wie die verschiedensten geistigen Welten vorzustellen sind. Alle Bewußtseinsteile haben ihren freien Willen und lernen, dank diesem Hin und Her der Resonanz, Schritt um Schritt sich dem Großen Geiste zu nähern, um sich schließlich im ewigen Lichte wieder aufzulösen. Die geistigen Helfer der mentalen Ebene wollen mit ihrer Beweisbarkeit uns nicht nur über geistige Rehabilitations- und Bildungsstätten, Spitäler, Bibliotheken etc. informieren und aufklären, sondern uns vor allem motivieren, daß wir bereits Hier und Jetzt zu Lebzeiten uns dieses seelisch-geistigen Gutes unserer Persönlichkeit und unseres Fortbestehens bewußt werden und uns in der Materie seelisch-geistig oder medial entfalten, um nicht erst nach unserem irdischen Tod bewußte psychische Erfahrungen machen zu müssen.

Die geistige Welt ist eine Welt des Gedankens. Denken bedeutet Tun, und der Gedanke ist augenblicklich. Denken Sie sich an einen bestimmten Ort, und sie begeben sich mit der Geschwindigkeit dieses Gedankens dorthin, so schnell also, wie Sie es sich vorstellen können. Das ist die gebräuchlichste Art der Fortbewegung in den geistigen Bewußtseinsebenen. Das Phänomen der außerkörperlichen Erfahrung wird im Teil II näher erläutert.

Höchste Gefühle der Lebenskraft und größtes Wohlbefinden resultieren aus solchen Erkenntnissen. So werden wir in geistigen Welten weder an die Trägheit unseres physischen Körpers noch an Kälte, Hitze, körperliche Beschwerden, Krankheiten, Müdigkeit etc. erinnert. Unsere Empfindungen, unsere Emotionen werden durch unsere bemühte Entwicklung immer geistiger. Wir fühlen mit unserem Geist und nicht durch irgendwelche Sinnesorgane – denn unser Geist reagiert direkt auf unsere Gedanken. In den verschiedenen geistigen Bewußtseinsebenen ist alles aufeinander abgestimmt.

Alle Bewußtseinsebenen sind miteinander verbunden

Gerne helfen Ihnen alle Ihre geistigen Helfer und Führer mit neuen Impulsen oder Gedankenanstößen bei deren Entschlüsselung und Entdeckung als geistige Reisebegleiter durch den praktischen Teil II dieses Lehrbuches – all jene unter Ihnen, die die Erde nach neuen Ländern bereist haben, werden verstehen, was Sie beim Aufbruch in diese medialen Ent- und Aufschlüsselungen geistiger Gefilde empfinden könnten ...

So wie wir uns auf irdischen Bergtouren auf höheres Gelände begeben müssen, um größere Aussicht und klarere Panoramen entdecken zu können, müssen wir uns auch mutig seelisch-geistig auf Hochtouren wagen. Jegliche Spuren des irdischen Alters verlieren wir auf geistigen Bergeshöhen – es ist nur noch das seelisch-geistige Alter, die Reife oder Weisheit und Vergeistigung, die zählt.

Hier, im holografischen Universum gibt es kein lineares Denken, sondern unterschiedliche Realitäten oder Bewußtseinsebenen, die *gleichzeitig* vorhanden sind und gleichzeitig kommunizieren – alle Impulse sind vernetzt.

In der unvergänglichen geistigen Welt kehrt alles, was unerwünscht ist, sofort zum eigenen Element zurück oder bildet sich sofort heraus – ohne zu fragen, wie es entsteht oder verschwindet. Wir wissen, daß es aus einer unendlichen, nie versiegbaren Quelle kommt, die wir – mit unserem normalen Menschenverstand nie so ganz begreifen und verstehen werden können, die wir nur selber erleben können.

Trotz aller geistigen Helfer und Führer seien wir uns aber bewußt, daß *wir* Herr und Meister unserer Gedanken und Gefühle bleiben müssen. Unsere universale Spiritualität, das höchste Bewußtsein, der höchste Wille führt uns auf all unsere Reisen – unsere geistigen Reiseführer stehen uns so gut als möglich mit Rat und Tat zur Seite, damit wir mit unserem Willen das »Richtige« tun …

Unsere Helfer und Führer

Nach all den Erfahrungen, die ich als spirituelles Medium sammeln konnte, gehe ich – wie erwähnt – davon aus, daß die Persönlichkeit (Seele – Geist) nicht mit dem physischen Körper stirbt, sondern diesen mit dem sogenannten Astralkörper beim Sterben nur verläßt.

Es gibt also weder Tod noch Weiterleben – es gibt nur Formveränderungen, Wandlung, andere Aggregat- oder Energiezustände. Die »Verstorbenen« haben nur andere Bewußtseinsqualitäten.

Das Leben nach dem Tod

Nach einer Ruhephase, einer Zeit des Rückblicks auf die gewonnenen Lebenserfahrungen, einer Selbstprüfung und Standortbestimmung setzt dieser Bewußtseinsteil seine Existenz fort, indem er auf der feinstofflichen Ebene weiterlebt und sich entsprechend weiterentwickelt – ohne irdischen Körper. Durch die Befreiung aus der Begrenzung des menschlichen Körpers beim Tod erlangt das Wesen oder der erarbeitete seelisch-geistige Bewußtseinsteil einen umfangreicheren Blick. Irdische Belange haben keine Gültigkeit mehr, das Bewußtsein wird weniger egozentrisch; manches angelernte Wissen verliert an Bedeutung und fällt ab. Die reiferen wie die kindlichen Ichanteile verlieren den bewußten Kontakt zur Intensität und Wichtigkeit der Gefühle. Auch die Geschlechtlichkeit löst sich auf, wir werden androgyn. Und doch bleibt eine prägende Spur der Vergangenheit in der Erinnerung bestehen.

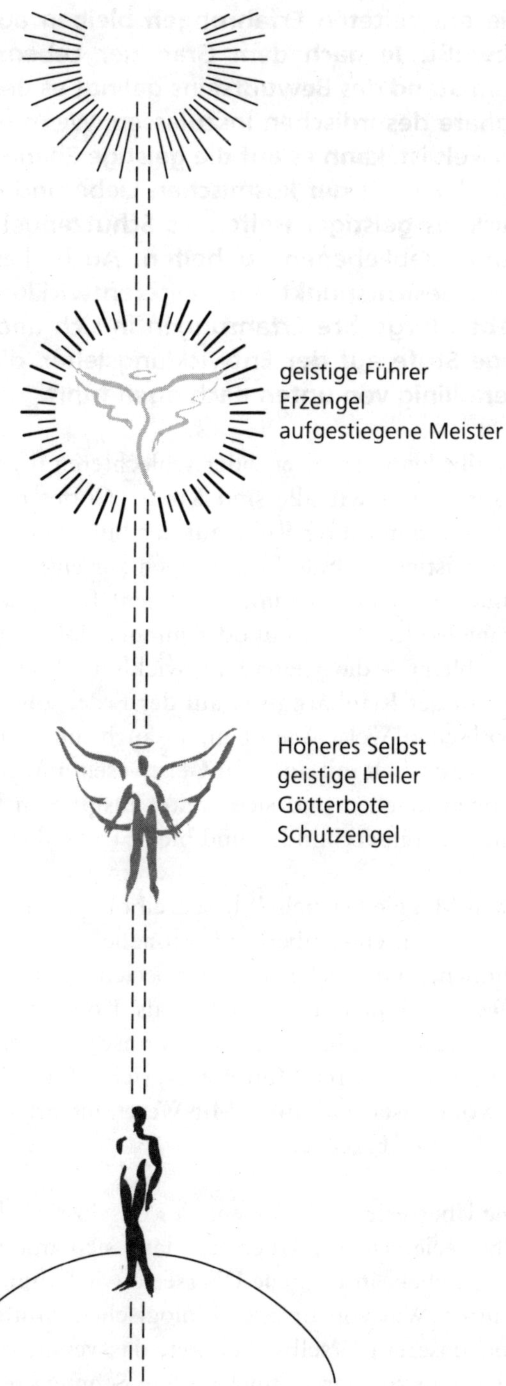

Die geistige Hierarchie

Die erarbeiteten Erfahrungen bleiben auch nach dem Tod bewußt. Je nach dem Grad der Lebenserfahrungen und dem Stand des Bewußtseins gelingt es dem Geistwesen, die Sphäre des Irdischen loszulassen. Wenn es weit genug entwickelt ist, kann es auf die geistige Ebene zurückkehren, um mit der Kraft der kosmischen Liebe und dem umfassenden Blick als geistiger Helfer, als Schutzengel den auf der Erde Zurückgebliebenen zu helfen. Auch dies geschieht unter dem Gesichtspunkt der Weiterentwicklung. Jede Form von Leben birgt ihre Erfahrungen in sich und ist eine notwendige Stufe auf der Entwicklungsleiter, die nicht unbedingt geradlinig von unten nach oben führt.

Es gibt keine besseren oder schlechteren irdischen bzw. geistigen Positionen – wir alle sind Kinder Gottes oder Teile der ewigen Kraft, die mit ihrer Rolle auf der Bühne des Welttheaters oder in der geistigen Schule Erfahrungen zur eigenen Weiterentwicklung und der anderer sammeln müssen! Es spielt für ein Geistwesen keine Rolle, ob es zehn oder hundert Jahre ohne physischen Körper bleibt – die weitere Entwicklungsmöglichkeit besteht nicht nur in der Reinkarnation auf der Erde, sondern auch in der feinstofflichen Welt. Wie oben, so auch unten. Demzufolge kann es im Austausch mit anderen Geistwesen immer wieder neue Erfahrungen machen und sich weiter inspirieren lassen. Es fühlt sich mit anderen verbunden und bleibt trotz allem es selbst.

Laeh Maggie Garfield[2]) beschreibt treffend das universale System der Wesen, einer überkonfessionellen, nichtpolitischen, familienähnlichen Gruppe verwandter Seelen, die von Gott stammen. Alle Wesen nehmen daran teil – als Kollegen, als Älteste und als Junge. Am sorgfältigsten wacht unser Urselbst über uns, das grob verglichen unserer Mutter entspricht. Tatsächlich ist das Urselbst sowohl unser und unser Mit-Wesen integrierender Bestandteil als auch unser Erzeuger.

Die Überseele und das Urselbst

Die Überseele ist die Essenz des Urselbst; sie besitzt ebenfalls eine Überseele. Unsere Überseele läßt sich mit unserer Großmutter vergleichen, ihre eigene Überseele wiederum mit unserer Urgroßmutter. Wie von unserer biologischen Mutter werden wir auch von unserem Urselbst behütet, das versucht, uns in die richtige Richtung zu führen, und an dem Schmerz mitleidet, den wir uns selbst möglicherweise unnötig zufügen. Unsere Überseele hält in großmütterlicher Art unser Urselbst dazu an, sich ein bißchen mehr Mühe mit uns zu geben, und gibt uns beiden vernünftige, praktisch orientierte Ratschläge, die die Frucht langer persönlicher Lebenserfahrung sind und auch auf der Erfahrung der zahlreichen Leben ihrer Nachkommen beruhen.

Qualitäten des Urselbst

Das Urselbst besitzt eine noch tieferliegende mütterliche Qualität, die in Ausdrücken wie »Muttersprache« und »Muttererde« wiederzufinden ist. Die Qualität der Mütterlichkeit und die daraus resultierende Familienatmosphäre sind mit dem Sprechen einer bestimmten Sprache vergleichbar. Jede Muttersprache ist ein Speicher der jeweiligen Stammeserfahrung, ihrer Ausdrucksmöglichkeiten und ihres Wissens, wie auch ihres Nichtwissens. Es ist sehr schwierig, über die Grenzen einer Muttersprache hinauszuwachsen, ohne zuvor eine zweite Sprache erlernt zu haben. Ähnlich steht es um die Grenzen unseres Urselbst, unserer Überseele und sogar unserer persönlichen Geisthelfer.

Unsere Verbindung zur anderen Welt besitzt noch einen weiteren Aspekt: Wenn unsere Mit-Wesen, unser Urselbst und unsere Überseele beispielsweise alle der Demeter ähnlich sind (also erdorientiert und mit einem erdhaften Aussehen im Ausdruck), so wird unsere besondere Stärke wahrscheinlich in unserer Erdverbundenheit und unserer Naturwertschätzung bestehen. Gleicht unser Urselbst eher der Athene, so können wir uns im allgemeinen auf unsere eigene Weisheit und unseren praktischen Verstand verlassen, ganz unabhängig von unserem gesellschaftlichen Status, den uns unsere Geburt beschert hat. Den Kontakt zum eigenen Urselbst herzustellen, fühlt sich oft sehr ähnlich an wie die Kontaktaufnahme mit jedem anderen Geistführer.

Kontakt mit der Überseele

Mit der eigenen Überseele in Berührung zu kommen, ist jedoch ein ganz einzigartiges Ereignis. Es läßt bedingungslose Liebe um der Liebe willen spüren. Eine Überseele steht weit jenseits des irdischen Lebens, nachdem sie das erreicht hat, was oft als Nirvana bezeichnet wird, und folglich keiner weiteren Inkarnation mehr bedarf. Und doch fließt unsere Überseele vor Liebe zu uns schier über. Zwar müssen wir gründlich geerdet, offen und furchtlos sein, wenn wir unserer Überseele begegnen, dennoch ist diese Erfahrung ebenso freudvoll wie feierlich: wie die liebevolle Wiedervereinigung einer Familie, doch unendlich tiefgehender und herrlicher.

Der geistige Helfer ist

- **psychologisch betrachtet: ein Spiegelpunkt zwischen dem höheren Ich und dem niederen Ich,**
- **spirituell betrachtet: ein Vermittler zwischen zwei Welten, der irdischen und der feinstofflichen, spirituellen Welt.**

Der tibetische Lama Govinda sagte: »Engel sind keine Halluzinationen. Es sind Realitäten der geistigen Psyche, Symbole, in denen die höchsten Erkenntnisse und Bestrebungen des menschlichen Geistes verkörpert sind. Ihre Visualisierung ist der schöpferische Vorgang geistiger Projektion, wodurch inneres Erleben in sichtbare Form verwandelt wird.« Die geistigen Helfer und Führer kommen aus einer Dimension, in der die universale, telepathische, nonverbale Sprache gesprochen wird. Wir Menschen kennen diese Sprache alle mehr oder weniger bewußt – es ist die Medialität, die sich über die fünf psychischen oder medialen Sinne manifestiert.

Dabei sollten wir nicht vergessen, daß wir alle durch unsere Erziehung, unsere Kultur und »unser Wissen« geprägt sind. So »denken« und »fühlen« wir in unserer Muttersprache, und auch die außersinnliche Wahrnehmung unterliegt ihren Metaphern – denn wir sollen sie, wie unsere Träume, auch verstehen können. Aus diesem Grunde haben Sensitive auch unterschiedliche Visionen:

Verschiedene Visionen – je nach Persönlichkeit

- Dem Jäger eines schamanischen Stammes erscheint vielleicht der Hirsch als Symbol des Jagdgottes, der ihn auf seine Beute aufmerksam macht.
- Dem christlich Erzogenen erscheint Maria oder die Stimme Gottes aus dem Dornenbusch. Sogar Moses machte aus seinem Geistführer Jehova einen Gott, da er nicht erkannte, daß dieser bloß Gottes Bote war.
- Die zu Phantasien neigende Persönlichkeit erlebt Märchen, Mythen und Traumbilder, die sich als Orakel erweisen.
- Der Mystiker erfährt auf seinem Weg zur Wiedervereinigung mit dem Göttlichen Symbole und Visionen als Offenbarung, Wegweiser der mystischen Schau.
- Der technisch-wissenschaftlich Orientierte nimmt Ufos oder interstellare Wesen mental oder mit seinen außersinnlichen Fähigkeiten wahr.
- Der psychologisch Interessierte erlebt seine Spiritualität in Form von reiferen, höheren Ichanteilen und intonalisierten Stimmen und strebt nach dem Kontakt mit dem höheren Selbst.

- Der medial Begabte nimmt die geistige Hierarchie der astralen, mentalen, kausalen und spirituellen Ebene wahr, deren Bewußtseinsteile er beispielsweise als Elementargeister, Verstorbene, geistige Helfer und Führer, Schutz- und Erzengel, Meister und aufgestiegene Meister voneinander zu unterscheiden sucht.

Nach dem Gesetz der Resonanz begegnen uns die geistigen Wesen, die uns entsprechen und uns weiterbringen. Gleiches zieht Gleiches an – und so wird jeder, der seine Gedanken- und Gefühlssprache entwickelt, seine persönliche Wahrheit, den Spiegel seines Ichs auch in der Welt der außersinnlichen Wahrnehmung finden.

Geistige Helfer als Lehrer, Ärzte und Priester

Im Dialog mit unseren geistigen Wegbegleitern lernen wir, uns neu mit uns selbst auseinanderzusetzen. Wenn wir bereit dazu sind, werden unsere Helfer zu unseren Lehrern, Ärzten und Priestern werden.

Weil geistige Helfer befreit sind vom irdisch-menschlichen Denken, haben sie eine größere Sichtweite und geben uns die Kraft, die innere Zerrissenheit und Spaltung, die aus der irdischen Polarität herrührt, zu überwinden.

Sie bewahren uns vor einem Unglück oder führen uns in eine bestimmte komplizierte Lebenssituation, weil die Zeit reif dazu ist. Sie helfen uns, im entscheidenden Moment das Richtige zu tun. Spirituelle Helfer und Führer leisten intellektuellen, moralischen und geistigen Beistand, helfen beim Kampf gegen böse und zerstörerische Mächte oder kreieren Schutzschilder aus positiver Energie. Auch können sie einzelne Anregungen und Anleitungen hinsichtlich spezieller Probleme oder Hinweise zur allgemeinen Lebensführung geben.

Wie sich im Alltagsleben unser Freundeskreis ändert, wechseln sich auch unsere geistigen Helfer und Führer zu gegebener Zeit ab und gehen ihren eigenen Weg der Entfaltung weiter.

Gegenseitige Bereicherung von Mensch und Geistwesen

Die Beziehung zwischen Mensch und Geistwesen soll möglichst eine *gegenseitige* Bereicherung und Freude sein. Auch den großen Herausforderungen, mit denen uns die geistige Welt zu Zeiten konfrontiert, sollten wir vertrauensvoll mit Dankbarkeit und Freude begegnen können. Doch wie im irdischen Leben brauchen wir nicht jeden Gast jederzeit zu akzeptieren. Paßt er uns nicht, können wir dies sagen und uns distanzieren.

Die geistige Welt übt keine Macht über uns aus, kann uns zu nichts zwingen – außer wir sind mit unserem eigenen Willen bereit dazu oder brauchen die Erfahrung, uns abhängig zu fühlen.

Abhängig zu sein bedeutet nichts anderes, als an etwas festzuhalten. Durch das Erarbeiten und Erlangen persönlicher Stärke lernt man sich zu befreien. Zur persönlichen Stärke gelangt man durch mutiges Loslassen von Altem, durch Überwinden eines erlittenen Verlustes, durch unerschütterliches Gottvertrauen und das Annehmen höherer Führung.

Unsere geistigen Helfer und Führer verbinden die mentale und emotionale Ebene mit der Dimension des Spirituellen, der göttlichen Einheit.

»Wer das Gleichgewicht hält, jenseits des Wechsels von Liebe und Haß, jenseits von Gewinn und Verlust, von Ehre und Schmach, hält die höchste Stellung in der Welt«, heißt es im Tao Te King von Lao Tse.

Was die geistigen Helfer für uns tun

Unsere geistigen Helfer und Führer führen uns aus der Ebene der Dualität und der unbewußten Einheit in die bewußt gewordene Einheit hinein. Sie sind es, die uns in Krisen, in Momenten des Zweifels oder der Illusionen weiterhelfen, uns mit Lebensprüfungen und Entscheidungen konfrontieren, um durch die »Welt des Guten und Bösen« ins Himmelreich zurückzukehren – wenn wir mit unserem »freien« Willen bereit dazu sind.

Sie teilen uns ihr Wissen über das Leben in der Einheit mit, damit wir Begrenzungen des irdischen Lebens überwinden können – und damit auch Ängste vor Unbekanntem. Unser Geist vermischt sich mit ihrem Geist – wir werden in allen Aspekten unseres Wachstums unterstützt. Dadurch, daß sich unsere Energie mit denen der geistigen Führer verbindet, können große emotionale, mentale und spirituelle Veränderungen stattfinden.

Geistige Führer lehren uns die Liebe und die Hingabe an den großen Schöpfer. Vorurteile, Egoismus, Gier, Haß, Neid und Beschränkung werden durch Freiheit des Ausdrucks, durch Selbstlosigkeit und Liebe ersetzt. Das wirkt sich auf unseren Körper aus, er wird zunehmend gesünder und zufriedener. Die meisten Menschen erreichen den Bewußtseinsstand des reinen »Ich bin« – durch völlige Hingabe der eigenen Identität und durch Auslöschung des Egos – nur zeitweilig. Doch diese Momente sind es, die dem Leben Sinn und Richtung geben.

Geistige Helfer und Führer sind Abgesandte Gottes, Vermittler zwischen uns Menschen und dem Großen Geist, Helfer und Führer im wahrsten Sinne des Wortes.

Wenn wir unsere ASW-Fähigkeiten bewußt schulen und regelmäßig trainieren, werden wir entdecken, daß sich diese Abgesandten Gottes in ihren Aufgabenbereichen und Qualitäten unterscheiden. Erinnern wir uns an die Tabelle auf Seite 57 zu Beginn dieses Kapitels und die verschiedenen Bewußtseinsebenen wie die Astral-, Mental-, Kausal- oder die spirituelle Ebene. Geistige Helfer sind normalerweise in der Astral- und Mentalebene zu Hause, die geistigen Führer hingegen haben ein höheres Bewußtsein und entsprechen der Kausal- oder gar der spirituellen Ebene.

Entscheidend ist zu beachten, daß jede Bewußtseinsebene – von der astralen bis hinauf in die spirituelle – auch noch in sich polar ist.

Das heißt, von hell bis dunkel gibt es in jeder einzelnen Frequenz verschiedenste Qualitäten. Nur werden diese, »je höher« wir gehen, immer durchsichtiger, bis sich »zuoberst« im Großen Geist, alles in der Einheit auflöst.

Es ist durchaus möglich, daß Sie einem geistigen Führer begegnen, dessen Aufgabe darin besteht, Sie ein bis zwei Stufen »zurück in die Tiefe« zu führen. Durch eine solche Erfahrung lernen Sie die Bewußtseinshierarchien ganz direkt kennen und werden angespornt, sich wieder stärker Ihrer geistigen Entwicklung zu widmen und auch hier Salz von Zucker unterscheiden zu können.

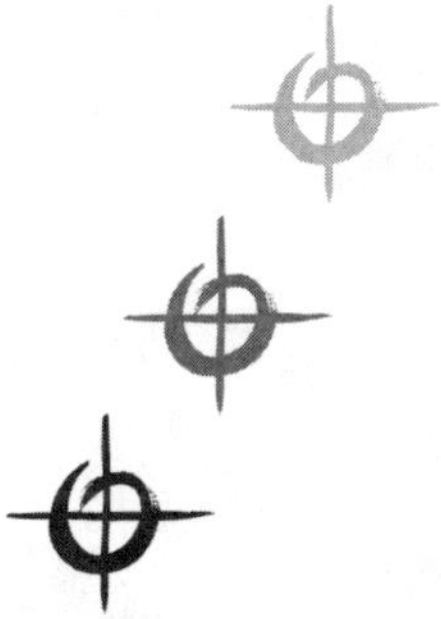

Alles wächst dem Licht entgegen

Seit es Menschen gibt, wissen wir, daß das göttliche Licht und die göttliche Liebe letzten Endes über alles siegen – wie auch in der Natur *alles* dem Licht entgegenwächst. Entscheidend ist, daß wir das nie vergessen und bemüht sind, immer wieder aus der göttlichen Liebe heraus zu handeln, indem wir dem göttlichen Funken in uns näher und näher kommen.

Die Kommunikation mit den geistigen Helfern

Die geistige Welt ist mit unseren fünf gewöhnlichen Sinnen nicht wahrnehmbar; sie muß außersinnliche Wege einschlagen, um mit uns in die Materie eingebundenen Menschen in Kontakt treten zu können.

Die außersinnlichen Wahrnehmungen werden über das in unserem Wesen bereits angelegte Kommunikationssystem (Nervenbahnen, Hormonsystem, Gehirn) als Denk- und Fühl-Impulse vermittelt.

Verbale und nonverbale Kommunikation

Damit die Information brauchbar wird, muß sie auf eine Art und Weise übersetzt werden, die für uns Menschen verständlich ist. Aus diesem Grunde erleben viele die ASW oft in symbolhafter Form, in Bildern oder Stimmen, wie man sie aus dem Traum kennt. Die »eingehauchten« Botschaften werden entsprechend dem Reifegrad des betreffenden Vermittlers, seinen kulturellen und intellektuellen Prägungen und auch seinen momentanen Gegebenheiten angepaßt und entschlüsselt. Hier wird dem Studenten auch bewußt, wie wichtig seine verbale Kommunikationsfähigkeit ist.

Gefühle und Gedanken zu formulieren ist eine große Kunst.

»Spricht die Seele, so spricht, ach! schon die Seele nicht mehr.«, heißt es bei Friedrich Schiller.

Folgendes praktische Beispiel möchte veranschaulichen, wie verschiedenartige Gedankenanstöße jeweilige Bilder auslösen können: Der Student erzählt, daß er auf seiner Bilderreise von seinem geistigen Helfer hoch in die Berge geführt wurde. Nach der Gratwanderung sei er auf einer Alpweide gelandet, wo nur eine verlotterte, einsame Alphütte mit einem Hirten und eine verrostete Sense zu finden waren. Unweit hinter der Hütte verlor sich der Weg im Schnee, der die Bergspitzen zierte. Links unter sich sah er weit ins Tal hinunter und spürte, daß er nicht mehr zurück, sondern weiter durch den hohen Schnee gehen sollte.

Je nach medialem Kanal, nach dem persönlichen Bewußtseinsstand und der erarbeiteten Persönlichkeit des Mediums könnte nun die entsprechende geistige Welt folgende Denkanstöße vermitteln:

- Der Betreffende hat hohe Ansprüche, ist ehrgeizig und möchte gerne »hoch hinaus« – koste es, was es wolle,
- oder er flüchtet gerne vor bestimmten Alltagssituationen, ist ein Einzelgänger und neigt dazu, Wunschträumen und Selbsttäuschungen nachzujagen,
- oder er hat eine schwere Vergangenheit hinter sich, lernt diese jetzt in der Einsamkeit zu bearbeiten, um loszulassen, sich nicht mehr so zu vernachlässigen und sich mit neuem Ordnungsinn und Pflichtbewußtsein geduldig und diszipliniert neu zu strukturieren. Nicht nur verstandesmäßig, sondern mit dem Herzen will er vielleicht schauen lernen und mutig mit seinen kreativen Fähigkeiten und Gottvertrauen in eine neue Bewußtseinsebene vordringen etc.

Nur die persönliche Bedeutung ist entscheidend

Hier merken wir, wie unterschiedlich die Deutungen sein können. Jeder Mensch muß letztlich die Bedeutung selber finden. Im gegenseitigen Gedankenaustausch – verbal oder telepathisch – können aber wertvolle Seiten beleuchtet werden, die man selber nicht sehen kann. Je differenzierter das Medium arbeitet, umso »maßgeschneiderter« sollte der geistige Impuls dann aber sein. Nicht nur allgemeingültiges, sondern ganz Spezifisches, für den Betroffenen eindeutig klar Verständliches sollte vermittelt werden, das nur in diesem Moment für diese Person von Gültigkeit und Wichtigkeit ist.

Im Geistigen gibt es keine materiellen, räumlichen und zeitlichen Grenzen

Bei einem Kontakt mit der geistigen Welt – bei der Übermittlung von Botschaften – bestehen keine materiellen, räumlichen oder zeitlichen Abschirmungen oder Schranken. Weder dicke Mauern noch Tausende von Kilometern haben einen Einfluß auf die außersinnliche Wahrnehmung. Über die psychischen Sinne kann man auch an längst vergangenen oder noch nicht eingetretenen Ereignissen »teilnehmen«, da man sich auf der geistigen Ebene außerhalb von Raum und Zeit – in der vierten Dimension – befindet. Auch die geistigen Helfer unterliegen nicht den uns vertrauten Gesetzen von Raum und Zeit – sie unterliegen dem Gesetz der kosmischen Liebe und wirken, wo und wie es erforderlich ist.

Ich erinnere mich, daß ich einmal in Paris war, als meine ASW-Gruppe in Zürich trainierte. Nach einem Impuls aus der geistigen Welt telefonierte ich mit der Gruppenleiterin und beschrieb einen geistigen Helfer einer meines Erachtens anwesenden Teilnehmerin in einem gelben Pullover. Diese tatsächlich anwesende, in einen gelben Pullover gekleidete Dame erkannte sofort ihren verstorbenen Mann und konnte seine Botschaft als Bestätigung einer soeben getroffenen Entscheidung dankbar annehmen.

Auch im Flugzeug bestätigte sich meine Erfahrung, daß die geistige Welt frei von unserem irdischen Raum- und Zeitdenken ist. Hoch über den Wolken konnte ich dem Piloten ein Leben nach dem Tod beweisen sowie mittels Funkverbindung auf die Erde einen Gruß von einem geistigen Helfer vermitteln, der als Verstorbener erkannt wurde. Es gibt also noch vieles zwischen Himmel und Erde zu erforschen.

Synchronizität

Mediale Erlebnisse der »Gleichzeitigkeit« sind ebenfalls erwähnenswert. Nach C. G. Jung ist die Synchronizität ein akausales Verknüpfungsprinzip, das sich auf sinnvolles Zusammentreffen von zeitlich und/oder räumlich getrennten Ereignissen bezieht. Synchronizität kann verschiedene Formen annehmen. Personen und Ereignisse an unterschiedlichen Orten oder zu unterschiedlichen Zeitpunkten können miteinander verbunden werden.

Persönliche Erlebnisse

Ich hatte einmal nachts einen Wachtraum, in dem mir ein Kollege erzählte, daß er sich jetzt gerade das Leben genommen hätte, daß er es bereue, aber nicht mehr zurück könne. Deshalb werde er sofort wieder einen Körper suchen, in neun Monaten inkarnieren und Alice heißen. Kaum war ich zurück aus den Ferien, erhielt ich die Nachricht, daß mein Freund und Kollege tatsächlich Selbstmord verübt hatte. Über zehn Monate später traf ich eine Freundin im Café. Zwei junge Mütter setzten sich nach einer Weile mit ihren Babys zu uns. Als die eine Mutter ihr Kleinkind aus dem Wagen nahm, es drehte und auf ihren Schoß setzte, schauten mich zwei Augen an, und ein kalter Schauer durchströmte meinen Körper – das war ja mein verstorbener Kollege! Ich konnte mich kaum fassen, und meine Freundin bemerkte, daß ich mich nicht sehr wohl fühlte. Sie erkundigte sich, was denn los sei. Ganz leise sagte ich ihr, daß ich wüßte, wer dieses Baby vorher gewesen sein mußte und daß es jetzt Alice heißen sollte. Meine Freundin begann mit der Mutter zu plaudern und sagte, daß sie aber einen hübschen Jungen hätte. Prompt erwiderte die Mutter, es sei ein Mädchen und heiße Alice. Sie sei anderthalb Monate alt ... Damit war der Zusammenhang mit meinem Erlebnis bestätigt. Die Sprache der geistigen Welt ist universal – sie kennt keine Barrieren durch von Menschen geschaffene Grenzen.

Tief berührt hat mich folgendes Erlebnis: Einmal war ich mit Freunden auf einer Segeljacht in den Ferien. Jeder war auf dem Schiff für sich beschäftigt, während wir beim schönsten Sonnenschein an der Küste entlangsegelten. Ich las auf Deck gerade in einem Buch, als plötzlich mein verstorbener spiritueller Lehrer mir, weit draußen auf dem Meer stehend (!), erschien. Telepathisch störte er meine Konzentration – ich reklamierte und bat ihn inbrünstig, er möge mich bitte in Ruhe lassen, ich hätte jetzt Ferien... Als er mich wieder beim Lesen störte, sagte ich ihm innerlich ziemlich barsch: »Dein Besuch hat ja wohl einen tieferen Sinn. Was soll ich lernen?« Nichts geschah – seine starke Präsenz forderte mich zu weiteren Denkanstößen heraus, und ich sagte ziemlich energisch: »Wenn Du wirklich da bist, dann beweise mir das jetzt ganz klar und deutlich! Als Beweis möchte ich, daß sofort und unmittelbar ein Delphin aus dem Wasser hüpft.«

Kaum gedacht – schon geschah es! Unter den feinstofflichen Füßen meines geistigen Helfers erschien tatsächlich der runde Rücken inklusive Flosse eines Delphins, und mein geistiger Lehrer lächelte. Ich glaubte fast, einem Sonnenstich unterlegen zu sein, schrie ziemlich hysterisch »ein Delphin, ein Delphin«, und im gleichen Moment wurde mir bewußt, daß, wenn meine Freunde jetzt schauen kämen, weit und breit kein Delphin mehr zu sehen wäre. Also bat ich meinen geistigen Helfer erneut aus vollstem Herzen, wenn er tatsächlich und wirklich jetzt hier sei, solle er noch einmal ein Wunder geschehen lassen und echte, irdische Delphine hüpfen lassen. Schließlich wollte ich nicht, daß meine Freunde das Gefühl hätten, ich hätte zuviel Sonne abbekommen – und ich wünschte mir für mich den Beweis der Existenz meines sinnlichen Drahtes zur geistigen Welt ...

Auch jetzt geschah es wieder: Kaum gedacht, hüpfte ein ca. neunköpfiger Schwarm von echten physischen Delphinen aus der Richtung meines geistigen Helfers direkt auf unser Schiff zu. Unglaublich! Ich konnte es selber fast nicht fassen. Die Delphine begleiteten uns fröhlich hüpfend und springend solange in den Bugwellen des Schiffes, bis mein Film im Fotoapparat durchgeknipst war… Auch das konnte ich selber fast nicht glauben. Als ich nämlich frustiert und traurig das letzte Delphinfoto schoß, bekundete ich laut den Delphinen meine Verzweiflung, daß ich sie jetzt ja gar nicht mehr fotografisch als irdischen Beweis meines paranormalen Erlebnisses festhalten könne … Als wenn diese intelligenten Tiere mich verstanden hätten, verschwanden sie unmittelbar und plötzlich, so rasch wie sie auch aufgetaucht waren. Mysteriös? Nein! Für mich heute ein weiterer »physikalischer Gruß« aus anderen Daseinsebenen mit uns noch unbekannten Naturgesetzen, aus anderen Bewußtseinsebenen oder dem kollektiven Unbewußten …

Die irdische Perspektive

All diese Beispiele zeigen auf, welch unterschiedliche Wege die geistige Welt einschlägt, um unsere Perspektive so zu erweitern, daß wir die Gegebenheiten des irdischen Lebens in ihrer Vernetztheit und wahren Bedeutung erfassen lernen. Doch es liegt an uns, dieser Kommunikation den nötigen Raum zu geben, um geschehen zu können. »Wer sensibel und selbstbewußt auf Eindrücke reagiert, wer die Bedeutung von Ereignissen erforscht und hinter den Worten und Visionen nach der Wirkung sucht, wird auch das Wesen der Engel als Teil seiner spirituellen Wirklichkeit entdekken«, meint Rainer Holbe[3]).

Unsere Aufgabe als Mensch ist es, bereit zu sein – oder es zu werden –, die *göttliche Führung* annehmen zu können und uns bewußt mit dieser Führung auseinanderzusetzen. Hier beginnt die Medialität, in der Erforschung des Zu-falls. Zu Beginn der medialen Entwicklung ist es nicht wichtig, ob Gott, ein »geistiger Helfer«, ein »Schutzengel«, das »höhere Selbst« oder andere feinstoffliche Bewußtseins- oder Energieteile uns auf unserem Weg zurück zum höchsten Bewußtsein führen und begleiten. Entscheidend und wichtig ist meiner Ansicht nach nur, daß es ein »Abgesandter Gottes« ist, eine Kraft aus einer höher entwickelten Bewußtseins- oder Intelligenzebene, die uns in unserer Entwicklung weiterhilft, uns führt und schützt.

Wir dürfen immer darum bitten, daß unsere Schutzengel uns beistehen. Sie sind da, um einen Mangel auszugleichen. Vielleicht fragen Sie sich jetzt, ob alle Menschen einen geistigen Helfer haben. Natürlich, die Wahrnehmung aber hängt von ihrem Glauben ab. Unsere geistige Führung kann uns wie kleine, trotzige Kinder behandeln, wenn wir nicht bereit werden, aktiv herauszufinden, warum es uns nicht glücken will, unser vermeintlich ersehntes Ziel zu erreichen. Versteht das Kleinkind immer, wenn es von der Mutter von der Straße weggeholt wird, obwohl es dort doch viel mehr Platz zum Spielen hätte?

Kommunikation mit der Überseele

Konzentration, Meditation, Gebet und Stille sind die besten Methoden, um die Kommunikation zur *eigenen* Überseele, zur eigenen geistigen Welt herzustellen. Unsere geistigen Helfer und Führer lehren uns, die Verbindung im Dreieck Körper – Seele – Geist bewußt zu erleben und zu verstehen. Über unsere außersinnliche Wahrnehmung können diese drei Teile untereinander kommunizieren und sich gegenseitig zum Bewußtwerden anregen, damit seelisch-geistige Entfaltung in der Materie möglich wird. In der spirituell-mystischen Erfahrung erleben wir – als Mensch – unsere seelisch-geistige Kraft als eine sich in der Polarität bewegende Energie. Diese will nichts anderes, als unser Bewußtsein immer mehr verfeinern, bis unsere außersinnlichen Wahrnehmungen im Einklang mit unseren sinnlichen Erfahrungen stehen.

Zur gleichen Zeit müssen wir an uns arbeiten. Zum einen müssen wir wachsam werden. Die Berührung mit der geistigen Welt hat für uns oft etwas sehr Flüchtiges. Wir müssen Bruchteile von Sekunden erfassen lernen, in denen wir »das andere« eher erahnen, und dies in unsere Wahrnehmung, in unsere schwerfällige Zeit, auf unsere Sinne übertragen.

Um die Sprache der geistigen Welt sprechen zu lernen, müssen wir aus unserem Unbewußten schöpfen, seine Symbole und Prägungen wiederentdecken. In der Auseinandersetzung mit unserer Psyche benötigen wir innere Stärke und Beharrlichkeit, den Willen, uns mit unseren »blinden Flecken« auseinanderzusetzen.

Gespräche mit der geistigen Welt

Es ist manchmal sehr schwierig, der Wahrheit direkt ins Auge zu schauen. Gesprächssituationen mit der geistigen Welt können aus diesem Grunde durchaus auch unangenehm sein. Geistige Helfer und Führer können streng und beeindruckend wirken, wie Lehrer auf der Erde. Sie wollen im Herzen jedoch stets das Beste für uns Menschen und beleuchten aus diesem Grunde all die dunklen Ecken unserer Seele, so daß wir diese mit Licht und Wissen bearbeiten können, damit das Geheimnis und das Verborgene ans Licht kommen. Vergessen wir trotz allem nie, daß auch geistige

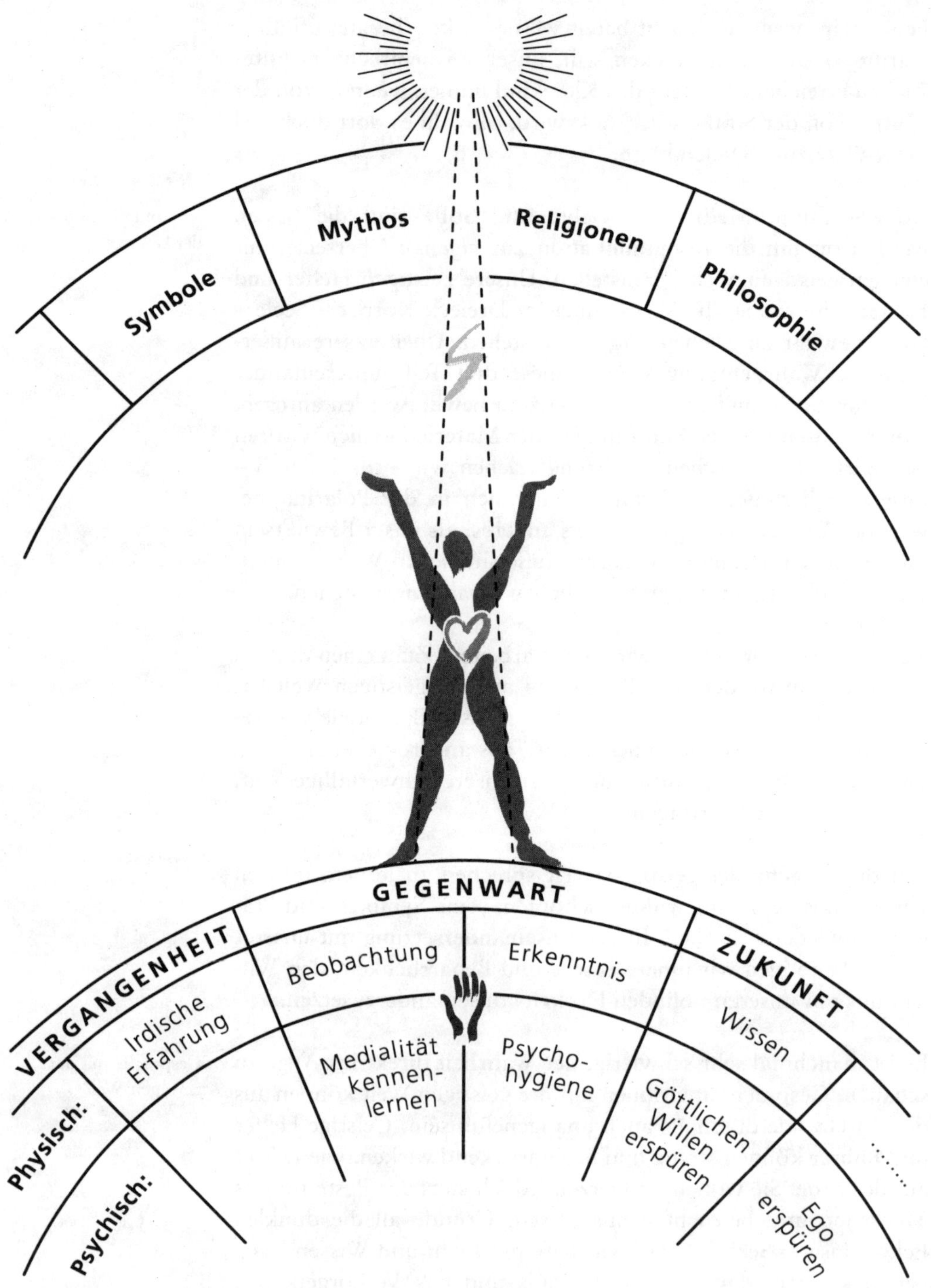

Erde und geistige Welt

Helfer und Führer *auf dem Weg* zur Einheit und demzufolge nicht vollkommen sind. Nicht selten erhält man nämlich widersprüchliche Informationen aus der geistigen Welt und fragt sich unweigerlich, was man nun glauben soll. Alle Antworten sind letzlich richtig, weil sie den Suchenden dazu anregen, in sich selbst die Antwort zu finden.

In der Kommunikation mit der geistigen Welt arbeite ich mit folgender Grundhaltung: »Höchste Intelligenz oder Bewußtseinsebene, schicke mir bitte einen Schutzengel, der mir hilft, über meine außersinnliche Wahrnehmung eine Antwort auf meine Frage zu finden. DEIN WILLE GESCHEHE – wenn es richtig ist, daß ich Kenntnis erlange, ist es gut, und sonst nehme ich es an, so wie es ist – alles hat seinen Sinn. Denn ich bin mir bewußt, daß ich nur ein Werkzeug bin, und als solches will ich nur meinen Dienst verrichten.«

Zusammenfassung

Bevor es deine Eltern gab –
was war dein eigentliches Gesicht?

Zen-Koan

Vor und nach unserer Inkarnation auf der Erde ist das Feinstoffliche, die geistige Welt, unser Zuhause.

Unser eigentliches Gesicht ist ein Energie- oder Bewußtseinsimpuls.

Hier erfahren wir das Da-Sein mit den psychischen Sinnen. Wenn wir geboren werden, senkt sich der Schleier des Vergessens über unsere Wahrnehmung. Unsere (westliche) Erziehung, die an dem Rationalismus der linken Gehirnhemisphäre orientiert ist, tut ein übriges. Doch die Qualität der Zeit hat sich verändert. Immer mehr Menschen suchen nach der Verknüpfung des Rationalen, Intellektuellen mit dem Land der Phantasie und der Inspiration, der Verbindung der linken und rechten Hemisphäre. Bruchstückhafte Erinnerungen an vergangene Leben, Wahrnehmungen von Schutzengeln und unerklärlichen Phänomenen treten immer mehr in den Vordergrund und lassen uns – nicht nur in Zeiten des

Chaos – die höherstehende Ordnung der geistigen Welt immer wieder erspüren.

Das Erwachen der Medialität ist zum einen eine Frage des Bewußtseinsstandes – des Menschen wie auch seiner Zeit. Zum anderen aber zeigt sich die geistige Welt demjenigen, dessen freier Wille die Weichen stellt, um den richtigen Weg einzuschlagen – die göttliche Führung anzunehmen. Die Wahrnehmung mit den psychischen Sinnen und der Kanal, durch den das Göttliche fließt und seine Abgesandten wirken, sind die Verbindung, die uns zurück zum Ursprung führt – und hin zu unserer eigentlichen Bestimmung.

Kapitel 4
Das Medium

Wird das Geschaute und Erlebte
in der Sprache der Logik nachgebildet,
so treiben wir Wissenschaft;
wird es durch Gefühle oder Formen vermittelt,
so treiben wir Kunst.

Albert Einstein

Was ist ein Medium?

Ein Medium (lateinisch: »Mitte«) hat überdurchschnittlich stark entwickelte außersinnliche Fähigkeiten. Dank seines ausgebildeten Ätherkörpers und sensibilisierten Nervensystems kann es Einblicke in andere Bewußtseinsebenen bekommen, Eindrücke von anderen Welten aufnehmen oder Botschaften von »unsichtbaren« Daseinsformen empfangen und sich als Vermittler zwischen den Ebenen zur Verfügung stellen. Es reagiert sensitiv auf geistige Einflüsse und Magnetismen. Durch Wissen und stete Entwicklung lernt es, mit solchen Einflüssen bewußt umzugehen.

Die inspirierte Medialität ist entweder ein angeborenes Talent, oder sie kann im Rahmen einer strukturierten Schulung – je nach Begabung – zum Vorschein kommen und trainiert werden.

Die Bewußtseinsebene des Mediums ist von entscheidender Bedeutung. Die Tabelle in Kapitel 3 gibt einen Überblick über die Entsprechungen der geistigen Hierarchien, Bewußtseinsebenen und Wesenheiten. Der Einfachheit halber habe ich die sieben traditionellen Bewußtseinsebenen in diesem Lehrbuch auf vier Stufen reduziert:

Vier Bewußtseinsstufen

- die Astralebene,
- die Mentalebene,
- die Kausalebene und
- die spirituelle Ebene.

Auf der *Astralebene* nimmt das Medium Feen, Gnomen, Engel, Marienerscheinungen etc. – oft nicht beweisbare Symbole – wahr.

Zu vergleichen wäre diese Stufe auf der menschlichen Ebene mit dem Kindergarten.

Auf der *Mentalebene* nimmt das Medium Verstorbene wahr. Diese Stufe ist menschlich mit der Grundschule vergleichbar.

Auf der *Kausalebene* kann das Medium im Geschichtsbuch der Welt (Akasha-Chronik) lesen. Es kann Einblicke in vergangene Leben bekommen und unter Umständen auch einen Blick in die Zukunft werfen. Diese Stufe wäre mit der Mittelschule zu vergleichen.

Auf der *spirituellen Ebene* erlebt das Medium das Bewußtsein der höchsten spirituellen Meister (Jesus, Buddha, etc.). Seine Sicht ist nicht mehr nur auf unser Sonnensystem begrenzt, sondern begleitet von physischer Medialität, Wunder und phantastischen Phänomenen, sofern es im göttlichen Plan geschrieben ist. Zu vergleichen wäre diese Stufe mit der Hochschule.

Diese vier Stufen müssen sich nicht linear wie in unserer irdischen Welt entwickeln. Im Hologramm durchweben sich alle Ebenen und Stufen gleichzeitig, da sie außerhalb von Zeit und Raum sind. Das ist der Grund, warum jedes Medium unwillkürlich Impulse aus sämtlichen Bewußtseinsebenen bekommen kann.

Moralische Verantwortung

Will man als Medium – für sich oder gar für andere – arbeiten, müssen Erfahrungen gesammelt und besonders streng *immer wieder* kontrolliert werden. Die Fähigkeiten sollten unter Beweis gestellt werden.

Gerade auf dem Gebiet der medialen Fähigkeiten sind eine ethisch-moralisch verantwortliche Haltung sowie ein gesunder Menschenverstand und eine kritische Einstellung sich selbst gegenüber unerläßlich.

Das Medium wird von der geistigen Welt als Werkzeug eingesetzt. Aus diesem Grund sollte sich auch der Geist des Mediums immer entwickeln, denn es ist nur als Mensch geboren. Stete Persönlichkeits- und Charakterschulung helfen ihm dabei. Da viele Hilfesuchende leicht beeinflußbar sind und der Grat der Beweisbarkeit schmal ist, muß sich das Medium seiner Macht der Beeinflussung bewußt sein. Erst dann sollte ein Medium andere Menschen in seine Arbeit einbeziehen! Uns geht es allerdings in diesem Lehrbuch primär um die Hilfestellung für das *eigene* Leben, das Medium-Sein für die persönlichen Belange.

Das Mental-Medium

Die Seele ist das Schiff,
Vernunft das Steuer
und Wahrheit der Hafen.

Türkisches Sprichwort

Die Mentalebene ist die erste faktisch überprüfbare Bewußtseinsebene außerhalb unserer physischen Sinneswahrnehmung, ein Tor zu anderen, naturwissenschaftlich noch nicht beweisbaren, für alle Menschen aber erfahrbaren Bewußtseinsebenen.

Auf dieser »Grundstufe der Medialität« setzt sich das (auszubildende) Mental-Medium gründlich mit sich und seiner Entwicklungsgeschichte auseinander und ist in der Lage, seine Gefühls- und Symbolsprache treffend zu deuten. Mit den anschließenden ASW-Lektionen erfühlt es das vorhandene Potential seiner seelisch-geistigen Fähigkeiten immer klarer. Es entdeckt Möglichkeiten und Blockaden nun auch bei anderen Menschen; seine medialen Sinne erwachen nicht nur für die Selbsterfahrung, sondern auch im Dienste einer besseren Menschenkenntnis: Es sieht, hört, riecht und weiß »hell« für andere; es kann in der Aura oder in der Psyche eines Mitmenschen die dort gespeicherten Informationen, Gedanken, Gefühle und Erinnerungen erspüren, lesen, hören etc.

Mittels seiner paranormalen Fähigkeiten kann das entwickelte Medium schließlich in einer Sitzung die Ursache von Seelennöten eines Klienten herausfinden. Es hilft diesem, sich selbst besser verstehen zu lernen, indem es Informationen vermittelt, die dem Betreffenden noch nicht bewußt sind. Das Medium wird sich dabei der Kraft der Beeinflussung und damit seiner Verantwortung bewußt.

Das psychische Medium arbeitet horizontal, d. h., es »zapft« Informationen in der Psyche eines anderen Menschen »an«. Das

spirituelle Medium arbeitet vertikal, d. h., es wird von der geistigen Welt inspiriert und bekommt Informationen von einem nicht inkarnierten Geistwesen. Mit der sich entfaltenden Gefühlssicherheit der psychischen Medialität erwacht dann – hoffentlich – der Drang nach spiritueller Information.

Psychische und spirituelle Medialität

Der Sensitive kann mit seinen Fähigkeiten *psychisch* arbeiten, aber nicht jedes psychisch arbeitende Medium hat automatisch das Talent, als *spirituelles* Medium die geistige Hierarchie klar unterscheiden zu können.

Ein Mental-Medium kann einem Mitmenschen das Leben nach dem Tod beweisen, indem es einen geistigen Helfer, d. h. einen sich freiwillig meldenden, feinstofflichen Bewußtseinsteil einer »verstorbenen Persönlichkeit«, die sich für das Medium »materialisiert«, mit Hilfe seiner medialen Sinne wahrnimmt und exakt beschreibt.

Entscheidend wird hier der starke Wunsch des Mediums, sich erstens nur von sich freiwillig meldenden Energie-Impulsen inspirieren zu lassen und zweitens nur von den »Abgesandten Gottes«. So entsteht ein energetischer Kommunikationsaustausch.

Der Große Geist wird bewußt mit einbezogen. Mit dieser Haltung überläßt das Mental-Medium den geistigen Helfern und Führern auch die Verantwortung dafür, was vermittelt werden darf oder nicht, was Medium und Ratsuchender wissen dürfen oder nicht.

Das Ego ausschalten

Bei dieser meines Erachtens eminent wichtigen spirituellen Einstellung zur Arbeit eines Mediums wird zudem die Chance größer, daß das Ego desselben – und damit all seine persönlichen Wünsche und Projektionen, die die Arbeit verzerren mögen – ausgeschaltet werden kann. Wichtig ist es aber auch dann immer noch, sich darüber im klaren zu sein, daß Medien nur Menschen sind und sich in ihrer Entwicklung befinden.

Das Mental-Medium erkennt immer besser, ob es von einer mindestens gleichwertigen oder einer höheren spirituellen Bewußtseinsebene inspiriert wird.

Telepathisch kann die geistige Welt das bereits vorhandene gespeicherte Wissen im Gefühlsbereich, in der Seele des

Mediums abrufen. Dieses nimmt die mediale Kommunikation auf, transformiert die Eingebungen in irdische Gedanken und interpretiert sie so gut wie möglich.

Je größer die bewältigten Lebensthemen und -erfahrungen des Mediums waren, um so größer werden die Möglichkeiten für die geistigen Helfer und Führer, konstruktiv zu wirken. Es gelten auch hier die Gesetze der Anziehung: Je höher die menschliche Bewußtseinsfrequenz ist, desto feinere und reinere Schwingungen aus der geistigen Welt können als Botschaften übertragen werden.

Konkret heißt das: Die unvergänglichen Gefühlserinnerungen sind das geistige Gut, das das Medium als sein gespeichertes »Computerprogramm« der geistigen Welt für eine Transkommunikation zur Verfügung stellen kann.

Die geistige Welt leitet die Kommunikation

Und doch sollte uns immer bewußt sein, daß die geistige Welt die Kommunikation leitet und wir – von unserer Warte aus – nichts weiter tun können, als uns weiterzuentwickeln und ein reinerer Kanal zu werden.

Will das Medium sich selbst den Beweis erbringen, ob es wirklich von höheren Sphären und nicht von irgendwelchen Phantasien oder gar nur aus sich inspiriert wird, sollte es mit dem »kleinen Einmaleins« der Medialität, das heißt als Mental-Medium beginnen, bevor es das »große Einmaleins« lernt. Erst wenn es die Grundlagen der geistigen Gefühls- und Gedankensprache beherrscht und darin überprüfbar sattelfest geworden ist, sollte es in seiner Entwicklung weitergehen.

Die sich während der Arbeit des Mental-Mediums freiwillig zeigenden Geistwesen befinden sich auf der Astral-, Mental- und der Kausalebene. Unter Umständen können es Verstorbene sein, die sich mit Liebesbeweisen erkenntlich zeigen wollen. Schildere ich einem Klienten Gestalt, Kleidung und ähnliche Einzelheiten des Verstorbenen und erkennt er ihn, so stärkt dies meine Gefühlssicherheit als Vermittler, und ich kann mich vertrauensvoller auf Botschaften oder Ratschläge, die ich aus den schwer beweisbaren geistigen Ebenen zu vermitteln habe, einlassen. Sollte sich ein Außerirdischer oder Erzengel melden, ist meine Gefühlssicherheit nicht zu überprüfen – das Medium kann hier nicht »wissen«, sondern nur glauben. Mit der Beschreibung eines klar verifizier-

Sprungbrett in andere Dimensionen

baren Wesens aus der Mentalebene durch das Medium kann nicht nur das Leben nach dem Tod »bewiesen« werden; dem Medium steht damit auch ein kontrollierbares geistiges Sprungbrett in andere Daseinsformen und Dimensionen zur Verfügung.

Eines der wichtigsten Ziele des Mental-Mediums ist demzufolge, den Beweis für das Fortleben der menschlichen Persönlichkeit über den physischen Tod hinaus zu erbringen. Einerseits kann der sich medial Entwickelnde damit seine Gefühlssicherheit kontrollieren, sich selbst unter Beweis stellen und das Vertrauen in die eigene Wahrnehmung von »Unsichtbarem« und schwer Überprüfbarem erarbeiten. Andererseits ist es für viele kritische Menschen eine unerläßliche Bedingung, um einen Kontakt mit der geistigen Welt überhaupt annehmen zu können.

Trost der Zurückgebliebenen

Die ganz persönlichen Angaben, die ein Mental-Medium von geistigen Wesenheiten in der »anderen Welt« erhält, möchten das Weiterleben nach dem Tod beweisen und damit die Zurückgebliebenen auch trösten. Beschreibungen über bestimmte typische Situationen, persönliche Geschenke, verwendete intime Kosenamen, die Todesursache und ähnliches können in einer Transkommunikation geäußert werden. Dazu möchte ich ein Beispiel aus einer meiner medialen Sitzungen geben, (das hier aus Diskretionsgründen abgeändert wurde, aber sinngemäß der Wirklichkeit entspricht). Eine verstorbene Großmutter mütterlicherseits wurde von der Ratsuchenden nach meiner Beschreibung erkannt; diese »sprach« zu ihrer Enkelin:

»Neulich beobachtete ich dich, als du sehr traurig zu Hause auf deinem gelben Sofa lagst. Ich war bei dir und tröstete dich. Draußen regnete es – kurz, es war ein deprimierender, grauer Sonntagnachmittag. Der grüne Pullover, den du getragen hast, steht dir ausgezeichnet! Grün ist genau die Farbe, die dir momentan am meisten für deine geistige Entwicklung hilft. Ich begleitete dich nämlich ins Geschäft und erlebte deine Entscheidungsschwierigkeiten beim Kauf. Solltest du wieder einmal eine ›traurige Phase‹ haben, ziehe einfach den grünen Pullover an oder meditiere mit der Farbe Grün. Ich werde dir dann noch bewußter die hellsten und reinsten göttlichen Energien senden.

Mir geht es übrigens als geistige Helferin sehr gut, ich bin glücklich und habe immer viel zu tun. Nach meinem Tod wurde ich von meinem Großvater, der ein Gemüsehändler aus Italien war, liebevoll abgeholt und in die geistige Welt eingeführt. Wir feierten meinen ›Geburtstag‹. Ich wurde in eine Art ›Rehabilitationsstätte‹ geführt, wo ich mich von meiner langen Krankheit erholen konnte und treu umsorgt war. Anschließend, als ich meinen Bewußtseinsstand erkannte, hatte ich die Freiheit zu wählen, welchen weiteren seelisch-geistigen Entwicklungsweg ich gehen wollte – ob ich wieder inkarnieren, als geistige Helferin arbeiten oder weiter in der geistigen Welt zur Schule gehen wollte. Ich entschied mich für die Weiterbildung in der geistigen Welt.

Weiterbildung in der geistigen Welt

Die verschiedensten Schulhäuser stehen einem auch hier zur Verfügung. Vor zweieinhalb Jahren, in irdischer Zeitrechnung gemessen, war ich erneut vor die Wahl meiner weiteren Tätigkeit gestellt. Während dieser Orientierungsphase ›sah‹ ich, wie du eine ganz schwierige Zeit durchzustehen hattest. Ich hörte deine Gebete, das alles war Grund genug, mich sofort als geistige Helferin zur Verfügung zu stellen. Mit dieser Aufgabe bekam ich ja auch eine Chance, an meiner eigenen seelisch-geistigen Entwicklung weiterarbeiten zu können. Meine Aufgabe ist es, dir immer wieder neuen Lebensmut und Kraft zu geben, damit du deine seelisch-geistige Entwicklung fortsetzen kannst. Meine Arbeit besteht also darin, daß ich es schaffe, daß du meine Hilfe annimmst – das ist meine Art der ›persönlichen‹ Weiterentwicklung.

Erinnerst du dich noch, daß du vor ca. zweieinhalb Jahren eine Schallplatte mit griechischer Folkloremusik geschenkt bekamst? Immer wenn du unglücklich warst, hörtest du diese Musik, und sie gab dir wieder neue Lebensfreude. Ich hatte deine Freundin inspiriert, dir diese Platte zu kaufen. Seitdem bin ich als Schutzengel immer an deiner Seite, wenn du Hilfe und Kraft brauchst. Ich wirke dann als Kanal und lasse so gut wie möglich göttliche Heilkräfte vermehrt und gebündelt zu dir fließen. Übrigens möchtest du schon lange gerne nach Griechenland in die Ferien – stimmt's? Plane eine solche Reise als nächstes, du wirst dort eine glückliche Zeit verbringen. Ich sehe nämlich jetzt einen ›Film‹, der mir von einem deiner höheren geistigen Führer gezeigt wird: Vor ca. 250 Jahren sehe ich dich als Fischer auf einer griechischen Insel glücklich mit deiner Familie leben. Du hast damals eine sehr unbeschwerte, humorvolle Zeit, sehr naturverbunden und bescheiden, mit deiner Sippe verlebt. Du warst ein stolzer Grieche. Als Todesursache sehe ich jetzt, daß du mit ungefähr 52 Jahren in einem

Sturm auf dem Meer ertrunken bist. Hast du auch heute noch Angst vor dem Wasser? Laß diese Angst jetzt los, indem dir bewußt wird, daß sie nichts mehr mit dem heutigen Leben zu tun hat. Meeresfrüchte dürften auch heute noch eine Lieblingsspeise für dich sein.

Mein größter Wunsch ist, daß ich dir heute beweisen kann, daß das Leben nach dem Tod weitergeht. Profitiere also als Mensch von der Möglichkeit, dich bewußt seelisch-geistig weiterzuentwickeln. Ich selbst mußte dieses Wissen nämlich im ›oberen Stock‹ nachholen, weil ich nie damit gerechnet hätte, daß ich seelisch-geistig immer noch das gewesen bin, was ich eben war.

Übrigens möchte ich dir ganz herzlich danken für alles, was du am Schluß meines Lebens mir zuliebe getan hast. Auch wenn ich mich wegen meines Alters nicht mehr richtig ausdrücken konnte, realisierte ich gefühlsmäßig deine lieben Zuwendungen. Richte bitte auch deiner Mutter herzliche Grüße aus, und laß sie wissen, daß es mir jetzt gut geht. Sie braucht sich wirklich nicht zu sorgen. Auch wenn sie während meiner Todesstunde nicht anwesend sein konnte, spielt das keine Rolle, da wir ja immer noch miteinander durch die göttliche Liebe verbunden sind.

Bei meiner jüngsten Tochter möchte ich mich übrigens entschuldigen und um Verzeihung bitten für alles, was ich zu Lebzeiten versäumt habe. Es war nie schlechter Wille – aber ich hatte einfach nicht mehr die Kraft. Heute sehe ich alles anders, aber in der beschränkten Menschlichkeit ist man meist sehr gefangen und blind. Laß alle herzlich grüßen, die sich noch an mich erinnern können. Ich bin für euch alle vorläufig da und helfe aus der geistigen Welt, so gut ich kann.«

Bei dieser interessanten Sitzung konnte mir die Ratsuchende bestätigen, daß für sie alles verständlich und klar erschien. Was sie am meisten überraschte, war, daß die Angst vor dem Wasser tatsächlich ein riesiges Problem für sie war.

Überprüfbare Abmachungen mit der geistigen Welt

Andere Beweise einer Transkommunikation aus der geistigen Welt sind auch überprüfbare Abmachungen. So saß ich beispielsweise einmal alleine zu Hause an meinem Schreibtisch und erledigte Büroarbeiten. Es war Mitte Januar – draußen schneite es und war kalt, folglich blieben sämtliche Fenster, die vor Windzügen schützen, geschlossen. In meinem Wohnzimmer hängt ein Windspiel an der Decke, das beim Anschubsen einen himmlischen Klang verströmt. An besagtem Nachmittag war ich also vertieft in meine Schreibtischarbeit in meinem Arbeitszimmer, als ich plötzlich ganz klar mein Venus-Windspiel hörte. Ich stand von meiner Arbeit auf und wollte erstaunt im Wohnzimmer nachschauen, was denn dort los sei. Ich war überzeugt, daß ich alleine in meiner Wohnung war. Dem war aber nicht so: Unter dem Windspiel »stand« nämlich, an den Tisch angelehnt, lächelnd mein spiritueller Lehrer aus England, der sich zu meiner Überraschung für meine Wahrnehmung »materialisiert« hatte. Völlig verblüfft nahm ich wahr, wie er sich von mir verabschiedete und sagte, daß seine Zeit jetzt gekommen sei, die Dimension seines Lebens zu ändern. Wie er mir bereits vor drei Tagen telepathisch mitgeteilt hätte, werde er aber in Liebe mit mir verbunden bleiben. Nach diesem kurzen Zusammensein löste er sich dann auf, und ich erinnere mich noch gut an die tiefe Freude und gleichzeitig aber auch an die große Wehmut, die mich erfüllte, weil ich wußte, daß ich meinen verehrten spirituellen Lehrer und das beste Medium, das ich persönlich je kennenlernen durfte, physisch nie mehr in dieser Form würde erleben können. Zwei Tage später bekam ich die Bestätigung aus England, daß meine Vision mit der Todeszeit des Besagten identisch war.

Mental-Medium = Vermittler zwischen geistiger und materieller Welt

Das Mental-Medium stellt sich – im wahrsten Sinne des Wortes – *nur* als Vermittler oder Werkzeug zwischen der geistigen und der materiellen Welt zur Verfügung. Es ist sich bewußt, daß es selbst – wie jeder andere – ein *Teil Gottes* ist, sich zum höchsten Bewußtsein hin entfaltet und immer weiter wachsen wird. Während es mit jener höchsten Intelligenz verbunden ist, beginnt die Inspiration (das Einhauchen) von außen, aus einer anderen Daseinsform. Auf dieser Ebene wird uns bewußt, daß *jeder Mensch* ein Heiler, ein Kanal für göttliche Energien sein kann.

Vieles von der Illusion unserer Existenz hat sich im Geist der Erde »verdichtet« – der menschliche Geist schließt die harmonische Wirklichkeit oftmals von sich aus. Wir sind, was wir scheinen, und doch sind das Licht und die Liebe die Substanz und der Stoff unseres Gedankenlebens. Indem sich unsere Gedanken mehr und mehr auf die Schwingung des schöpferischen Geistes und seine Abgesandten einstimmen, wandelt sich die Substanz unseres Leibes – sie wird weniger dicht und strahlt mehr Licht aus. Über Theorien und Beweisbarkeit hinaus sind eben diese spirituellen Erfahrungen jener Weg, der uns schließlich zum Ziel führen wird.

Indem wir lernen, die Hindernisse auf unserem Weg mit Hilfe der geistigen Vermittler zu umgehen oder aufzulösen, und einen direkten Zugang zu den unbewußten Ebenen schaffen, wachsen und verändern wir uns. Den Schlüssel dazu müssen wir aber selbst finden, und wir sind es, die die verschütteten Erinnerungen wachrufen müssen, die in unserem Unterbewußtsein auf Erkenntnis warten – Erinnerungen an einen ursprünglichen Zustand der Ganzheitlichkeit und Einheit. Mit diesen wichtigen Erkenntnissen erst beginnt die Reise zur Weisheit.

Ich bin

Beim Vorgang der Vermittlung, der Umwandlung in die niedere Sphäre geht viel von der Schönheit, dem Glanz und dem Licht verloren. Aber wenn Geist mit Geist, Verstand mit Verstand und Seele mit Seele unmittelbar verbunden sind, wenn sich Eingebung in der Vorstellungskraft entfaltet, so bewirkt dies nur, daß der menschliche Geist durch Eindrücke aus der jenseitigen Welt bereichert wird. Damit soll nicht behauptet werden, daß jeder Gedanke, der Sie erreicht, seinen Ursprung in der geistigen Welt der nichtinkarnierten Wesen hat – genausogut kann er auch aus Ihrem persönlichen Unterbewußtsein stammen, dem ewig gespeicherten seelisch-geistigen Gut oder Bewußtsein, das jetzt gerade in Ihnen, in Ihrem Körper schlummert. Wichtig ist, daß Sie nicht voreilig alles als Einbildung oder gar Phantasiegespinst abtun. Denken Sie daran, daß die geistige Welt die Schwingungen des Geistes auf die Schwingungen des Stoffes übertragen muß, auf eine völlig andere Ebene des Ausdrucks. Bei diesem Vorgang der Anpassung kann vieles mißlingen und zu Unklarheit und Mißverständnissen führen. Dann müssen neue Verbindungswege gefunden werden, die Kanäle offener werden, so daß die geistige Welt ihre Gedanken übertragen kann und das Medium in seiner Wahrnehmung immer sicherer wird.

Geistige Helfer zeigen sich von selbst

Als wichtiges Gesetz gilt, daß die Verstorbenen nie von uns in die Welt des Verstandes eingebundenen Menschen gerufen werden dürfen! Geistige Helfer und Führer zeigen sich *immer von selbst*, und zwar dann, wenn sie das Gefühl und Wissen haben, daß es richtig ist. Schließlich übernehmen sie auch die Verantwortung, daß wir Wahrnehmenden bei ihrem Anblick nicht unser seelisch-geistiges Gleichgewicht verlieren.

Wir sollen die »Toten« ruhen lassen.

Dieser wichtige Satz steht nicht von ungefähr in der Bibel. Auch die geistigen Wesen unterliegen ihrem persönlichen Entwicklungsprogramm und sollen nicht in ihrer Arbeit und Entfaltung gestört werden. Der einzige, den wir immer und überall, sooft und solange wir wollen, anrufen und um Hilfe bitten dürfen, ist Gott oder der Große Geist, das höchste Bewußtsein! Diese ewige Kraft und Liebe sendet uns die für uns am besten geeigneten geistigen Helfer und Führer im Sinne des göttlichen Plans. Des weiteren müssen wir uns bewußt sein, daß es in der »anderen Welt« nicht nur lichte, engelhafte Gestalten gibt, sondern auch dunkle. Wie oben – so auch unten!

Die dunklen Elemente – wie auch die dunklen, ungelösten Seiten in uns – sind da, damit wir uns mit ihnen auseinandersetzen, sie kennenlernen und von ihnen lernen.

Niedere Schwingungen in höhere transformieren

Wir müssen sie beachten und weder verleugnen noch verdrängen. Im Laufe unserer medialen Entwicklung können wir auch dazu beitragen, diese niederen Schwingungen in eine höhere Bewußtseinsebene zu transformieren. Durch Erkenntnis werden wir sie dem Licht übergeben und sie freilassen, indem wir ihnen bewußt machen, daß auch sie letztendlich den Weg zur höchsten Bewußtseinsebene, zum Großen Geist, suchen und *gehen* müssen.

Die Arbeit des Mental-Mediums und das Verhalten des Ratsuchenden

Es ist nicht einfach, die Kommunikation zwischen unserer dreidimensionalen Welt und einer mehrdimensionalen in unserer Sprache zu erklären. Jedes Medium hat zudem – gemäß seinem persönlichen Bewußtseinsstand und seinen Veranlagungen – einen ganz eigenen Stil. So möchte ich im folgenden versuchen, Ihnen aufzuzeigen, wie ein Kontakt mit der geistigen Welt hergestellt wird und was Sie als Ratsuchender erwartet, wenn Sie eine mediale Beratung oder Sitzung erleben möchten.

Was Sie als Ratsuchender erwartet

1. Beim Besuch eines Medium erhoffen Sie sich, eine Botschaft aus der geistigen Welt zu erhalten. Seien Sie entspannt und nicht unkritisch, doch möglichst vorurteilsfrei, und lassen Sie Ihre Erwartungen los. Eine offene, wohltuende Haltung ist die beste Voraussetzung für gute Resultate. Seien Sie sich bewußt, daß das Medium unvoreingenommen arbeiten soll; es ist ein Mittler zwischen Ihnen und der geistigen Welt und gibt durch, was ihm von der anderen Seite gezeigt wird. Um das Medium nicht zu beeinflussen, erzählen Sie ihm vor der Sitzung so wenig wie möglich von sich, Ihren Fragen oder Problemen – es sei denn, Sie werden im Verlauf der Sitzung aufgefordert, einzelne Fragen zu stellen oder zu beantworten.

Tonband benutzen!

Nehmen Sie die Sitzung auf Tonband auf. Dies ist für die nachträgliche Verarbeitung sehr hilfreich! Seien Sie kritisch gegenüber Medien, die damit nicht einverstanden sind – die geistige Welt läßt sich nicht durch ein Tonband in ihrer Arbeit stören. Im Gegenteil – ich selbst habe es schon erlebt, daß während einer Sitzung gewisse Passagen oder sogar das ganze Gespräch trotz laufendem Band *nicht* aufgenommen wurden – ein Zeichen höheren Willens?

2. Das Mental-Medium bietet sich der geistigen Welt als Kanal und Werkzeug an. Es bittet bei der höchsten Intelligenz, dem Großen Geist und höchsten Bewußtsein um geistige Führung und um spirituellen Schutz und beginnt, sich auf einen Kontakt mit der geistigen Welt einzustimmen.

Der Torhüter

3. Nun tritt der Geistführer des Mediums in Aktion und wirkt wie ein Torhüter. Wer genau der Geistführer eines Mediums ist, läßt sich kaum beweisen und erscheint mir in diesem Fall auch nebensächlich. Denn entscheidend ist, daß das Medium die Gewißheit hat, daß dieser darauf wartet und sich freut, helfen zu dürfen, daß es weiß, daß er da ist und es sich auf ihn verlassen kann.

4. Der Geistführer kennt sein Werkzeug ganz genau. Er kennt die Erinnerungs- und Bewußtseins-«Diskette« des Mediums. Er weiß, was für Programme – das heißt Lebenserfahrungen und intellektuelle Fähigkeiten – das Medium ihm zur Verfügung stellen kann, und er spürt ganz genau, welche Symbolsprache es richtig zu deuten vermag. Somit liefert er ihm tele-

pathisch die entsprechenden Informationen, die es mit Hilfe seiner psychischen Fähigkeiten und entsprechenden Assoziationen auf die irdische Ebene transformieren muß. Mit jeder Sitzung lernt das Medium dank des Einsatzes seines Geistführers Neues dazu, wird gefühlssicherer und präziser.

Das Medium weiß, daß es sich vertrauensvoll öffnen kann, denn die Erfahrung lehrt es, daß sein Geistführer den Kontakt mit der geistigen Welt leiten und überwachen wird. Das Medium fährt nun die »Antennen« seiner außersinnlichen Wahrnehmung aus, und wie ein Radargerät wartet es auf die Dinge, die da kommen werden.

5. Das Mental-Medium bittet anschließend um Kontakt mit Geistwesen, die vom Ratsuchenden erkannt werden können und diesem möglichst hilfreiche und konstruktive Botschaften vermitteln mögen.

Werden die geistigen Helfer nicht erkannt, so mag dies unterschiedliche Gründe haben. Es kann vorkommen, daß sie sich dem Mental-Medium nicht zeigen wollen oder können. Vielleicht wollen sie den Ratsuchenden nicht erschrecken, weil sich dieser bei dem Gedanken an ein Weiterleben nach dem Tod noch ängstigt. Es ist auch möglich, daß der Klient innerlich eine so große Abwehrhaltung gegenüber der Existenz der geistigen Welt hegt, daß sich diese wie hinter einem undurchdringlichen Nebel befindet und dadurch – wie die Sonne hinter den Wolken – für das Medium nicht klar genug erkennbar ist. Dann kann das eine Botschaft für das Medium sein: Der Ratsuchende ist noch nicht bereit dazu.

Negative Geister

Vielleicht möchte sich auch ein »negativ denkender, herumirrender unerlöster Geist« melden – nicht nur liebe Verstorbene entdecken die Möglichkeit, sich bemerkbar zu machen. Hier erkennen wir einen der Gründe, warum ein kontrollierbares Sprungbrett in die geistige Welt vor allem für die verantwortungsbewußte Arbeit des Mediums wichtig ist. Bedenken Sie auch, daß ein Medium – obgleich es außersinnliche Fähigkeiten hat – nur ein Mensch ist und keine Maschine, die immer gleich gut funktioniert. Witterungseinflüsse, Müdigkeit, gesundheitliche Faktoren und auch die Tatsache, daß die Kommunikation zwischen Medium und Ratsuchendem nicht in jedem Fall gleich gut harmoniert, können zu unterschiedlichen Resultaten führen.

Störfaktoren

Ein wichtiger Störfaktor übrigens ist auch der Gebrauch starker Medikamente, gleich ob chemischer oder pflanzlicher Natur, oder der übermäßige Genuß sonstiger Drogen wie Alkohol und Nikotin etc. Die Aura bekommt dadurch langsamere Vibrationen und zieht somit vermehrt weniger entwickelte oder negative äußere Einflüsse an. Der natürliche Wahrnehmungsprozeß im Energiefeld ist nicht mehr im Gleichgewicht und aus diesem Grunde nicht mehr optimal gewährleistet. Es könnte auch sein – wenn wir es von der humorvollen Seite betrachten – daß die geistigen Helfer, wenn sie ausbleiben, auch einmal in den Ferien weilen möchten?!

6. »Dein Wille geschehe!« Mit dieser geistigen Grundhaltung weiß das seriös und gründlich geschulte Medium, daß alles seinen Sinn hat und jeder somit unter einem entsprechenden Schutz steht. Es braucht sich nicht vor unerwünschten oder gefährlichen Kontakten zu fürchten. Medialität ist kein Spiel. Deshalb soll sich nur derjenige für mediale Kontakte mit der geistigen Welt öffnen, der verantwortungsvoll und pflichtbewußt mit beiden Beinen fest verankert auf dem Boden steht.

7. Verschiedene Verstorbene des Ratsuchenden – Partner, Verwandte, Freunde etc. (auch Wesen, die nur flüchtige Bekanntschaften waren) – nutzen nun die Gelegenheit, vorausgesetzt, daß sie momentan als geistige Helfer aktiv sind, um ihre Existenz auf ihrer neuen Bewußtseins- oder Daseinsebene zu beweisen, indem sie sich mit ihrem Geistkörper, dem Gegenstück zum irdischen Körper, dem Medium zeigen. Sind geliebte Verstorbene anderweitig beschäftigt und melden sich nicht, geschieht es nicht selten, daß andere, zur Zeit aktive geistige Helfer über ihre Tätigkeiten orientieren.

8. Es ist immer die geistige, höher entwickelte Welt, die bestimmt, welche Informationen übermittelt werden sollen und welche nicht. Der Geistführer ordnet an, in welcher Reihenfolge sich die Verstorbenen melden dürfen. Grüße werden ausgerichtet, Versäumtes kann nachgeholt werden, es wird um Verzeihung und Versöhnung gebeten etc. Die geistigen Helfer möchten Ratschläge von ihrer höheren Warte aus geben – denn sie

sind jetzt frei von egoistischen Wertfärbungen. Und doch sind sie an ihre momentane Bewußtseinsebene gebunden; je höher also der Entwicklungsstand – sowohl des nicht inkarnierten Bewußtseins als auch des Mediums –, um so wertvollere Gedankenanstöße werden uns zukommen.

Wir erhalten Einblick in

- die jenseitige Welt, in welche wir alle einmal reisen werden;
- den eigentlichen Vorgang beim Sterben;
- die eigene Todeserfahrung;
- die »Geburt«, den Eintritt in die andere feinstoffliche Welt;
- die Entscheidungsfreiheit in bezug auf die verschiedenen Möglichkeiten einer weiteren Bewußtseinsentwicklung;
- die Erfahrungen in der geistigen Welt;
- jene Erkenntnis, daß es eine andere Art von Raum und Zeit gibt, daß die geistige Welt sich »örtlich« in verschiedene Regionen, Sphären oder Bewußtseinsebenen erstreckt, daß es andere Gravitationsgesetze gibt.

Dem Medium antworten

Antworten Sie als Ratsuchender auf die Äußerungen und Mitteilungen des Mediums knapp, aber deutlich mit Ja, Nein oder Vielleicht, je nachdem, ob Sie das Gesagte überprüfen oder einordnen können. Manches wird Ihnen erst zu einem späteren Zeitpunkt klar werden, zumal oft Unerwartetes noch eintreffen kann. Auch wenn die Durchgaben des Mediums möglichst wenig durch Ihre Kommentare unterbrochen werden sollten, dürfen Sie ohne weiteres – wenn sich ein Verstorbener meldet, der Ihnen nahesteht – Fragen an ihn stellen und die Gelegenheit des Beisammenseins nützen, bevor die nächste Botschaft Sie erreicht.

Erwarten Sie nicht nur hochgeistige Durchgaben. Wir alle behalten nach dem Tode noch ziemlich lange unsere Eigenarten bei, auch wenn unsere Sichtweise dann meist objektiver und reifer als im menschlichen Leben ist. So können für die betreffende Person ganz typische Ratschläge oder Redewendungen ihr Weiterleben beweisen. Auch der Humor geht glücklicherweise nicht verloren – es geschieht deshalb nicht selten, daß lustige Situationen auftreten können, die ein herzhaftes Lachen begleitet. Betrachten Sie eine Sitzung als ein Experiment, das ein anderes Mal wiederholt werden kann, wenn es Sie das erste Mal noch nicht befriedigt hat.

9. Geistige Führer können unter Umständen den Vorhang in die Vergangenheit oder Zukunft lüften. Karmische Erkenntnisse aus früheren Leben können eine kostbare Hilfe für die Bewältigung von Alltagsproblemen sein. Was unsere Zukunft betrifft, so lernen wir, daß einiges vorherbestimmt ist, so daß ein jeder seine Lektion zu lernen vermag. Weil bei jedem Menschen gewisse Muster wirken, ist auch etliches – ausgehend von eben diesen Bedingungen – vorauszusehen. Jeder Mensch aber hat seine eigene Wahl – seine Willensfreiheit –, inwieweit er sich beeinflussen lassen will oder nicht.

   Willensfreiheit

   Es könnte zum Beispiel passieren, daß das Medium einen Unfall voraussieht und dies als mögliches Ereignis in der Zukunft vermittelt. Was konkret geschieht jetzt mit dem darüber Informierten? Der eine nimmt die Botschaft als Vorwarnung auf, wird wacher und kann dadurch bewußt – mit seinem eigenen Willen – den Unfall abwenden. Der andere sieht die Botschaft eher gelassen und *braucht* den Unfall vielleicht, damit er sich wandeln kann und bewußter durchs Leben geht.

10. Auch unsere geistigen Helfer und Führer stehen in der Obhut ihrer geistigen Führung. Das heißt, daß die geistigen Helfer sowie die geistigen Führer auch von einer »oberen Instanz« inspiriert und kontrolliert werden. Auf allen Ebenen gibt es etwas Neues zu lernen.

Seien Sie dankbar für erhaltene Durchgaben und eventuelle Beweise, aber vertrauen Sie in gleichem Maße auf Ihre eigene Intuition und Urteilskraft.

Es gibt so viele Wahrheiten, wie es Menschen gibt!

Vergessen Sie nie: Ihre persönliche Wahrheit ist Ihre Wahrheit.

Machen Sie sie zur Realität, indem Sie ihr vertrauen, zu ihr stehen und den Mut haben, sie zu erfahren.

Was Sie bei einer medialen Beratung erwarten dürfen

Eine mediale Beratung gibt Ihnen die Möglichkeit,
- sich als Trauernder vom Weiterleben Ihrer Angehörigen zu überzeugen,

- etwas über Ihren persönlichen Lebens- und Lernprozeß, Ihre Bewußtseinsentwicklung zu erfahren,
- Neues aus anderen, außerirdischen Daseinsebenen und Realitäten zu lernen.

Der Ratsuchende wird auf folgende Weise beraten:

Vergangenheit, Gegenwart und Zukunft

1. *Vergangenheit/Retrokognition*: Suche nach dem Ursprung des aktuellen körperlichen, seelischen oder geistigen Lebensproblems, unter Umständen durch den Blick in vergangene Leben. Das Ziel ist, Ihnen mehr Selbstsicherheit, Selbständigkeit und Selbstvertrauen zu schenken.

2. *Gegenwart*: Situationsanalyse oder momentane Standortbestimmung. Probleme können erkannt und gelöst werden; es werden Wege angezeigt, um Angst, Streß und Schmerz zu bewältigen.

3. *Zukunft/Präkognition*: Keine Wahrsagerei – statt dessen das Aufzeigen von Möglichkeiten und Entwicklungswegen, die Ihrer persönlichen Veranlagung, Ihrem Entwicklungsprozeß und bis zu einem gewissen Grad auch der jeweilig herrschenden Zeitqualität entsprechen. Sie aktivieren und fördern die Entfaltung der Persönlichkeit und die Selbstverwirklichung.

Der Augenblick zählt!

Erfahrungsgemäß konzentriert sich die geistige Welt mit ihren Botschaften gerne auf die Gegenwart. Der Moment, *dieser Augenblick,* ist für jeden von uns maßgebend. Denn in der Gegenwart agieren, denken und fühlen wir! Im Hier und Jetzt sind wir der Schmied unseres eigenen Glücks, unserer Gedanken und Gefühle, aus denen unsere Handlungen und Taten geboren werden. Deshalb werden Vergangenheit und Zukunft oft nur angesprochen, insofern sie helfen können, Ihre jetzige Situation verantwortungsvoller und besser zu gestalten.

Die Lösung aller Probleme ist in uns verborgen

Auch wenn es zur Aufgabe des Mental-Mediums zählt, mit Gedankenanstößen, Hinweisen und Ratschlägen aus der geistigen Welt zu helfen, können uns weder Entscheidungen noch Probleme abgenommen werden – wir sind und bleiben der Schöpfer unseres eigenen Paradieses und tragen für all unsere Gedanken, Gefühle und unsere Taten die Verantwortung. Auch wenn die Welt aus einer umfassenden »Jetzt-Erfahrung« besteht, sollten wir niemals vergessen, daß wir über die Kraft des *freien Willens* verfügen, welche Impulse wir annehmen und welche nicht.

Mediale Durchsagen sind ein wertvolles Hilfsmittel, den eigenen Weg zu finden und zu beschreiten – und doch liegt es immer im Ermessen eines jeden einzelnen, was er mit den Hinweisen aus dem Jenseits, aus der geistigen Welt anfängt.

Was ist der Sinn und Zweck einer medialen Beratung? Sicherlich geht es nicht darum, in einer Sitzung Verstorbene aus der geistigen Welt rasch begrüßen und wieder verabschieden zu wollen. Der Beweis einer Weiterexistenz nach dem Tod wird vielmehr zu einer grundlegenden Veränderung der persönlichen Einstellung zum Sinn des Lebens beitragen. Das Bewußtsein wird auf eine andere Ebene gebracht, und unser irdisches Wertesystem wandelt sich.

Wir erfahren ganz direkt, daß es nur einen physischen Tod gibt, nicht aber einen seelisch-geistigen, was bedeutet, daß wir unser Bewußtsein – und mit ihm all das, was wir bearbeitet und was wir nicht bearbeitet haben, auf immer und ewig mit uns nehmen.

Die Arbeit der geistigen Welt beinhaltet auch, uns ein umfassenderes Weltbild und andere Realitäten nahezubringen, Wachstum auf beiden Seiten geschehen zu lassen.

Eine mediale Beratung ist für folgende Menschen geeignet:

Für wen eine mediale Beratung geeignet ist

1. Für solche, die bewußt und kritisch an ihrer persönlichen seelisch-geistigen Entwicklung arbeiten, den spirituellen Weg gehen und einen Einblick in subtilere Ebenen ihres Wachstumsprozesses sowie eine allgemeine Aufklärung über höhere Daseinsformen oder Welten gewinnen möchten.

2. Für alle, die wieder mit dem Herzen oder den fünf psychischen Sinnen schauen lernen und solche Dinge bewußt wahrnehmen wollen, die mit dem normalen Menschenverstand oder auf der Ebene der physischen Sinne nicht erklärbar sind.

3. Für alle in einem sozialen Beruf Tätigen – angefangen vom Therapeuten bis hin zum Politiker –, die Einsichten in die

Dynamik und/oder Problematik gewisser Prozesse zwischen ihnen und ihren Klienten, Patienten oder Mitmenschen gewinnen möchten.

4. Für alle Berufstätigen, die ihr Selbstvertrauen stärken und herausfinden wollen, wie sie ihre berufliche Laufbahn noch besser mit ihren naturgegebenen Anlagen und der Qualität der Zeit in Einklang bringen können.

5. Für Manager und Wirtschaftskräfte, die nach neuen Perspektiven, organisatorischen Herausforderungen und nach einer neuen Dynamik in ihrem Unternehmen suchen.

6. Für alle, die sich in einer Phase der grundlegenden Wandlung befinden, die einen Todesfall zu verarbeiten haben, Unerledigtes mit Verstorbenen bereinigen möchten, die sich blockiert, in ihrer Entscheidungsfindung gehemmt oder nicht als Herr und Meister ihrer Lage fühlen.

Die Medialität soll im Dienste der Wahrheit stehen und zum Wohl der Mitmenschen eingesetzt werden, einen Blick in den Raum jenseits der Unklarheit oder der Verwirrung werfen und Licht in die Dunkelheit tragen, Hoffnung bringen, wenn Enttäuschung sich breitgemacht hat.

Für wen eine mediale Schulung geeignet ist

Die mediale Schulung ist für alle geeignet, die dank der Erfahrung einer medialen Beratung spüren, daß sie sich nicht mehr nur auf einen Dritten verlassen wollen, auf das Medium oder sonst einen Mittler, der die Kommunikation zwischen ihnen und der geistigen Welt leitet, und daß sie sich nicht der möglichen Erfahrung berauben lassen wollen, eine Begegnung, eine Botschaft oder sonstige Informationen selbst zu erhalten – zumal es möglich ist, daß das Medium Gesten oder Symbole übersieht, die für den Ratsuchenden eine ganz persönliche Bedeutung haben. Gewiß sind mediale Beratungen von Wert, vor allem, weil sie im Unterschied zu anderen Therapieformen oft mit einer Art »Nußknacker-Effekt« in viel kürzerer Zeit zum Ziel oder eigentlichen Kern eines Problems kommen. Die Bereitschaft zur eigenständigen Arbeit an sich selber – mit Beistand, Hilfe und treuer Begleitung eines geistigen Helfers – ist die beste Voraussetzung dazu. Ihr sinnlicher Draht zur geistigen Welt hilft Ihnen dabei. Beachten Sie dazu auch im Anhang »TRILOGOS – ein berufsbegleitendes Modell stellt sich vor«.

Zusammenfassung und Ausblick

Bescheiden und realistisch bleiben

In der medialen Entwicklung ist es sehr wichtig, bescheiden und realistisch zu bleiben. Auch hier strebt das Chaos nach einer neuen Ordnung und Struktur. Das bedeutet – gerade angesichts des heutigen Esoterikbooms – in den geistigen Disziplinen einen Schritt nach dem anderen zu tun und nicht den fünften vor dem ersten. Denn wer garantiert die Qualität und Integrität, wenn ein Medium Botschaften von Maria als Sprachrohr Gottes, einer Chinesin aus dem 3. Jahrhundert v. Chr. oder Planetariern aus einem anderen Sonnensystem vermittelt?

Eigene Gefühlskontrolle suchen

Keine Regel ohne Ausnahme – aber generell scheint es mir sinnvoll, daß sich ein Medium zuerst auf der »beweisbaren« Ebene behauptet und kritisch seine *eigene* Gefühlskontrolle sucht – und findet, woraus schließlich das nötige Selbstvertrauen für weitere geistige Recherchen erwächst.

Die bescheidene, aber gar nicht so einfach zu erreichende Bewußtseinsstufe der Mentalebene sollte als *Grundstufe* der psycho-spirituellen Fähigkeiten betrachtet werden.

Dies ist mein hier angestrebtes Lernziel. Denn je mehr wir sehen, um so größer wird unsere Verantwortung, und alles, was wir sagen – oder säen, kann in unserem Bewußtsein oder dem eines anderen Wurzeln schlagen. Und eben dieser Verantworung muß sich ein Medium stellen.

Stufen des Lehrgangs

Die erstrebenswerten und kontrollierbaren geistigen Stufen des Lehrgangs eines Mental-Mediums sind:

1. zwischen psychischen *und* spirituellen Informationen zu unterscheiden,
2. sich demzufolge eventuell zeigende Geistwesen medial wahrzunehmen und damit Liebeszeichen und Botschaften von Verstorbenen zu vermitteln (mit der exakten Beschreibung ist das Leben nach dem Tod bewiesen), sowie

3. über die geistige Welt verantwortungsvoll neue Impulse und Gedankenanstöße für den Mut zu Veränderungen zu geben.

Jeder Sensitive kann sich durch stetes Training verbessern und je nach seinem Talent den inneren Kompaß der Wahrnehmung immer exakter einstellen.

Es stellt sich auch die Frage, ob ein Medium mit seinem Talent Geld verdienen darf. Meiner Meinung nach ist das Profitstreben hier völlig fehl am Platz – es sollte ein selbstverständlicher sozialer Dienst am Nächsten sein. Da auch das Medium, das zu seiner Arbeit berufen ist, von etwas leben muß, sollte jeder nach seinem gesunden Menschenverstand ein rechtes Maß von Geben und Nehmen finden. Ganz wichtig scheint mir dabei die selbstkritische Einschätzung der eigenen Fähigkeiten. Passiert es nicht oft zu rasch, daß man sich über- oder unterschätzt oder in einem verzerrten Licht sieht?

Aus eigener Erfahrung empfehle ich allen, die sich auf diesem Gebiet selbständig machen wollen und sich zum Medium berufen fühlen, sich in den ersten Jahren ihrer Lehrzeit bewußt zu sein, daß sie für jede Sitzung dankbar sein und eigentlich selbst Lehrgeld bezahlen sollten. Konkret heißt das, dem Klienten zu sagen, daß dieser sich frei fühlen und soviel bezahlen soll, wie ihm sein Portemonnaie erlaubt und ihm die Sitzung wert gewesen ist.

Ähnlich verhält es sich mit der »Werbung«: Wenn ein Medium wirklich Fähigkeiten hat zu helfen, beginnt automatisch eine »Mund-zu-Mund«-Propaganda, wie ich aus eigener Erfahrung weiß. Das ist meiner Ansicht nach nicht nur die beste Werbung, sondern auch die ehrlichste Form von Feedback.

Gelegentlich können Medien für eine andere Person ohne deren Wissen etwas wahrnehmen. Hier sei nochmals ausdrücklich auf Ethik und Moral hingewiesen! Ein Medium sollte nur dann Auskunft geben, wenn es danach gefragt und/oder es von der geistigen Welt dazu inspiriert wird. Alles andere ist unethisch und egoistisch.

Mittel zum Zweck

Die mediale Entwicklung ist immer auch ein Mittel, um selbst in die eigene Mitte zu finden.

Transformation der Gesellschaft

Für unsere Gesellschaft kann daraus eine große Chance zur Transformation erwachsen. Lassen wir heute, im Zeitalter des Wassermanns, Logik, Verifizierbarkeit und Verantwortung uns selbst und dem Leben gegenüber in die bislang eher gefühlsmäßig gefärbte Mystik einfließen. Der Zeitgeist des 21. Jahrhunderts verlangt nach einem wahrhaft vernetzten Denken, nach neuen Erkenntnissen und Erfahrungen anderer geistiger Daseinsformen und Realitäten – wie uns das beispielsweise auch die Astrophysik und andere Wissenschaften beweisen, die heute schon neue Wege einschlagen. Mit der Entfaltung Ihres geistigen Potentials, Ihrer Medialität werden auch Sie daran teilhaben.

Lassen wir uns zuversichtlich und geduldig, aktiv und passiv zugleich treiben, um wie Kieselsteine im Bachbett runder und runder zu werden, in ständiger Bewegung. Machen wir uns mutig von neuem auf den Weg, den Christus in uns zu erlösen – vielleicht erfahren wir eine Auferstehung und erschaffen mit unserer unendlichen Kreativität, unserem heiligen Feuer, unser eigenes Himmelreich auf Erden.

Kapitel 5
Verantwortung in der Medialität

Wie ihr säet, so werdet ihr ernten.

Aus der Bibel

Die Bedeutung der Verantwortung

Verantwortung wächst mit dem Wissen

Je mehr Erfahrungen wir mit unserer eigenen Medialität sammeln, desto deutlicher wird uns, wie vernetzt unser alltägliches Bewußtsein mit außersinnlichen Impulsen ist. Je größer die Peripherie eines Kreises sei, umso mehr Berührungspunkte mit dem Unbekannten bekämen wir, meinte Pascal. Je mehr wir wissen, umso größer wird unsere Verantwortung. Denken Sie als Eltern daran, daß die Kommunikation zwischen Ihnen und Ihrem Kind bereits *vor* der Zeugung beginnt – sei es unbewußt, im Traum oder über außersinnliche Wahrnehmung. Während der Schwangerschaft bis zur Geburt sollte die nonverbale Kommunikation immer »bewußter« werden. Wichtig zu wissen ist, daß sie auch vom heranwachsenden Kleinkind immer wahrgenommen wird und seinen Erfordernissen entsprechen sollte.

Denken Sie im Kontakt mit alten, senilen, im Koma liegenden oder schwerstbehinderten Menschen daran, daß die Kommunikation auf der nonverbalen Ebene ohne Unterlaß stattfindet – ob Sie wollen oder nicht. Dieser ständige Austausch außersinnlicher Wahrnehmungen begleitet alle Konflikte, Sorgen und Freuden – sei es in der Familie, in der Kranken- und Altenpflege oder in einem anderen sozialen Umfeld.

Denken Sie auch daran, daß in Ihrem Berufsalltag außersinnliche Wahrnehmungen einfließen. Hausfrau wie Arzt treffen ihre Entscheidungen häufig von innen heraus; der Wissenschaftler, Pfarrer oder Künstler läßt sich »inspirieren«; der Bauer, Koch, Lehrer und auch der Automechaniker legen ihre Gedanken- und Gefühlswelt in ihre jeweilige »Materie«, und selbstverständlich setzt auch der Astrologe, Geistheiler oder esoterisch geschulte Spezialist stets seine medialen Fähigkeiten – oder seine Intuition – ein.

Die bewußte Persönlichkeitsarbeit in der Auseinandersetzung mit dem praktischen Alltag und im herkömmlichen

Trainingsmöglichkeiten auch im Beruf

Beruf bietet mindestens so viele Trainingsmöglichkeiten wie die mediale Entwicklung selber.

Mit der medialen Entwicklung wächst unsere Bewußtheit, und je bewußter ein Mensch ist, desto mehr Verantwortung hat er zu tragen – sich selbst und anderen gegenüber. Dies gilt auch für das Berufsmedium, das ständig mit den Wahrheiten der geistigen Welt in Kontakt steht.

Vergessen wir nie: Auch für Medien gilt, daß es soviele Wahrheiten gibt wie Menschen! Wir alle sind auf dem Weg.

Das Medium ist ein ganz gewöhnlicher Mensch, der seine angeborenen oder durch stetes Training entwickelten ASW-Fähigkeiten entfaltet hat und einzusetzen vermag. Auch wenn Medium zu sein eigentlich kein Beruf, sondern eine Gabe ist und den erlernten, herkömmlichen Beruf damit ergänzen und bereichern sollte, gibt es heute bereits viele »Berufsmedien«. Die Arbeit eines solchen ist es, Impulse und Denkanstöße aus den geistigen Welten intuitiv und inspiriert zu vermitteln. Zwei Faktoren sind dabei zu berücksichtigen:
1. die differenzierte Charakterschulung, die Arbeit an der eigenen Persönlichkeit, am medialen Kanal und
2. die Qualität der persönlichen ASW-Fähigkeiten.

Wie in anderen Berufsgattungen gibt es auch hier
- hervorragende Profis, die Persönlichkeiten sind,
- hervorragende Profis, die keine Persönlichkeiten sind,
- schlechte Profis, die Persönlichkeiten sind, und
- schlechte Profis, die keine Persönlichkeiten sind.

Mediale Entwicklung = alternative Psychotherapie

Ist es manchmal nicht erstaunlich festzustellen, wie weit Theorie und Praxis von sogenannten Spirituellen und Erleuchteten auseinanderklaffen? Sämtliche esoterischen Disziplinen – darunter auch die mediale Entwicklung – sind in erster Linie zunächst ein wertvolles Mittel, sich selbst zu erkennen, sich selbst zu finden, sie sind sozusagen alternative Psychotherapien.

Ein jeder muß seinen Weg allein gehen – deshalb ist es auch für verantwortungsvolle Medien wichtig, *keine Abhängigkeiten* zu schaffen, sondern über die vermittelten Impulse neue Schlüssel zur selbständigen Erkenntnis für höhere Zusammenhänge zu vermitteln.

Sinnvoll wird die Bemühung um Geistiges nur dann, wenn sie im Alltag, in der Materie verantwortungsvoll und mit der Zeit *eigenständig umgesetzt und verwirklicht* wird. Das beruflich mit anderen Menschen arbeitende Medium verpflichtet sich ganz besonders zu einer disziplinierten und ernsthaften Arbeit an sich selbst.

Das Medium bietet der geistigen Welt seinen Kanal oder seine Persönlichkeit als Werkzeug für Vermittlungen und Inspirationen jeglicher Art.

Das bedeutet, daß die Qualität des Vermittler-Kanals zwangsläufig die Qualität des zu vermittelnden Inhalts färbt.

Je reiner der Kanal, je bewußter das Medium ist, um so treffsicherer und klarer kann demzufolge das Werkzeug eingesetzt werden. In unserer Zeit sollte die Medialität und damit die Verbindung zum Göttlichen jedoch nicht nur in der Abgeschiedenheit lebenden Heiligen, Nonnen oder Mönchen vorbehalten sein, sondern *allen Menschen* zum Nutzen gereichen – besonders denen, die im hektischen Leben der Städte im Streß ihres jeweiligen Berufes stehen.

Wir sind Teil des Göttlichen

Wie verbinden wir Menschen uns mit dieser göttlichen Macht? Was macht unsere Re-ligio aus? Wo ist Gott, die höchste Bewußtseinsebene, zu suchen, wenn nicht in unserem eigenen Herzen, in unserem göttlichen Funken ... Indem wir anerkennen, daß wir alle Teil des Göttlichen sind, tragen wir eine große Verantwortung – auch uns selbst gegenüber; ihr können wir gerecht werden, indem wir die geistige Sprache, die naturgegebene Gedanken- und Gefühlssprache trainieren und *bewußt* erleben.

Mit dieser geistigen Umpolung und der aktiven Suche und Arbeit an sich selber wird ein ganzheitlicheres Handeln im Alltags- und im Berufsleben einkehren.

Beginnen wir im kleinen, bei uns selbst. Legen wir wieder Wert auf den verantwortungsvollen Umgang mit unserer inneren Stimme, werden wir uns der geistigen »Umweltverschmutzung« eines negativ behafteten Denkens bewußt, und bemühen wir uns wieder, voller Verantwortung, unsere Intuitionen im Handeln kritisch zu überprüfen und zu verwirklichen.

Nur die stete Charakterarbeit und Persönlichkeitsschulung macht ein Goldenes Zeitalter möglich – was nichts anderes heißt, als daß sich jeder einzelne auf den Weg begibt und sein *eigenes Paradies* erschafft. Allein dadurch erheben wir unser Selbst, unser Ich.

Wenn ein spirituelles Mental-Medium auch für andere Menschen von Nutzen werden will, wird dies in vielen Fällen vorherbestimmt sein; die Seele hat bereits vor ihrer Inkarnation einer solchen Entwicklung zugestimmt. Bevor sie in den physischen Körper inkarnierte, entschied sie sich, die medialen Fähigkeiten – beispielsweise als Mental-Medium – korrekt anwenden zu lernen. Sie nahm sich vor, ein sauberer Kanal zu sein, ihre Begabungen zu disziplinieren und sie für die gefährdeten, kranken und mit Problemen beladenen Mitmenschen einzusetzen oder den Wahrheitssuchenden und nach seelisch-geistiger Weiterentwicklung Strebenden neue Impulse zu geben oder als Lehrer zu wirken.

Mißbrauch medialer Gaben

Da die Erde ein Lernplanet ist, hat auch das Medium kraft seines freien Willens Möglichkeiten, Irrtümer zu begehen und Menschen zu manipulieren oder ihnen Dinge zu erzählen, deren Kraft nicht konstruktiv, sondern destruktiv und negativ ist. Medien, die ihre Begabung einst mißbraucht haben, werden in zukünftigen Leben ihr Talent mit größter Wahrscheinlichkeit unterdrücken, oder sie werden nur in Gottes Dienst Kanal sein wollen. Sie werden immer in Konflikt kommen, ihre Beratung in Rechnung zu stellen oder aus ihrem Talent Geld zu machen. Ursache dafür können Reste von Erinnerungen aus früheren Inkarnationen sein, wo diese psychischen Fähigkeiten mißbraucht wurden. Es ist nicht an uns zu urteilen. *Jeder Mensch trägt allein die Verantwortung*. Jeder entscheidet, wie er seine Begabung einsetzen will. Umso logischer scheint mir, daran zu denken, daß besonders »geborene« Mental-Medien sich über ihr Talent freuen, sich aber völlig bewußt sind und bleiben, daß auch sie ein Ego und eine Persona haben, die tagtäglich gehegt und gepflegt werden will. Auch ihre Persona befindet sich auf dem Weg der Egobefreiung, und deshalb sollten sie sich um so mehr tiefenpsychologisch mit sich selber auseinandersetzen.

Das wichtigste Anliegen und Motiv eines seriösen Mediums sollte immer sein: »Ich liebe die Menschen.«

Je mehr wir als Medium wissen, desto größer wird unsere *Verantwortung!*

Das Medium darf nur vermitteln, was ihm die höhere Führung erlaubt, weil jedes Medium ein beschränkter Mensch – gebunden in Materie – ist.

Kein Medium ist vor Fehleinschätzungen gefeit

In der Regel wird dem spirituell arbeitenden Medium nur das gezeigt, was dieses auch weitervermitteln soll, da es sich ja mittels seiner Einstellung in den Dienst des höheren Geistes stellt und wie ein Glied der Kette hilft, damit auch ihm letzlich geholfen werden kann. Man beachte, daß auch geistige Helfer in einem Lernprogramm stehen und demzufolge nicht unfehlbar sind. Medium sowie geistiger Helfer bilden kraft ihrer Resonanz eine Einheit. Eine gleiche Wellenlänge wird demzufolge vorausgesetzt.

Bleiben wir uns unserer Verantwortung uns selbst gegenüber also immer bewußt, und übergeben wir sie nie einem anderen. Weder die Urgroßmutter in der geistigen Welt, noch das Medium oder der Wahrsager sollten uns unsere eigenen Erfahrungen abnehmen. *Ihre* Gedankenanstöße sollten den Ratsuchenden in seiner eigenen Einschätzung der Lage bestärken und ihn auf das Über- oder Unterbewußtsein aufmerksam machen, damit er *seinen eigenen* Weg besser beschreiten kann.

Dabei ist zu bedenken, daß wir auf der Erde kraft unseres freien Willens uns unsere Zukunft in jedem Augenblick selbst erschaffen, auch wenn jede Seele einem bestimmten Plan unterliegt.

Hier, auf der Ebene unseres Gewissens, glauben wir, alle klar und deutlich zu wissen, was für uns richtig oder falsch ist. Die Gefühlssicherheit fehlt uns aber einerseits aus Zeitnot, der innersten Stimme geduldig zuzuhören, andererseits weil wir alle in der Polarität mehr oder weniger eingeklemmt sind. Deshalb sollen wir auf der vom Großen Geist regierten Bewußtseinsebene anerkennen: »DEIN WILLE GESCHEHE«; hier gibt es nur noch *eine* Wahrheit. Folgerichtig schlagen auch Versuche fehl, »der Zukunft ein Schnippchen zu schlagen«. Ein besonders schmerzliches Beispiel scheint dies zu belegen: Bei dem Versuch, das potentielle Opfer eines Verbrechens vor der Tat zu warnen, schlich sich ein Fehler in die Übermittlung des Datums in die ASW-Botschaft ein.

Das Verbrechen konnte nicht verhindert werden – weil es geschehen sollte.

Sich nicht ins Leben anderer einmischen

Es ist gegen das Naturgesetz, sich – auch als Medium – in das Leben eines anderen Menschen einzumischen; wir stehlen ihm damit seine Lektionen. Wir dürfen andere nicht beeinflussen, welche Richtung zu gehen wäre – außer wir werden gefragt; in dem Fall sollte das verantwortungsvolle Mental-Medium das vermitteln, was die »bewiesene« geistige Welt als Botschaft bereithält.

Mut zum Wachsen und sich Entwickeln durch alle Bewußtseinsschichten hindurch birgt keine Gefahr für diejenigen, die merken, daß unsere Gedanken Berge versetzen können und sich deshalb der Kraft des positiven und negativen Denkens bewußt werden. Auch für alle, die bereit sind, einen Bewußtseinswandel zuzulassen und das Königreich des Himmels *in sich selber* zu suchen und zu entdecken – Schritt für Schritt –, birgt die Entwicklung der medialen Anlagen keine Gefahr in sich. Dazu gehört die Bereitschaft, immer wieder umzukehren und durch »Gebet und Meditation« oder durch Hellfühlen, -riechen, -sehen, -hören, -wissen die Stille oder das Zwiegespräch mit Gott oder dem höchsten Bewußtsein, der Intelligenz oder dem großen Geist kennenzulernen und regelmäßig im praktischen Philosophieunterricht zu pflegen.

Übernehmen wir die Verantwortung und beherzigen die Worte Rüdiger Dahlkes, der sagte: »Der voreilige ›Universitätsstoff‹ des Lebens ist Ausdruck der Sehnsucht des Menschen nach dem (paradiesischen) Zustand der Vollkommenheit, der Einheit. Es ist sehr menschlich, auf dem harten Entwicklungsweg zu diesem zumeist weit entfernten Ziel nach bequemen Abkürzungen zu suchen ...«[4])

Mögliche Gefahren

Als spirituelle Lehrerin scheint es mir wichtig, nicht nur auf die sonnige Seite der Medialität hinzuweisen. Wo Licht ist, ist auch Schatten. Nicht, daß ich Sie jetzt von Ihrer medialen Entwicklung abhalten oder Sie verunsichern möchte, im Gegenteil! Leben wir aber verantwortungsbewußt, scheint es mir unerläßlich und dringend notwendig, sich möglicher Gefahren bewußt zu werden. Die folgenden Gedanken und Anstöße möchten Sie aufklären und Sie zu einer noch tieferen Auseinandersetzung mit Ihrer Psyche motivieren, bevor Sie sich voll Begeisterung und Freude an unsere gemeinsame Arbeit in den Lektionen dieses Buches machen.

Als langjährige Trainingsleiterin habe ich die Überzeugung gewonnen, daß die mediale Entwicklung zwar grundsätzlich nicht gefährlich ist, wie oft leider behauptet wird, aber Sie sollten folgendes beachten: Sind psychische Krankheiten wie Schizophrenie, Psychose, Epilepsie, multiple Persönlichkeiten und andere Identifikationsstörungen vorhanden, so sollte man keine medialen Übungen als Medium machen.

Allen Menschen, die sich momentan in einer therapeutischen, psychologischen oder psychiatrischen Behandlung befinden, empfehle ich, mit ihrem Therapeuten unbedingt ihre Absicht, die eigene Medialität kennenlernen zu wollen, zu diskutieren. Wenn der Therapeut dies nicht für ratsam hält, verschieben Sie Ihren Plan, bis Sie seelisch wieder ganz stabil sind.

Gefahren durch Aufklärung begegnen

Eine Gefahr ist nichts anderes als ein drohendes Unheil, ein drohender Schaden. Unser ganzes Leben ist voll von Gefahren. Wüßten Sie nicht mit dem Feuer umzugehen, hätten Sie sich schon lange verbrannt. Es ist alles eine Frage der Aufklärung. Licht erhellt die Dunkelheit – unsere Unwissenheit. Mit Hilfe unserer Erfahrung erlangen wir Erkenntnis. Gefährlich sind meines Erachtens aber Situationen, in denen man das Schicksal bewußt und unnötig herausfordert.

Ängste loslassen

Lassen Sie uns auf unserer Reise in das Unbekannte der Gefühls- und Gedankensprache – Ihrer ASW – die Gefahren erkennen und Ängste loslassen. Beachten Sie diesbezüglich aber, daß mit Loslassen nicht einfach gemeint ist, etwas loswerden zu wollen, mit dem man sich nicht auseinandersetzen mag.

Zu Beginn des Mentaltrainings können sogenannte Anfangsschwierigkeiten auftreten. Sie setzen sich nun intensiv mit Ihrer eigenen Persönlichkeit auseinander, und wenn Sie sich bisher noch nicht die Zeit dazu genommen haben, ist es möglich, daß »seelisch-geistiger Unrat«, der sich tief in Ihnen aufgestaut hat, nun zum Vorschein kommt. Es ist ein wenig wie beim Putzen – wenn man den Dreck elegant unter dem Teppich verschwinden läßt, dann wehe dem, der ihn eines schönen Tages lüftet. Üblicherweise regeneriert sich unsere Seele selbständig und automatisch. Kommen wir aber in Zeitdruck, sind Streß oder Überbelastung ausgesetzt, oder verdrängen wir zu bearbeitende Probleme, bleibt kein Raum für eine regelmäßige Seelenhygiene. Wir erleben einen Alptraum, reagieren psychosomatisch, oder im schlimmsten Fall »materialisiert« sich der psychische Überdruck im Körper, und eine Krankheit entsteht.

Seelenhygiene

Auf diese Art und Weise lernen wir die eigene Psyche kennen – dadurch schließlich unser höheres Selbst –, ihre Kraft und Vielfältigkeit, denn in der uns allen bekannten Traumwelt liegen die Ansätze unserer Medialität, der Gefühls- oder Gedankensprache, verborgen. Nur sehr selten wird durch einen Alptraum ein psychotischer Zustand ausgelöst, aus welchem man nicht mehr herausfindet und auf Beruhigungsmittel oder ärztliche Hilfe angewiesen ist.

Carl Payne Tobey sagte einmal: »Fürchte nie das Chaos, denn aus dem Chaos wird immer etwas geboren. Statt mir über eine chaotische Situation Sorgen zu machen, erwarte ich die Geburt. Wenn unser Verstand chaotisch wird oder wenn mein Verstand es ist, dann deshalb, weil es unmöglich ist, das Ganze zu sehen.«[5])

Vielleicht möchten Sie Ihre ersten medialen Erlebnisse auch mit einem erfahrenen Therapeuten oder einem geschulten Sensitiven bearbeiten. Ein Medium ist als Vermittler zweier Welten aus irdischer Sicht betrachtet stets ein Grenzgänger zwischen »Normalem« und »Jenseitigem«, zwischen Irdischem und Überirdischem.

Allein zu trainieren erfordert einen gesunden Menschenverstand und eine stabile Psyche.

Beim medialen Training erleben Sie als Anfänger eine tiefe Entspannung. Mögliche Ängste, aus einer solchen Entspannung nicht wieder zurückzufinden, sind unbegründet – das »Schlimmste«, was passieren kann, ist, daß Sie einfach einschlafen. Vielleicht befürchten Sie auch, nach den bewußtseinserweiternden Zuständen süchtig zu werden. Mittels Meditationen vor der harten Realität unseres Alltagslebens zu fliehen, ist bestimmt »gesünder« als der Konsum von Drogen, aber keinesfalls Sinn der medialen Entwicklung! Hier ist ein gesundes Mittelmaß angesagt. Wir sollten anerkennen, daß sowohl die irdische Ebene als auch meditative Zustände und außersinnliche Wahrnehmung zu unserer ureigensten Medialität zählen und daher eben eine ganzheitliche Entwicklung und Auseinandersetzung sowie vernetztes Denken angebracht sind.

Aktiv sein

Werden wir wachsam und aktiv auf unserer Suche. Realisieren wir, daß »Sucht« von »suchen« stammt. Konkret heißt das, daß der Wahrheitssucher aktiv sein muß. Der passive Mensch hingegen verfällt leicht einer Sucht ...

Wir begegnen als Medium dem Feinstofflichen aus dem Unterbewußtsein unserer Mitmenschen sowie anderer, momentan nicht inkarnierter Bewußtseinssphären. Zu Beginn werden wir die drei verschiedenen *Wahrnehmungsgebiete*

- ich-bezogene ASW,
- du-bezogene ASW und
- geistig-feinstofflich-bezogene ASW

mit unseren fünf medialen Sinnen noch nicht richtig unterscheiden können. Aller Anfang ist schwer! Ganz wichtig ist auch hier, sich dem persönlichen Wachstumstempo der medialen Anlagen anzupassen.

Verzerrungen der medialen Symbol-, Gefühls- oder Gedankensprache können harmlose bis verheerende Deutungsfehler hervorbringen.

Eine weitere Gefahr besteht in einer energetischen Beeinflussung, die von weniger weit entwickelten Bewußtseinsebenen ausgeht. Gerade im Anfangsstadium der medialen Entwicklung ist das sehr schwierig zu erkennen! Solch negative Beeinflussung kann als Disharmonie, Unwohlsein, Sich-krank-Fühlen, Spukphänomen und in sonstigen Variationen erlebt werden. In der unsichtbaren geistigen Sphäre existieren viele seelisch-geistig »unerlöste« Energien, d. h. solche, die auch auf dem Weg sind, oder Bewußtseinsteile, die labile, sensible, ungeschützte oder gutgläubige Menschen sogar »anzapfen« und mißbrauchen, indem sie beispielsweise ihre Triebe in den anderen weiterleben. (In unserem irdischen Leben kennen wir auch solche Beispiele von gutmütigen oder naiven Menschen, die von anderen ausgenützt werden.) Sie »ernähren« sich von deren Energie, um sich weiterzuentwickeln – wie Parasiten. Es kann sogar vorkommen, daß der Einfluß dieser negativen Geistenergien so stark wird, daß die betroffenen Menschen in ihrer eigenen Entwicklung blockiert oder sogar krank werden.

Unwissenheit ist gefährlich!

Vielleicht fragen Sie sich nun zu Recht, ob die mediale Entwicklung nicht doch gefährlich ist. Nein: Gefährlich ist nur die *Unwissenheit.*

Hier beginnt unser aller Lebenskampf, unser Lernprozeß. Es hat alles seinen Sinn, und auch diese Herausforderung wird uns wachsen lassen. Wie unterscheiden Sie Zucker von Salz, wenn Sie noch nie gekostet haben? Ich möchte Sie als spirituelle Lehrerin daran erinnern: *Gleich und Gleich gesellt sich gern!*

Lassen Sie also die Finger von dem Negativen – mit anderen Worten: Durch klares dezidiertes Verhalten verschließen Sie sämtlichen Gefahren automatisch die Türen – physisch wie psychisch. Sollte sich trotz allem einmal eine stürmische Kraft gegen Ihre verschlossene Tür stemmen, denken Sie an die göttliche Intelligenz und Urkraft.

Übergeben Sie das Kräftemessen sofort Ihrer göttlichen Führung, lassen Sie sich auf keinen Machtkampf ein – und Sie werden Wunder erleben.

Analog zu den Schattenseiten der feinstofflichen Welt existieren glücklicherweise auch die sonnigen! Aus diesem Grund verbinden wir uns *kraft unseres Willens bewußt immer nur mit höher entwickelten, uns mit positiver Inspiration weiterhelfenden Energie- oder Bewußtseinsebenen.*

Besessenheit und Umsessenheit

Von »Besessenheit« spricht man in der medialen Arbeit, wenn ein fremdes Geistwesen einen physischen Körper »besetzt«, das heißt, diesen geistig so stark beeinflußt, daß er seinen freien Willen aufgibt und wie eine Marionette funktioniert.

Wenn ein unentwickelter Geist einen Menschen »überfällt«, ohne dessen Einverständnis seinen Körper bedrängt und in Beschlag nimmt, ist dieser völlig ausgeliefert und könnte sich schließlich sogar von einer Brücke stürzen.

Aus meiner eigenen Erfahrung als Medium und spirituelle Lehrerin kann ich nur berichten, daß bei einem normalen Ich-Bewußtsein eine Besessenheit im negativen Sinn äußerst selten geschehen kann. Unser heutiges Verstandes-Bewußtsein ist schon so weit aufgeklärt, daß diese Gefahr immer kleiner geworden ist.

Ich habe immer wieder festgestellt, daß es sich bei sogenannten Besessenen oft um Umsessene handelte, was bedeutet, daß die negativen äußeren Energien die Psyche des Menschen in dem Maße beeinflussen, daß dort gelagerte eigene Ängste und unverarbeitete Probleme explosiv auftauchen können. Jedenfalls habe ich in meiner langjährigen Berufszeit nie selber einen Besessenen erlebt.

Trance

Nicht zu verwechseln ist die Besessenheit mit der Trance, in der ein Medium seinen Körper willentlich als Werkzeug für ein anderes Geistwesen zur Verfügung stellt. So kennen wir beispielsweise dieses Phänomen der physischen Medialität, wenn ein Sänger in Tief-Trance verstorbene Interpreten vermittelt, die dann durch dieses Medium singen. Lektion 6 im II. Teil gibt Ihnen näheren Aufschluß darüber.

Notwendigkeit des Schutzes

Unsere eigene Psyche ist das Hauptwerkzeug der sich entfaltenden Medialität. Es ist eminent wichtig zu wissen, daß man *sich selbst* schützen kann und es auch tun muß, um gegen die Gefahren vorzubeugen. Insbesondere bei der aktiven medialen Entwicklung ist das von großer Bedeutung, denn durch die künstlich provozierte seelisch-geistige Auseinandersetzung werden wir offener und empfänglicher für unsichtbare Einflüsse.

Belastungen des Nervensystems

Eine erste wichtige *Schutzmaßnahme* betrifft das Nervensystem – *das wichtigste Bindeglied* zwischen der physischen und der psychischen Welt. Diverse Reizüberflutungen und eine ungesunde Lebensführung (Rauchen, Kaffee, zu wenig Schlaf, Drogen, innere Barrieren, seelische Überforderung etc.) können ein von Natur aus schwaches Nervensystem derart belasten, daß es zu permanenter Überforderung kommt. Logischerweise ist dieses dann vermehrt äußeren feinstofflichen Einflüssen ausgesetzt, so daß man rascher »die Nerven« verlieren und besonders von negativen Impulsen bedrängt werden kann.

Eine weitere Schutzmaßnahme betrifft Ihr Verhalten. Was machen Sie, wenn Sie nach Hause kommen und ein fremder Mensch vor Ihrer Wohnung steht? Wie verhalten Sie sich? So wie Sie sich entscheiden, wen Sie in Ihre Wohnung hereinlassen und wen nicht, können Sie auch frei bestimmen, welche Gedanken und Gefühle – welche Geister – Sie in Ihr Bewußtsein eintreten lassen. Entscheidend ist, daß Sie sich kontrollieren, wachsam und aufmerksam sind und jeden Augenblick hinterfragen. Und doch werden Sie, indem Ihr Ego hinter einem höheren Willen zurücktritt, eine Form von Kontrollverlust erleben. Dieser wird sich zu Beginn vielleicht ein wenig unangenehm anfühlen. Mit Ihrer Erkenntnis und dem Erfassen Ihrer höheren Führung kann dieses Gefühl aufgelöst werden.

Die eigenen Gedanken und Gefühle bestimmen

Ihr Schutzverhalten sollte aber nicht nur die von der geistigen Welt inspirierten Gedanken betreffen, sondern auch das subtile Kräftespiel zwischenmenschlicher Gedanken und Wahrnehmungen umfassen. Ungünstige energetische Strömungen bietet uns der praktische Alltag ständig. Negatives Denken – wem von uns ist das noch nie passiert – belastet die Umwelt. Je bewußter Ihnen Ihre außersinnlichen Wahrnehmungen werden, desto klarer erkennen Sie auch die gleichzeitig feine und doch mächtige Kraft der Beeinflussung durch Gedankenenergie (Fehlprojektionen), sei es auf positive oder negative Art.

Geistige Luftverschmutzung

Indem Sie sich regelmäßig reinigen und schützen, eine Art Psychohygiene betreiben und auch die Gedanken prüfen, die Sie aussenden, tragen Sie in hohem Maße dazu bei, Sie selbst zu sein und zu werden. Hier wird uns das Kräftespiel der Natur bewußt. Wie im Schlechten, so auch im Guten. Demzufolge gehört eine »mediale Selbstverteidigung« – *sich richtig schützen zu können* – meines Erachtens auch zur seelisch-geistigen Bewußtseinsentfaltung. Unsere Seele strebt nach Erlösung. Alle scheinbaren Hindernisse sind nur Zeichen von zeitweiligen Sackgassen. In Wahrheit sind wir immer von göttlicher Liebe geschützt.

Bitten Sie immer um Schutz von der *höchsten* Bewußtseinsebene. *Automatisch* wird ein Abgesandter Gottes regeln, wer sich Ihnen als Ihr Schutzengel offenbaren soll.

Unheimliche Phänomene

Viele Menschen bringen mit Medialität automatisch Spuk- und Poltergeist-Phänomene in Verbindung. Ich bin überzeugt, daß das Wissen um diese Phänomene die Angst oder Ablehnung aufzulösen vermag – denn geht man diesen auf den Grund, findet man immer unerlöste, hilflose Seelen. Sie wollen uns oftmals gar nicht erschrecken, sondern durch ihr aufdringliches Benehmen auf sich aufmerksam machen. Um sich endlich *selbst* erlösen zu können, müssen auch sie ihre Schuld einsehen, beichten und um Vergebung bitten. Mit den zwei folgenden persönlichen Erfahrungen möchte ich Ihnen diese Ebene der geistigen Welt schildern und Ihnen nahebringen, wie man sich eigenverantwortlich verhält und schützt.

Persönliche Erfahrungen mit einem Poltergeist

Ich erinnere mich noch gut an meinen »ersten« Poltergeist, den ich befreien konnte. Angeblich klopfte dieser öfter an die Zimmerdecke im Hause eines Freundes. Im Laufe der Zeit bekundete er seine Präsenz immer regelmäßiger – sogar im Wohnzimmerschrank trieb er mit Knarren, Klopfen und Knacken sein Spielchen. Als ich einmal Gast des Hauses war, erzählte mir mein Bekannter unter anderem, daß er in seiner Heimatstadt nach verlorenengegangenen Dokumenten suche, und fragte mich, ob ich ihm dabei behilflich sein könne. »Zufälligerweise« begann unmittelbar darauf der Poltergeist uns seine unsichtbaren, dafür aber nicht zu überhörenden Fähigkeiten ziemlich heftig zu demonstrieren. Plötzlich nahm ich medial ein Geistwesen wahr, das sich als Mann entpuppte, dessen Gestalt ich deutlich erkennen konnte und der mir dieses und jenes aus seiner Vergangenheit zu erzählen begann.

Mein Bekannter identifizierte nach meiner Beschreibung dieses Geistwesen sofort als ehemaligen Besitzer des Hauses seiner Eltern und zudem noch als Bürgermeister seiner Heimatgemeinde. Der Verstorbene, der sich aus Verzweiflung als Poltergeist bemerkbar machte, gestand mir als Vermittler, daß er kurz vor seinem Tod wichtige Dokumente, die der Gemeinde zustanden, hatte verschwinden lassen. So hatte mein Bekannter mit seinem Wunsch nach der Dokumentensuche bereits unter dem Einfluß seines Poltergeistes gestanden, der sehnsüchtig darauf wartete, bis er endlich »erhört« wurde. Er hatte nämlich aus Rache und Eifersucht seinem Nachfolger »eins auswischen« wollen und deshalb einen Teil der Dokumente bei sich zu Hause unter der Kellertreppe eingemauert und den Rest im Wald neben einem Stein tief vergraben. Dort sollten sie noch heute liegen.

Ich beruhigte den verzweifelten Poltergeist und beteuerte ihm, daß er jetzt in göttlichem Licht und Liebe weiterziehen könnte. In einem Gebet bat ich die geistige Welt, mit voller Kraft sich diesem anzunehmen. Auch sagte ich ihm, daß wir alle nur durch Schaden klug werden und sein schlechtes Gewissen – wie Sie sehen, liebe Leserin und lieber Leser, nehmen wir auch das mit in die geistige Welt, wenn wir einmal sterben – ihm als Motivation für seine seelisch-geistige Weiterentwicklung gedient hätte. Ich versprach dem ehemaligen Bürgermeister auch, seinen Anweisungen gemäß die Dokumente zu suchen.

Aus Experimentierfreude forschten mein Freund und ich nach den besagten Dokumenten. Wir brachen in seinem Elternhaus nach empfohlener Anweisung des Poltergeists die Mauer auf und fanden dort tatsächlich verrostete Nägel und Holzstücke, die auf eine Schatulle schließen ließen. Im Wald fanden wir an der besagten Stelle zu unserer Verblüffung wieder die gleichen verrosteten Nägel und Holzreste. Vom Papier war leider nichts mehr zu sehen – die Zeit mußte es wohl aufgelöst haben.

Der »Poltergeist« erschien mir im Wald noch ein letztes Mal in einer Vision und bedankte sich für unsere Mühen. Dank unserer Auseinandersetzung mit seinem Vergehen konnte er sich selbst erlösen. Seine Erkenntnis – und vermutlich auch meine – nahm ich als eine helle »Lichtvision« wahr ... Von diesem Moment an war der Poltergeist verschwunden.

So wie wir im irdischen Leben mit Übeltätern verantwortungsvoll umgehen, müssen wir uns auch bewußt und korrekt mit den geistigen Störenfrieden auseinandersetzen. Sicherlich gibt es daneben auch Poltergeister, die uns Menschen nur zu ihrer Freude erschrecken und ängstigen wollen. Wenn wir uns klar entscheiden, uns nicht auf sie einzulassen, werden sie verschwinden, denn sie »ernähren sich« von unserer Angst und testen unsere seelisch-geistige Belastbarkeit.

Solange Sie nicht *bewußt* Schritt für Schritt die Grundlagen der Medialität entwickelt haben, lassen Sie bitte die Finger von Geisterbefreiungen.

Wenden Sie sich direkt an die höchste Bewußtseinebene oder Gott, und delegieren Sie diese Aufgabe weiter. Konkret heißt das, daß wir uns und unsere Fähigkeiten richtig einschätzen und uns energetisch eben *nicht* auf dieses Kräftespiel einlassen sollten. Begegnen wir in einem späteren Stadium unserer medialen Entwicklung einem unerlösten Geist, kann dies auch einen Lernprozeß für uns bedeuten, den höhere Bewußtseinsebenen für angebracht halten. Unsere geistigen Helfer und Führer werden uns dann lehren, korrekt mit der Situation umzugehen.

Mental müssen wir uns mit der höchsten spirituellen Energie »einpacken« und als Kanal die göttliche Liebe und Licht aus ganzem Herzen und mit ganzer Kraft in den Kosmos zu diesem »gefangenen« Geist schicken. Merken Sie sich: »DEIN WILLE GESCHEHE« ist die entscheidende geistige Haltung.

Sind Sie sich bewußt, daß alles, was immer Sie erleben, richtig für Sie ist? Da es bekanntlich keine Zufälle gibt, lernen Sie aus dem Ihnen Zu-gefallenen! Werden Sie sich bewußt, daß eben dies die Art und Weise des Unterrichts aus der geistigen Welt für unsere menschliche Entwicklung ist – Führung und Vorsehung!

Persönliche Erfahrungen mit einer Umsessenen

Vor ein paar Jahren schickte mir die geistige Welt eine Frau zu einer medialen Beratung. Zeitweilig mußte sich diese sogar in stationäre psychiatrische Behandlung begeben – auch wenn sie sich phasenweise in ihrem Beruf bewähren konnte. Ziemlich bald entdeckte ich, daß negative Plagegeister meine Ratsuchende immer wieder zu unkontrollierten Taten bedrängten, ja sogar nötigten. Je besser ich »ihr Spiel« durchschaute, um so größere Pein erlitt meine Klientin – was sich auf mich übertragen sollte. Wut und Haß, Zorn und Ärger, Mißgunst und Eifersucht prallten nun auch auf mich ab. Meine Lektion hatte begonnen.

Zuerst konnte ich keinen Zusammenhang erkennen – denn während der Sitzungen mit dieser Frau verlief alles normal. Ich klärte sie so gut wie möglich über die Gesetze der geistigen Welt auf und zeigte ihr verschiedene mentale Schutz- und Schließtechniken. Dann begann ich jedoch zu beobachten, daß immer unmittelbar nach den Sitzungen mehr oder weniger der »Teufel« los war. Das Ganze sollte sich zu einer Reihe einschneidender Erlebnisse steigern.

Anläßlich eines Festes in meinem Institut schmückte ich das linke Revers meiner Jacke »zufällig« mit einer selbstgemachten Brosche. Sie bestand aus einem fünflibergroßen, dreieckigen Spiegel mit zwei regenbogenähnlich aufgelöteten Metalldrähten.

Während des Abends war unter anderem auch die besagte Ratsuchende anwesend. Mir fiel auf, daß sie unter Medikamenten stand, und ich wurde das ungute Gefühl nicht los, daß es besser wäre, diese Frau nach Hause zu schicken. Da wir alle viel Freude hatten, genoß ich den bunten Abend mit seinen Darbietungen. Unter der Gästeschar befand sich auch ein Freund, der mit seinem Akkordeon aufzuspielen begann. Er gilt unter Musikern als erfahrener Profi, und ich persönlich kann mich nicht erinnern, daß er jemals bei einem Auftritt den Kopf verloren hätte. Doch an diesem Abend geriet er völlig durcheinander. Ich zog sofort meine medialen Antennen aus und entdeckte negative Kraftstöße, die aus der Ecke meiner Klientin kamen und darum bemüht waren, den Musiker zu stören und zu unterbrechen. Sofort begann ich, zum lieben Gott zu beten, er möge auf der Stelle für Ruhe sorgen. Über den Musiker sowie die vermutete Person stülpte ich mental eine goldene, mit göttlicher Energie durchflutete Schutzhülle.

Die Kraft hoher und niedriger Energien

Glücklicherweise wurde mein Gebet erhört – der Musiker beruhigte sich unmittelbar und konnte ohne weiteres sein Stück beenden. Zu meiner Verblüffung schlich meine Klientin bald danach aus dem Raum – obwohl sich doch alles »unsichtbar« abspielte und auch von den Gästen nicht bemerkt wurde. In der Pause schickte ich meine Klientin – ihr und uns zuliebe – sofort nach Hause.

Als ich selbst müde, aber glücklich nach unserer Feier noch im Freundeskreis saß, fragte meine Freundin erstaunt, was denn mit meiner Brosche passiert sei. Zu meiner großen Verblüffung stellte ich fest, daß ein Metalldraht völlig geschmolzen und verbogen war. »Das ist doch unmöglich«, sagte ich, »nur ein Lötkolben vermag das zu biegen«.

Sofort tauchte in mir die einzige Erklärung dafür auf, nämlich daß ich als ungeübter und schlechter Blitzableiter wohl den Gegenschlag der negativen Energien des heutigen Abends aufgefangen hätte.

Die geistigen Energien, geistigen Helfer und Poltergeister sind nach dem Gesetz der Synchronizität gleichzeitig überall und immer dort, wo ein Prozeß, eine Entwicklung ausgelöst werden muß, damit das ewig Zentrierte in der We-

sensmitte eines jeden, die tiefsten Abgründe des Unterbewußten (der Seele) mit den höchsten Gipfeln des Geistes vereint werden können.

So glaube ich, lernte ich als Blitzableiter verantwortungsvoll zu funktionieren. Mittels all dieser Auseinandersetzungen bin ich in meinem Selbsterforschungsprozeß einen Schritt weitergekommen. Seit jenen Ereignissen schütze ich mich doppelt gewissenhaft – ein unsichtbarer Spiegel oder ein goldenes Schutzschild helfen mir dabei. Ich bin mir völlig bewußt, daß es nichts gibt, was es nicht gibt – und deshalb nehme ich weitere interessante Herausforderungen und Erfahrungen dankbar an. Ich wünsche und erhoffe mir, daß gerade anhand dieses Beispiels die Psychiatrie hellhörig wird.

Die folgende Geschichte von Khalil Gibran mag Ihnen Impulse über Licht und Schatten geben:

»*Der gute Gott und der böse Gott*

Der gute Gott und der böse Gott begegneten einander auf dem Gipfel eines Berges.
Der gute Gott sagte: ›Guten Tag, Bruder.‹
Der böse Gott antwortete nicht.
Da sagte der gute Gott: ›Du bist heute in einer üblen Laune.‹
›Ja‹, sagte der böse Gott, ›denn ich wurde letztlich oft mit dir verwechselt, wurde mit deinem Namen genannt und behandelt, als wäre ich du. Und das mißfällt mir.‹
Der gute Gott sagte: ›Aber auch ich wurde mit dir verwechselt und mit deinem Namen genannt.‹
Da ging der böse Gott davon und fluchte der Torheit der Menschen.«[6])

Mit meinen persönlichen Berichten will ich jetzt nicht behaupten, daß solche Erlebnisse unweigerlich Begleiterscheinungen einer medialen Entwicklung sind. Bei weitem nicht! Da wir aber wissen, daß das Leben voller Überraschungen ist und nichts anderes bedeutet als Erfahrungen zu sammeln, muß man immer mit allem rechnen. Erkundigen Sie sich vor Ihrer ersten Bergtour nicht auch bei erfahrenen Bergführern nach den Tücken der oft unberechenbaren Natur? Nehmen Sie auf Ihre Bergtour nicht auch das nötige Rüstzeug mit, damit Sie vor Sonne, Wind und Regen ver-

... die Kraft, die stets das Gute will und doch das Böse schafft...

Goethe

Das klügste des Teufels ist, uns davon zu überzeugen, daß es ihn nicht gibt.

Baudelaire

Ich weiß nicht mehr, wie
ich hineingeraten,
So war in tiefem Traume ich
befangen,
Als ich vom Weg der
Wahrheit abgeirrt.
Doch als ich kam zum Fuße
eines Berges,
Von dem begrenzt ward
jenes Tales Grund,
Das angstvoll mir das Herz
zusammenpreßte,
Da sah ich droben schon
des Berges Flanken,
Umhüllt von jener Sonne
Strahlenkleid,
Die uns auf allen Pfaden
sicher leitet.

Dantes Göttliche Komödie
1. Gesang, Vers 4-6

Macht aus ihnen keine Dämonen, die gekommen sind, um die irdische Menschheit zu vernichten; seht sie lediglich als Menschen (oder geistige Helfer), die eine andere Vergangenheit haben als ihr ... aber dieselbe Bestimmung. Im Augenblick sind sie krank; sie leiden am Stolz, sie haben das Virus der Herrschsucht in sich ... ein Virus, das sich nur auf dem Terrain ohne Liebe, ohne Schlichtheit ausbreiten kann. Deshalb haben einige von euch vor ihm kapituliert und sind für es anfällig geworden. Diese Menschen sind eine Prüfung für die ganze Menschheit.

Vom Geist der Sonne
Merois-Givaudan

Die Notwendigkeit, die Augen vor nichts auf eurer Erde zu verschließen, meine Freunde; Die Notwendigkeit, die Schattensilhouetten nicht zu ignorieren, die die Mehrzahl der Menschen jeden Tag ein wenig mehr auf ihrem Planeten wachsen läßt.

Merois-Givaudan

Töte das Böse in dir, dann kann dich das Böse in der Welt nicht mehr angreifen.

Krishnamurti

Kurz-Gedichte

nünftig geschützt sind? Das ist der Grund, warum ich Ihnen mit diesen Geschichten Mut machen und sie als Anschauungsbeispiele verwenden möchte.

Traditionelle Schutzmethoden

Bevor wir nun zu den Übungen kommen, möchte ich Sie noch darauf hinweisen, daß Sie neben dem mentalen Schutz durchaus auch auf traditionelle Methoden wie Kerzen anzünden, mit Weihwasser spritzen, Glocken läuten, beten, räuchern, Amulette u. ä. zurückgreifen können. Die Riten gibt es seit Menschengedenken. Aus meiner Erfahrung ist es am sinnvollsten, sich mit dem Großen Geist zu verbinden und *nur das höchste und reinste Bewußtsein, die höchste Intelligenz um Hilfe, um Eingebung, um neue Erkenntnisse zu bitten.* Seien Sie sich aber bewußt, daß Sie mit den neuen Erkenntnissen zwar geschützt sind, Ihrem persönlichen Lebensplan aber nicht ausweichen können, die Verantwortung auf kein früheres Leben schieben oder an einen geistigen Helfer delegieren können!

Verantwortung läßt sich nicht abschieben

An dieser Stelle bitte ich Sie, auch dieses Lehrbuch zur spirituellen Entwicklung Ihrer Medialität kritisch zu überprüfen. Denn selbst ein Medium, das sich seiner Verantwortung voll bewußt ist, bleibt immer ein Mensch mit all seinen Unzulänglichkeiten und der heiligen Pflicht, an seinem Lebenswerk weiter zu meißeln und zu feilen. Alles, was ich hier in diesem Buch beschreibe und erzähle, ist aus *meiner bisherigen persönlichen Erfahrung* erwachsen, und es ist nur *meine jetzige* Wahrheit. Da es so viele Wahrheiten wie Menschen gibt, vertrauen Sie Ihrer Intuition, merken Sie sich das, was für Sie wichtig ist, und das andere lassen Sie wieder los.

Ulli Olvedi meint dazu: »Spirituelle Wege gibt es fast so viele wie Menschen, die sie praktizieren. Und fast jeder von ihnen ist insgeheim davon überzeugt, daß die eigene Methode von allen ›die allerbeste‹ sei. Aber jede spirituelle Praxis birgt, falsch verstanden, Probleme und sogar Gefahren.«[7])

Enthüllen Sie, liebe Leserin, lieber Leser, selber »spirituelle Fallen«, auf die fast jeder einmal hereinfällt. Wer sich in eine Psychotherapie begibt, wendet sich an jemanden um Hilfe, weil er weiß, daß er seine Klärungsarbeit vorerst nicht allein bewältigen kann. Wer mit Meditation beginnt, übernimmt selbst die Verantwortung für sich und seine inneren Zustände. Es ist also wichtig herauszufinden, was man sich selbst zutrauen und zumuten kann;

sonst kann es geschehen, daß man um wichtige Problembereiche herummeditiert und sie möglicherweise nie berührt.

Übungen zum Schutz

Lernen Sie, sich zu schließen!

Ein wichtiger Schritt der Eigenverantwortung in der medialen Arbeit ist das »Sich-Schließen«. Wenn Sie lernen, Ihre seelisch-geistigen »Antennen auszufahren«, müssen Sie diese nach Gebrauch *pflichtbewußt und jedes Mal* wieder »einziehen«. Sie allein tragen die Verantwortung, wenn es sonst zu einer »Überlastung« Ihres Wahrnehmungsvermögens kommen sollte. Im besten Fall wird die Wahrnehmung automatisch blockiert – so wie bei einem überlasteten Stromkreislauf die Sicherung herausspringt. Im schlechtesten Fall werden wir durch geistige Fremdeinflüsse negativ beeinflußt, blockiert oder gar krank – von der Psychose bis zum Unfall.

Das bewußte mentale Sich-Schließen ist die wichtigste *Verantwortung sich selbst* gegenüber.

Schließen Sie sich
- **nach jeder medialen Übung,**
- **wenn Sie sich unglücklich oder emotional schlecht fühlen,**
- **täglich morgens und abends.**

Die Natur macht es uns täglich vor: Die Blume öffnet ihre Blüte morgens mit dem ersten Sonnenstrahl und schließt sie automatisch beim Hereinbrechen der Dunkelheit wieder.

Kreieren Sie mit der Zeit Ihre eigenen Schutzmaßnahmen, und formulieren Sie diese in Ihren Worten so, daß Sie sich wohl und geborgen fühlen. Es ist die Kraft des vertrauensvollen Denkens, die wirksam wird – deshalb ist der regelmäßige geistige Schutz mindestens so wichtig wie ein Dach über dem Kopf in unserer physischen Welt. Er ist die erste Grundvoraussetzung für eine seriöse mediale Entwicklung.

Haben Sie sich einmal überlegt, warum sie sich z. B. am Arbeitsplatz oder während einer Party plötzlich müde, ja sogar ausgelaugt fühlen? Schützen Sie sich jeden Tag zweimal bewußt etwa drei Minuten lang – und das über drei Monate – Sie werden bestimmt ein Geheimnis lüften!

Im folgenden stelle ich Ihnen verschiedene Schutz- oder Schließtechniken vor. Es sind wertvolle Hilfsmittel für die eigene Entwicklung – wichtig ist, daß Sie die für Sie geeignete Technik finden und auch anwenden!

Der Schutzmantel

Übungen, um sich zu schließen

Positives, hellstes Licht – göttliche Energie – hüllt Sie von Kopf bis Fuß, von hinten nach vorne ein. Erleben Sie, wie der ganze Körper dadurch wie von einer starken, dichten Schutzhülle eingepackt wird. Sie ist so undurchlässig, daß alles Negative abperlt wie Regentropfen, und so hell, daß alles Dunkle in Licht transformiert wird. Wie immer auch Ihr geistiger Schutzmantel in Ihrer Vorstellung aussehen mag – entscheidend ist, daß Sie ihn regelmäßig »anziehen«!

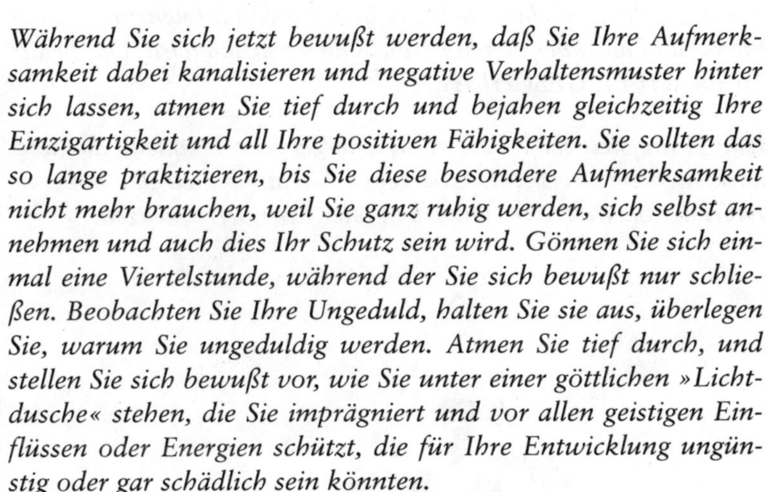

Während Sie sich jetzt bewußt werden, daß Sie Ihre Aufmerksamkeit dabei kanalisieren und negative Verhaltensmuster hinter sich lassen, atmen Sie tief durch und bejahen gleichzeitig Ihre Einzigartigkeit und all Ihre positiven Fähigkeiten. Sie sollten das so lange praktizieren, bis Sie diese besondere Aufmerksamkeit nicht mehr brauchen, weil Sie ganz ruhig werden, sich selbst annehmen und auch dies Ihr Schutz sein wird. Gönnen Sie sich einmal eine Viertelstunde, während der Sie sich bewußt nur schließen. Beobachten Sie Ihre Ungeduld, halten Sie sie aus, überlegen Sie, warum Sie ungeduldig werden. Atmen Sie tief durch, und stellen Sie sich bewußt vor, wie Sie unter einer göttlichen »Lichtdusche« stehen, die Sie imprägniert und vor allen geistigen Einflüssen oder Energien schützt, die für Ihre Entwicklung ungünstig oder gar schädlich sein könnten.

Sie können sich auch unter eine Glasglocke stellen – mit der geistigen Vorstellung, daß nur noch die für die eigene Entwicklung förderlichen Energien hereinfließen können. Keine Angst – Sie werden nicht hermetisch von Ihrer Umwelt abgeriegelt! Ihr höheres Selbst reguliert den Energieaustausch nach seiner eigenen Weisheit.

Die Pyramide

Ein sehr starkes, für verschiedene Zwecke zu gebrauchendes Schutzmittel ist die geistige Pyramide. Stellen Sie sich vor, wie Sie

sich in einer Pyramide befinden, die aus Lichtstrahlen gebaut ist. Je nach Bedarf können Sie sich eine andersfarbige Glaspyramide vorstellen:

- *Die rosa Pyramide erleichtert Ihnen tiefen emotionalen Streß.*
- *Die lila Pyramide hilft in der Gesprächsführung.*
- *Eine gelbe Pyramide bringt Erleichterung bei Furcht und Paranoia.*
- *Die blaue Pyramide hilft bei Depressionen.*
- *Die grüne Pyramide wirkt schützend bei Zorn, physischen Angriffen und bringt Heilung und Ruhe nach einem Unfall, bei einem Alptraum oder einer Auseinandersetzung.*

Die gleiche Pyramide kann man sich mental auch über jedem Haus vorstellen, das beispielsweise in einer Gefahrenzone liegt; über einem Auto, über dem Autofahrer, über dem Chirurgen, der eine schwierige Operation vor sich hat u. ä. Entscheidend ist, daran zu denken, daß auch bei Schutzmeditationen für andere immer und nur über den höheren Willen gebeten wird. Das heißt: DEIN WILLE GESCHEHE.

Jede Farbe stellt eine bestimmte energetische Frequenz dar und wirkt dementsprechend. Übergeben Sie am besten der höheren Führung die Wahl der Heilfarben oder Energiefrequenzen.

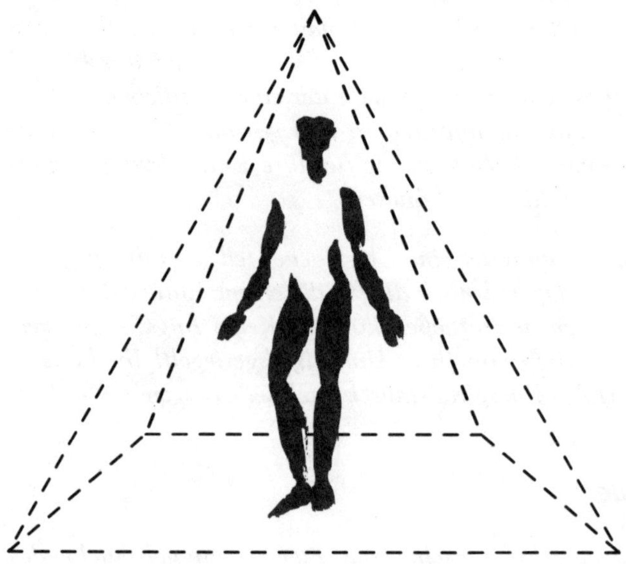

Die Pyramide

Sie können auch in einen Kubus, einen Schutzkreis, einen Taucheranzug, einen Kartoffelsack u.ä., mit allen Regenbogenfarben, schlüpfen, sich hüllen, stellen, legen usw. Werden Sie erfinderisch. Allein wichtig ist, daß Sie den Hintergrund, die Zusammenhänge, den tieferen Sinn von solchen Techniken entdecken, indem Sie sie anwenden und Ihre Folgereaktionen beobachten.

Die Acht

Eine Methode, wie man dank uralter esoterischer Erfahrungen und modernster Tiefenpsychologie nach C. G. Jung von blockierenden und krankmachenden psychischen Abhängigkeiten frei werden kann, ist die Verwendung des Symbols der Acht, mit dem sich der eigene Raum von einer anderen Person klar abgrenzen und gegenseitige Projektionen und Übergriffe verhindern lassen.

Stellen Sie sich auf dem Boden visuell einen Kreis um sich herum vor, der den Radius Ihres zur Seite ausgestreckten Armes hat. Wenn das Bild vor Ihrem geistigen Auge erschienen ist, nehmen Sie sich jetzt selbst in der Mitte dieses Kreises aus Licht wahr. Visualisieren Sie vor sich auf dem Boden einen weiteren Lichtkreis, der dem Ihren ähnlich ist und ihn berührt, ohne ihn zu überlappen. Die Person, von der Sie sich lösen wollen, soll nun in den zweiten Lichtkreis eintreten und sich dort niederlassen.

Achten Sie darauf, daß Sie beide in der Mitte Ihres jeweiligen Kreises bleiben. Sie sehen jetzt die beiden Kreise klar, und Sie und Ihr Gegenüber befinden sich im Zentrum des jeweiligen Kreises. Stellen Sie sich jetzt ein neonblaues Licht vor, das in der goldenen Röhre entlangfließt. Es bewegt sich vom Berührungspunkt der beiden Lichtkreise aus im Uhrzeigersinn zuerst um den Kreis herum, in dem sich Ihr Gegenüber befindet. Dann kommt es zu dem Punkt zurück, an dem die beiden Kreise sich berühren. Sehen Sie nun dem blauen Licht zu, während es um Ihren eigenen Kreis links an Ihnen vorbeifließt, um Sie herum, zurück zum Berührungspunkt, und so die Form einer Acht beschreibt. Folgen Sie visuell der Bewegung des blauen Lichtes vor Ihrem geistigen Auge, solange Sie das Bild ohne Anstrengung sehen können. Dieser Zeitraum unterscheidet sich von Mensch zu Mensch und übersteigt selten zwei Minuten. Das neonblaue Licht wird alles, was zu Ihnen gehört, magnetisch in Ihren Kreis hineinziehen. Gleichzeitig wird alles, was zu der Ihnen gegenübersitzenden Person gehört, in deren Kreis gezogen, so daß jeder von Ihnen nur sein eigenes Territorium besetzt.

Das Dreieck

Als weiterer Schutz ist das Dreieck empfehlenswert. Es dient dazu, die Verbindung mit dem Höheren Selbst herzustellen und Führung von der Weisheit zu erbitten, die uns allen innewohnt. Dieses Symbol kann sowohl in der Arbeit mit sich allein als auch mit einem Partner verwendet werden.

Um mit dem Übungspartner diese Verbindung herzustellen, visualisieren beide, sich gegenübersitzend, auf Bodenhöhe ein Band aus goldenem Licht, das eine Person mit der anderen verbindet. Sobald diese innere Verbindung der beiden Partner aufgebaut ist, visualisieren beide einen Lichtstrom, der durch die Wirbelsäule der Übungspartner nach oben fließt, durch den Kopf und die Schädeldecke hindurch und dann weiter nach oben in den Raum.

An einem Punkt über den Köpfen der Übungspartner stellt man sich das Zusammentreffen der beiden Lichtströme vor. Es ist wichtig, sich gewahr zu sein, daß diese Bilder und Symbole eigene seelische Anteile repräsentieren. Auch das Höhere Bewußtsein ist eine Kraft, die im Inneren des Menschen selbst liegt. Es ist jedoch hilfreich, sich diesen Wesenskern im Außen vorzustellen, um leichter eine Verbindung mit ihm aufnehmen zu können und ihm die gesamte Führung zu übergeben.

Auch bei der Arbeit mit sich allein ist es notwendig, sich an das Höhere Selbst anzuschließen. Dies gelingt einem, indem man sich eine zweite Person vorstellt, die vor einem sitzt. Man sollte diesen Menschen jedoch zuvor – in der Realität – um seine Zustimmung bitten. Nun wird die oben beschriebene Technik zur Verbindung mit dem Höheren Selbst angewendet, so als ob die zweite Person tatsächlich körperlich anwesend wäre.

Die beiden nächsten Übungen habe ich selbst während eines Seminars des philippinischen Pranalehrers Choa Kok Sui erlernt.

Setzen Sie sich bequem hin, und schließen Sie Ihre Augen. Sie sitzen geborgen auf der Unterlage, Ihre Füße haben Kontakt zur Erde. Sie spüren die Wärme der Erde, und Sie spüren auch die Unterlage, auf der Sie sitzen. Alles ist leicht, Sie sind ohne Gewicht, Kopf und Schultern sind entspannt. Die Arme ruhen entspannt auf der Unterlage. Folgen Sie eine Zeitlang Ihrem Atem, wie er leise ein- und ausströmt. Ein weißer Lichtstrahl, leuchtend und golden glitzernd, kommt fern aus dem Kosmos von der Sonne zu Ihnen und berührt Ihren Scheitel, umhüllt Sie wie ein leuchtender Mantel, umschließt Sie ganz. Sie sind in einer dichten Hülle geborgen. Durch diese kann nichts von Menschen Gemachtes hindurchdringen und Sie stören. Sie sind geborgen in einer großen, leuchtenden, weiß glitzernden Lichtkugel. Nichts kann Ihnen geschehen. Atmen Sie ein und aus, und beobachten Sie wieder einen Moment lang Ihren Atem, bleiben Sie ganz bei Ihrem Atem. Vertrauen Sie sich dem göttlichen weißen Licht an. Bitten Sie um Führung, Schutz, Hilfe und Erleuchtung auf Ihre ganz persönliche Art und Weise. Bleiben Sie noch eine Zeitlang ganz in Ruhe bei sich selbst. (Pause)

Umhüllen Sie sich jetzt außen – außerhalb der weißen Lichtkugel – mit einer zweiten Hülle, mit einem Wall aus leuchtendblauen Flammen. Sie geben Ihnen göttliche Ruhe und Schutz vor allem Negativen.

In Ihnen leuchtet und brennt eine violette Flamme, die Flamme der inneren Reinigung und Kraft der göttlichen Liebe. Sie macht Sie unbesiegbar und unverletzlich. Geben Sie sich eine Zeitlang diesen Bildern hin, und bleiben Sie mit Ihren Gedanken in ihnen. (Pause)

Der Schutzwall dehnt sich nun um Sie herum aus; der Raum, der Sie geborgen hält, erweitert sich. Sie nehmen einen oder auch mehrere Menschen, die Sie schützen möchten, mit in diesen Raum hinein. Stellen Sie sich dies genau vor. Sie sehen sie, wie Sie sie kennen, in ihrer Eigenart und Besonderheit, in der Besonderheit ihres Wesens, ihrer Art, sich zu verhalten. Sie sind nun mit Ihnen im Schutz des weißen Lichtes und des blauen Flammenwalls. Auch in ihnen leuchtet die violette Flamme der inneren Reinigung. Sie werden gewahr, wie Sie immer mehr von diesem Licht erfüllt werden, von innen heraus erleuchtet werden. Bleiben Sie eine Zeitlang in der Ruhe bei diesen Bildern. (Pause)

Langsam verlassen Sie nun den Ort der Hilfe und des Schutzes. Sie bedanken sich bei den geistigen Helfern und bitten sie, auch weiterhin mit ihrem Schutz bei Ihnen zu bleiben. Ganz allmählich – in einer Zeit, die angenehm für Sie ist – kehren Sie zurück in diesen Raum.

Reinigung

Setzen Sie sich entspannt hin, Ihre Füße stehen bequem auf dem Boden und haben Kontakt zur Erde. Sie spüren die Wärme der Erde. Sie sitzen ganz entspannt auf der Unterlage, alles ist leicht. Sie sind ohne Gewicht, Kopf und Schultern sind entspannt und leicht. Sie sind jetzt ganz in der Ruhe. Bleiben Sie eine Zeitlang in dieser Ruhe, in dem Gefühl der Schwerelosigkeit. Schließen Sie die Augen. Nehmen Sie ein paar tiefe Atemzüge. Atmen Sie bewußt die Lebenskraft ein – und beobachten Sie dabei Ihren Atem, wie er ein- und ausströmt. Bleiben Sie einige Minuten bei sich selbst und Ihrem Atem. (Pause)

Sprechen Sie in Ihrem Inneren folgende Segnung:
»Vater, demütig erbitte ich Deinen göttlichen Segen.
Ich bitte um Schutz, Führung, Hilfe und Erleuchtung.
Ich danke Dir und vertraue ganz auf Dich.«

Sie atmen nun ganz ruhig, atmen einige Züge bewußt die Lebenskraft ein. Dabei bemerken Sie über Ihrem Scheitel eine große leuchtende Kugel aus strahlendweißem Licht. Und während Sie ruhig und tief weiter atmen, ergießt sich dieses Licht über Kopf, Schultern, umfließt die Vorder- und Rückseite Ihres Körpers bis zu den Füßen hinunter.

Und das Licht dringt auch in Ihren Körper, durchfließt den Kopf, Hals, strömt in den Brustkorb, durchdringt die Lungen, das Herz und fließt weiter in den Bauchraum. Es erwärmt alle Organe – Leber, Pankreas, Milz, Magen, Dünndarm, Dickdarm, die Organe des kleinen Beckens, Nieren und Blasen. Nun durchdringt das Licht die Muskulatur des Rückens, der Arme und Beine. Es reinigt und erwärmt alle Organe, die Muskulatur und alle Knochen, die Wirbelsäule, Arme und Beine, bis alles in einem hellen weißen Licht erstrahlt. Sie erkennen, wie die einzelnen Organe jetzt viel heller leuchten. Gehen Sie in Ihrer Vorstellung alle Or-

gane Ihres Körpers durch, und freuen Sie sich, wie hell, leuchtend und gesund sie aussehen. (Pause)

Während Sie ruhig weiter atmen und die Lebenskraft Ihren Körper immer weiter durchdringt und erwärmt, bemerken Sie, wie an Ihren Füßen die Lebenskraft in einem breiten Strom wieder aus dem Körper austritt und alle kranke, graue Materie damit ausgeschwemmt wird. (5 Min. Pause)

Nun ist die gesamte graue Materie aus Ihrem Körper ausgeschwemmt worden, alles ist gereinigt und leuchtet hell. Sie bemerken jetzt, wie unter Ihren Füßen eine große, leuchtendweiße Lichtkugel entsteht. Mit dem Atem saugen Sie Lebenskraft durch Ihre Fußsohlenchakren in Ihren Körper ein. Sie lassen die Lebenskraft beim Einatmen bis hinauf in den Kopf strömen, und beim Ausatmen versprühen Sie die Lebenskraft durch das Scheitelchakra. Diese Atem-Reinigung wiederholen Sie bitte dreimal. (Pause)

Atmen Sie ganz ruhig weiter, und beobachten Sie, wie die Lebenskraft durch Ihre Fußsohlenchakren eindringt und den Rücken hinaufsteigt, allmählich in den Kopf strömt und dann an der Vorderseite Ihres Körpers wieder zu den Füßen strömt. Lassen Sie die Lebenskraft dreimal in dieser Weise kreisen. (Pause)

Und jetzt beobachten Sie, wie die Lebenskraft zuerst an der Vorderseite hochsteigt, bis in den Kopf und dann den Rücken hinunter zu den Füßen fließt. Atmen Sie ruhig weiter, und wiederholen Sie diesen Vorgang dreimal. (Pause)

Nun beginnt die Lebenskraft von Ihrer linken Körperhälfte nach rechts zu fließen und über die Rückseite wieder zurück zu zirkulieren. Atmen Sie ruhig, und wiederholen Sie diese Übung dreimal! (Pause)

Jetzt bemerken Sie, wie die Lebenskraft von Ihrer rechten Körperhälfte nach links strömt und über den Rücken wieder zurückfließt. Atmen Sie ganz ruhig, und wiederholen Sie diese Übung ebenfalls dreimal. (Pause)

Damit sind alle Stauungen im Körper beseitigt, und die Lebenskraft ist überallhin gelangt. Sie spüren, wie Ihr Körper vibriert, wie starke Ströme in Ihrem Körper fließen und sich nach außen fortsetzen. Sie sehen, wie Ihr Körper strahlend leuchtet. Sie haben ganz bewußt viel an Lebenskraft aufgenommen – und um sie zu speichern, konzentrieren Sie sich einige Minuten auf Ihr Nabelchakra, auf einen Punkt, der etwa fünf Zentimeter unter Ihrem Nabel liegt. Hier wird die Lebenskraft gespeichert – im Meer der Energie. Konzentrieren Sie Ihre Aufmerksamkeit hierbei auf die Farben Milchig-Weiß, Weißlich-Rot, Goldgelb. (10 Minuten Pause)

Es wird Zeit zurückzukehren … Bedanken Sie sich bei Ihren Helfern aus der geistigen Welt. Ganz allmählich kommen Sie wieder zurück, in Ihren Raum, bewegen Ihre Arme und Beine – und öffnen in einer Zeit, die Ihnen angenehm ist, langsam die Augen. Sie sind wieder ganz da im Hier und Jetzt.

Im Sinne von Ovid wünsche ich Ihnen nun, viel Interessantes zu entdecken, und vor allem viel Freude: »Von den Gestalten zu künden, die einst sich verwandelt in neue Körper, so treibt mich der Geist.«

Quellen der Zitate:

1) Elisabeth Kübler-Ross: Reif werden zum Tode, Gütersloh 1984
2) Laeh Maggie Garfield und Jack Grant: Geisthelfer, München 1989, S. 147 ff.
3) Rainer Holbe: Phantastische Phänomene, München 1994
4) Rüdiger Dahlke: Spirituelle Herausforderung, München 1990
5) Carl Payne Tobey: Das Tarot Handbuch von Hajo Banzhaf, München 1990
6) Khalil Gibran: Der Prophet, Olten 1986
7) Ulli Olvedi: ESOTERA, He. 2, Februar 1995

Literaturempfehlungen:

Barbanell, M.: Was ist Spiritualismus, Neuwied 1987
Bardon, Fritz: Der Weg zum wahren Adepten, Freiburg 1995
Borgia, Anthony: Das Leben in der unsichtbaren Welt, Neuwied 1986
Dethlefsen, Thorwald: Das Erlebnis der Wiedergeburt, München 1994

Ebertin, Baldur: Reinkarnation und neues Bewußtsein, Freiburg 1987
Erickson, Milton M.: Hypnose, München 1994
Ford, Arthur: Bericht vom Leben nach dem Tod, München 1994
Fromm, Erich: Psychoanalyse und Ethik, München 1992
Garfield, Laeh Maggie/Jack Grant: Geisthelfer, München 1989
Goodman, Felicitas: Anneliese Michel und ihre Dämonen, Stein am Rhein
Jankovich, Stefan von: Ich war klinisch tot, Ergolding
Johnson, George: In den Palästen der Erinnerung, München 1993
Kardec, Allen: Das Buch der Medien, Freiburg 1987
Klink, Joanne: Früher als ich groß war, Grafing 1993
Krystal, Phyllis: Die inneren Fesseln sprengen, Seeshaupt 1994
Kübler-Ross, Elisabeth: Leben, bis wir Abschied nehmen, Gütersloh 1989
Mac Laine, Shirley: Tanz im Licht, München 1991
Manteufel, Eva/Norbert Seger: Selbsterfahrung mit Kindern und Jugendlichen, München 1992
McLean, Penny: Ich bin mein Schicksal, München 1993
Murphy, Michael: Der Quanten-Mensch, Wessobrunn 1994
Nägeli-Osjord, Hans: Besessenheit und Exorzismus, St. Goar 1983
Ryzl, Milan: Der Tod und was dananach kommt, München 1981
Sharp, Harold: Auch Tiere überleben den Tod, Neuwied 1991
Snow, Chaet. B.: Zukunftsvisionen der Menschheit, München 1991
Wickland, Carl: 30 Jahren unter den Toten, St. Goar 1989

TEIL II

Ausbildungspraxis: Die Entfaltung der Medialität

Wenn ich in den Zungen der Menschen und der Engel rede,
habe aber die Liebe nicht, so bin ich ein tönendes Erz
oder eine klingende Schelle...
Denn wir sehen jetzt, mittels eines Spiegels in rätselhafter
Gestalt, dann aber von Angesicht zu Angesicht.
Jetzt ist mein Erkennen Stückwerk, dann aber werde ich
völlig erkennen, wie ich auch völlig erkannt worden bin.
Nun aber bleiben Glaube, Hoffnung, Liebe, diese drei;
am größten aber unter diesen ist die Liebe.

Bibel, 1. Korintherbrief

Allgemeine Ratschläge für die Übungen in Teil II

1. Lesen Sie den Text der Übung durch, und lassen Sie ihn – *passiv* – auf sich wirken. Wie beim Kinobesuch wird das Geschehnis mehr oder weniger unbeteiligt vor der Leinwand konsumiert. Beobachten Sie Ihre Gedanken, Widerstände, Stimmungen, und lassen Sie sich davon tragen. Die Pforten der Wahrnehmung dürfen nicht gewaltsam geöffnet werden.

Lassen Sie sich Zeit! Beginnen Sie erst, wenn Sie den Wunsch dazu verspüren!

2. Sobald Sie tief in sich den Wunsch verspüren, die Übung *aktiv* zu machen, können Sie sie mehrere Male durchlesen, sich einprägen und ausführen.

3. Eine weitere Möglichkeit besteht darin, sich den Übungstext auf Kassette zu sprechen. Achten Sie hierbei darauf, daß Sie sich genug Zeit zum Entspannen und Träumen geben.

Sollten Sie derzeit in einer seelisch labilen Phase Ihres Lebens sein, lassen Sie nur den Text auf sich wirken und sich passiv inspirieren.

Beginnen Sie erst dann mit den folgenden Übungen, wenn Ihnen die Techniken des Schließens und des Schützens vertraut sind (siehe Teil I, Kapitel 5).

Achten Sie darauf, daß Sie sich mit Ihren geistigen Helfern wohlfühlen. Wahre Helfer werden verschwinden, wenn Sie sie darum bitten – etwa, weil Sie sich noch nicht bereit fühlen, mit ihnen in Kontakt zu treten. Sie handeln aus der bedingungslosen Liebe heraus, und sie verhandeln auch nicht mit Ihnen.

Haben Sie Geduld mit sich, und lernen Sie Ihr eigenes Lerntempo kennen. Lassen Sie sich nicht entmutigen, wenn Sie längere Zeit brauchen, um auf die Übungen anzusprechen, und gehen Sie auch nicht zu schnell vorwärts. Geben Sie Ihrem Nervensystem all die notwendige Zeit, sich den feinen Schwingungen der außersinnlichen Wahrnehmung anzupassen.

Lassen Sie aus diesem Grund immer mehrere Wochen verstreichen, bis Sie zur jeweils nächsten Lektion weitergehen.

Üben Sie regelmäßig. Sollten Sie phasenweise wenig Zeit für sich und die Übungen haben, so seien Sie sich einfach Ihrer spirituel-

Regelmäßig üben!

len Natur gewahr, bis Sie wieder aktiv die Kommunikation mit Ihrer geistigen Welt aufnehmen können.

Auch wenn Sie keine Zeit für die Übungen haben, sollten Sie sich aber täglich zweimal fünf Minuten gönnen, um die Stille zu hören und sich dann mental zu schließen – nach dreimonatiger Regelmäßigkeit werden Sie Wunder erleben.

Führen Sie Tagebuch über Ihre Erlebnisse. Vieles werden Sie erst im nachhinein verstehen, und aus diesem Grunde sollten Sie Ihre Phantasien und Inspirationen auch nicht vorschnell bewerten und aussortieren. So manche »Perle« könnte sonst verlorengehen. Entscheidend ist dann auch, daß Sie Ihre »Perlenkette« tragen. Gewonnene Einsichten und Erkenntnisse wollen in den Alltag umgesetzt und gelebt werden.

Jeder Mensch ist medial veranlagt

Scheuen Sie sich nicht, anhand der Übungen Ihre Fähigkeiten zu kontrollieren. *Jeder* Mensch ist medial veranlagt, also auch Sie. Die Kontrolle Ihrer praktischen Anwendung soll Ihnen ermöglichen, die »Frequenzen« Ihrer ASW zu finden und bewußter mit in den Alltag einzubeziehen. Bei kritischer Überprüfung Ihrer Visionen werden Sie Sicherheit und eine Basis erlangen, um sich Ihrer Natur gemäß weiter entfalten zu können.

***Disziplin und Geduld* im medialen Training sind ebenso wichtig wie in jedem anderen »Schulfach«. Die meisten möchten heutzutage alles auf einmal: Sind Sie bereit zu warten – oder möchten Sie alles ohne Anstrengung erreichen?**

Gruppenarbeit

Möglicherweise beginnen Sie mit der Zeit zu realisieren, wie wertvoll *Gruppenarbeit* sein kann. Eine geeignete *mediale Entwicklungsgruppe* setzt sich aus Interessierten zusammen, die gemeinsam in Liebe und Harmonie ihre medialen Anlagen entfalten möchten.

Die Gruppendynamik leistet einen wertvollen Beitrag und kann insbesondere am Anfang der medialen Entwicklung sehr förderlich sein. So verstärkt sich das energetische Kraftfeld und der Zugang zur inneren Sinneswelt wird dadurch für den einzelnen leichter gefunden.

Jedes Zusammensein mit einer sich vielleicht bildenden Gruppe wird zuerst einmal vom *gemeinsamen spirituellen Wachstum* getragen. Eine Invokation eröffnet die gemeinsame Meditation.

Die Gruppenarbeit beginnt schon mit zwei Personen; zu Hause sind maximal acht bis zehn Personen geeignet. Abwechselnd übernimmt einer die Leitung des Abends, der Meditation oder der Übung.

Automatisch entfaltet sich in der harmonisch geschaffenen Gruppenatmosphäre die Medialität unter ihrer höheren Führung und ihrem Wachstumstempo gemäß selbständig.

Vermeiden Sie negative Gefühle

Negative Gefühle wie Eifersucht, Neid usw. sind destruktiv für jede Entwicklungs- oder Trainingsgruppe. Sie haben keinen Platz in der Gruppe, denn ein kranker Apfel steckt langsam aber sicher auch die anderen an. Mit Verantwortung sollte deshalb immer auf die Gefühle der Gruppenmitglieder geachtet werden.

Wer seinen sinnlichen Draht zur geistigen Welt – wie ein Musikinstrument oder eine sportliche Disziplin – entwickeln will, kommt ums sorgfältige, regelmäßige Üben – am besten einmal in der Woche, immer am gleichen Tag, zur gleichen Zeit (eine halbe bis anderthalb Stunden) – in einer *medialen Trainingsgruppe* nicht herum.

Die Trainingszeit ist unterschiedlich; sie kann von sechs Monaten bis zu sechs oder sechzig Jahren dauern. Ihr geistiger Helfer läßt Sie das bestimmt genau wissen. Vertrauen Sie auf Ihre innerste Stimme! Graphologische, astrologische und mediale Standortbestimmungen sind dazu ebenfalls hilfreich.

Von einer gewissen medialen Grundlage an muß man mindestens zu zweit üben.

Vorteile der Gruppenarbeit

Wie anders wollen Sie sonst Ihre Gefühlssicherheit kontrollieren? Das kontrollierbare Sprungbrett in geistige Gefilde des Mental-Mediums gibt Ihnen den Beweis dafür. Sonst bekommen Sie nicht die Sicherheit, daß Ihre Inspirationen wirklich von der spirituellen Welt stammen und nicht etwa Einbildung aus der eigenen Psyche sind oder Sie jemand anderem Energie »abzapfen«. Die regelmäßige Läuterung des eigenen »Gefäßes« ist deshalb Grundvoraussetzung, um ein guter medialer Kanal zu werden. Dabei ist es von größter Wichtigkeit, daß die Gruppenmitglieder ehrlich zueinander sind.

Durch die individuellen Gedankenanstöße aus der Gruppe geben Sie sich gegenseitig neue Einsichten und Impulse; Sie können sich dank den anderen weiterentwickeln und werden eher auf vielleicht zu ändernde Verhaltensmuster und auf Konfliktsituationen aufmerksam.

Arbeit an sich selbst

Es geht in der medialen Entwicklungsgruppe vor allem darum, für sich selber Deutungen und Impulse zu bekommen. Es geht nicht darum, den anderen Ratschläge zu erteilen. Dieses Lehrbuch möchte Sie in erster Linie zu der Arbeit an sich selber motivieren und helfen, die »eigene« Medialität zu entdecken: Die dritte Kraft, die uns in der irdischen Polarität immer wieder neu ins Gleichgewicht bringt, wird bewußt entwickelt!

Mögliche Schwierigkeiten

Je besser Sie Ihre(n) Übungspartner kennen, umso schwieriger könnte dennoch mit der Zeit die mediale Arbeit werden. Persönliches Wunschdenken, Erinnerungen an frühere Erlebnisse könnten die eigenen Gedanken dann blockieren. Man fühlt sich beispielsweise verunsichert beim Vermitteln eines Grußes des verstorbenen Freundes, den man selber auch gut gekannt hat. Das muß aber nicht so sein: Es liegt an der Zusammenarbeit des Mediums mit seiner geistigen Welt. Das heißt, bei Schwierigkeiten bittet das Medium einfach um Informationen, die es nicht wissen kann. Auf diese Art können wir jahrelang mit den gleichen Übungspartnern zusammenarbeiten, weil schließlich alles fließt, weil unser aller Bewußtsein sich hoffentlich immer wieder neu entfaltet und weiterentwickelt.

Die Kraft unserer geistigen Freunde, welche gerade Zeit haben, sich dem Mental-Medium zu zeigen, hat einen großen Einfluß auf unsere physische Welt. Das Leben eines Menschen ändert sich völlig – denn er entdeckt, daß es ein Leben nach dem Leben gibt und daß es einen Gott gibt – eine unbeschreibliche Kraft höchsten Bewußtseins und größter Intelligenz.

Das Medium muß nicht wissen, was seine geistigen Führer machen. Es muß aber wissen, daß es – wenn es sich dessen bewußt ist – beeinflußt werden kann.

Je ernsthafter Sie Ihre medialen Anlagen schulen und trainieren möchten, um so wichtiger wird nebst dem geistigen Wegbegleiter auch der irdische, denn die praktische Anwendung zählt.

Von Vorteil ist, wenn der mediale Trainingsleiter für seine Gruppe selber ein bewährtes und getestetes Mental-Medium ist und eine angeborene Lehrfähigkeit besitzt.

Der Trainingsleiter sollte erfahren sein

Das Medium, das den medialen Pfad mit all seinen Höhen und Tiefen bereits selber gegangen ist, bietet die günstigste Voraussetzung für eine verantwortungsvolle Supervision und saubere Gruppenführung.

Die geistigen Helfer freuen sich darauf, auch ihn zusätzlich immer wieder neu zu inspirieren und auftretende Unklarheiten oder Mißverständnisse sorgfältig klären zu können.

Prüfet Eure Geister!

Aufgeschlossen, aber kritisch zu bleiben, ist die beste Voraussetzung für Ihr mediales Training Ihrer vielleicht noch schlafenden Seele. Auch Ihre geistigen Kräfte wollen, wie Ihre Muskeln, regelmäßig mit Geduld und Disziplin trainiert werden. Vertrauen Sie sich bescheiden als Instrument der höheren Führung an – Sie werden immer das zum richtigen Zeitpunkt erleben, was für Ihre seelisch-geistige Entwicklung richtig und wichtig ist.

Die sechs Lektionen der medialen Grundausbildung haben folgenden Aufbau: Nach einem *Einleitungstext* kommen die *Übungen.* Anschließend vermitteln Ihnen diverse *Anregungen* Einblicke in die große Vielfalt der Deutungsmöglichkeiten. Zuletzt helfen Ihnen die *Literaturempfehlungen* bei Ihrem Heimstudium.

Lektion 1

Mentaltraining – Selbsterfahrung

Lernziel des Mentaltrainings

Sie lernen Ihre Gedanken- und Gefühlssprache kennen. Mit der Entwicklung Ihrer medialen Anlagen stellen Sie Querverbindungen her und entscheiden sich für ein holistisches Denken und Handeln – analog zum Schüler, der mittels ABC erkennt, daß die einzelnen Buchstaben sich zu Wörtern zusammensetzen lassen und eine Bedeutung ausdrücken.

Das schwerste für den Mensch ist Selbsterkenntnis.
Arabisches Sprichwort

Spirituelle Ebene

Psychische Ebene

Physische Ebene

Mittels der 5 medialen Sinne lernen wir unsere eigene Psyche kennen.

Die physische, die psychische und die spirituelle Ebene

Mentaltraining = Grundbaustein zum Erlernen der Gedanken- und Gefühlssprache

Mediale Phänomene entziehen sich oftmals der wissenschaftlichen Beweisbarkeit – und doch sind sie nichts Neues, sondern ein fester Bestandteil unserer Erfahrungen. In unseren außersinnlichen Wahrnehmungen mittels unseres sinnlichen Drahtes zur geistigen Welt wird das mit unserer herkömmlichen Sprache schwer Faßbare *erlebbar.*

Über das Erfahren Ihrer eigenen Persönlichkeit hinaus liefern Ihnen die Übungen der ersten Lektionen das Gerüst, von dem aus Sie Ihr eigenes spirituelles Gebäude errichten werden. All Ihre Bilder, Visionen und Eingebungen werden die Bausteine sein und der Architekt das Göttliche in Ihnen.

Worum geht es im Mentaltraining?

Im Mentaltraining beginnen wir damit, unseren Körper zu entspannen und unseren Verstand zur Ruhe kommen zu lassen. Anschließend begeben wir uns in unserer Vorstellung auf eine imaginäre Reise, um den Körper noch tiefer zu entspannen und in Kontakt mit den Elementen der Natur zu kommen. Indem sich unsere »Schwingung« der Wahrnehmung ändert, werden wir bereit, unseren inneren geistigen Helfern, Wegbegleitern oder höheren Anteilen unseres Selbst zu begegnen. Diese führen uns in unserem Wachtraum weiter, und all die Bilder, Landschaften, Farben und Symbole, die wir nun erleben, werden wir im Anschluß an die Übung, sobald wir uns von unseren Helfern verabschiedet und wieder geschlossen haben, deuten lernen. Die Übungen führen uns von der Imagination zur Inspiration – vom Mentaltraining mittels ASW zum Mental-Medium.

Zuerst wird Unverarbeitetes aufgelöst

Zu Beginn – wenn unsere Wahrnehmung noch nicht geschult und unscharf ist – werden in uns aufsteigende Bilder die Inspiration der geistigen Welt überlagern. Dies ist ein ganz natürlicher Prozeß – und ein ebenso wichtiger, denn um ein reines Gefäß zu werden, muß Unverarbeitetes aus der eigenen Psyche, das nach oben ins Wachbewußtsein drängt, immer wieder in den uns persönlich angemessenen Portionen gelöst werden. So geht es in den Übungen im Mentaltraining um ebendiesen Prozeß der Selbstfindung. Dies ist ein bewährter Weg, um im Rahmen einer strukturierten Schulung zur Entfaltung der medialen Fähigkeit den Kontakt zu unserem Unterbewußtsein herzustellen und das Unbekannte in unserer Seele und unserem Geist zu erforschen. Damit gehört dieses Mentaltraining zu einer alternativen Form der Psychotherapie und kann vor allem als Klärungsprozeß oder »Psychohygiene« sehr gut eingesetzt werden.

Wenn wir den Speicher unseres Unbewußten kennenlernen, begegnen wir unseren ureigenen Mustern und Programmierungen. Es wird uns bewußt, daß wir durch unser Denken unser Leben gestalten. Freude und Trauer, Begrenzungen und Möglichkeiten, Erfolg und Mißerfolg sind Ergebnisse unserer Denkweise. Alles, was wir uns heute vorstellen, ist beteiligt an unserem Schicksal von morgen. Wir werden uns der Kraft unserer Gedanken bewußt und damit der Aufgabe, sie verantwortungsvoll für uns und unsere Umwelt einzusetzen. Indem wir uns selbst erkennen, können wir unser gesamtes geistiges Potential vermehrt nutzen und einsetzen. Je besser wir die Sprache unseres Unbewußten verstehen lernen, um so klarer erkennen wir unsere Bedürfnisse und die in uns wartenden Lösungen. Wir werden sicherer im Umgang mit uns selbst und können Wunschdenken und Wahrheit immer gefühlssicherer trennen. Darauf aufbauend können wir unsere medialen Fähigkeiten trainieren und unsere außersinnliche Wahrnehmung schärfen. Um das Unbekannte in unserer Psyche zu erforschen, brauchen wir den Mut, in uns hineinzuhorchen und zu lernen, die Stille zu fühlen, zu sehen, zu hören und zu riechen. Doch werfen wir zuvor einen Blick auf den Menschen.

Der Mensch und seine verschiedenen Bewußtseinsebenen

Körper, Seele-Geist, zwei Bewußtseinsebenen

Wir sind ein Teil des kosmischen Organismus. Als Menschen existieren wir auf zwei Ebenen – wir haben einen Körper und einen Seele-Geist. Normalerweise leben wir in beiden Bereichen gleichzeitig, wenngleich Gesellschaftsstrukturen und Erziehung in einem Maße auf der materiellen Ebene ausgerichtet sind, daß viele sich ihrer Existenz im Seelisch-Geistigen kaum noch gewahr sind. Die beiden Existenzebenen entsprechen verschiedenen Bewußtseinszuständen, die übergangslos ineinanderfließen.

Der physische Körper hat im Bereich des Geistigen seine Entsprechung. Der geistige Körper reagiert auf alle Erlebnisse und Erfahrungen des physischen Körpers. Einerseits steuert und beeinflußt das Überbewußtsein, das sich des Unterbewußtseins bedient, den physischen Körper. Andererseits muß der geistige Körper alles nachvollziehen, was der Mensch seinem physischen Körper mit seinem freien Willen befiehlt. Die Energien, die der Mensch für diese beiden Existenz- oder Bewußtseinsebenen benötigt, bezieht er aus drei Dimensionen: Die Energie für die materielle Dimension liefert die irdische Nahrung, für die seelische Dimension die Gefühls- und Gedankenwelt und für die geistige die kosmisch-spirituelle Energie.

Auf der materiellen wie der seelisch-geistigen Ebene laufen Entwicklungsprozesse ab. Diese werden durch die höchste Bewußtseinsenergie, die höchste Intelligenz oder Gott geleitet. Wir sind wie eine Zelle von Gott, in Gott. So wie Gesetze für Ordnung unter uns Menschen sorgen, haben auch die Natur und die geistige Welt ihre Gesetze. All unsere menschlichen Handlungen verlaufen nach einem Plan. Dieser ist in unserem geistigen Ich – dem göttlichen Funken – gespeichert. Aus der Dualität unseres Daseins – der Polarität zwischen Trieben, physischen Erfordernissen, Intuition und Inspiration – entstehen treibende Kräfte, die unsere Bewußtseinsentfaltung ermöglichen, motivieren und vorantreiben.

Lernen mit Hilfe der Gefühle

Eine der wichtigsten Rollen spielen – auf beiden Bewußtseinsebenen – unsere Gefühle. Die Gefühlswelt läßt uns körperlich wie seelisch-geistig Freude oder Schmerz empfinden. Hier entspringt der menschliche »Leidens- oder Lernweg«. Entwickeln wir uns »planmäßig« – nicht nur nach unserem menschlichen Willen, fliegen uns sozusagen die gebratenen Tauben in den Mund. Unwissenheit läßt uns all die Erfahrungen machen, die wir für unsere Entwicklung benötigen. Wenn wir dies nicht erkennen, unsere Heimat im Geistigen leugnen und verbittert gegen die geistigen Gesetze verstoßen, fallen wir dem Gesetz des Karma anheim, das heißt, wir unterliegen Ursache und Wirkung.

Durch Einsicht in unsere Fehler und den umgesetzten Lernprozeß werden wir wieder daraus entlassen. Fehler zu machen ist erlaubt – ja sogar notwenig und wichtig für unsere Entwicklung. Falsch ist es nur, wenn wir *bewußt* Fehler machen.

Aus der Existenz im Feinstofflich-Psychischen wirkt der Geist bei der Zeugung des Menschen auf das Physische mit ein, begleitet das beginnende Leben im Mutterleib und vereint sich um den Zeitpunkt der Geburt mit dem physischen Körper des Babys.

Die seelisch-geistige Entwicklung

Der Weg der Inkarnation als Mensch führt aus dem Äther ins »Gasförmige« durch das Element des Wassers zur festen Materie.

In den ersten Jahren entwickeln sich die physischen Sinne und wirken als Anker für den seelisch-geistigen Körper. In der Zeit des Heranwachsens und der damit einhergehenden Auseinandersetzung mit der Umwelt verfestigt sich der »Boden unter den Füßen« und läßt den Kanal zur Welt des Geistes zu einer feinen Silberschnur werden, an der die Seele sich meistens immer unbewußter nur noch im Land der Phantasie und des Traumes orientiert, bis die Existenz im Geistigen nahezu »vergessen« wird.

Wenn die Schule des Lebens ihre ersten großen Prüfungen für uns Menschen vorsieht, lernen wir, von der irdischen Ebene aus erneut den Anker zu werfen – in die Ebene unserer eigentlichen Heimat –, um so unser Leben hier auf der Erde wahrhaft bewältigen und eine homogene Gestalt annehmen zu können, in der Physisches und Geistiges sich verbinden und einander befruchten. Auch gefühlsmäßig lernen wir dadurch die Polarität kennen und realisieren, daß es viele Graunuancen gibt zwischen schwarz und weiß.

Der gedanklich-rationale Weg

Wir alle sind Lehrlinge, die sich in verschiedenen Lehrjahren befinden und so von den älteren Lehrlingen und Meistern angeleitet werden. Mit Geduld wollen wir unsere Lehrzeit ertragen. Wir wissen, daß wir – wenn unsere Zeit reif ist – den verdienten Lohn erhalten. Neben der sinnlichen Wahrnehmung gibt es noch den gedanklich-rationalen Weg, die Welt zu erfassen: Unser Geist analysiert die Welt der Gefühle und stellt Querverbindungen her zu dem, was nicht persönlich erlebt oder wahrgenommen wird. Dies geschieht über Theorien, Metaphern, Bilder, Gedanken und Modelle oder Träume. Probleme aus dem Alltag oder der Zukunft werden gelöst, indem gedanklich alle Möglichkeiten durchgespielt werden, bis sich das Gefühl einstellt, daß die richtige Lösung gefunden wurde. Unsere persönlichen Erfahrungen sind begrenzt – wir sind auf Informationen, Wissen und Erfahrungen anderer angewiesen.

In unserem Gehirn werden all diese Impulse verarbeitet und ergeben, vernetzt mit unseren Vorstellungen, in uns ein zusammenhängendes Bild. Unser Gehirn arbeitet ständig. Es spürt die inhaltlichen Aussagen der Informationen auf und sucht nach Verbindungen zu Altbekanntem und Vertrautem. Unser Gehirn ist sozusagen der Transformator von den in unserem Unter- und

Überbewußtsein gespeicherten Inhalten. Hier werden auch unsere Erinnerungen an unsere geistige Existenz und die Erfahrungen unserer medialen Sinne gelagert – sowohl aus der jetzigen als auch der vorangegangenen Daseinsform. In unserem Gehirn vernetzen sich Impulse von anderen Bewußtseinsebenen mit den unseren. Es ist für die »Materialisation« unseres Denkens verantwortlich. Denken, Fühlen und Handeln haben hier ihren Ursprung.

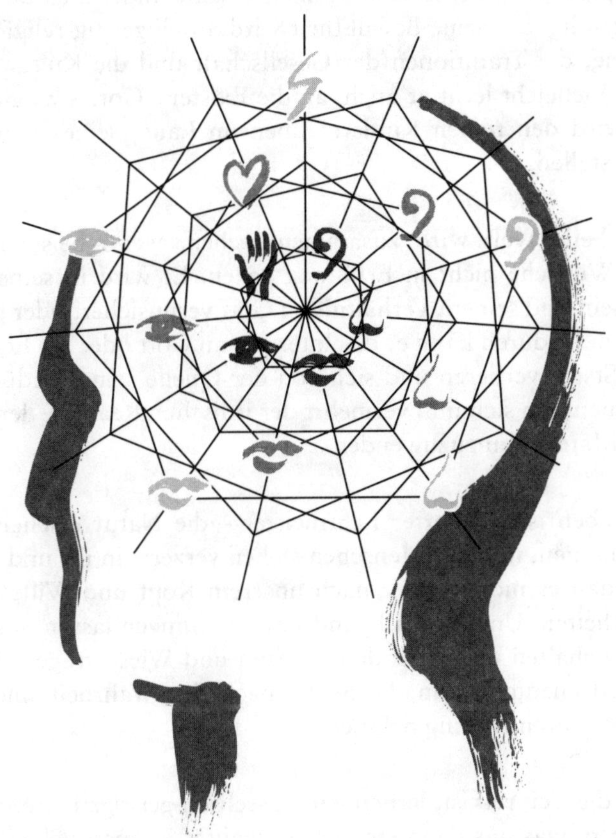

Die Ausdehnung unseres Bewußtseins

Was ist Bewußtheit?

Entwicklung der Bewußtheit

Die Bewußtheit spiegelt die geistige Fähigkeit des Menschen, sich seines physischen wie psychischen Lebens gewahr zu sein. Das neugeborene Kind lebt noch ganz unbewußt in der physischen Welt, folglich ist es abhängig. Mit dem Erlernen der Sprache beginnen sich seine Sinne zu entwickeln, und damit wird ihm sein Leben – zuerst instinkthaft, dann intuitiv – langsam bewußter. Durch das Heranwachsen und die damit verbundenen Erfahrungen spürt der Jugendliche vermehrt seine Individualität, seine Selbständigkeit. Seine Bewußtheit wird durch geistig-religiöse Erziehung, die Traditionen der Gesellschaft und die Kultur beeinflußt. Vielleicht lernt er auch, an die Existenz Gottes zu glauben, und wird den reinen Kinderglauben im Laufe seines Lebens in Frage stellen.

Seine heile Welt wird zusammenbrechen, wenn beispielsweise seine Wünsche nicht in Erfüllung gehen. Er wird in seinem Bewußtsein und seinem Verhältnis zu Gott verunsichert oder gestört werden. Dadurch kann er das Interesse an Gott oder am höchsten Bewußtsein verlieren und sich von der Quelle seiner Bedürfnisse entfernen, um sich nun vermehrt der irdischen Realität, dem Physisch-Materiellen zuzuwenden.

Das Leben ist ein harter Lehrmeister – die Natur erscheint uns vollkommen, nur wir Menschen stehen verzerrt in ihr und lernen bald, daß es nicht immer nach unserem Kopf und Willen geht. Krankheiten, Unglücksfälle und Enttäuschungen lassen uns letztlich innehalten und nach dem Warum und Wieso fragen. In solchen Momenten kann die Suche nach der Wahrheit und dem Glauben ihren Anfang nehmen.

Innere Arbeit an uns selbst

Wenn die Zeit reif ist, lernen wir, in seelisch-geistige Harmonie zu kommen, was uns dann eine neue Qualität im materiellen Leben ermöglicht. Wir erarbeiten uns unser eigenes Paradies auf Erden – dank der inneren Arbeit an uns selber. Je weiter wir geistig voranschreiten, um so mehr wird uns die Einsamkeit dieses Weges bewußt und um so stärker muß sich unser Glaube an eine höhere Intelligenz entwickeln und unsere Liebe stärken, damit wir nicht an der Härte des Weges zerbrechen. Wir werden lernen, daß wir Gott wahrhaft nah sein und mit ihm eins sein können.

Was ist Meditation?

Meditation ist – wie auch das Gebet – einer der verschiedenen Wege, sich in die unsichtbare Welt Zutritt zu verschaffen oder sich durch das Stillwerden mit der göttlichen Urkraft zu verbinden.

Der Schlüssel zur geistigen Welt

Im Laufe unseres Daseins haben wir uns viele negative Verhaltensmuster und Denkweisen angeeignet und uns von der göttlichen Urkraft entfernt. Aber jetzt ist die Zeit reif, wieder eine neue Verbindung mit der allwissenden, allgegenwärtigen und alles durchdringenden Schöpferkraft aufzunehmen.

Wenn wir uns des göttlichen Funkens in uns bewußt geworden sind, streben wir auf dem geistigen Weg weiter empor, von der physisch-materiellen Welt als niedrigster Stufe zu den nächsthöheren Bewußtseinsebenen – und so geht es weiter, bis wir uns wieder im Göttlichen, im Unendlichen auflösen.

Am Anfang war der Gedanke. In der Meditation suchen wir in uns nach dem stillen Raum, aus dem dieser Gedanke – die Zeit – entspringt und sich entfaltet, sich manifestiert und mit anderen Gedanken verwebt, um gelebter, erfahrener Gedanke zu werden.

Indem wir uns in den Raum der Stille in uns begeben, stärken wir unser wahres Selbstbewußtsein und die Erinnerung an unseren Ursprung. Hier entspringt ein gesundes Selbstwertgefühl und Selbstvertrauen.

Die Ziele des Mentaltrainings

In den Übungen des Mentaltrainings wird der Körper entspannt und somit der Verstand zur Ruhe gebracht. Auf diese Weise gewinnen wir eine Distanz zu unserer Denkweise im Zustand des Wachbewußtseins und bekommen Zugang zu den Ebenen des bildhaften »gefühlsmäßigen« Denkens. Dies ist die wichtigste Voraussetzung für die mediale Entwicklung. Hier erfahren wir die Begrenztheit des Wahrnehmungsvermögens unseres Intellekts und die Unbegrenztheit der Intuition. Die Entwicklung der Intuition ist eine Manifestation der Welt des Geistes. Sie dringt direkt bis zum Kern der Dinge vor und entscheidet spontan und ohne Fehlschlag.

Intuition und Intellekt

Betrachten wir unseren Intellekt ausschließlich als ein Werkzeug zum Studium und zur Forschung. Er hilft uns zu sondieren, den Weg zu räumen und das Erlebte mit gesundem Menschenverstand einzuordnen, bis sich die Intuition freie Bahn verschaffen kann. Der gesunde Intellekt überwacht, was in Kopf und Herz vor sich geht, und bemüht sich, Negatives zu beseitigen sowie Positives und Heilbringendes zu erhalten. Wenn er sich bewußt ist, daß er gleichzeitig mit dem spirituellen Urgrund in Verbindung steht, können wir von den spirituellen Strömungen geführt werden, die uns bis ins grenzenlose Licht und Wissen tragen. Auf diesem Fundament erleben wir die Intuition: den Funken der Erleuchtung oder eines unmittelbaren Wissens, das man in der Tiefe seines Wesens empfängt.

Die geistige Welt ist unendlich weit und kennt keine Grenzen. In Ihren Gedanken können Sie sich außerhalb von Raum und Zeit bewegen, durch das Weltall reisen und je nach persönlichem Bewußtseinsstand in die entsprechenden Ebenen eindringen. Setzen Sie sich kritisch mit all den verschiedenen geistigen Visionen und Erlebnissen auseinander, und bleiben Sie sich bewußt, daß alle Symbole, alle Wahrträume nur Mittel zu dem Zweck sind, Sie zum wahren Leben zu erwecken – Ihnen das ABC der Gedanken- und Gefühlssprache näherzubringen.

Zweck von Symbolen

Wir alle sind aus einer Ur-Ganzheit in diese Welt geworfen, die uns durch die Vielfalt an Erfahrungen die Ganzheit vergessen ließ. Was immer wir auch tun, um unseren Hunger nach dieser Einheit zu stillen – die irdische Welt selber wird es uns nicht geben können. Gelingt es uns mit der Zeit – durch stete seelisch-geistige Arbeit an uns selber, Frieden und Ordnung in uns zu schaffen, so spiegelt sich der klare Himmel auf der unbewegten Oberfläche unseres Bewußtseins.

Wir mögen die Welt durchreisen, um das Schöne zu finden; doch wir müssen es in uns tragen, um es finden zu können.

Die Bilder, die aus unserer Seele aufsteigen, tragen auch die Erinnerung an die Ur-Harmonie des Geistigen in sich, und die Inspiration der geistigen Welt wird uns dies beständig bewußt machen, uns immer wieder erwecken und daran erinnern.

Die acht Grundstufen des Mentaltrainings

Das Grundgerüst des Mentaltrainings sollten Sie sich gut einprägen. Ich habe es in meiner langjährigen Praxis als spirituelle Lehrerin entwickelt, und erfahrungsgemäß erwiesen sich diese acht Stufen als eine solide Basis für die mediale Arbeit. Auch auf dem Gebiet der geistigen Arbeit hilft uns eine klare Struktur weiter. Aus diesem Grunde empfehle ich Ihnen, die folgenden acht Stufen bei allen Übungen stets nach dem gleichen Muster anzuwenden, bis Sie eigenständiger geworden sind und diese Hilfestellung nicht mehr brauchen. Es sind einfache Mittel zum Einstieg, um sich gut entspannen und konzentriert geistig arbeiten zu können.

Die acht Stufen erleichtern den Einstieg

1. **Körperentspannung**
2. **Die Gedanken zur Ruhe kommen lassen**
3. **Visualisierung (Bilderreise)**
4. **Verbindung mit der göttlichen Energie und Begrüßung Ihres geistigen Helfers**
5. **Reise mit dem geistigen Helfer (Inspiration)**
6. **Umkehr (»Besprechung« des Erlebten mit dem geistigen Helfer)**
7. **Abschied (Heilung und Schutz) und Rückkehr in den Wachzustand**
8. **Verarbeitung und Deutung des Erfahrenen.**

1. Stufe

Körperentspannung

Ziehen Sie sich zurück an einen ungestörten Ort. Gehen Sie vorher eventuell noch auf die Toilette, legen Sie unbequeme Kleidungsstücke, zu enge Schuhe, Brillen ab. Setzen Sie sich gerade auf einen Stuhl, oder, wenn es angenehm für Sie ist, legen Sie sich die ersten Male flach auf den Rücken. Nun beginnen Sie, Ihren Körper zu entspannen.

Sinn der Entspannung ist es, körperliche Blockaden aufzulösen und Ihre Hirnwellen in den entspannten Alpha-Zustand zu transformieren, wodurch Sie sich auf die Ebene des bildhaften Denkens begeben – wie vor dem Einschlafen.

Entspannung ist ein Zustand, den wir alle kennen, nur oftmals nicht bewußt erreichen können. Es gibt viele Wege, sich zu entspannen. Im zwanglosen »Hinspüren«, in der Aufmerksamkeit lassen die Muskeln ganz automatisch los. Vielleicht sagt Ihnen auch die zweite Variante, ein suggestiver Text, mehr zu. Lassen Sie beide Texte auf sich wirken. Sie können sich – wenn es sich angenehm anfühlt – diese Texte auf Kassette sprechen oder von einem Menschen, in dessen Nähe Sie sich wohl und sicher fühlen, vorlesen lassen.

Autogenes Training

Das autogene Training arbeitet mit Vorstellungen von Wärme und Schwere. In formelhaften Sätzen geben Sie Ihrem Körper die entsprechende Aufforderung, wie: »linker Arm ganz warm und schwer«. Da Sie mit dieser Form der Entspannung stark auf Ihre Körperfunktionen einwirken, sollten Sie einen Kurs bei einem Arzt oder erfahrenen Therapeuten belegen, wenn Sie sich »autogen« entspannen möchten.

Muskelentspannung nach E. Jacobson

Wenn Sie Schwierigkeiten mit der Entspannung haben, weil Sie in letzter Zeit sehr unter Druck standen, kann Ihnen auch die Muskelentspannung nach E. Jacobson helfen. Hierbei verstärken Sie die Anspannung ganz bewußt – im Bereich des Angenehmen – und lassen dann schlagartig los. Ein Beispiel: Sie beginnen mit der Entspannung Ihrer Hand. Spielen Sie mit Ihren Muskeln und lernen sie kennen. Ihre Augen sind geschlossen. Dann machen Sie eine Faust, zählen »5-4-3-2-1- loslassen!«, und lassen damit direkt alle Spannungen los. Schenken Sie sich nun die Zeit, in Ihre Hand hineinzufühlen – wie Entspannung sich anfühlt. So können Sie schrittweise Ihren Körper entspannen und fühlen auch im Alltag besser, bei welchen Situationen Sie sich verspannen.

Imaginatives Verfahren

Ein weiterer Weg, sich angenehm und tief zu entspannen, ist das imaginative Verfahren. Sie stellen sich eine entspannende Situation vor, etwa einen Spaziergang in einer ruhigen Umgebung, in der wärmenden Nachmittagssonne, geborgen in der Welt der Pflanzen, der Natur. Sie können heilende, gesunde Luft einatmen, an einem sicheren Ort rasten – wie es Ihrer Vorstellung von Entspannung entspricht.

Alles, was wir erleben, schlägt sich in unserem Körper nieder. Ängste und Streß führen zu Verspannungen und Fehlhaltungen, so daß der Zustand unseres Körpers, unserer Muskulatur widerspiegelt, was in unserer Psyche gespeichert ist. Wilhelm Reich sprach in diesem Zusammenhang von »Körper-Panzer«, und etliche körperorientierte Therapieverfahren arbeiten mit den Spannungsfeldern im Körper, um befreiend auf die Psyche einzuwirken. Wenn wir uns bewußt entspannen, kann es deshalb vorkommen, daß aufgestaute Emotionen frei werden. In diesem Sinne ist Entspannung eine Art Therapie, und wir müssen sorgsam mit uns umgehen, auf die Signale im Inneren achten und uns sanft uns selbst zuwenden, wenn etwas Verdrängtes an die Oberfläche strebt.

Therapeutische Hilfe

Wenn Sie intensive körperlich-seelische Reaktionen in Entspannungsphasen vermehrt bei sich beobachten, entscheiden Sie bitte eigenverantwortlich, ob Sie bei der Bearbeitung Ihrer Themen therapeutische Hilfe benötigen. (Sie können die auftretenden Probleme jedoch auch mit Hilfe der geistigen Welt bearbeiten, wenn Sie sich stabil genug fühlen. Ihre geistigen Helfer und Führer – Ihr innerer Arzt, Priester und Lehrer – freuen sich auf die Zusammenarbeit). Vielleicht ist es für Sie auch angenehmer, sich nicht ganz so tief und über den Körper zu entspannen. Dies kann besonders dann zutreffen, wenn Sie unter einer Krankheit wie beispielsweise Asthma oder Herzrhythmusstörungen leiden. Suchen Sie sich eine Vorstellung, ein Bild, das Ihnen hilft, sich einfach wohl zu fühlen – wie eine Rast unter einem Baum im Sonnenlicht oder ähnliches.

Ungestörtheit ist notwendig!

Stellen Sie bitte immer sicher, daß Sie nicht in Ihren Übungen gestört werden. Wenn Ihr Körper tief schläft, kann beispielsweise ein Telefonklingeln Sie erschrecken und Ihren Pulsschlag und Ihre Atemfrequenz erhöhen. Vielleicht sind Sie auch einfach so müde und abgespannt, daß Sie einschlafen. Ihr Körper wird sich das holen, was er am dringendsten braucht. Wenn Sie wach bleiben und üben wollen, so atmen Sie ganz bewußt frische, klare Luft ein, in Ihre Stirne, und sagen Sie sich, daß mit jedem kühlen Atemzug Ihr Geist wacher und wacher wird.

Entspannung soll Ihnen Freude bereiten. Wann immer das nicht der Fall ist und sich unangenehme Symptome einstellen, besprechen Sie dies bitte mit Ihrem Arzt oder einem therapeutischen Begleiter!

Einführung in die Entspannung

Während der Entspannung muß nichts Besonderes geschehen. Hören wir ganz einfach auf all die Geräusche in unserer Umgebung – und die Stimme bei uns im Raum. Während unsere Augen vielleicht noch geöffnet sind, können wir einfach hinunter zu unseren Füßen spüren, wie sie sich jetzt gerade anfühlen, den

Boden berühren. Und wenn wir unsere Füße spüren können, so können wir auch unsere Unterschenkel spüren – die Knie, den Winkel zwischen Unter- und Oberschenkel. Einfach nur spüren, wie sich das anfühlt. Gut. Und so können wir auch unsere Oberschenkel fühlen, spüren, wie wir auf dem Stuhl aufsitzen, bis hin zu unserem Becken, das das Gewicht unseres Körpers trägt. Und weiter spüren wir vielleicht das sanfte Ein und Aus unseres Atems, ganz in unserem eigenen Rhythmus…

Auch weiter oben, in der Brust, fühlen wir vielleicht eine gleiche Wellenbewegung unseres Atems, ein und aus… So wie wir es fühlen, ist es richtig für uns.

Und so können wir auch in unserem Rücken spüren, wie wir die Lehne berühren, hoch zu den Schultern, die die Last unseres Tages tragen – spüren wir einfach nach, wie wir uns jetzt gerade anfühlen – und auch unsere Oberarme, die Ellbogen, die Unterarme, bis hin zu unseren Händen – all das können wir ganz einfach so spüren, wie es ist. Wir verlagern nun langsam unsere Aufmerksamkeit wieder zu unseren Schultern. Es mag sein, daß wir uns ein wenig anders anfühlen. Gut. Und so können wir auch unseren Nacken spüren, den Hals, wie unser Kopf getragen und ganz einfach gehalten wird.

Wir können unsere Kopfhaut spüren, unsere Stirn und die Augenlider, die sich nun ganz von selbst geschlossen haben – all unsere Mimik und auch unseren Mund, der sich vielleicht ein bißchen öffnen möchte, und den Kiefer. Und so können wir noch einmal unsere Aufmerksamkeit durch unseren ganzen Körper fließen lassen und hinspüren, wie er sich anfühlt.
(Pause)

Achten wir darauf, ob sich unser Körper wieder bewegen möchte. Strecken wir uns, atmen wir tief, und öffnen wir die Augen – ganz in unserem eigenen Tempo.

Die Gedanken zur Ruhe kommen lassen

2. Stufe

Sobald Sie gelernt haben, Ihren Körper tief zu entspannen, ist es an der Zeit, Hilfsmittel zu kreieren, um sich noch ein wenig weiter von dem Fluß der Gedanken zu lösen. In diesem Fall wecken

Sie sich noch nicht wieder auf, wie im obigen Text im letzten Absatz beschrieben. Atmen Sie all das, was Sie in Ihren Gedanken noch beschäftigt, aus. Folgende Vorstellungen können Ihnen dabei helfen:

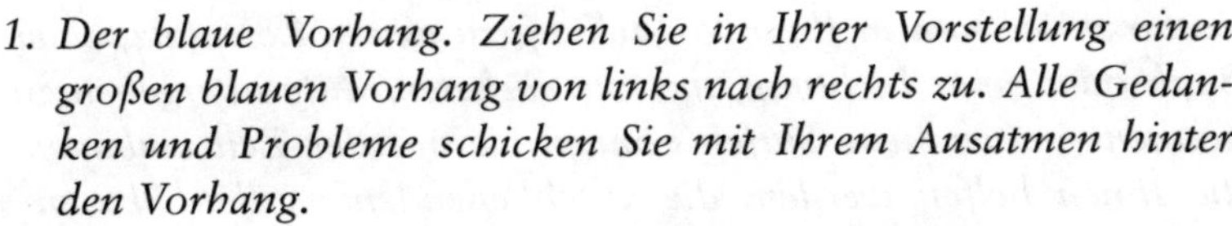

1. *Der blaue Vorhang. Ziehen Sie in Ihrer Vorstellung einen großen blauen Vorhang von links nach rechts zu. Alle Gedanken und Probleme schicken Sie mit Ihrem Ausatmen hinter den Vorhang.*
2. *Andere visuelle Hilfsmittel: In Ihrer Vorstellung gehen Sie über eine Brücke an das andere Ufer; Sie steigen eine Treppe hinab oder ähnliches. Sie können sich auch vorstellen, daß Ihre Gedanken wie einzelne Wolken an einem Sommerhimmel sind, der nun klarer und klarer wird.*
3. *Über den Atem lassen Sie bewußt los. Vielleicht hilft Ihnen auch der Satz: »Für meine wichtigen Gedanken habe ich später Zeit.«*

3. Stufe

Visualisieren (Bilderreise)

Erst wenn Sie einige Erfahrungen mit der vertieften Entspannungsübung gesammelt haben, sollten Sie zu dem nächsten Schritt übergehen. Es ist die Stufe der Imagination, des Erforschens Ihrer eigenen Vorstellungswelt, und Ihrer Psyche. Carl R. Rogers sagt dazu: »Erfahrung ist für mich die höchste Autorität. Der Prüfstein für Gültigkeit ist meine eigene Erfahrung. Keine Idee eines anderen und keine meiner eigenen Ideen ist so maßgeblich wie meine Erfahrung. Ich muß immer wieder zur Erfahrung zurückkehren, um der Wahrheit, wie sie sich in mir als Prozeß des Werdens darstellt, ein Stück näherzukommen.«[1])

Kontakt zur Natur

Entspannen Sie Ihren Körper, Ihre Seele, Ihren Geist, wie in der 1. und 2. Stufe beschrieben. Statt sich wieder aufzuwecken, beginnen Sie nun Ihren Wachtraum zu träumen. Wenn Sie eigene Übungen kreieren, in denen dieser Schritt nicht vorgegeben ist, können Sie sich einen Spaziergang durch eine schöne Landschaft vorstellen, auf einen Berg, an einem Bachlauf entlang… Ihrer Phantasie sind hier keine Grenzen gesetzt. Beachten Sie dabei, daß Sie eine ruhige Umgebung wählen, in der Sie ungestört sind und sich geborgen und sicher fühlen. Wie bereits erwähnt, trägt der imaginäre Kontakt mit der Natur und den Elementen dazu bei, daß Sie sich tiefer entspannen und sich auf Ihr Innerstes einstimmen.

Kommen Sie nun in Ihrer Vorstellung zu einem Rastplatz, einer Bank oder einer Lichtung, um zur nächsten Stufe übergehen zu können. Immer neue Stufen können Sie mit der Zeit einbauen, die Ihnen helfen werden, die anschließenden »stillen Phasen« konstruktiv zusammen in vertrauensvoller Begleitung Ihres geistigen Helfers zu erleben.

Verbindung mit der göttlichen Energie und Begrüßung Ihres geistigen Helfers

4. Stufe

Verbinden Sie sich nun ganz bewußt mit der göttlichen Ur- oder Schöpferkraft. Stellen Sie sich reinstes göttliches Licht und göttliche Liebe vor, die Sie begleiten, führen und schützen mögen. Nehmen Sie gedanklich Kontakt zu einem Ihrer Schutzengel, einem geistigen Helfer, einem Abgesandten Gottes auf. Sie können sich auch mit Ihrem höheren Selbst oder Ihrer inneren Stimme verbinden.

In dieser Lektion ist es noch nicht wichtig, ob Sie in einer Vision erspüren, wer Ihr Abgesandter Gottes ist. Indem Sie sich mit hellstem göttlichen Licht umgeben haben, hat sich Ihre »Schwingung« verfeinert, so daß Sie in jedem Fall von einer höheren und positiven Energie berührt werden.

Erinnern Sie sich: Die geistigen Helfer wirken aus der bedingungslosen Liebe heraus.

Sollten Sie sich dennoch unbehaglich fühlen, wenden Sie sich an die göttliche Energie, bitten um Schutz, und schließen Sie sich wie in Kapitel 5 in Teil I beschrieben. Sie haben jederzeit die Freiheit, eine Übung abzubrechen.

Sie sind der Herr und Meister Ihrer Gedanken und Gefühle, und nicht umgekehrt!

Werden Sie nicht ungeduldig, wenn Sie keine spektakulären Visionen haben – mein mediales Arbeitsbuch bietet Ihnen in den nachfolgenden Lektionen weitere Möglichkeiten der Erfahrung und tiefere Einblicke. Heißen Sie Ihren geistigen Helfer oder die göttliche Kraft und Liebe herzlich willkommen, und freuen Sie sich auf die Zusammenarbeit. Nehmen Sie im inneren Dialog das Gespräch mit »ihm« auf. Auch wenn Sie noch nichts »sehen«, »hören« oder »fühlen« – vertrauen Sie darauf, daß Ihr geistiger Helfer bei Ihnen ist, wenn die Zeit dafür reif ist.

5. Stufe

Reise mit dem geistigen Helfer

Sie haben Ihren Körper entspannt und Ihren geistigen Helfer begrüßt. Visualisieren Sie jetzt ein Problem, etwas, das Sie sehr beschäftigt und das Sie heute mit Hilfe Ihres geistigen Helfers bearbeiten möchten. Stellen Sie es sich in all seinen Einzelheiten genau vor, mit all Ihren Sinnen. Bleiben Sie dabei ganz entspannt und ruhig. Erzählen Sie Ihrem geistigen Helfer »innerlich« in aller Ruhe, welches Problem Sie heute mit ihm bearbeiten möchten.

Lassen Sie nun all Ihre Gedanken an Ihr Problem los, werden Sie innerlich frei – für diesen Moment. Lernen Sie, den Blickwinkel zu ändern, von dem aus Sie gewöhnlich dieses Problem betrachten – indem Sie es los-lassen, vergessen.

Das ist die erste geistige Erweiterung Ihres ursprünglichen Denkens. Nur so kann mit der Zeit eine Veränderung in Ihrer Einstellung geschehen. Immer wenn die Gedanken in Ihr Bewußtsein treten, atmen Sie ruhig und tief aus, und lassen Sie sie weiterziehen. Genießen Sie die Ruhe…

Nun bitten Sie Ihren geistigen Helfer, Ihnen mit dem nachfolgenden Traum bei der Problemlösung zu helfen: Denken Sie an nichts anderes mehr als an ein schönes Erlebnis, das Ihnen jetzt bevorsteht – lassen Sie sich von Ihrem geistigen Helfer auf einen gemeinsamen Spaziergang durch Ihre Landschaft mitnehmen. Alles, was Sie gestern und heute noch beschäftigt hat, lassen Sie hinter sich zurück, lassen Sie los. Sie werden immer ruhiger, friedlicher – und konzentrierter. Sie haben keine Erwartungen mehr – Sie werden einfach ruhiger und ruhiger. Der ganze Körper schläft – nur Ihre Seele und Ihr Geist erwachen. Ihr Spaziergang mit Ihrem geistigen Helfer beginnt; lassen Sie sich führen.

Eine mediale Reise

Ihr geistiger Helfer führt Sie nun durch Ihre Landschaft – auf einen Weg aus dem Wald, auf die andere Seite eines Flusses, zum Ende eines Tunnels oder einer langen Treppe... Hier beginnt für Sie eine spannende Abenteuerreise: Wer oder was erwartet Sie dort, wie gestaltet sich die Landschaft?

Ihr geistiger Helfer hat eine Überraschung für Sie vorbereitet. Zuversichtlich, mit Freude und der Gewißheit, daß Sie nur das erleben werden, was für Sie richtig und wichtig ist, lassen Sie sich von Ihrem geistigen Helfer oder Führer auf eine lange, lange Reise entführen. Ihre medialen Sinne erwachen. Sehen, hören, fühlen, riechen, »wissen« und erfahren Sie innerlich einfach alles, was Ihnen nun in den Sinn kommt.

Die Umkehr

6. Stufe

Alles, was Sie jetzt in Begleitung Ihres geistigen Helfers erleben, prägen Sie sich gut ein. Konzentrieren Sie sich, so daß Sie nichts vergessen – keine Phantasievorstellungen, keine Einbildungen – keine Gedanken, kein Symbol!

Sollte Ihnen während Ihres Spazierganges etwas in den Sinn kommen oder gezeigt werden, das Ihnen nicht behagt, befehlen Sie Ihrem geistigen Helfer sofort klar und deutlich in aller Liebe, er möge dieses unangenehme Gefühl oder Bild wegnehmen. Warten Sie nun, bis sich alles Negative aufgelöst hat. Denken Sie auch daran, daß Sie immer und überall Fragen stellen dürfen und sollen, wenn Sie etwas nicht verstehen.

Bleiben Sie wach und aufmerksam. Merken Sie sich alles, was Ihnen Ihr geistiger Helfer zeigt und erzählt. Bitten Sie Ihn um Klärung und Hilfe, um weitere Eingebungen, bis Sie spüren, daß Sie Ihren Traum verstehen werden, bis Sie immer besser die nonverbale Kommunikation zwischen Ihnen und Ihrem geistigen Helfer beherrschen, bis Sie einen telepathischen Dialog führen können. Lassen Sie sich etwa fünf bis fünfzehn Minuten Zeit. Vertiefen Sie dieses innere Gespräch mit der Zeit nach Belieben.

7. Stufe

Abschied und Rückkehr in den Wachzustand

Wenn Sie – erfüllt mit vielen neuen Eindrücken, vielleicht Symbolen und Visionen – langsam wieder zu Ihrem Ausgangsort zurückgebracht werden, bedanken Sie sich bei Ihrem geistigen Helfer, und verabschieden Sie sich von ihm. Zum Abschluß gibt er Ihnen noch ein »Healing« – das heißt, er läßt alle göttlichen Heilenergien durch sich zu Ihnen fließen.

All Ihre feinstofflichen Körper – Ihre Seele und Ihr Geist – werden nun gereinigt, gestärkt, in göttliche Liebe und Licht gehüllt, geschützt und imprägniert, so daß nur noch solche Energien in Sie hineinfließen können, die für Sie – für Ihre seelisch-geistige Entwicklung – richtig und wichtig sind.

Beobachten Sie auch mögliche Widerstände Ihrerseits. Lassen Sie sich ausreichend Zeit, um sich zu schließen. Langsam beginnen Sie, Ihr Unterbewußtsein als unerschöpflichen Speicher zu entdecken – Schritt für Schritt entwickeln Sie ein Verständnis für sich selber und Ihre geistige Welt. Sind Sie bis hinab zum Boden gut geschlossen?

In aller Ruhe erinnern Sie sich jetzt an Ihren Körper. Ganz langsam lassen Sie ihn aufwachen. Werden Sie sich all Ihrer Körperteile wieder bewußt. Sie atmen zwei- bis dreimal tief ein und aus, strecken und recken sich und sind wieder fit und »ausgeschlafen« da.

8. Stufe

Verarbeitung und Deutung

Sie schreiben das Erlebte auf und fangen an, es zu verarbeiten. Hier beginnen Sie, Ihre individuelle Gefühls-, Symbol- oder Traumsprache kennenzulernen – die Sprache dieser neuen Welt der Visionen und Phantasien, der Einfälle und Einbildungen.

(Wach-)Traum- und Symboldeutung

Es gibt unterschiedliche Ansätze, die eigene Symbolsprache verstehen zu lernen. Zum einen bedient sich unser Unbewußtes der allgemeingültigen Symbole des Menschen, unserer Konventionen und Archetypen. Bücher über die klassische Traumdeutung und die Werke von C. G. Jung geben uns hier Aufschluß und Anregung.

Zum anderen aber sollten wir nicht außer acht lassen, daß unsere geistigen Helfer mit uns auf eine Weise sprechen, die uns eigen ist, die wir selbst verstehen können. Ein Beispiel: Das Bild einer blühenden Wiese mag ein innerlich reiches, vielfältiges Leben symbolisieren, Kraft und Lebensfreude, Dinge, die in Ihnen aufblühen werden. Wenn Sie allerdings unter Heuschnupfen leiden, so sieht die Deutung ganz anders aus. Vielleicht sind Ihnen Ihre derzeitigen Lebensumstände dann schlicht und einfach zuviel, Sie finden keine Möglichkeit, sich abzugrenzen, und all dies ist nach außen auf den ersten Blick nicht erkennbar.

Möglichkeiten der Traumdeutung

Das einfachste ist, die geistigen Helfer zu bitten, uns beim Ausdeuten zu helfen. Solange aber die Verständigung zwischen der geistigen Welt und uns noch nicht so eindeutig ist, hilft uns vielleicht auch eine persönliche Traumdeutungstechnik weiter. Hierbei spinnen wir ein Netz aus unseren Assoziationen; zu einem gesehenen Symbol assoziieren wir frei, bis wir zu einem »Aha-Erlebnis« gelangen und wissen, was gemeint war. Mit allen anderen Bildern verfahren wir gleichermaßen, bis wir in dem entschlüsselten Nachtraum einen Code, eine Nachricht entdecken. Hierbei müssen wir sehr wachsam erspüren, ob wir einem Wunschtraum nachhängen und fehlinterpretieren oder eine wirkliche Botschaft herausschälen. Das Leben und die Zeit werden unser Gefühl wie unsere Deutung bestätigen – oder auch nicht. Mit der Zeit kann man so vielleicht ein eigenes Traumdeutungsbuch erstellen.

Es kann auch sehr hilfreich sein, das Erlebte in einer Gruppe zu besprechen. Andere Menschen haben oft die nötige Distanz, intuitiv richtig zu interpretieren und neue Anstöße zu geben. Mit den Erlebnissen anderer Gruppenteilnehmer sollten wir vorsichtig, kontrolliert und liebevoll umgehen. Alles, was wir sagen, kann sich auf den anderen in einer Weise auswirken, die wir von unserer Warte aus nicht vorhersehen. Auch auf den Gebrauch unserer Sprache müssen wir achten, um andere nicht zu verletzen. Wir sollten uns mit der höchsten Intelligenz verbinden – im Vertrauen darauf, daß wir das sagen, was der andere wissen soll und was richtig und gut für ihn ist.

Lassen Sie sich Zeit mit der Deutung. Erfahrungsgemäß hat man bei vielen Dingen, die man erst gar nicht versteht, nach einigen Tagen ein Schlüsselerlebnis und *weiß* dann einfach, was gemeint war – oder eine unerwartete Entwicklung in der Außenwelt sorgt für (Er-)Klärung.

Bevor Sie beginnen

Die Heilung des inneren Kindes, das Verarbeiten alter Traumata, die Entdeckung und Erfahrung des eigenen Selbst stehen in dieser Lektion im Vordergrund.

Für den Ablauf der Übungen beachten Sie bitte folgendes :

Wie Sie bei den Übungen vorgehen sollten

Lesen Sie sich die folgenden drei Übungen einmal durch, und lassen Sie sie auf sich wirken.

Sobald Sie gelernt haben, Ihren Körper zu entspannen, und spüren, daß Sie mit dem Üben beginnen möchten, entscheiden Sie sich für eine der drei Übungen. Wenn Sie eher ein »Gefühlsmensch« sind, werden Sie vermutlich mit der ersten Übung beginnen wollen; als ratio-betonter Verstandesmensch könnte Sie die zweite ansprechen, und wenn Sie ein Mensch sind, der oftmals Dinge einfach weiß – also ein Prophet –, wird Ihnen die dritte zusagen.

Lesen Sie nun die Übung, mit der Sie beginnen wollen, mehrmals durch, und prägen Sie sich diese gut ein. Oder nehmen Sie einen Kassettenrecorder, und sprechen Sie sich den Text auf Band. Lassen Sie dabei ausreichend Pausen für die einzelnen Schritte.

Während Sie die Erfahrungen, die Sie in der Übung gewonnen haben, verarbeiten, haben Sie die Möglichkeit, die Übung zu wiederholen und somit tiefer in das entsprechende Thema einzusteigen.

Umsetzung in Ihren Alltag

Achten Sie darauf, Ihre neu erworbenen Erkenntnisse in den Alltag einzubringen. Damit erkennen Sie an, daß Sie etwas dazugelernt haben und neue Ebenen des Verstehens erreichen. Sie stärken auf diese Weise auch den Kontakt zur geistigen Welt und erweisen Ihren Inspirationen Achtung.

Probieren Sie auch die anderen beiden Übungen aus, um sich von einer anderen Warte aus zu erleben und neu kennenzulernen.

Täglich üben!

Nehmen Sie sich möglichst täglich Zeit, eine Übung zu machen, sich inspirieren zu lassen oder sich einfach mit der göttlichen Energie zu verbinden, um Ihre Existenz im Geistigen zu bestätigen. Schließen Sie sich zweimal täglich. Lesen Sie dazu Teil I Kapitel 5, falls Sie es noch nicht getan haben.

Werden Sie aktiv, und kreieren Sie Ihre eigenen Übungen!

Bei jeder Übung haben wir zwei Möglichkeiten: Entweder wir lassen uns von unserem geistigen Helfer ganz einfach inspirieren, oder wir formulieren ganz bewußt unser momentan wichtigstes Problem, mit dem wir uns weiter auseinandersetzen möchten, und erbitten einen gezielten Traum, der uns Klärung und neue Anstöße dazu bringt.

Überlegen und entscheiden Sie sich jedes Mal vor der Arbeit, was Sie mit Ihrer Übung erreichen wollen.

Übungen

1. Übung

1. Versenkung – Körperentspannung

Setzen Sie sich auf einen bequemen Stuhl. Lockern Sie alles, was Sie einengen könnte, legen Sie die Brille ab. Stellen Sie beide Füße parallel und flach auf den Boden. Im »Pharaonensitz« legen Sie Ihre Hände auf Ihre Oberschenkel und atmen zwei- bis dreimal tief durch.

Wir werden jetzt ganz ruhig. Ein angenehmes Gefühl der Schläfrigkeit, eine angenehme Wärme beginnt, sich in unserem Körper auszubreiten. Schließen wir die Augen, und setzen wir uns bequem hin, mit einem geraden Rücken und beiden Füßen auf dem Boden. Wir werden ruhig und entspannt. Alles um uns herum verschwindet. Für eine Weile können wir uns immer mehr auf unser Inneres konzentrieren – auf uns selbst, in uns hineinhören und – lauschen. Gefühle der völligen Ruhe und Entspanntheit umspielen uns – ganz bewußt atmen wir all unsere Sorgen, Ängste und Zweifel aus. Alles, was uns vom heutigen Tag und den letzten Wochen noch beschäftigt, atmen wir einfach tief aus. Wir sitzen ganz bequem auf dem Stuhl, der Rücken ist gerade, die Oberschenkel entspannt, und die Hände liegen ruhig mit der Handinnenfläche nach oben in unserem Schoß. Unser Rücken, unser Gesäß, die Beine und Füße sind ganz locker und entspannt. Wir spüren die Verbundenheit mit der Erde. Alle Gedanken atmen wir tief aus. Ein angenehmes Gefühl von innerer Ruhe, Frieden und Harmonie hüllt uns ein.

Unsere Augenlider werden schwerer und schwerer, bis sie sich ganz schließen möchten. Unser Gesicht beginnt, sich nun zu entspannen. Unsere Kopfhaut, vom Nacken bis zur Stirn, entspannt sich, ebenso alle Muskeln um die Augen, die Nase und den Mund. Auch unser Gehör kann sich entspannen; alle Geräusche, die wir noch wahrnehmen können, interessieren uns nicht mehr. Ruhig und friedlich wird es in uns. Unsere Schultern entspannen sich, unsere Achseln, die Oberarme, Ellbogen, Unterarme… und auch die Hände werden schwerer und schwerer. Unsere Atmung entspannt sich. Wir werden ganz ruhig, wir glauben, einzuschlafen. Wir hören aber immer noch diese Stimme, unsere eigene Stimme auf dem Tonband, und sie wird uns weiter begleiten.

Unser Körper ist warm, ruhig und angenehm träge. Unser Geist aber wird wach, ganz wach. Atmen wir jetzt dreimal tief ein und aus. Den ganzen Oberkörper von den Hüften an aufwärts beginnen wir loszulassen. Ganz schwer sind unsere Arme, und so schwer ist auch unser Unterkörper. Alles ist losgelassen und entspannt. Unsere Oberschenkel werden locker und schwerer, unsere Knie entspannen sich, – und auch unsere Unterschenkel und die Füße. Alles ist jetzt ruhig, ganz ruhig und entspannt. Alle Gedanken des heutigen Tages atmen wir tief aus. Der ganze Körper schläft, alle Muskeln sind entspannt und losgelassen, nur unser Geist ist hellwach und konzentriert. Ganz ruhig und friedlich ist es in uns und um uns herum, ein wunderschönes Gefühl von Harmonie und Frieden umhüllt uns. Unsere Gedanken werden immer träger und langsamer, nur unser Geist ist hellwach und freut sich, sein ganzes schöpferisches Potential zur vollsten Entfaltung zu bringen. Unser Körper bleibt völlig ruhig und entspannt. Alle Blockaden atmen wir aus und lassen wir einfach sich auflösen, alle Barrieren entweichen. Nichts interessiert uns mehr, wir haben keine Erwartungen mehr, und es wird immer ruhiger in uns.

Wir richten unsere Aufmerksamkeit jetzt auf unseren Bauch, auf unser Sonnengeflecht oder Solarplexus. Eine angenehme Wärme entfaltet sich dort, als würde uns jemand eine Wärmflasche auf den Bauch legen. Wir stellen uns nun dort ein kleines Samenkorn einer Blume vor, das sich in dieser wohligen Wärme zu entfalten beginnt. Langsam öffnet sich der Kern, und ein grüner Stiel beginnt in uns heraufzuwachsen. Auf der Höhe unseres Herzens erblüht jetzt eine wunderschöne Blume für uns, in den hellsten und leuchtendsten Farben.

Durch das Herzchakra können wir jetzt über unsere Blume noch viel intensiver alle für uns guten kosmischen Energien einatmen. Mit der Hilfe unserer Blume tanken wir jetzt Frieden, Harmonie und Ruhe. Sämtliche göttlichen Heilenergien regenerieren unseren physischen und psychischen Körper – wie eine leere Batterie lassen wir uns aufladen... Wir genießen all die Stille und den Frieden in uns und um uns herum...

2. Die Gedanken zur Ruhe kommen lassen

In unserer Vorstellung sehen wir jetzt einen dunkelblauen Vorhang. Ganz ruhig ziehen wir ihn von links nach rechts zu. Alles, was uns noch stören könnte, lassen wir dahinter zurück. Nichts interessiert uns mehr, wir genießen in vollen Zügen den innerlichen Frieden, die innere Harmonie und Ruhe.

3. Visualisierung – Bilderreise

In unserer Phantasie machen wir jetzt einen langen Spaziergang durch eine kalte Winterlandschaft. Der gefrorene Boden unter unseren Füßen knirscht. Unser Atem scheint in der glasklaren Luft fast zu frieren – doch wir stellen fest, daß wir warm eingepackt sind, eingehüllt in unseren dicken Mantel. Wir wandern leichten Fußes über Stock und Stein – völlig unbeschwert und unbelastet. Wir genießen den Frieden der Natur – die Ruhe hier draußen, weit ab vom Alltagslärm. In der Ferne entdecken wir plötzlich ein großes Lagerfeuer an einem offenen Feld. Je näher wir kommen, um so deutlicher sehen wir, daß vor noch gar nicht langer Zeit vermutlich irgend jemand auch hier vorbeigekommen ist und ein Feuer angefacht hat, um sich aufzuwärmen.

Während wir jetzt näher und näher zu diesem Feuer kommen, wird uns bewußt, daß wir Menschen in uns selbst auch ein ständig brennendes Licht, das Feuer des Lebens, haben, das uns wärmt und uns immer wieder an die Quelle unseres ewigen Ursprungs erinnert, daran, daß auch wir ein kleiner, aber wichtiger Götterfunke sind, der wie dieses Feuer an dem riesigen Feld Wärme und Licht spendet.

Ganz bewußt bleiben wir jetzt stehen und atmen zwei- bis dreimal tief durch. Die Kälte spüren wir gar nicht mehr – und das Feuer draußen macht uns unser inneres Licht bewußt. Wir sind glücklich und stellen fest, daß wir stark und klar wie dieses Feuer mit der göttlichen Urkraft, dem höchsten Bewußtsein verbunden sind – und dadurch im eigenen Licht geschützt und geborgen sind.

Wir sind nun bei der Feuerstelle angekommen. Alles, was uns seelisch-geistig noch belastet, werfen wir mit all unserer Vorstellungskraft in dieses Feuer. Wir schütteln unsere mentalen Schlacken ab und lassen sie verbrennen – wir spüren förmlich, wie sich jetzt all unsere feinstofflichen Schichten, all unsere verschiedenen Bewußtseinsstufen reinigen und stärken. Wie ein trockener Schwamm saugen wir nun den ewig fließenden Strom der göttlichen Liebe und Kraft in uns auf, bis wir uns völlig regeneriert und gestärkt fühlen.

4. Begrüßung des geistigen Helfers ▲

Während wir diese göttlichen Energien der Natur um uns herum tanken und uns aufladen lassen, entdecken wir plötzlich neben dem Feuer unseren geistigen Helfer. Wir nehmen diese Vision – ein inneres Wissen – dankbar an – wer oder was immer es auch ist –, in dem Bewußtsein, daß ein Abgesandter Gottes jetzt hierhergekommen ist, um mit uns zusammensein zu können und uns zu helfen. Wir begrüßen ihn innerlich ganz herzlich und erzählen ihm, wie wir uns freuen, daß er hier bei uns ist und uns jetzt auf unserer weiteren Reise begleiten möchte.

Was wünschen wir uns jetzt? Nicht, daß wir so groß werden wie ein Baum – so stark oder so reglos. Aber daß wir hin und wieder nach oben schauen, dorthin, wo die Krone und der Himmel sind, daß wir stehen bleiben und nicht immer weiterrennen, daß wir stehen und beständig wachsen wie ein Baum. Denn wir wissen: Wir sind noch nicht am Ziel. Wir haben aber eine Kraft in uns, die auch im Baum ist: die Kraft zu wachsen. Wir sind zu etwas be-rufen. Bleiben wir stehen. Schauen wir nach oben, und fühlen

wir die göttliche Kraft des Universums, unseres ganzen Kosmos, die in uns wachsen will…

Wie die wärmende Kraft des Feuers in der kalten Winterluft fühlen wir die göttliche Kraft und Liebe in uns und um uns, und wir wissen, daß wir immer mit der göttlichen Kraft verbunden sind, damit wir uns bewußt weiterentwickeln und entfalten können. Langsam brennt das Feuer nieder, und unser geistiger Helfer möchte nun mit uns weiterwandern. Zusammen mit ihm gehen wir vorwärts – geschützt und geborgen in göttlicher Liebe –, und wir wissen, daß wir nur das erleben werden, was für uns richtig und wichtig ist…

Vor uns entdecken wir jetzt plötzlich eine lange, breite Mauer mit einem großen Tor. Je näher wir kommen, um so klarer können wir auch die Beschaffenheit des Tores feststellen – aus welchem Material es konstruiert ist. Während wir das Tor anschauen, öffnet es sich ganz von allein…

5. Die Reise mit dem geistigen Helfer

Leichten Fußes schreiten wir durch das Tor, immer in liebevoller Begleitung unseres geistigen Helfers. Wir gehen mit ihm auf eine lange, lange Reise, wo wir im inneren Dialog alles mit ihm besprechen wollen, was uns beschäftigt. Aufmerksam prägen wir uns gut ein, was uns auf dieser Reise begegnet. Wir denken auch daran, daß wir unseren geistigen Helfer immer um Hilfe bitten dürfen, wenn wir etwas nicht klar verstehen oder uns nicht wohl fühlen. Wir bitten ihn auch, uns zu helfen, diese Landschaft zu interpretieren, uns zu erklären, was sie für uns persönlich bedeuten könnte oder uns sagen möchte (ca. 5 Minuten stille Arbeit).

6. Zeit zum Umkehren

Es wird jetzt langsam Zeit zum Umkehren. Unser geistiger Helfer führt uns in aller Ruhe zu einem Ausgang. Wir entdecken erneut eine Tür, die uns aus unserer Traumlandschaft herausführt. Auch sie öffnet sich ganz automatisch. Wir gehen hinaus und entdecken, daß wir wieder in der herrlich-schönen Winterlandschaft sind. Auf unserem Rückweg zum Ausgangspunkt lassen wir uns Zeit, noch einmal in aller Ruhe mit unserem geistigen Helfer das gemeinsam Erlebte zu besprechen. Vielleicht gibt er uns noch ein paar wichtige Impulse und Anstöße. Wir wollen uns alles gut merken, nichts vergessen.

7. Abschied vom geistigen Helfer

Mitten auf dem Feld bleiben wir jetzt stehen. Unser geistiger Helfer ist hinter uns, und zum Abschluß gibt er uns noch ein Healing. Er stellt sich als Kanal für die göttliche Welt, für die reinsten und höchsten Energie- und Bewußtseinsebenen zur Verfügung und läßt die für uns wichtigen Heilenergien – gebündelt wie einen Laserstrahl – durch uns hindurchfließen... All unsere Heilkräfte und Heilenergien von Körper, Seele und Geist werden jetzt aktiviert, und wir spüren, wie sich unsere feinstofflichen Energiezentren, alle unsere feinstofflichen Körper in und um uns herum aufladen und göttliches Licht und Liebe auftanken... (5 Minuten stille Arbeit).

Wir fühlen uns völlig gestärkt, fit und ausgeruht. Zum Abschluß spüren und erleben wir, wie unser geistiger Helfer uns noch einen göttlichen Segen gibt. Die hellsten, reinsten und höchsten Bewußtseinsschwingungen rieseln ganz fein und zart über unsere feinstofflichen Körper und imprägnieren all unsere Schichten um uns herum, damit wir – unsere Seele und unser Geist – gut geschützt sind vor unnötigen oder negativen äußerlichen Einflüssen, damit wir uns nicht unnötig ablenken lassen oder unsere Energie verlieren, damit wir uns seelisch-geistig so gut wie möglich weiter und weiter entwickeln können. Wir ziehen all unsere geistigen Antennen ein.

In aller Ruhe bedanken wir uns bei unserem geistigen Helfer für dieses Zusammensein. Wir verabschieden uns ganz herzlich von ihm und freuen uns bereits auf ein Wiedersehen.

Wenn Sie sich kraftvoll und entspannt fühlen, zieht sich unsere Blume wieder in das Samenkorn in unserem Bauch zurück. Langsam kommen wir wieder zurück – hierher, in diesen Raum. Wir spüren unseren Stuhl, der unseren Körper trägt, wir werden uns wieder unserer Beine und Arme bewußt, unsere Füße, Hände und der Kopf erwachen.

Ganz ruhig atmen wir zwei- bis dreimal tief durch, wir recken und strecken unseren Körper. Während wir unseren physischen Körper wieder spüren, zählen wir innerlich langsam bis sechs, öffnen die Augen und fühlen uns fit und entspannt.

8. Das Erlebte aufschreiben oder in der Gruppe besprechen

Es ist sehr wichtig, jetzt sämtliche Bilder, Gedanken und Ideen, die wir in unserer Gefühlswelt wahrgenommen haben, uns gut zu merken und eventuell aufzuschreiben, damit wir nichts vergessen! Eine solche Bilderreise oder Imagination ist nur sinnvoll, wenn wir uns ausschließlich mit dem Wachtraum auseinandersetzen. Wir haben sozusagen mit dem Studium einer neuen Fremdsprache begonnen – demnach bemühen wir uns, die Gefühlssprache so verstehen zu lernen, daß sie mit der Zeit und nach verschiedenen Übungen langsam zu einem Hilfsmittel werden kann, die geistige Welt besser zu verstehen.

Zu-gefallenes

Wenn Sie alleine üben, lassen Sie den aufgeschriebenen Traum ruhen. Lesen Sie ihn morgen und übermorgen erneut durch. Tragen Sie ihn in sich, und achten Sie aufmerksam auch auf Zeichen in Ihrem Alltagsleben. Viele Situationen »sprechen« tagtäglich mit und zu uns und möchten uns »zeigen«, wie, wo und was wir eigentlich zu tun hätten und haben. Werden Sie also wachsam! Realisieren Sie, daß durch die verschiedensten Begebenheiten im Leben immer wieder Möglichkeiten der Auseinandersetzung mit sich selbst geboten werden.

Sie können auch auf die geschilderten Techniken der Traum- und Symboldeutung zurückgreifen, um Ihre Gefühlssprache besser verstehen zu lernen. Diese Gefühlssprache ist meines Erachtens eine »göttliche Erfindung«. Sie ermöglicht uns die Verbindung von Körper, Seele und Geist, ein Verständnis für uns selbst und überhaupt unsere Weiterentwicklung. Was ist der Sinn des irdischen Lebens? Nichts anderes als *seelisch-geistige Entwicklung in der Materie!*

2. Übung

1. Versenkung – Körperentspannung

Ganz locker und bequem sitzen wir auf unserem Stuhl. Wir schließen die Augen. Nichts kann uns noch stören, wir werden langsam ruhig und entspannt. Ein Gefühl der vollkommenen Ruhe und Entspanntheit hüllt uns ein. Wir sitzen ganz bequem, der Rücken ist gerade, die Oberschenkel sind locker und entspannt. Unsere Hände liegen mit der Handinnenfläche nach oben gerichtet auf unseren Oberschenkeln.

Bewußt atmen wir tief ein und aus – alle für uns guten, kosmischen Energien atmen wir tief in uns ein, alle Verspannungen, alle Ängste und Sorgen atmen wir tief und ganz bewußt aus, damit wir die für uns positiven Energien noch besser einatmen können. Ganz tief atmen wir dreimal ein und aus.

Unsere Oberschenkel sind jetzt entspannt und ganz locker. Alle Blutgefäße sind normal geweitet, unser Körper ist angenehm warm und entspannt. Wir werden immer ruhiger. Jede Verspannung löst sich auf in Wärme, wie Pulver in einem Glas Wasser.

All unsere Organe arbeiten ungestört und zuverlässig. Die Blume in unserem Solarplexus beginnt wieder zu wachsen, sie wächst weiter und entfaltet sich in unserem Herzchakra. Mit ihrer Hilfe können wir die wunderschöne Harmonie, Ruhe und den Frieden noch tiefer in uns einströmen lassen. Alle Fragen und Wünsche, die wir noch haben, atmen wir tief aus. Wir erwarten nichts, unsere Gedanken werden immer träger und träger. Alle Nebengeräusche, die wir noch hören, interessieren uns nun nicht mehr – nur diese Stimme hören wir ganz deutlich und klar. Unser Körper entspannt sich immer tiefer. Auch die ganze Schulterpartie und die Brust sind sehr entspannt, warm, gut durchblutet. Immer noch tiefer sinkt unsere Ruhe.

Tief atmen wir die kosmischen und positiven Energien ein und blasen alles Belastende über das geistige Auge aus. Alle Sorgen, Ängste und Zweifel fallen von uns ab. Der ganze Körper beginnt zu schlafen. Nur unser Geist ist hellwach und freut sich, sein ganzes schöpferisches Gut zur vollsten Entfaltung bringen zu können.

2. Die Gedanken kommen zur Ruhe

Wir stellen uns jetzt wieder einen dunkelblauen Vorhang vor. Ruhig ziehen wir ihn zu, und alles, was uns noch beschäftigt, lassen wir dahinter zurück …

3. Visualisieren – Bilderreise

In unserer Vorstellung machen wir nun wieder einen Spaziergang. Wir atmen zwei- bis dreimal tief alle für uns positiven Energien ein. Unser Körper-Seele-Geist wird mit dem Licht der Weisheit durchflutet. Wir wissen um die Kraft der höheren Intelligenz in uns und um uns.

Wir stellen uns ein modernes Fahrzeug vor. Völlig frei nehmen wir das an, was uns jetzt dazu in den Sinn kommt. Es ist ein völlig neues, speziell für uns konstruiertes Fahrzeug – und beim genauen Betrachten stellen wir fest, daß sein Chauffeur – ein höhe-

rer Bewußtseinsanteil oder ein Abgesandter Gottes – bereits auf uns wartet.

Vertrauensvoll begrüßen wir diesen, steigen ein in das Gefährt – und los geht's, auf eine »Fahrt ins Blaue«. Wir lassen uns einfach überraschen. Völlig frei nehmen wir alles an, was uns jetzt in den Sinn kommt. Wir spüren, sehen oder »wissen« jetzt, daß wieder ein geistiger Helfer, ein Abgesandter Gottes, zu uns kommt und bei uns ist. Wir begrüßen einander herzlich und freuen uns, unsere Reise in Begleitung, im Schutz und in der Führung unseres Helfers zu machen.

4. Begrüßung des geistigen Helfers

Nach einer Weile beginnt unser Fahrzeug zu bremsen. Wir merken, daß wir am Ziel unserer Reise angelangt sind. Nachdem unser Fahrzeug angehalten hat, öffnet der Chauffeur uns eine Tür und gibt uns ein Zeichen. Wir steigen aus und lassen uns zu einem ultramodernen Forschungszentrum führen.

Sobald wir dort angekommen sind, entdecken wir mehrere Gebäude, und bevor wir eintreten, informiert uns unser geistiger Helfer über die verschiedenen Möglichkeiten dieses Forschungszentrums, dessen Informationen uns nun zur Verfügung stehen.

5. Reise mit dem geistigen Helfer

Wir denken daran, daß wir unseren geistigen Helfer immer um Rat fragen dürfen. Er führt uns jetzt in eines dieser Gebäude, von dem er glaubt, daß es uns in unserer Bewußtseinsentwicklung weiterbringen kann. Wir lassen uns führen und kommen jetzt in eine Art Eingangshalle, wo wieder verschiedene Gänge auf uns warten. Auch hier bekommen wir einen klaren Impuls, wo unser Weg entlanggeht. Wir spazieren weiter, bis wir plötzlich vor einer Türe stehen. Wir wissen, daß wir hier erwartet werden…

Gut beobachten wir, was an der Tür geschrieben steht. Wir klopfen an und treten ein. Eine weise Person heißt uns hier herzlich willkommen und bittet uns mitzukommen. Es wird uns bewußt, daß dieses weise Wesen ein Spezialist ist, der uns zu einem Forschungsgerät führt. Er demonstriert es uns. Er ist vorbereitet und läßt sein Gerät jetzt für uns laufen. Freudig lassen wir es geschehen, und wir beobachten genau, was wir hier erleben, sehen, hören, spüren. Wir wollen uns alles gut merken, was uns dazu in den Sinn kommt und was für Botschaften uns dieses Gerät vermitteln möchte. Wir wollen daran denken, daß wir all unsere Fra-

gen, die jetzt in uns aufsteigen, gemeinsam mit unserem geistigen Helfer besprechen dürfen. Wir wollen uns alles gut einprägen. (ca. 5 Minuten Pause – stille Arbeit)

6. Umkehr

Es wird jetzt langsam wieder Zeit, Abschied zu nehmen. Wir beobachten, wie die weise Person ihr Gerät nun ausschaltet. Dankbar verabschieden wir uns und lassen uns zum Ausgang zurückbringen. Gemeinsam mit unserem geistigen Helfer gehen wir wieder nach draußen. Von weitem entdecken wir unser Fahrzeug; wir steigen ein und lassen uns von dem Chauffeur zurückbringen. Auf der Rückfahrt profitieren wir weiter von dem Zusammensein mit unserem geistigen Helfer. In aller Ruhe besprechen wir noch einmal alles, was wir erlebt haben, und versuchen, so gut wie möglich zu klären, was das für uns bedeuten könnte und uns sagen wollte.

7. Abschied vom geistigen Helfer

Bevor wir wieder aus unserem Fahrzeug aussteigen, gibt uns unser geistiger Helfer noch ein Healing. All unsere feinstofflichen Körper lassen wir von dieser göttlichen Kraft und Liebe auftanken und vollaufen – wir regenerieren und stärken uns –, und zum Abschluß imprägniert uns unser geistiger Helfer mit einer göttlichen Lichtdusche, damit nur noch diejenigen Energien von außen zu uns kommen können, die für unsere Entwicklung gut und wichtig sind. Auch die wunderschöne Blume in unserem Herzchakra zieht sich wieder zurück in ihren Kern und wartet darauf, daß wir sie zu einem anderen Zeitpunkt wieder wachsen lassen, damit sie uns helfen kann, noch intensiver göttliche Liebe und Energie einatmen zu können.

Wir bedanken uns und verabschieden uns jetzt von unserem Helfer, steigen aus dem Fahrzeug und kommen glücklich, mit neuen Gedankenanstößen zurück – hierher in diesen Raum, auf unseren Stuhl. Während wir langsam zurückkommen, wird uns bewußt, daß wir unser Unterbewußtsein immer neu programmieren können; wichtige Vorsätze, die wir bezüglich unseres körperlichen oder seelischen Wohlbefindens vielleicht gefaßt haben, können nun eingegeben werden.

Die Gegenwart, das Jetzt ist wichtig. Wir wollen die Vergangenheit loslassen und uns positiv und hoffnungsvoll auf die Zukunft freuen, die wir in jedem Augenblick mit positiven Vorsätzen neu gestalten. Mit jeder Übung lernen wir unser Unterbewußtsein besser kennen. Immer klarer entdecken wir die uns eigenen Verhal-

tensmuster, und es wird uns immer leichter fallen, diese Muster zu unserem Besten zu korrigieren und uns mit unseren eigenen Gedanken neu zu programmieren. Immer, wenn uns an unserem Verhalten etwas auffällt, das uns stört, ziehen wir uns zurück in die Stille, machen es uns bewußt, lassen es los und freuen uns auf die Gedankenkraft in uns, die unser Problem akzeptiert und sagt:
»Ich will jetzt mein Problem erkennen.
Ich will es akzeptieren.
Ich will eine Veränderung – ich will Lösungswege suchen und finden.
Ich will mein Verhalten verändern, indem ich ein veraltetes Muster loslasse.«

Wieder schließen wir uns gut, alle feinstofflichen Energiezentren schließen sich ganz von selbst – wie die Blume am Abend, wenn die Sonne untergeht.
(5 Minuten stille Arbeit)

Völlig geerdet kommen wir jetzt wieder hierher in diesen Raum zurück, auf unseren Stuhl. Wir erinnern uns wieder an unseren Körper – spüren bewußt die Hände, den Kopf, die Beine und die Füße. Der ganze Körper erwacht wieder. Tief atmen wir zwei- bis dreimal ein und aus und zählen langsam bis sechs, öffnen die Augen und fühlen uns wieder fit und entspannt.

8. Das Erlebte aufschreiben oder besprechen

Wir notieren alles, was wir erlebt haben, und nehmen uns die Zeit, es zu bearbeiten.

3. Übung

Überlegen Sie sich ein ganz persönliches Problem, etwas, das Sie im Moment am meisten beschäftigt.

Körper-entspannung

Wir machen es uns bequem auf unserem Stuhl. Völlig ungestört können wir uns wieder in die Stille zurückziehen, in uns hineinhören, lauschen. Alles um uns herum beginnt, langsam für eine Weile zu verschwinden, alle Nebengeräusche, die wir vielleicht noch hören, interessieren uns jetzt nicht mehr. Immer ruhiger und friedlicher wird es in uns und um uns. Unser ganzer Körper beginnt, langsam einzuschlafen. Alle Muskeln entspannen sich, von Kopf bis Fuß. Alle Organe arbeiten zuverlässig und ungestört. Alle unsere Blockaden lösen sich auf, wie ein Stück Zucker im

heißen Tee. Eine angenehme wohlige Wärme durchströmt unseren Körper, alles ist gut durchblutet. Immer tiefer sinkt unsere Ruhe. Friede und Harmonie erfüllen unseren Körper, unsere Seele und unseren Geist. Wir haben keine Erwartungen mehr. Unsere Gedanken werden immer langsamer, wir genießen einfach die Ruhe in uns und um uns.

Der ganze Körper schläft jetzt, nur unser Geist ist völlig wach und freut sich darauf, sein ganzes schöpferisches Gut zur vollsten Entfaltung bringen zu können. Alle Phantasien, Visionen, alle Ideen, alle Ein-Gebungen wollen wir dankbar annehmen und uns merken.

Visualisierung

Wir freuen uns auf ein angenehmes Erlebnis. Gemeinsam wollen wir eine Überraschungsreise unternehmen. Wir stellen uns vor, daß wir auf einem farbigen Boden stehen, sitzen oder liegen. Was für eine Farbe hat er? Die erste Farbe, die uns intuitiv in den Sinn kommt, verstärkt sich nun, sie wird immer intensiver und hüllt uns ganz ein. Von dieser Farbe lassen wir uns forttragen. Leicht und unbeschwert wandern wir – umhüllt von dieser angenehmen Farbe – weiter und weiter durch einen langen Korridor, fast wie durch einen Tunnel. Von weitem sehen wir ein helles Licht. Uns wird bewußt, daß das wohl das Ende des Ganges oder des Tunnels ist. Freudig nähern wir uns diesem Ausgang. Immer heller und heller wird es. Wir verbinden uns mit der göttlichen Energie, und wir wissen, daß unser geistiger Helfer bei uns ist. Wir begrüßen ihn ganz herzlich und zeigen ihm unsere Freude, daß wir ihm erneut begegnen dürfen. Gemeinsam kommen wir aus dem Gang oder Tunnel heraus. Überall ist dichter, hellweißer, angenehm warmer Nebel – undurchsichtig, wir können nichts sehen, aber wir wissen, daß ober- oder außerhalb dieses Nebels irgendwo die Sonne scheint.

Reise mit dem geistigen Helfer

Geführt von unserem geistigen Helfer, setzen wir unseren Spaziergang durch den Nebel fort. Wir erinnern uns wieder an unsere Aufgabe, an unser Problem, das wir heute und jetzt lösen möchten. Wir erzählen es unserem geistigen Helfer. Wir schauen durch diesen Nebel, ohne unsere Augen anzustrengen. Immer noch befinden wir uns in dem hellweißen Nebel.

Gemeinsam setzen wir uns jetzt auf den weichen und angenehm warmen Boden und machen es uns gemütlich. Wir sind immer noch von hellem Nebel umgeben, und so entspannen und erholen wir uns von unserem Spaziergang. Unser geistiger Helfer schenkt uns jetzt Ideen, Gedankenblitze, Einfälle, Visionen – und zusammen mit ihm versuchen wir nun, unser Problem zu lösen. (15 Minuten Stille)

Umkehr

Es wird langsam Zeit, daß wir uns wieder auf den Rückweg machen. Wir spüren, wie wir da auf dem weichen Boden sitzen. Der Nebel hat sich mittlerweile aufgelöst, und ein tiefblauer Himmel ist über uns zu sehen. Glücklich und gelöst – mit vielen neuen Anregungen stehen wir jetzt auf. Unser geistiger Helfer gibt uns zum Abschluß noch ein Healing und eine göttliche Schutzhülle, damit wir wieder mit beiden Füßen auf der Erde in unseren Alltag zurückkehren können. (5 Minuten stille Arbeit)

Abschied

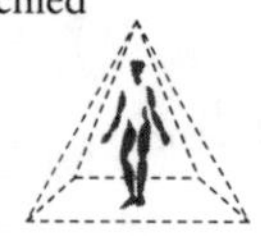

Wir bedanken uns bei ihm und freuen uns auf das nächste Zusammensein. Ganz automatisch werden wir zurück in unseren Raum geführt. Wir spüren wieder den Stuhl, auf dem wir sitzen, unser Körper erwacht, und wir fühlen uns fit und entspannt.

Unsere feinstofflichen Körper und ihre Bedeutung

Physischer Körper, Ätherkörper und Astralkörper

Um auf dem Planeten Erde existieren zu können, brauchen wir körperliche und geistige Nahrung. Der physische Körper wird durch die tägliche Nahrung, die wir ihm in Form von Lebensmitteln verabreichen, und durch den Astralkörper am Leben erhalten. Es ist äußerst wichtig, daß wir auf die Gesundheit und das Wohlergehen unseres menschlichen physischen Körpers bedacht sind, da er die Aufgabe hat, unserem unsterblichen Teil, dem Astralkörper, als Wohnung zu dienen.

Der Astralkörper beherbergt Seele und Geist und ist unserem körperlichen, physischen Aussehen gleich, jedoch feinstofflich, das heißt, er ist aus regenbogenähnlichem »Material«. Er wird durch kosmisch-spirituelle Energien gespeist. Die Aufnahme dieser Kosmos-Energie geschieht durch feinstoffliche Öffnungen im psychischen sowie physischen Körper. Diese feinstofflichen, für die meisten Menschen unsichtbaren Öffnungen, nennt man geistige Zentren oder Chakren. Sie sind eingebettet in den Ätherkörper sowie die höheren Bewußtseinskörper.

Der Ätherkörper ist feinstofflich, hat eine bläuliche, durchsichtige Ausstrahlung und ist ebenfalls aus dem für die meisten Menschen unsichtbaren, regenbogenähnlichen Material. Er umschließt unseren physischen Körper wie eine zweite, ca. drei Zentimeter dicke Haut und wirkt wie ein Filter gegen negative, kosmische Strahlung.

Der physische Körper und seine feinstofflichen psychischen und spirituellen Körper

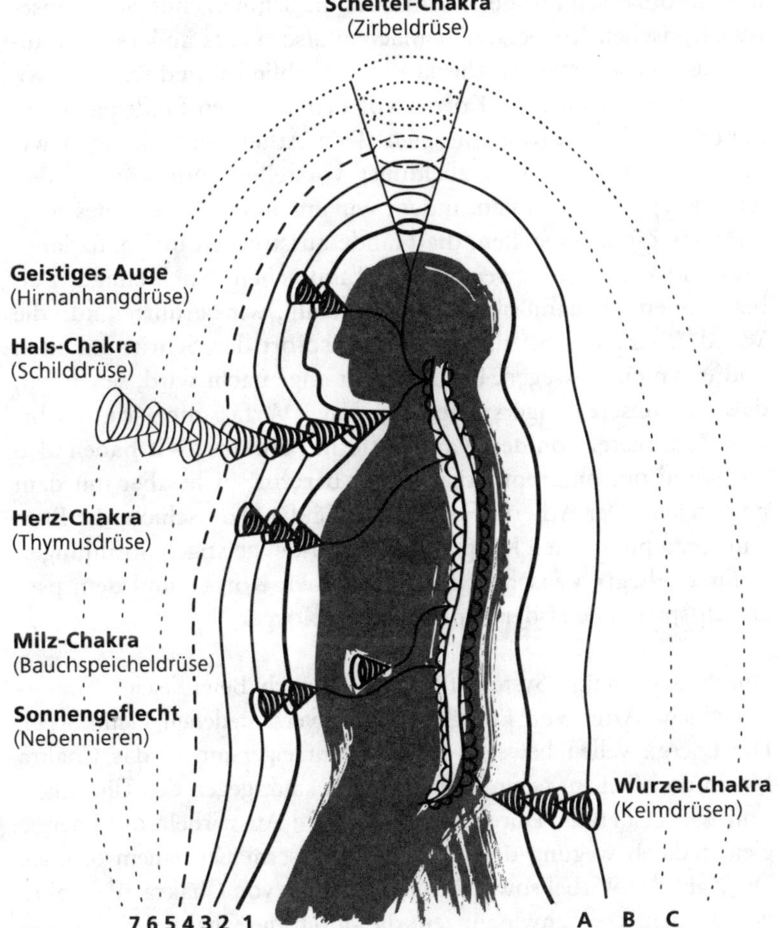

Einfluß unserer psychischen Körpei auf unseren physischen Körper

1. Ätherkörper
2. Emotionalkörper
3. Astralkörper
4. Mentalkörper
5. Kausalkörper
6. Spiritueller Körper
7. Logos

A. Emotionale Aura (Astralkörper): **Körper / Instinkt**
B. Mentale Aura (Mentalkörper): **Seele / Intuition**
C. Spirituelle Aura (Kausalkörper): **Geist / Inspiratio**

Der physische Körper und seine feinstofflichen psychischen und spirituellen Körper

Die Chakren

Das Wort »Chakra« kommt aus dem Sanskrit und bedeutet »Rad«. Im Zusammenhang mit dem feinstofflichen Körper bezeichnet es die psychischen Energiezentren, eine Reihe von radförmigen Wirbeln, die sich an der Oberfläche des Ätherkörpers des Menschen befinden.

Ätherkörper

Jeder Mensch spürt automatisch das Vorhandensein seines Ätherkörpers. Wenn wir unseren Körper an einem materiellen Gegenstand stark anstoßen, uns also verletzen, fahren wir instinktiv und automatisch mit der Hand über die schmerzende Stelle unseres physischen Körpers. Wir machen also nichts anderes, als unbewußt den verletzten Ätherkörper zu schließen und schützen somit unseren physischen Körper vor dem direkten Eindringen von äußerlichen, negativen Energien. Den Ätherkörper können wir uns wie ein Licht im Nebeldunst vorstellen. Wir können den Ätherkörper auch fühlen, indem wir uns in die Mitte eines total dunklen Zimmers stellen, die Hände ausstrecken und ganz langsam und konzentriert gegen eine Wand gehen. Nach einiger Zeit bekommen wir dann plötzlich das Gefühl, wir berührten nun die Wand. Wenn wir bei diesem Gefühl sofort den Schritt anhalten und uns nicht bewegen, bis das Licht angemacht wird, sehen wir, daß sich unsere Fingerspitzen – je nach Verfassung – ca. ein bis drei Zentimeter von der Wand entfernt befinden. Wir haben also die Wand mit unserem Ätherkörper berührt, nicht aber mit dem physischen. Der Ätherkörper, der – wie die Ozonschicht die Erde – unseren physischen Körper vor zu starken geistigen Strahlungen schützt, »liegt« zwischen dem physischen Körper und dem psychisch-spirituellen oder feinstofflichen Körper.

Unsere zweite Haut

Durch das Chakra-System fließen – je nach Bewußtsein – unterschiedliche Arten von Energien für die verschiedenen Lichtkörper. Die Energiewellen bewegen sich im Uhrzeigersinn in das Chakra hinein und fließen, wenn sie verbraucht sind, gegen den Uhrzeigersinn wieder heraus. Durch dieses Ein- und Auswirbeln der Energie gleicht die Bewegung der Chakren gewissermaßen einem Strudel. Die Zahl der Wirbel sowie ihre Drehzahl ist von Chakra zu Chakra verschieden. Die Schwingungen, die durch die Chakren des Ätherkörpers entstehen, erscheinen in der Aura für den Hellsichtigen als Farben. In den äußeren Schichten der Aura sind die Farbschwingungen sehr viel feiner und weisen pastellfarbene Schattierungen auf.

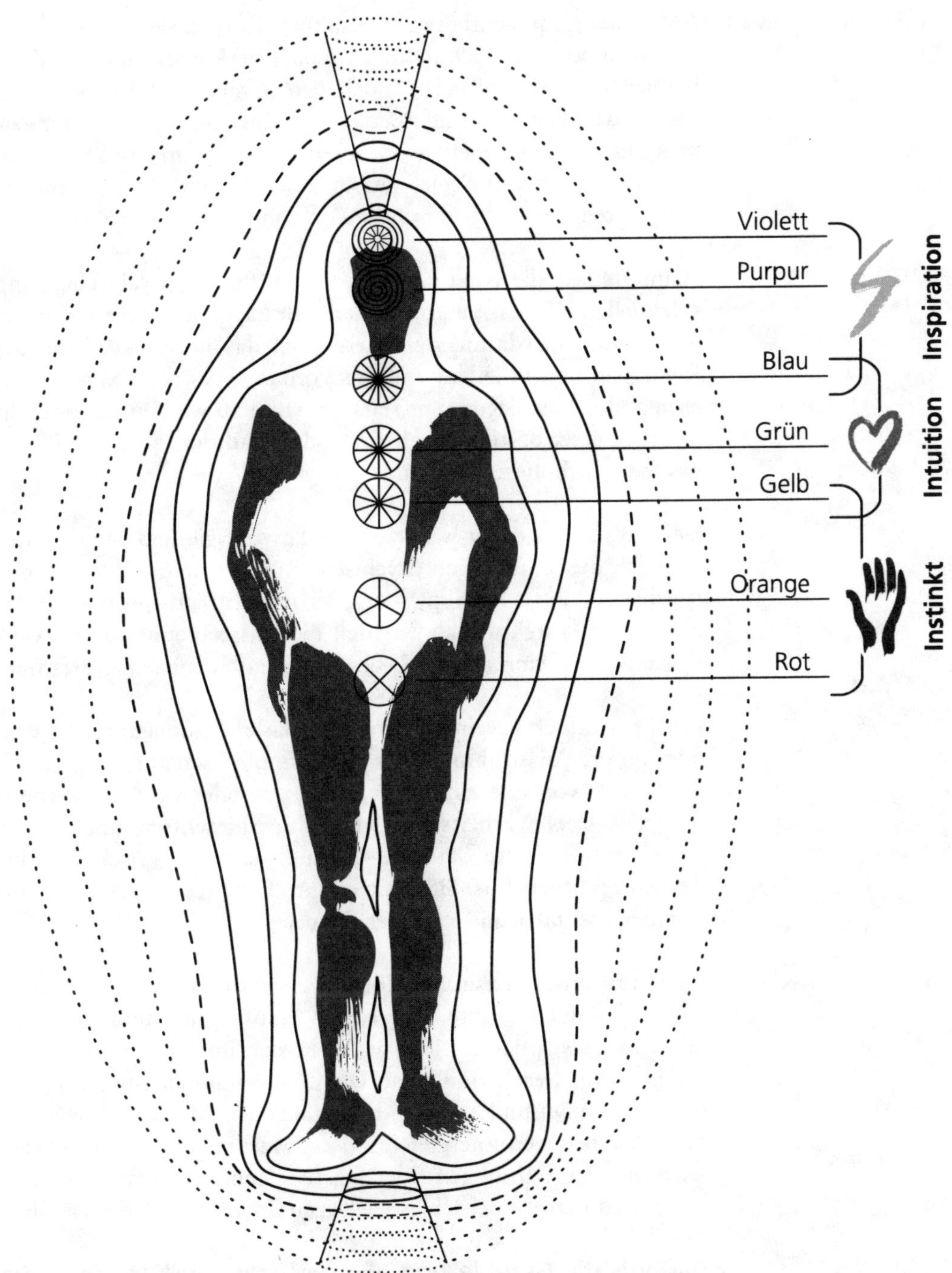

Das elektromagnetische Feld

Psychischer und spiritueller Körper

Außer unserem sichtbaren, physischen Körper, der Welt des Instinktes und seiner Schutzhülle, dem Ätherkörper, haben wir im Bereich des Feinstofflichen noch den psychischen Körper – die Ebene der Gefühle und Gedanken, die für das gewöhnliche menschliche Auge nicht wahrnehmbar sind – mit seiner astralmentalen Welt von Seele und Intuition, sowie den spirituellen Körper, der kausal-kosmischen Welt von Geist und Inspiration.

Während wir die Anatomie des feinstofflichen psychischen und spirituellen Körpers einer genaueren Betrachtung unterziehen, erinnern wir uns daran, daß dieser Teil das universale Erbe des Menschen und in jedem von uns vorhanden ist; wir müssen nur lernen, ihn freizulegen, uns seiner bewußt zu werden. Er ist nicht das Erbe einer bestimmten Kultur oder Tradition, sondern Teil eines Systems höherer Körper.

Der physische Körper wird von der Physiologie und Medizin untersucht, der feinstofflich-psychische Körper von der Psychologie, Psychiatrie und Medialität, und der feinstofflich-spirituelle Körper ist ein Mittel, um als Mensch die Zusammenhänge des Universums – den Sinn unseres Lebens – kosmisch, medial zu erfahren.

Der feinstofflich-psychische Körper – das elektromagnetische Feld oder unsere Ausstrahlung – ist mit dem physischen Körper durch ein System von Energiezentren, -trichtern oder Chakren verbunden. Die sieben ätherischen Haupt-Energiezentren üben somit einen großen Einfluß auf die Gesundheit des physischen sowie des Ätherkörpers aus. Sie besitzen ihre Entsprechungen auf emotionaler, mentaler und kausaler Ebene.

Aufgabe der Chakren

Nicht nur unser physischer Körper zersetzt und baut sich ständig neu auf – auch unsere ätherischen emotionalen und mentalen feinstofflichen Energiefelder wandeln sich immer – allerdings in viel größerer Geschwindigkeit. Die Chakren sind an dieser Veränderung beteiligt und haben zur Aufgabe, den Austausch zwischen den verschiedenen Energiefeldern zu koordinieren. Die Chakren, auch geistige Öffnungen oder geistige Zentren genannt, dienen uns zur Aufnahme der lebenswichtigen Energien und der Gefühle.

Daß wir die Gefühle und alle geistigen Einflüsse über die Chakren aufnehmen, ist der Grund dafür, warum wir uns täglich mindestens zweimal schließen sollen!

Durch die Chakren wird Geistmaterie gefiltert. Das Chakra-System besteht aus Lichtfäden und hat auf jeder der Bewußtseinsebenen eine Entsprechung. Die Chakren wirken sich auf den Entwicklungsprozeß des psychischen und spirituellen Wachstums jedes Menschen dadurch aus, daß sie unterschiedliche Formen von Energien transferieren. Sie sind die Verbindungspunkte, durch die Energie von einem Körper zum anderen fließt.

Schwingungen der Chakren

In dem komplexen System der Lichtenergie sind alle Lichtkörper miteinander verwoben. Die feinstoffliche Energie bewegt sich in verhältnismäßig großen Wellen fort, deren Länge variiert und stets ein bestimmtes Vielfaches der Länge der Schwingungswelle bildet. Die Schwingungswellen selbst sind unendlich klein, und wahrscheinlich sind Tausende in einer Wellenlinie enthalten. Diese Oszillationen verschiedenster Größe, die einander wie ein Korbgeflecht durchkreuzen, bilden, wenn die Kräfte den Wirbel umschwingen, eine blumenähnliche Form. Jeder Hellsehende vermag sie im Ätherkörper wahrzunehmen, auf dessen Oberfläche sie als Blumenblüte, napfförmige Vertiefung, Wolke oder Wirbel erscheinen.

Solange sie noch unentwickelt sind, gleichen sie kleinen Kreisen, die beim »Durchschnittsmenschen« dumpf erglühen, oder winzigen Knospen vor der Entfaltung. Erweckt und belebt sind sie jedoch strahlende, funkelnde Strudel, die an Größe sehr zugenommen haben; sie erinnern an winzige Sonnenstrahlen oder Blütenkelche. Ajit Mookerjee und Khanna Madhu schreiben Folgendes: »Wenn die göttliche Lebenssubstanz im Begriff ist, das All aus sich hervorzubringen, wächst aus den kosmischen Wassern ein tausendblättriger Lotos aus reinem Gold, strahlend wie die Sonne. Er ist Tür und Tor, Öffnung und Mund für den Schoß des Alls. Golden ist diese erste Hervorbringung des schöpferischen Prinzips zum Zeichen seiner unzerstörbaren Natur...

So wie die Lotospflanze aus der ›Dunkelheit‹ des Sumpfes wächst und allmählich zur Oberfläche des Wassers emporblüht, unbefleckt von Schlamm und Wasser, die sie genährt haben, so transzendiert und verwandelt sich das Selbst, jenseits seiner körperlichen Begrenzungen, unverdorben und unberührt von Illusion und Unwissenheit.«[2])

In allen großen Kulturen gab es unterschiedliche Systeme des feinstofflichen Körpers und seiner Hauptchakren. Im folgenden

Text finden Sie, liebe Leserin, lieber Leser, eine Beschreibung aus meiner medialen Sicht, und ich möchte Sie in den anschließenden Übungen einladen, bis Sie mit Ihrem geistigen Helfer und Begleiter mit der Zeit Ihr eigenes Modell wahrnehmen. Auch wenn Farben und Chakren unterschiedlich gefühlt, gesehen und gehört werden können, so kommt es doch letztlich auf ihre (Be-)Deutung an.

Der »Blumenstengel«, mit dem diese Chakren verbunden sind, entspringt der feinstofflichen Entsprechung des Rückgrats, so daß wir uns dieses als einen zentralen »Stamm« vorstellen können, aus dem in bestimmten Abständen Blüten entspringen, deren Kelche sich auf der Oberfläche des Ätherkörpers öffnen.

Die sieben Hauptchakren

Die Hauptchakren sind in den sieben Regenbogenfarben folgendermaßen im Äther-, Astral-, Mental- sowie Kausalkörper – überlagert – angeordnet.

- 1. Chakra: unteres Ende der Wirbelsäule, in der Gegend des Steißbeins (Rot)
- 2. Chakra: über der Milz, ein wenig auf der linken Körperseite und etwas über der Höhe des Nabels (Orange)
- 3. Chakra: oberhalb des Bauchnabels (Gelb)
- 4. Chakra: Herz (Grün)
- 5. Chakra: Hals/Genick (Blau)
- 6. Chakra: zwischen den Augenbrauen auf der Stirne (Purpur)
- 7. Chakra: oben über dem Kopf, mitten auf dem Scheitel (Violett).

Neben den Hauptchakren gibt es noch etliche Nebenchakren. Allein an einer Hand sind bis zu 25 kleine Energiewirbel zu sehen. Die Funktionsweise der Chakren, ihr natürlicher Mechanismus des Öffnens und Schließens, läßt sich mit einem Vergleich aus der Pflanzenwelt veranschaulichen: Morgens, im ersten Licht der Sonne, öffnet sich die Blüte, und abends, sobald die Sonne untergeht und die kühle Nacht hereinbricht, schließt sie sich. Wird dieser Mechanismus gestört und würde sich die Blüte beispielsweise bei Regen nicht schützen, würde sie ernsthaft Schaden erleiden.

Krankheiten manifestieren sich in den Chakren

Wenn Chakren durch ein Fehlverhalten irritiert oder blockiert sind – beispielsweise durch gefühlsmäßige Verdrängungen, seelische Überforderung, Streß u. ä., funktionieren sie nicht mehr auf natürliche Art und Weise oder öffnen sich gar, wenn sie sich schließen sollten – was dann natürlich mit der Zeit zu einem »Kurzschluß« führt und auf der psychischen Ebene als Unwohlsein oder sogar als Krankheit manifestiert.

Jede physische Krankheit hat ihren Ursprung in der Psyche.

Jeder Mensch erzeugt ständig Wellen und Strömungen emotionaler Energie, und zwar durch die Art und Weise, wie er auf die Welt um sich reagiert oder anspricht. Mit unseren emotionalen und mentalen Bildern »bevölkern« wir unsere Umgebung – positiv, negativ oder neutral. Je nach unserer individuellen Stabilität und Bewußtheit sind wir mehr oder weniger aktiv an diesem ständig empfangenden und strahlenden Energieaustausch beteiligt, involviert, davon abhängig oder unabhängig.

Geistige Luftverschmutzung

Destruktive Kräfte empfinden wir als störende Einflüsse. Wir verlieren sogar das Gleichgewicht, obwohl konstruktive Kräfte – von unserem höheren Selbst gelenkt und kontrolliert – uns eigentlich immer führen und schützen. Es ist also eine Frage unseres eigenen freien Willens – eine Frage des Einsatzes unserer mentalen, verstandesmäßig ständig bewußten Verbindung mit der göttlichen Urkraft.

Depressionen

Die Volkskrankheit »Depression« beruht häufig auf einem »Fehlverhalten« der Chakren. Als Medium nehme ich beispielsweise bei Depressiven ein schwingungsmäßig verändertes Herzchakra wahr, das auch nur Schwingungen aufnehmen kann, die wiederum verstärkend auf das Krankheitsbild der Depression wirken. Der depressive Mensch öffnet sich auf Grund seiner gefühlsmäßigen Bedürftigkeit und kann doch nur disharmonische Energien anziehen, bis er lernt, sich zu schützen und sich zurückzuziehen, um sich der tieferen Gründe seiner Befindlichkeit bewußt zu werden und selbständig seine Probleme zu bearbeiten.

Unsere Atmosphäre (Luft) setzt sich aus positiv und negativ aufgeladenen Magnetfeldern zusammen. Durch Einwirkungen der Umwelt (Wetter, Lärm, Atomversuche etc.) ist der negative Teil meist stärker aufgeladen als der positive. Bei unausgeglichener Atmosphäre dosieren die Chakren die Menge der aufzunehmenden kosmischen Energie, so daß uns nicht Unwohlsein oder zu starke Müdigkeit befällt. Da sich auch unser ganzer Gefühlsbereich über die Chakren abspielt, ist es leicht verständlich, daß sie sich infolge

Schock, stärkeren Angstgefühlen oder Streß verkrampfen können. Ein verkrampftes Chakra kann sich nicht mehr schließen, und so fließen bei einem Überanteil an Negativ-Energie leider ununterbrochen negative Schwingungen in den menschlichen Körper, was sich dann gesundheitsschädigend auswirkt.

Gedanken und Gefühle sind elektromagnetisch

Jeder Gedanke und jedes Gefühl, den bzw. das wir produzieren, sind ein elektromagnetischer Strom.

Deshalb hat auch jeder Mensch ein persönliches Magnetfeld, die Aura. Ängste sind negative Magnetfelder (Schwingungen!).

Daher ist es von unserem Denken abhängig, ob unsere Magnetfelder (Aura) positiv oder negativ aufgeladen sind.

Positive und negative Emotionen

Die Aura eines Pessimisten oder ängstlichen Menschen ist immer stärker negativ aufgeladen als diejenige eines Optimisten oder furchtlosen Menschen. Durch starke Gefühlsveränderungen (Emotionen) kann sich aber dieser Zustand sehr schnell verändern. Da auch alle Angstfrequenzen in der menschlichen Aura enthalten sind, können sie somit wiederum auf andere, ebenfalls verkrampfte, gefühlsoffene Menschen übertragen werden. Die Chakren werden durch Ängste immer verkrampft. Ein verkrampfter Mensch ist vermehrt den negativen Einflüssen von Natur und Menschen unterworfen.

Gegen das Eindringen von negativen Energien (Schwingungen) jeglicher Art in den menschlichen Körper können wir uns schützen, indem wir unsere Chakren nicht nur mittels mentaler Hilfe, sondern bewußt durch manuelle Betätigung am physischen Körper schließen! Das bewußte Schließen der Chakren geschieht, indem man beide Hände flach auf den Bauch legt und die beiden Mittelfinger sich berühren. In dieser Haltung fährt man nun mit beiden Händen am Oberkörper empor, über den Hals bis zum Scheitel und beim Hinterkopf hinunter bis zum Nacken und von hier wieder über jede Schulter hinaus.

Das Sonnengeflecht, als drittes Chakra auch Solarplexus genannt, liegt in der Nabelgegend und ist eigentlich unser Radar. Aus diesem Grund schließen wir es separat. Wir legen beide Hände übereinander auf das Sonnengeflecht und streichen nach links und rechts darüber hinweg.

»Öffnen« müssen wir uns nicht manuell. Dies geschieht ausschließlich über den Gefühlsbereich, welcher wiederum von anderen Bewußtseinsebenen – unseren geistigen Lehrern – inspiriert wird, also automatisch.

Zweimal täglich morgens und abends schließen!

Jeder Mensch sollte sich mindestens zweimal täglich schließen: Am Morgen nach dem Aufstehen und am Abend vor dem Zubettgehen. Warum sollten wir uns am Morgen nach dem Aufstehen schließen? Wenn wir des Nachts schlafen, können sich unsere Chakren durch kurz aufeinanderfolgende atmosphärische Druckschwankungen (Gewitter, Föhnlage, Wetterumsturz) oder auch durch Angstträume mehr oder weniger stark verkrampfen. Schließen wir unsere Chakren am Morgen mental – willentlich in unserer Vorstellung oder mittels unserer Einbildungskraft, so ist der Körper während des Tages gegen äußere negative Einflüsse geschützt, und die während des Schlafes aufgenommene positive Kosmos-Energie steht voll und ganz unserem Körper als Kraft in Form von Arbeitslust oder Freude zur Verfügung.

Schließen wir unsere geistigen Zentren nicht, so fließt während des ganzen Tages negative Energie in unseren Körper und zerstört die während des Schlafes aufgenommene kosmische Positiv-Energie. In diesem Zustand fühlt sich der Mensch dann unwohl, mißmutig oder müde. Bei verkrampften, also ungeschlossenen Chakren können die negativen Energien während des Tages beispielsweise in folgenden Formen in unseren physischen Körper eindringen:

- Schlechtwetter-Energie (z. B. Föhnlage, Wetterumsturz),
- Nervosität und Ängste der Mitmenschen (am Arbeitsplatz, beim Einkaufen, bei Menschenansammlungen allgemein),
- als schlechte Gedanken uns nicht gut gesinnter Menschen (Haß, Neid).

Wetteranfällige Menschen können sich durch regelmäßiges Schließen ihrer Chakren von ihren Leiden (Kopfweh, Migräne, Unwohlsein) befreien, sofern die Ursache in den feinstofflichen Zentren liegt.

Aufnahme negativer Energie aus der Umwelt

Die von Menschen produzierten Negativ-Energien (Ärger, Nervosität, Haß, Neid, Ängste etc.) nehmen wir meistens über das verkrampfte Sonnengeflecht oder das Herzchakra auf. Nimmt jemand zum Beispiel über ein verkrampftes Sonnengeflecht negative Schwingungen von Angst, Ärger oder Gemeinheiten auf,

»schlägt es ihm vielfach auf den Magen«. Er spürt dies in Form von Übelkeit oder Verdauungsstörungen.

Durch das Schließen vor dem Schlafengehen befreien wir uns wiederum von den Verkrampfungen, welche durch den Alltag bedingt während des Tages aufgetreten sind. Im gefühllosen Zustand beim Schlafen werden die Körperzellen entschlackt. Kraft und Energie bekommen wir aber nicht durch diesen Vorgang, sondern sie fließt als kosmische Energie durch unsere geistigen Zentren (Chakren) in unseren Körper. Die Reinheit dieser Energien ist aber vom Zustand der Atmosphäre (Luft) abhängig, die aus Positiv- und Negativ-Magnetfeldern besteht. Wären diese gleich stark aufgeladen, so wäre die Atmosphäre in ausgeglichenem Zustand, und wir fühlten uns herrlich wohl. Durch die heutige unvernünftige Umweltverschmutzung und den Raubbau an der Natur durch Abgase, Chemieabfälle, Lärm etc. ist diese Ausgeglichenheit leider fast nie vorhanden, sicher am wenigsten tagsüber.

Magnetfelder der Atmosphäre

Durch die eintretende Ruhe wird der atmosphärische Zustand gegen Abend je nach Drucklage des Wetters mehr oder weniger ausgeglichen. Da aus diesen Gründen die Atmosphäre auch am Abend meist noch stärker negativ aufgeladen ist, üben nur unsere unverkrampften Chakren bei der Aufnahme der kosmischen Energien eine Ventilfunktion aus, d. h., je ausgeglichener die Atmosphäre ist, desto mehr öffnen sie sich. Dadurch fließt dann die jeweils vorhandene Energie genau dosiert in unseren Körper, und wir fühlen uns am Morgen wohl und ausgeruht. Gehen wir mit verkrampften Chakren zu Bett, so fließt zuviel Negativ-Energie in unseren Körper und plagt uns durch Schlaflosigkeit oder starke innere Unruhe, und demzufolge fühlen wir uns am nächsten Morgen elend, müde oder mißmutig.

Negative Energien können in den Körper einfließen

Spüren wir beim Schlafengehen keine Müdigkeit, haben aber verkrampfte Chakren, so kann es infolge Wetterumsturzes dazu kommen, daß wir uns am Morgen nach dem Aufstehen wie »gerädert« oder kraft- und lustlos fühlen. Die Ursache dieser schlechten körperlichen Verfassung liegt wiederum in den verkrampften geistigen Zentren. Als wir zu Bett gingen, fühlten wir uns wohl, die atmosphärische Bedingung ist ab diesem Zeitpunkt als ein Überanteil an Negativ-Energie durch die ungeschlossenen (verkrampften) Chakren in unseren Körper eingedrungen und hat die vorher aufgenommene Positiv-Energie zerstört. Da uns diese positive Lebensenergie nach dem Aufwachen fehlt, fühlen wir uns dann müde und schlapp.

Positive Energien aus der Natur beziehen

Fehlen unserem Körper aus diesem oder jenem Grunde positive Energien, können wir sie auch aus der Natur schöpfen, indem wir sie draußen (Wald, Wiese etc.) durch tiefes Einatmen bewußt in uns aufnehmen. Jeder Baum und jeder Grashalm hat ein eigenes Magnetfeld (Aura), welches uns wiederum als Positiv-Energie zur Verfügung steht. Diese Kraft können wir nur in uns aufnehmen, wenn wir unsere Chakren öffnen. Das ist nur in der bewußten Form des Einatmens möglich, indem wir uns in Gedanken vorstellen, daß wir diese Energie vom Sonnengeflecht her in uns aufnehmen und unsere Müdigkeit, Ängste, Schmerzen etc. durch unser geistiges Auge oder die Vorstellung ausatmen.

Können wir uns aus irgendeinem Grund nicht nach draußen in die Natur begeben, machen wir diese Übung zu Hause. Wir stellen uns dann nicht nur das Einatmen mit dem Sonnengeflecht und das Ausatmen über das geistige Auge, sondern auch den Wald oder die Wiese gedanklich vor. Diese gedankliche Vorstellung versetzt uns geistig in diese Energieschwingung des Waldes oder der Wiese, welche unserem Körper dann vollkommen als Kraftenergie zur Verfügung steht. Es ist derselbe Vorgang, als wenn wir uns in der geheizten Stube geistig (gedanklich) vorstellen, wir stünden nur leichtbekleidet bei minus zehn Grad Kälte in winterlichem Schneetreiben und bekämen dann sofort »Gänsehaut«.

Still werden

Demzufolge empfehle ich Ihnen, mindestens zweimal pro Tag drei Minuten *still* zu werden. Bitten Sie Ihren geistigen Helfer, den göttlichen Teil in Ihnen oder Ihr höheres Selbst, er oder es möge Ihre Energiezentren je nach äußerem Einfluß öffnen oder schließen. Ein Gedanke genügt: Der Prozeß geschieht dann selbständig. Wenn trotz Ihrer Bitte und dem geistigen Schutz disharmonische Energie in Ihre Seele einfließt, kann dies eine Herausforderung für Sie bedeuten und den Lernprozeß der Selbsterkenntnis aktivieren. Oftmals können wir nur deshalb, weil wir emotional berührt werden, Einblicke in uns selbst erhalten.

Aus meiner Erfahrung ist es auch eine große Hilfe, wenn wir uns nach jeder Meditation mit einem »göttlichen Schutzmantel« umgeben, den wir uns visualisieren. Auf diese Weise – durch die

Kraft unserer Gedanken – schließen sich unsere feinstofflichen Energiezentren oder Chakren automatisch.

Die Erweckung des feinstofflichen Körpers: Verschiedene Übungen

1. Übung zur inneren Reinigung

Diese erste Übung kann immer dann vorgenommen werden, wenn im Laufe des Tages das Bedürfnis nach *innerer Reinigung* entsteht. Es gibt nichts Besonderes zu beachten – Sie brauchen nur die Bereitschaft, etwas Zeit zu investieren. Bereits wenige Minuten können sich ganz entscheidend auf Ihren inneren Zustand auswirken.

Wir stellen uns einen wunderschönen Salon vor – vielleicht in einem Schloß oder sonst in einem Traumhaus. Wir betrachten in aller Ruhe dieses geschmackvoll eingerichtete Zimmer, genießen die Ordnung und den angenehmen Frieden in diesem Haus.

Vor uns entdecken wir jetzt einen großen, schönen Spiegel. Wir schauen uns im Spiegel an und lächeln uns zu. Sollte uns das aus irgendeinem Grund nicht gelingen, weil wir vielleicht gerade verärgert, traurig oder schlecht gelaunt sind, bedauern wir uns ein wenig: »Ach, ich bin doch ein/e Arme/r!«

Vielleicht glückt uns jetzt doch ein Lächeln? Wir können uns auch an etwas erinnern, das uns zum Lächeln bringt, uns etwas Erfreuliches vorstellen, oder wir lächeln ganz einfach, weil wir uns gut fühlen. Wir konzentrieren uns auf die Energie, die mit diesem Lächeln in Verbindung steht. Wir erinnern uns an den lächelnden Buddha ... think pink! Die Freude, die langsam in uns zu wachsen beginnt, erleben wir immer stärker als eine glückbringende, heilende Energie. Von dieser angenehmen und kraftvollen Freude wollen wir uns jetzt durchströmen lassen – unser ganzer Körper wird von ihr durchflutet, alle Organe und alle Zellen entspannen sich und beginnen innerlich, in dieser Freude zu strahlen. Langsam fallen auch die letzten Sorgen von uns ab, alle Zweifel, Unsicherheiten, Ängste, Traurigkeit und Verstimmtheiten.

Unsere Seele und unser Geist werden immer mehr von dieser großen Freude erfüllt. Die ganze Negativität, die geherrscht ha-

ben mag, löst sich auf und wandelt sich um in positive Energie und Freude. Deutlich spüren wir, wie all unsere Fasern diese Energie auftanken und sich aufladen – wie eine Batterie. Wir begrüßen unseren geistigen Helfer, der bereits bei uns ist, und lassen dank seiner Hilfe vermehrt göttliche Heilkräfte durch uns fließen. Nach diesem Healing bedanken und verabschieden wir uns von ihm, und wir erinnern uns wieder an den schönen Salon in unserem Traumhaus.

Wir lächeln uns noch einmal im Spiegel zu und werden uns bewußt, wie einfach diese Umpolung doch eigentlich ist. Wir fragen uns vielleicht sogar, warum wir das nicht öfters machen. Etwa, weil wir gar nicht daran denken oder uns manchmal beinahe absichtlich schlecht fühlen möchten, in Selbstmitleid baden oder uns selbst nicht genug mögen? Bestimmt kommen Ihnen dazu noch andere Ideen. Erinnern Sie sich also: Haben Sie heute schon einmal gelacht?

2. Übung zur Lenkung der Aufmerksamkeit

Mit der zweiten Übung wollen wir *unsere gerichtete Aufmerksamkeit* bewußt erleben. Die grundlegende Freiheit eines jeden Menschen liegt darin, daß er selbst entscheiden kann, wohin er seine Aufmerksamkeit lenkt. Ob er sie nach innen, auf eine bestimmte Empfindung oder auf einen imaginären Ort, der nur in der Phantasie existiert, richtet – die Wirkung der konzentrierten Aufmerksamkeit besteht immer in der Sammlung von Energie. Ein Chakra ist wie eine Blüte – es braucht Energie, um sich zu öffnen.

Konzentrieren wir uns jetzt intensiv eine Minute lang auf ein bestimmtes Chakra, damit sich dieses entfalten kann. Wir lassen uns durch nichts ablenken, wir denken an nichts anderes als an unser Stirnchakra, unser drittes Auge, das sich etwa zwei Fingerbreit über der Nasenwurzel befindet. Wir konzentrieren uns auf unser Stirnchakra. Jetzt machen wir eine kurze Pause – wir spüren nach, wie sich diese Stelle anfühlt. Nehmen wir ein Pulsieren, ein Zucken, ein Wärmegefühl wahr, oder ist nichts passiert? Wir wollen kritisch bleiben und uns nichts einbilden. Wenn die Zeit reif ist, werden wir es bemerken, wenn sich ein Chakra entfalten möchte. Wir wollen unsere Empfindungen einfach annehmen, nichts vorwegnehmen. Wir akzeptieren einfach alles so, wie es geschieht. Unser geistiger Helfer öffnet unsere Energiezentren auto-

matisch, wenn er es für richtig hält, und schließt sie selbstverständlich auch auf unseren Wunsch. In dieser Übung wollen wir uns einfach nur unserer Energien gewahr werden.

Wir können diese Übung mit jedem unserer Chakren durchführen. Sie dient auch als Vorbereitung zum späteren Heilen (siehe Lektionen 2 und 6).

3. Übung

In entspanntem Zustand stellen wir uns in unserem Bauch einen winzigen Samen einer Blüte vor. Ganz langsam öffnet sich dieser, und ein grüner Stiel beginnt allmählich, in uns hochzuwachsen bis zu unserem Herzchakra. Hier öffnet und entfaltet sich jetzt eine wunderschöne Blume, in den schönsten, hellsten und leuchtendsten Farben. Über unsere Blume können wir ganz bewußt und sehr tief alle für uns positiven und gesunden Energien einatmen – tief in unseren Körper, in Seele und Geist einströmen lassen. Ganz bewußt atmen wir mit jedem Atemzug alles Belastende tief aus und alle positiven Energien tief ein. Jeder vollständige Atemzyklus hilft uns, uns noch besser auf die Harmonie und den Frieden in uns zu konzentrieren.

Weitere Übungen

Wir können in jedem Chakra eine entsprechende Blume wachsen lassen, durch sie reinigende Energie einatmen und alles Negative ausatmen. Die verschiedensten Gefühls- und Gedankenblockaden oder Widerstände können sich auf diese Weise auflösen, so daß unsere Energie wieder ungehindert fließen kann.

Sie befinden sich zusammen mit Ihrem geistigen Helfer an einem ruhigen, geschützten Ort. Stellen Sie sich vor, Sie nehmen jetzt eine »Lichtdusche«. Äußerlich und innerlich werden all unsere Schichten gereinigt, alle psychischen Gifte, alle Krankheiten, alles, von dem wir meinen, es falsch oder unzulänglich gemacht zu haben – bis alles Negative, das in uns gespeichert ist, sich auflöst und in die Erde abfließt. All unsere Schlacken werden jetzt von der Natur transformiert. Wir sind dankbar dafür.

Nachdem wir uns gereinigt haben, lassen wir die hellsten und reinsten, für uns positiven und richtigen Energien durch all unsere Chakren und unsere feinstofflichen Körper fließen. Schönheit und Seligkeit, Kraft und Liebe erwachen in uns. Alle unsere Fehler wer-

den vergeben, und wir vereinigen uns mit dem göttlichen Licht. Unser Körper beginnt in der Vorstellung zusammenzuschrumpfen, er wird kleiner und kleiner, bis er sich in einen klaren Lichtpunkt im Herzchakra verwandelt und sich schließlich wie ein verglühender Funken in jener Leere auflöst, aus der die gesamte Schöpfung kommt. Wir fühlen uns als Funken im Göttlichen.

Erweitern und ergänzen Sie bitte Ihre persönlichen Übungen mit Hilfe Ihrer eigenen Phantasie.

Verärgerung, Frustration, Ängste, Zweifel und Sorgen müssen
- als erstes bewußt gemacht und akzeptiert werden,
- dann ausgeatmet und
- mit Hilfe unserer geistigen Welt transformiert werden,

um im Alltagsleben positiv gelebt zu werden. Mit jeder Übung wird unser Kanal zur geistigen Welt klarer. Reinigungs,- Harmonisierungs- und Energetisierungsübungen sind grundsätzlich wichtig, um die geistige Arbeit einzuleiten. Je reiner, stärker und lichter wir innerlich sind, desto deutlicher werden wir unsere außersinnliche Wahrnehmung erleben. Immer besser gelingt es uns somit später – mittels des sinnlichen Drahtes zur geistigen Welt –, den Ursachen unserer Probleme auf den Grund zu fühlen.

Nebenbei bemerkt: Wir sollten uns bewußt sein, daß andere Menschen mit ihrem Fühlen und Denken unseren inneren Zustand beeinflussen können. Hat eine Person ein offenes Herz, hilft das unserem Herzen, sich zu öffnen. Den spontanen Energiefluß zwischen Menschen können wir uns zunutze machen, indem wir uns je nach Situation öffnen oder schließen und uns nicht unwillkürlich ausliefern oder manipulieren lassen. Wir alle haben unseren eigenen freien Willen – also wollen wir nur »freiwillig« abhängig werden.

Schlußübung

In der folgenden Übung werden Sie die spirituell-psychologische Bedeutung der sieben Hauptchakren kennenlernen. Somit ist diese Übung gleichzeitig eine Standortbestimmung und deshalb auch sehr gut für Wiederholungen geeignet.

Gemeinsam spazieren wir in unserer Vorstellung durch einen großen Wald. Unsere geistigen Helfer begleiten uns. Wir entspannen uns tief in dieser angenehmen Waldesruhe. Alles, was uns noch

belastet, atmen wir tief aus und atmen frische, gesunde Waldluft ein, die unseren physischen und psychischen Körper regeneriert. Wir lesen jetzt eine kleine Buchecker vom Boden auf, betrachten sie und werden uns bewußt: Im Kleinen liegt das Große. So wie die ganze Buche in ihrer Größe, Stärke und Vollkommenheit in dem Samen angelegt ist, so wachsen auch wir hin zu persönlicher Vollkommenheit.

Wir suchen uns jetzt eine geschützte Waldlichtung, wo wir uns ungestört hinstellen können. Ein geistiger Helfer kommt nun zu uns. Wir begrüßen ihn herzlich und freuen uns auf die Zusammenarbeit. Wir stellen uns vor, wie wir uns jetzt in eine Art Baum verwandeln, in einen »Blumenbaum«...

Der Blumenbaum

Fest verankert stehen wir auf dem Boden, fest verwurzelt und mit einem geraden Rücken, der unseren Körper wie ein Baumstamm trägt und stützt. Wir freuen uns, ein »Blumenbaum« sein zu dürfen. Langsam wollen wir seine Blüten sich entfalten lassen und alle Ideen und Visionen, die dabei in uns entstehen, in Ruhe annehmen. Bevor wir zu der jeweils nächsten Blüte übergehen, begeben wir uns in die Stille, um mit unserem geistigen Helfer über unsere diesbezügliche Entwicklung zu sprechen.

Wurzelchakra

Bei unserem ersten Chakra, dem Wurzelchakra, das am unteren Ende der Wirbelsäule, in der Gegend des Steißbeins liegt, entfaltet sich nun unsere erste Blume. Ihre blütenähnliche Form ist der Erde zugewandt. In der dunkelroten Grundfarbe, die wie brodelnde Lava erscheint, glüht ein starkes Orange. Energieströme aus der Erde werden von unserem Wurzelchakra aufgesogen, umgewandelt und in unserem Körper verteilt. Gewaltige elektromagnetische Ströme setzen in einer Entladung sprühende Energiefunken frei, die sich als wichtige Lebenssubstanz in unserem physischen Körper und in unserem feinstofflichen Körper verteilen. Dem Wurzelchakra verdanken wir unser Gefühl von Verbundenheit mit der Erde und der Natur. Seine pulsierenden Ausschüttungen sind verantwortlich für unsere körperliche und seelische Widerstandskraft – unser Immunsystem wird hier direkt beeinflußt. Wir werden uns bewußt: Ich bin ein geistiges Wesen und habe einen Körper. Ist mein Körper einmal krank, sage ich mir: Ich, das geistige Wesen, das ich bin, stärke durch die Kraft des Geistes und durch die göttliche Liebe meinen Körper, harmonisiere ihn und will ihn gern haben. (Stille)

Langsam wächst unser Blumenbaum weiter. Eine rot-orange Blume erstrahlt im zweiten Chakra. Der Blütenkelch liegt an der Oberfläche des Ätherkörpers, über der Milz, ein wenig auf der linken Körperseite und etwas über der Höhe des Nabels. Unser Milzchakra steuert nicht nur die sexuelle Kraft, es ist auch der geistige Schoß des Menschen, aus dem jegliche Kreativität geboren wird. Hier entsteht das Gefühl der Freude und des Tatendranges. Es wird uns bewußt, welch wichtige Kraftstation die Sonne für alles Leben darstellt. Ohne ihr Licht wäre Leben unmöglich. (Stille) Milzchakra

Als dritte Blüte wächst nun eine orange-gelbfarbene Blume aus unserem Sonnengeflecht – dem Solarplexus. Er hat seinen Sitz etwas oberhalb des Nabels. Von hier aus werden die zwischenmenschlichen Beziehungen gesteuert, Sympathie und Antipathie. Auch die Persönlichkeit des Menschen entspringt dieser gelben Blume. Hier erwachsen die Kraft des Vertrauens und die Zufriedenheit. Alle Gemütsbewegungen wie Liebe, Schmerz, Angst oder Wut entstehen schwingungsmäßig im Solarplexus. Wie Wellen werden diese verschiedenen Gefühle vom Solarplexus dem Verstand zugeführt. Wir empfinden sie in unserem Körper wie Wallungen von Blut oder Energie. (Stille) Solarplexus

Das Herzchakra, das vierte geistige Zentrum, strahlt wie eine goldgelbe Sonne. Im Vergleich zu den bereits beschriebenen Energiezentren strahlt das Herzchakra am lebendigsten. Im Mittelpunkt ist es dunkelgrün, und ein flimmerndes Orange verstärkt seine Leuchtkraft. Die Entwicklung des grünen Herzzentrums bestimmt die allgemeine Lebenseinstellung des Menschen. Es gibt uns Aufschluß über unseren Gefühlsbereich. Ein gut entwickeltes Herzchakra läßt selbstlose Liebe und eine warme Ausstrahlung entstehen, die die Herzen der Mitmenschen öffnet und Vertrauen erweckt. Herzlichkeit und Fröhlichkeit haben ihren Ursprung im Herzzentrum. Auch unser Verständnis für andere hängt von seiner Entwicklung ab. Wir lernen mit unserem Herzen sehen und haben es somit auf dem rechten Fleck. Dann können wir unsere medialen Anlagen zum emotionalen Medium entwickeln. (Stille) Herzchakra

Unser Blütenbaum wächst weiter – mit einer stahlblauen Blüte ins Halschakra, das fünfte Energiezentrum. Hier ist der Sitz von Ton und Klang. Unsere Hellhörigkeit und die Kommunikation ohne Worte sind hier beheimatet. Die Art, wie Menschen sich ausdrücken und wie sie miteinander kommunizieren, hängt von der Entwicklung des Halszentrums ab. Die Entfaltung dieser Halschakra *blauen Blume befreit von menschlichen Ängsten, verleiht Furchtlosigkeit und absolutes Vertrauen in die höhere Führung.*

Kehlkopfchakra

Auch beim Kehlkopfchakra mündet der Blumenstiel in die Wirbelsäule, trägt jedoch an seinem anderen Ende, im Genick, eine zweite Blüte. Dieses Nebenchakra ist eine Nuance heller als das Halschakra und verstärkt die Fähigkeit, mit dem Herzen sehen zu können. Das Hals- und Genickchakra, die beide miteinander verbunden sind, bilden mit den bereits erwähnten vier Chakren ein gewisses feinstoffliches Kreislaufsystem. Sind all diese fünf Energiezentren harmonisch entwickelt, sprechen wir von einem gesunden Menschenverstand. Dieser Mensch kann seine medialen Anlagen ernsthaft zum Mental-Medium entwickeln. (Stille)

Stirnchakra

Wir spüren und sehen jetzt, wie sich am Stirnchakra eine zartrosa Blume bildet. Wunderschön öffnen sich ihre Blütenblätter, und die ganze Blume erstrahlt nun in einem hellen purpurnen Licht. Dies ist die Ebene des reinen Beobachtens und Sehens, das frei von ichbezogenen Wertfärbungen ist. Im sechsten Chakra treffen alle Strömungen und Energien aus dem Kosmos zusammen. Hier gelangt der Mensch zu höchster Vollendung. Die Grenzen des Verstandes werden endgültig aufgelöst. Minus- und Plus-Pole vereinigen sich – und lösen sich auf. Es gibt weder gut noch böse. Der Widerspruch wird aufgehoben. Es gibt kein Gestern, Heute oder Morgen mehr – nur noch der Augenblick zählt. Dieser Mensch kann seine medialen Anlagen vielleicht einmal zum Kausal-Medium entwickeln. (Stille)

Scheitelchakra

Im siebten – und letzten – Hauptchakra, dem Scheitelzentrum, fließen goldene, silbrige und weiße Energien. Wir spüren, wie sie wie ein ganz feiner, angenehmer Regen an uns hinabperlen. Diese Energien reinigen alle Schichten um uns. Im äußeren Blütenbereich fließen die Energien in allen Regenbogenfarben. Ist das siebte violette Chakra entwickelt, so ist das persönliche Energiefeld des Menschen mit allen anderen Kraftfeldern des Universums verbunden. Es strahlt Heilung und Liebe aus. Derjenige, der das letzte Chakra vollkommen entwickelt hat, wird von der göttlichen Urkraft durchströmt, und sie vermittelt ihm die Gewißheit, daß er und das Universum eine Einheit bilden. Leben und Tod haben sich vereint. Hier herrscht allein die ewige Gegenwart des Gottesbewußtseins. Ein solcher Mensch lebt und erhebt sich in diesem höchsten Bewußtsein, ist eins mit ihm und wirkt nur noch aus diesem heraus. (Stille)

Wir erfreuen uns jetzt an dem prächtigen Anblick unseres farbigen Blütenbaumes. Wir betrachten ihn aufmerksam und versuchen herauszufinden, an welchem Zentrum wir mit Freude weiterarbeiten wollen und müssen. (Stille)

Unser geistiges Wesen fließt durch alle Organe und schenkt ihnen Gesundheit und Harmonie. Es sagt: »Körper, der du unser Tempel bist, ich bin geborgen in dir, ich umarme dich, denn du bist mein treuer Diener. Du bist Licht, du bist Kraft, du bist Gesundheit. Du bist Schönheit und Liebe. Es wird die Zeit kommen, wenn meine seelisch-geistige Entwicklung in dir abgeschlossen ist, daß ich dich verlasse. Du weißt, daß das so ist, und ich danke dir, daß du dich mir nicht entgegensetzt, wenn dieser Moment an mich herantritt. Ich danke dir, daß ich mich von dir in Liebe verabschieden und leicht aus dir heraustreten kann, wenn die Zeit reif ist. Doch solange ich mich in dir entwickle, bist du durch die Kraft des Großen Geistes heil, harmonisch und gesund. Du mein lieber Körper, ich beende jetzt das Gespräch mit dir. Ich bleibe mit dir in Freundschaft verbunden. Wann immer du mich rufst, sei es mit dem Ausdruck eines Schmerzes oder auf andere Weise, werde ich dich hören und mich dir zuwenden. Vergiß niemals, daß es die Kraft Gottes – des höchsten Bewußtseins – ist, die uns durchströmt und dich und mich in Gesundheit zusammenhält. Aus mir heraus verrichtest du nur deine Aufgabe.« (Stille)

Wir werden jetzt eins mit den Mitmenschen um uns herum. Wir beginnen eine mystische Vereinigung mit der gesamten Natur zu spüren. Wir senden gedanklich allen Kranken in unserem Freundes- und Familienkreis, oder allen, die Heilung nötig haben, die Farben, die uns intuitiv für sie in den Sinn kommen. (Stille)

Wir werden die Bedeutung erfassen, die den Dingen zugrunde liegt – wir verstehen langsam die Bedeutung unseres Blütenbaumes, unserer sieben Hauptchakren, und es wird uns bewußt, wie wichtig die seelisch-geistige Entwicklung und Schulung in der Materie, in unserem Körper, ist. (Stille)

Unser geistiger Helfer führt uns nun auf unsere Lichtung zurück. Wir bedanken uns bei ihm für seine Denkanstöße. Mit Hilfe der geistigen Welt schließen wir uns – göttliches Licht legt sich schützend um uns. Wir verwandeln uns wieder zurück, kehren zu unserem Ausgangspunkt im Wald zurück. Unser Bewußtsein erinnert

sich an diesen Raum. Wir atmen tief durch, spüren unseren physischen Körper wieder und kommen langsam ganz zurück.

Bedeutung der Farben

Liebe Leserin, lieber Leser, möglicherweise haben Sie während dieser Meditation bei den jeweiligen Chakren andere Farben gespürt oder sich »eingebildet«, als ich Ihnen vorgegeben habe. Bitte befreien Sie sich von jeglichen dogmatischen Vorstellungen. Als Medium und spirituelle Lehrerin mache ich immer wieder die Erfahrung, daß die Farbvorstellung individuell verschieden sein kann. Lassen Sie sich nicht beirren, sondern lernen Sie Ihre persönlichen Farben kennen.

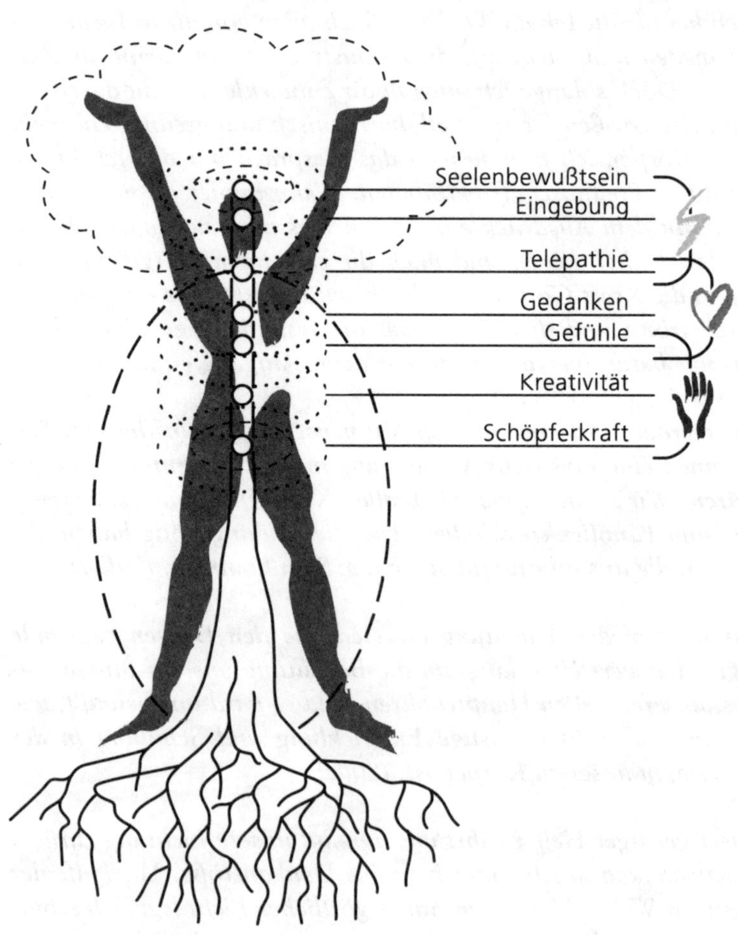

Der Blumenbaum

Auch Farben dienen letztlich so wie Symbole oder Träume als Mittel, um einer Ursache auf den Grund fühlen zu können.

Setzen Sie sich mit Ihren Visionen kreativ auseinander, und lernen Sie, sie mit der Zeit zu deuten und zu interpretieren. Entdecken Sie Ihre persönliche Gefühlssprache. Übrigens können auch Blinde und Farbenblinde solche Übungen machen. Farbe ist nur ein Ausdruck von Schwingung. (Mehr darüber in Lektion 4.)

Mit den Übungen des Mentaltrainings hat Ihre Entdeckungsreise in Ihre Seele und Ihren Geist einen Anfang genommen; Sie sind auf dem Weg, Ihr eigener Lehrmeister zu werden. Sie sind der Ausdrucksweise Ihres Unbewußten begegnet und haben begonnen, seine vielschichtige Sprache zu erlernen. Sie haben Ihren geistigen Helfer kennengelernt und beginnen zu spüren, wann Sie von ihm inspiriert werden. Sollten Sie anfangs noch das Gefühl haben, daß Sie Ihren geistigen Helfer mit Ihren Gedanken beeinflussen, dann akzeptieren Sie vorläufig diese Erfahrung. Vertrauen Sie einfach Ihrer Intuition. In der nächsten Lektion bekommen Sie Gelegenheit, das innere Wissen immer weiter erforschen zu können.

Haben Sie Gottvertrauen!

Über die feinstofflichen Energiezentren haben Sie die Begrenzungen Ihres physischen Jetzt-Körpers ausgedehnt. Wiederholen Sie all die Übungen so lange, bis Sie sich vertraut und sicher damit fühlen und das ABC Ihrer Gefühlssprache erlernt haben.

Nach einem Zeitraum von etwa vier Wochen, der Ihnen zur Anpassung an die feinen Energien dient, dürfen Sie weiterblättern zur Lektion 2, wo Sie Ihre erste bewußte ASW-Erfahrung machen werden.

Quellen der Zitate:

1) Theodor Seifert/Angela Waiblinger: Die 50 wichtigsten Methoden der Psychotherapie, Stuttgart 1993, S. 127

2) Mookerjee, Ajit/Madhu Khanna: Die Welt des Tantra in Bild und Deutung, München 1978

Literaturempfehlungen:

Baginski, Bodo J./Shallila Sharmamon: Das Chakra-Handbuch, Aitrang 1989
Bek, Lilla/Phillippa Pullar: Chakra-Energie, München 1991
Bolle, Ralph W: Am Ursprung der Sehnsucht – Tiefenpsychologische Aspekte veränderter Wachbewußtseinszustände am Beispiel des Anästhetikums KETANEST, Berlin 1988
Bonin, W. F. (Hg.): Lexikon der Parapsychologie, Bern, München
Dinzelbacher, P.: Wörterbuch der Mystik, Stuttgart 1989
ECBS: Welten des Bewußtseins – Bedeutung für die Psychotherapie, Berlin 1994
Grof, Stanislav: Das Abenteuer der Selbstentdeckung – Heilung durch veränderte Bewußtseinszustände, München 1987
Grof, Stanislav: Die stürmische Suche nach seinem Selbst, München 1991
Grof, Stanislav: Geburt, Tod und Transzendenz, Reinbek 1991
Grof, Stanislav: Topographie des Unbewußten – LSD im Dienst der tiefenpsychologischen Forschung, Stuttgart 1978
Haley, J.: Die Psychotherapie Milton H. Ericksons, München 1978
Hayward, Jeremy: Die Erforschung der Innenwelt, Bern, München 1990
Hofmann, Albert: LSD – mein Sorgenkind, München 1993
Jung, C. G.: Erinnerungen, Träume, Gedanken, Olten 1987
Leadbeater, C. W.: Die Chakras, Freiburg 1965
Leuner, Hanscarl: Halluzinogene – Psychische Grenzzustände in Forschung und Psychotherapie, Bern, Stuttgart 1981
Rosa, K. R.: Das ist Autogenes Training, Frankfurt/Main
Rosa, K. R: Das ist die Oberstufe des Autogenen Trainings, Frankfurt/Main
Schwertfeger, B./K. Koch: Der Therapieführer, München 1989
Sheldrake, Rupert: Sieben Experimente, die die Welt verändern könnten, Bern, München 1994
Smith, F. F.: Innere Brücken, Oldenburg 1990
Talbot, Michael: Das holografische Universum, München 1994
Tart, Charles: Das Übersinnliche. Forschungen über einen Grenzbereich psychischen Erlebens, Stuttgart 1986
Tart, Charles: Hellwach und bewußt leben, München
Vollmar, K.: Fahrplan durch die Chakren, Reinbek 1988
Wallimann, Silvia: Das Wunder der Meditation, Freiburg 1987
Werner, H.: Lexikon der Esoterik, Wiesbaden 1991

Widmer, Samuel: Ins Herz der Dinge lauschen – Über MDMA und LSD: die unerwünschte Psychotherapie, Basel 1994
Widmer, Samuel: Stell Dir vor, Du wärst ein Stück Natur, Basel 1995
Wilber, Ken: Spektrum des Bewußtseins, Reinbek 1990

Lektion 2

Hellfühlen und spirituelles Heilen

Lernziel des Hellfühlens

Mittels des sinnlichen Drahtes zur geistigen Welt lernen Sie, die Gedanken- und Gefühlssprache langsam aber sicher zu unterscheiden. Die medialen Anlagen entfalten sich weiter: Mit den gleichen »Buchstaben« können verschiedene »Wortarten« gelesen und geschrieben werden.

Wirf mir die Kette zu,
daran die Dinge des Himmels hängen, Herr.

Michelangelo

Spirituelle Ebene

Psychische Ebene

Physische Ebene

Mittels der 5 medialen Sinne entwickeln wir uns zum Emotional-Medium

Entwicklung zum Emotional-Medium

Das Unbewußte und die Intuition

Die Psyche speichert alle Erlebnisse

Die Welt unserer Psyche ist ein großes Rätsel – und gleichzeitig das Wunderbarste, das wir als Menschen erkunden können. Alles, was wir im Laufe unseres jetzigen Lebens wahrnehmen und

erleben – von den ersten Erfahrungen im Mutterleib bis zu denen im Angesicht des Todes – prägt unser Bewußtsein wie auch unser Unterbewußtsein. Hinzu kommen die Erlebnisse und Muster vergangener Leben. Anhand der modernen Psychoanalyse wissen wir, daß alles Erlebte in unserer Psyche gespeichert ist, wenngleich viele seelische Inhalte aus dem Bewußtsein verdrängt werden, weil sie zu schmerzhaft sind, als verboten gelten oder einfach nicht den Ansprüchen unserer inneren Zensur genügen.

In diesem »Kellergewölbe« unseres Bewußtseins herrscht keine Ruhe, denn alles Verbannte drängt immer wieder an die Pforten des Gewölbes nach oben und versucht, auf die eine oder andere Art, in uns gegenwärtig zu werden. Doch es sind nicht nur die Verdrängungen, die sich einen Weg in unsere bewußten Gefühle und Gedanken bahnen wollen, sondern auch all die Dinge, die wir unterschwellig wahrnehmen und die sich tief in uns zu Botschaften und Lösungen verknüpfen.

Das bekannteste Beispiel für eine Problemlösung aus dem Speicher des Unbewußten hat uns der deutsche Chemiker August Kekulé geliefert, der die Molekularstruktur des Benzols erforschte und lange zu keinem Ergebnis fand. Die Erleuchtung kam ihm in einem Tagtraum, als er sah, wie sich eine Schlange, die Molekülkette, in den eigenen »Schwanz« biß.

Bewußt träumen

Dies zeigt, daß wir lernen sollten, bewußt zu träumen, denn jede Lösung, die unsere innere Stimme uns anbietet, ist das Resultat eines Verarbeitungsprozesses in den Schichten unseres Unbewußten.

Die Psychologie ist überzeugt, daß sich die Grundprozesse unserer Psyche in Träumen besonders deutlich zeigen und diese sich letztlich auch auf unser Denken, unsere Phantasie, Intelligenz und Kreativität auswirken.

Sigmund Freud sah im Traum die *via regia*, den Königsweg, zum Unbewußten. Alphons Maeder und nach ihm vor allem C. G. Jung sahen in Träumen den Versuch, einem aktuellen Konflikt durch symbolische Lösungstendenzen und auch Lösungen zu begegnen. C. G. Jung vertrat die Ansicht, daß wir im Traum Zugriff auf das kollektive Unbewußte haben, und nahm damit den mythischen Gedanken eines »Landes der Träume« wieder auf. Wolfgang Leuschner, Traumforscher und Psychoanalytiker am Sigmund-Freud-Institut in Frankfurt am Main, sieht das Entstehen von Träumen auf folgende Weise: »Es sieht ganz so aus, als ob sich unsere Wahrnehmungen, Gedanken und Erinnerungen in einem vorbewußten Verarbeitungssystem teilweise in ihre Formen, Farben und begrifflichen Merkmale auflösen, die dann wie Moleküle in einer Lösung herumschwirren und sich zu neuen Kombinationen verbinden.«[1])

Sowohl Traum als auch Phantasie umgehen die rationale Kontrolle des Wachbewußtseins, wodurch neue Assoziationen entstehen. Die freie Verknüpfung von Gedanken scheint ein grundlegender Mechanismus unseres Geistes zu sein. In diesem Zusammenhang wird uns bewußt, wie vielfältig die geistigen Aktivitäten des Menschen sind: träumen, phantasieren, sich erinnern, sich vorstellen, sich einbilden usw.

Durch die Konzentration auf die Welt des Geistigen mit ihren verschiedenen Facetten erwacht unsere Kreativität, und die seelisch-geistige Entwicklung kann mittels unserer medialen Anlagen bewußt entfaltet werden.

Erwachen der psychischen Medialität

Die intuitive Erkenntnis, das unmittelbare Gewahrwerden einer Einsicht, entspringt dem Speicher unseres Unbewußten. Wer den Raum der Intuition erkunden will, muß lernen, wie er zu ihr findet – und auch wieder zurück in sein bewußtes Denken. Das Hineintauchen in die mentale Welt geschieht am Anfang schrittweise; später reichen verkürzte Wege, oft sogar nur Sekunden währende Vorstellungen, um das Ziel zu erreichen.

Intuition wie Kreativität beruhen auf flexiblen Neuverknüpfungen und originellen Verkettungen vorhandener Inhalte. Der Akt des schöpferischen Denkens ist jedem möglich, in seiner Qualität ist er jedoch abhängig von unserem seelisch-geistigen Fundament, dem Reservoir an gespeicherten verarbeiteten oder unverarbeiteten Erinnerungen. Auch die Tagesphase, in der wir uns gerade befinden, wirkt sich auf die Art zu denken aus, denn nicht alle Phasen sind förderlich für das kreative Denken – manche sind Phasen des logischen Denkens, andere wiederum eignen sich besser zum Handeln.

Die Art und Weise unseres Denkens spiegelt sich auch in dem Muster unserer Gehirnwellen:

Denken spiegelt sich in den Gehirnwellen

1. Während des Wachseins sind wir angespannt und in Alarmbereitschaft. Der Verstand und das rationale Denken können jetzt voll ausgeschöpft werden. Das Gehirn erzeugt Beta-Wellen zwischen 13 und 30 Hertz.

2. Beim morgendlichen Erwachen oder am Abend vor dem Einschlafen fühlen wir uns wohlig benommen, sind wir besonders kreativ und neigen zum Tagträumen. Dieser Zustand wird bei alternativen Lernmethoden wie Super-Learning teilweise künstlich erzeugt und als optimale Lernphase genutzt. Auf dieser Frequenz der Alpha-Wellen zwischen 8 und 12 Hertz arbeitet auch das Mental-Medium.

3. Während des ersten, noch leichten Schlafes, aus dem mancher wieder hochschreckt, ist das Tor zur Kreativität weit geöffnet. Ein Zugang zu versteckt liegendem Wissen und gespeicherten Erfahrungen ist jetzt vorhanden. Logische Schlußfolgerungen kann der Verstand in diesen Momenten nicht ziehen, statt dessen ergeben sich ungewöhnliche Gedankenverbindungen. Dieser Bewußtseinszustand, gekennzeichnet durch Theta-Wellen zwischen 4 und 7 Hertz, wird in tiefer Meditation erreicht.

4. Während des tiefen, erholsamen Schlafes einer langen Nacht treten kreative Prozesse wieder in den Hintergrund. In diesen traumlosen Phasen der Delta-Wellen mit 2 bis 3 Hertz ist der Körper ganz auf Selbstregeneration oder auf Heilung konzentriert.

In der Tiefenentspannung der Lektion 1 haben wir bewußt unsere Gehirnwellen auf eine niedrigere Frequenz eingestellt, um einen Zugang zu unseren Träumen zu bekommen. Auch die Übungen der folgenden Lektionen werden in der Regel von einer Tiefenentspannung eingeleitet.

Wie wir bereits im Mentaltraining erfahren haben, hat bewußtes Träumen seine eigene Qualität. Solch ein Traum ist kein zufälliges Hirngespinst mehr, sondern ein kreativer Ausdruck unseres Unbewußten und dient der Gesundung unserer Psyche. Forschen und arbeiten wir so gut wie möglich an und in uns selbst.

Auf dem Weg zur Selbsterkenntnis entdecken wir über das Analysieren das komplizierte Zusammenwirken verschiedener Kräfte in unserer Person, die alle nach genau festgelegtem Plan ablaufen, so wie unsere ureigenen persönlichen Muster.

Holistisches Denken und Handeln

Das mediale Training berücksichtigt den *ganzen* Menschen – den körperlichen und den geistigen Aspekt, Fühlen und Denken. In den Übungen wird einem schrankenlosen Fließenlassen aller nur möglichen Gedanken zu einem bestimmten Problem Raum gegeben; so erkennt man, wie vernetzt die Gedanken sind und wie sie das Gewebe des Wissens darstellen. Als Berufstätiger sind Sie nicht nur ein fachlich qualifizierter Arbeitender auf Ihrem Spezialgebiet; Sie sind immer auch Mensch, Angehöriger einer Nation, Vertreter eines kulturellen Erbes, Privatperson, Sie haben Ihre persönliche Handschrift, Ihren eigenen Charakter. Die Erfahrungen, die Sie in der Freizeit und im Privatleben machen, fließen unterschwellig in all Ihre beruflichen Entscheidungen ein. Mit der Entwicklung Ihrer medialen Anlagen stellen Sie Querverbindungen her und entscheiden sich für ein holistisches Denken und Handeln.

Dies beinhaltet auch das Aufgeben uns vertrauter – wenn auch veralteter – Lernmethoden wie

- dem Auswendiglernen,
- dem Übernehmen von Wissen und Erfahrungen anderer,
- sowie der Zuordnung von Informationen zu vorgegebenen Denk- und Wertmustern (richtig – falsch, gut – schlecht usw.).

Der nächste Schritt

Kommunikation mit der geistigen Welt

Nach dem Mentaltraining – dem Erforschen unseres Unbewußten mittels ASW, der Arbeit an der eigenen Persönlichkeit und dem Vertrautwerden mit dem Ablauf der Übungen – wartet jetzt der zweite Schritt: Bewußt lassen wir unsere Person, unser Ego, los und konzentrieren uns mit unseren erwachenden fünf medialen Sinnen auf etwas Höheres: auf eine Energie oder ein Geistwesen. Hier beginnt die Kommunikation mit der geistigen Welt; wir werden zum Vermittler, zum spirituellen Medium.

Wenn Sie den Wunsch in sich verspüren, mit etwas Größerem, als Sie selbst es sind, in Berührung zu kommen, stellen Sie eine spirituelle Re-ligio, eine Wiederverbindung mit dem Göttlichen, mit der Einheit, in sich her. Dabei spielt es keine Rolle, welcher religiösen Tradition Sie angehören; es ist eine Frage des Bewußtseins, der inneren Einstellung. Für mich ist Gott das höchste Bewußtsein, die höchste Intelligenz. Im inneren Gespräch mit seinen Abgesandten, den geistigen Helfern und Führern, lernen wir, unseren Weg jenseits der Schranken des Ego zu erkennen. Dies ist ein langer Prozeß und erfordert immer wieder Übung. Zu Beginn der medialen Entwicklung gibt es viel zu lernen – und somit auch viele Fehlerquellen. Zum einen müssen wir unterscheiden lernen, welche der Botschaften, die wir empfangen, mit uns selbst zu tun haben und welche für andere bestimmt sind.

Die Wahrnehmungsart mittels unseres sinnlichen Drahtes zur geistigen Welt ist immer dieselbe, und so wird nur ständiges Üben, aufmerksames Beobachten und das kritische Überprüfen in der Realität uns mit der Zeit Sicherheit und Verständnis des Wahrgenommenen geben.

Verzerrungen durch Verstandesdenken

Zum anderen kann der eigene Verstand, der sich gegen das »Ausgeschaltet-Werden« zur Wehr setzt, blitzschnell eingreifen, deuten, assoziieren und symbolische Verzerrungen bewirken.

Leicht können sich Ungenauigkeiten, Verwechslungen oder Fehler einschleichen, und doch sind Fehler wichtig, damit wir uns verbessern, korrigieren und dann mit der Zeit und dank der Erfahrung den inneren Kompaß der Wahrnehmung genauer einstellen können.

Telepathie

Der Begriff Telepathie bezeichnet die Übertragung von Gedanken, Gefühlen oder bildhaften Vorstellungen und Ideen auf ein anderes Lebewesen ohne die Vermittlung der physischen Sinnesorgane. Bestimmt haben auch Sie schon das Gefühl erlebt, beobachtet zu werden, woraufhin Sie sich vielleicht umgedreht und jemandem in die Augen gesehen haben.

Telepathie ist das Tor zur außersinnlichen Wahrnehmung – der sinnliche Draht zur geistigen Welt.

Erfahrungen mit Telepathie

Jeder Mensch hat telepathische Erlebnisse. Erinnern Sie sich zum Beispiel, daß Sie, vertieft in Ihre Arbeit, plötzlich an einen Freund gedacht und das starke Gefühl bekommen haben, Sie sollten ihn bald anrufen? Und kurz darauf klingelt Ihr Telefon, und der besagte Freund meldet sich bei Ihnen. Bitte nehmen Sie sich an dieser Stelle etwas Zeit, sich an ähnliche eigene Erfahrungen mit Telepathie zu erinnern.

Bei der Telepathie gibt es einen »Sender« und einen »Empfänger«. Der Sender vermittelt konzentriert eine Vorstellung mittels seiner Gedankenkraft. Telepathisches Empfangen zeigt sich vor allem auf der Ebene des Wissens: Ohne mit dem anderen darüber gesprochen zu haben, weiß man, was er denkt oder fühlt, und kann im Gespräch zum Beispiel seine begonnenen Sätze beenden. Dies ist besonders bei Partnern, bei sich nahestehenden Menschen, Eltern und Kindern oder auch Therapeuten und Klienten zu beobachten.

In den fünfziger Jahren kamen mehrere Psychiater zu der Überzeugung, daß Telepathie eine zentrale Rolle in der Therapie und im Alltagsleben spielte. Man argumentierte sogar, daß ein Nichtanerkennen des allgegenwärtigen Einflusses paranormaler Phänomene das Verständnis des Therapeuten für seinen Patienten erschweren könnte.

Wichtig ist nun für Sie herauszufinden, ob Sie von Natur aus eher ein Empfänger oder ein Sender sind. Mit den entsprechenden Übungen können Sie so lange trainieren, bis beides gleich stark entwickelt ist. Im folgenden möchte ich Ihnen einige Telepathieübungen vorstellen und Sie einladen, Ihre telepathischen – oder *psychischen* – Fähigkeiten zu testen und zu erweitern.

Zur optimalen Einstimmung auf die Übungen

- entspannen Sie Körper, Seele und Geist. Genießen Sie die innere Ruhe und Harmonie und das Einssein mit der gesamten Schöpfung,
- atmen Sie willentlich alles aus, was Sie aus Ihrem Alltagsleben noch gefangen hält,
- ziehen Sie in Ihrer Vorstellung den blauen Vorhang zu, und
- beginnen Sie, sich auf die Aufgabe zu konzentrieren.

Übungen

Einzelübungen

1. Welche Art von Post werden Sie heute in Ihrem Briefkasten finden – wie viele Briefe, Rechnungen, Ansichtskarten und Reklameprospekte?

Nachdem Sie sich wie oben beschrieben auf die Übung eingestimmt haben, atmen Sie all Ihre Zweifel tief aus und hören auf Ihre innerste Stimme. Überprüfen Sie sorgfältig alles, was Ihnen in den Sinn kommt, und schenken Sie Ihren Visionen Vertrauen.

Notieren Sie Ihre Ideen, bevor Sie den Briefkasten leeren. Die anschließende Kontrolle ermöglicht Ihnen eine bewußte Auseinandersetzung mit Ihrer Wahrnehmung und hilft Ihnen, schrittweise Ihre Gefühlssicherheit aufzubauen.

Seien Sie nicht enttäuscht, wenn Sie realisieren, daß Sie sich getäuscht haben, und verzweifeln Sie nicht, wenn Ihnen überhaupt nichts in den Sinn gekommen ist – morgen ist ein neuer Tag. Auch hier gilt: Haben Sie Geduld mit sich, und lassen Sie sich nicht entmutigen. Gerade aus Ihren Fehlern werden Sie lernen.

2. Sie sitzen in der Straßenbahn.

Bei welcher Station wird die Person neben Ihnen aussteigen? Wer wird sich dann neben Sie setzen?

3. Sie werden einen Bekannten treffen.

Welche Farbe wird in seiner Kleidung dominieren? Wie wird er angezogen sein? Welches Fahrzeug wird er nehmen?

4. Ihr Telefon läutet.

Versuchen Sie herauszufinden, wer Sie anruft. Raten Sie nicht, sondern vertrauen Sie Ihrer inneren Stimme!

5. Ihnen kommt jemand in den Sinn.

Rufen Sie diese Person unmittelbar darauf an, und fragen Sie, ob sie vor einer Minute gerade an Sie gedacht hat. Sie könnten erstaunt sein.

6. Sie verreisen morgen.

Wie wird das Wetter sein? Wird es etwas Auffallendes in der neuen Umgebung geben? Wie wird das Hotel aussehen?

Besorgen Sie sich verschiedenfarbige Bogen Papier. Stecken Sie sie einzeln in leere, weiße Kuverts, kleben Sie diese zu, mischen Sie sie gründlich, und warten Sie einige Tage ab. Dann wählen Sie ein, zwei oder drei Kuverts je nach Lust und Laune und versuchen telepathisch herauszufinden, welche Farbe das Papier in den verschlossenen Kuverts haben wird.

7. Ähnliches können Sie auch mit Spielkarten machen. *Legen Sie sie mit dem Rücken nach oben auf den Tisch, ziehen Sie eine, und versuchen Sie, telepathisch zu erkennen, welche Farbe Ihre Karte hat, bevor Sie sie aufdecken.*

Lassen Sie Ihrer Phantasie freien Lauf, und erfinden Sie eigene Übungen, Ihr Alltagsleben bietet Ihnen dazu reiche Möglichkeiten. Je mehr Sie – mit Freude – üben, desto schneller werden Sie Ihre Fähigkeiten entfalten können.

Gruppenübungen

1. Vielleicht möchten Sie auf der nächsten Party ein Telepathiespiel machen:
Ein Freiwilliger verläßt den Raum und wartet draußen vor der Tür. Die Gruppe einigt sich auf eine Idee, einen Gegenstand oder ein Bild. Gemeinsam und mit höchster Konzentration senden alle Anwesenden diese Vision durch den Äther hin zu dem Empfänger. Dieser entspannt sich völlig, stellt sich einen »inneren Bildschirm« oder sonst ein imaginäres Empfangsgerät vor und konzentriert sich darauf, bis die Vision von der Gruppe gesendet wird und ihm etwas »in den Sinn kommt«.

Anschließend werden die Gedanken ausgetauscht. Sollten Fehler auftauchen, so lassen Sie sich nicht entmutigen. Jede Unkonzentriertheit auf Seiten des Senders wie des Empfängers kann Störungen, Verzerrungen und somit Fehler verursachen. Waren Sie wirklich entspannt und konzentriert?

Interessant kann auch sein, wenn der zu sendende Gegenstand von der Gruppe gezeichnet wird. Dadurch wird die Gedankenenergie gebündelt.

Eine weitere Variante wäre, einen Befehl zu senden, zum Beispiel: *Schau zum Fenster hinaus! Gehe! Hebe den rechten Arm in die Luft! Nimm ein Buch in die Hand! Die Gruppe konzentriert sich*

auf einen dieser Befehle, und der Empfänger versucht, intuitiv auf die Impulse, die er in sich verspürt, zu reagieren.

2. *Ein Gruppenteilnehmer stellt sich etwas intensiv vor, zum Beispiel*
   - *irgendeine spezielle Gangart (wie Hüpfen, Springen, Galoppieren etc.),*
   - *ein Gefühl (traurig, zornig, fröhlich) oder*
   - *einen Gegenstand (Kerze, Apfel, Orange).*

   Die anderen versuchen, das Gesendete telepathisch zu erkennen.

Hat's geklappt? Seien Sie sich bewußt, daß der Mensch glücklicherweise keine Maschine ist. Einmal funktionieren solche Übungen besser als ein anderes Mal. Wenn Sie Ihren sechsten Sinn entdecken und erste Erfolge in den Übungen erzielen, so freuen Sie sich über Ihre neuentdeckten Fähigkeiten.

In der Folge scheint es mir aber sehr wichtig, sich bewußt zu werden, daß wir *verantwortungsvoll* mit diesem neuen Talent, dieser »neuen Sprache«, umgehen müssen.

Unbewußte telepathische Beeinflussungen

Solche telepathische Beeinflussungen können nämlich auch »unbewußt« geschehen: Ein Beispiel, die beiden Bilder »Es werde Licht«, veranschaulichen dies. Ein Freund, der auf der kanarischen Insel Fuerteventura weilte, schoß ein Foto einer Landschaft, während ich völlig ahnungslos zu Hause in meinem Züricher Atelier »zufällig« genau die gleiche Vision malerisch, »aus meiner Phantasie« inspiriert, festhielt. Als mich besagter Freund nach seiner Heimkehr besuchte und mir seine Souvenirfotos zeigte, staunten wir nicht schlecht, als wir »maßstabsgetreue und zeitlich-bildliche Synchronizität« zu unserer beider Verblüffung feststellten.

Hier werden wir uns bewußt, wie vielseitig der telepathische Draht, sowohl als Empfänger als auch als Sender, verwendbar und einsetzbar ist.

Wir alle unterliegen Einflüssen aus der geistigen Welt – ob wir wollen oder nicht. Oft sind wir uns dieser Tatsache und deren Folgen nicht bewußt, deshalb wollen wir positive Einflüsse bewußt nutzen lernen und dessen Einwirkungen im Alltag erkennen können.

»Es werde Licht«

Manipulationen

Mit dem Einsatz der Gedankenkraft ist auch die Macht der Manipulation verbunden.

- **Seien Sie sich bewußt, daß Sie kein Recht haben, ein anderes Lebewesen zu manipulieren – auch dann nicht, wenn Sie es nur gut meinen!**
- **Wenn Sie »zu Übungszwecken« in die Sphäre anderer eindringen, benötigen Sie zuerst deren Einverständnis!**
- **Behandeln Sie andere so, wie auch Sie behandelt werden wollen. Seien Sie sich bewußt, daß alles zu Ihnen zurückkommt!**
- **Schützen Sie sich eigenverantwortlich vor möglichen Manipulationen anderer (siehe Kapitel 5).**

Erster Kontakt mit der spirituellen Welt

Wir begeben uns in einen Raum, in dem wir ungestört sind. In unserer Vorstellung stehen wir fest verwurzelt auf einer Wiese. Wir schließen die Augen und stellen uns vor, wie sich unser Körper in einen Grashalm verwandelt. Wir spüren, wie sich unsere Wurzeln in die Erde hinein ausbreiten. Ganz sachte und sanft genießen wir die Ruhe und Stille. Tief atmen wir in unserer Vorstel-

lung die gesunde Luft der Natur ein. Körper, Seele und Geist regenerieren sich und laden sich mit der Lebensenergie der Natur auf. Bewußt lassen wir uns von diesen göttlichen Energien auftanken; wir fühlen uns gesund und stark. Wir verbinden unseren göttlichen Teil mit der unendlichen Schöpferkraft und fühlen uns geschützt und geborgen. Wir werden eins mit dieser höchsten Bewußtseinsebene. Tief atmen wir all das ein, was für uns richtig und wichtig ist – alles andere interessiert uns jetzt nicht mehr.

Wir werden uns jetzt bewußt, wie sich unsere Ausstrahlung, unser Energiekörper, unsere Seele und unser Geist über unseren physischen Körper hinaus ausdehnen. Völlig wach und voller Achtsamkeit genießen wir diesen Frieden und diese Harmonie.

Ein Abgesandter Gottes, ein geistiger Helfer von uns, möchte sich jetzt ganz behutsam bemerkbar machen. Sein Energiekörper berührt sachte unseren Energiekörper, Ausstrahlung berührt Ausstrahlung. Vielleicht nehmen wir ihn wie einen zarten Windhauch oder ein angenehmes Wärmegefühl wahr, als Kribbeln in den Händen oder leichten Druck auf der Schulter. Wir sind ohne Erwartungen und lassen uns einfach überraschen. Wir achten auf alle Empfindungen und Gefühle, die wir jetzt vielleicht wahrnehmen können. (ca. 5 Minuten Stille)

Falls wir uns von etwas unangenehm berührt fühlen, bitten wir unmittelbar die höchste Bewußtseinsebene, dieses störende Gefühl von uns zu nehmen und uns zu schützen. Wir warten ab, bis der negative Eindruck verschwindet! Erst, wenn wir wieder davon befreit sind, arbeiten wir weiter!

Wir prägen uns alle Gefühlseindrücke, die wir erhalten haben, ein und sind uns bewußt, daß unser geistiger Helfer sich uns auf ebendiese Weise bemerkbar gemacht hat. Wir nehmen diese Impressionen einfach an. Wir bedanken uns nun bei unserem geistigen Helfer.

Bewußt verabschieden wir uns und erinnern uns wieder, wie wir fest verwurzelt auf dem Boden stehen. Tief atmen wir noch einmal die reinsten und höchsten Bewußtseinsenergien ein. Gestärkt und ausgeruht ziehen wir alle geistigen Antennen ein, um uns vor unnötigen Einflüssen von außen zu schützen. Hier und jetzt werden wir uns wieder unseres physischen Körpers bewußt, wir

wecken ihn sanft, atmen zwei- bis dreimal tief durch und öffnen dann die Augen.

Notieren Sie, welche Erlebnisse Sie während der Übung hatten. Wie haben Sie persönlich Ihren geistigen Helfer erlebt?

Geistige Helfer sind nicht immer wahrnehmbar

Bei einer Wiederholung der Übung ist es gut möglich, daß Sie Ihren inneren Helfer, Ihren Boten Gottes auf die gleiche Weise wahrnehmen. Es kann aber auch sein, daß er sich auf eine andere Art mitteilen möchte oder daß sich ein anderer geistiger Helfer bemerkbar macht. Sie sollten auch nicht den Mut verlieren, wenn Sie ihn einmal nicht wahrnehmen. Es ist nicht an uns zu bestimmen, wer wann zu uns kommt. Wir sind die Lehrlinge und nehmen die Anweisungen unseres Lehrmeisters kritisch an. Auch haben wir in der geistigen Welt unterschiedliche Helfer. Mit der Zeit, wenn wir dazu reif sind, lernen wir sie kennen und voneinander unterscheiden. Entscheidend ist, daß wir wissen, daß immer – in jeder Lebenslage – geistige Helfer um uns herum sind und uns als »Schutzengel« beistehen und uns auf unserem Lernpfad zur Weisheit begleiten. Wichtig ist, daß wir diese trotz aller irdischer Freuden nie »vergessen«.

Nachdem ich persönlich im Laufe meiner eher rational betonten Jugend meine kindlichen geistigen Helfer aus Zeitgründen aufgeben mußte, schufen mir die Malerei und die Musik »unbewußt« weiterhin verborgene Zugänge zu anderen Ebenen. Schlagartig fand ich dann später den »bewußten« Zugang.

Körperliche Symptome

Jede Übung kann auch leichte körperliche Symptome und Empfindungen hervorrufen – wie Wärmegefühle, Herzklopfen u. ä. Das sind natürliche Reaktionen auf die tiefe Entspannung und das Einstimmen auf Ihre feinstoffliche Energie, die sich mit regelmäßigem Üben von selbst auflösen. Sollten Sie sich trotzdem unwohl fühlen, denken Sie daran, daß Sie von sich aus jederzeit die Übung abbrechen und sich selbständig schließen können. Sinnvoll wäre dann, in einer der Übungen aus dem Mentaltraining mit Ihrem geistigen Helfer zu besprechen, was Ihre körperlichen Empfindungen Ihnen mitteilen wollten.

Hellfühlen mit Übungen

Hellfühlen oder mediales Fühlen ist der übersinnliche Kanal, der am häufigsten mit einer körperlichen Wahrnehmung verbunden ist. Der ganze emotionale sowie physische Körper kann als Werkzeug dienen, um Impulse aus der geistigen Welt wahrzunehmen.

Der Solarplexus

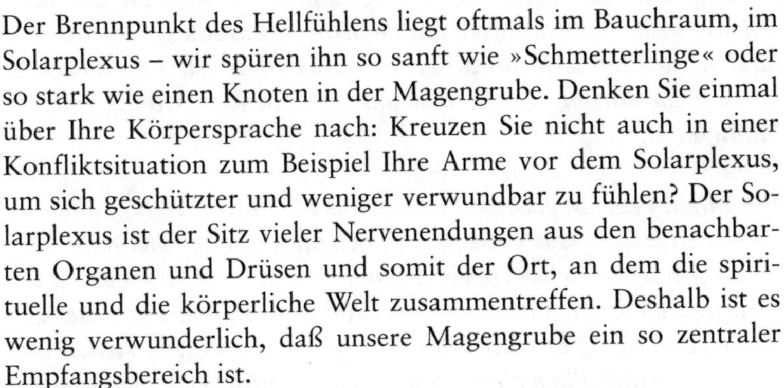

Der Brennpunkt des Hellfühlens liegt oftmals im Bauchraum, im Solarplexus – wir spüren ihn so sanft wie »Schmetterlinge« oder so stark wie einen Knoten in der Magengrube. Denken Sie einmal über Ihre Körpersprache nach: Kreuzen Sie nicht auch in einer Konfliktsituation zum Beispiel Ihre Arme vor dem Solarplexus, um sich geschützter und weniger verwundbar zu fühlen? Der Solarplexus ist der Sitz vieler Nervenendungen aus den benachbarten Organen und Drüsen und somit der Ort, an dem die spirituelle und die körperliche Welt zusammentreffen. Deshalb ist es wenig verwunderlich, daß unsere Magengrube ein so zentraler Empfangsbereich ist.

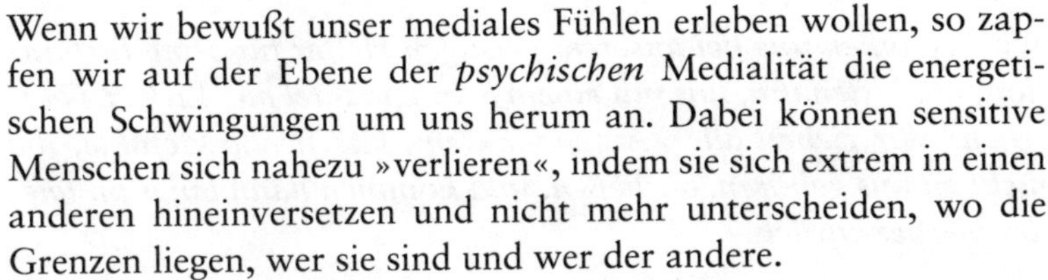

Wenn wir bewußt unser mediales Fühlen erleben wollen, so zapfen wir auf der Ebene der *psychischen* Medialität die energetischen Schwingungen um uns herum an. Dabei können sensitive Menschen sich nahezu »verlieren«, indem sie sich extrem in einen anderen hineinversetzen und nicht mehr unterscheiden, wo die Grenzen liegen, wer sie sind und wer der andere.

Aktiv – passiv sein

Aus diesem Grunde wollen wir von nun an nur noch mit einer *spirituellen* Haltung, also in Zusammenarbeit mit unseren geistigen Helfern, an die Übungen herangehen. Nicht mehr mit unserem persönlichen Willen wollen wir hellfühlen, sondern vom höheren Willen wollen wir uns inspirieren lassen. Wir lernen, aktiv-passiv zu sein.

Haben Sie in sich und Ihre geistige Führung Vertrauen, und bauen Sie langsam auf dieser ersten Erfahrung der spirituellen ASW auf – *glauben* und *vertrauen Sie* einfach darauf, daß ein geistiger Helfer, ein Abgesandter Gottes, uns in allen Übungen beisteht und hilft.

Übungen:

Für die erste Übung suchen wir uns eine Übungsperson. Geeignet ist ein Freund, der sich auch medial entwickeln möchte.

1. Übung

Wir entspannen unseren Körper, unsere Seele und unseren Geist, wie wir es jetzt bereits gewohnt sind. Wir begrüßen innerlich unseren geistigen Helfer und freuen uns auf die Zusammenarbeit.

Wir denken daran, daß wir in dieser Übung unseren Helfer nur fühlen wollen und nehmen alle unsere Wahrnehmungen wieder dankbar an. Wir bitten ihn, er möge uns bei dieser Übung helfen, indem er uns über unsere Gefühle inspiriert und uns nur das einhaucht, was ethisch-moralisch verantwortbar ist, nur das, was wir wissen dürfen. Wir stellen uns jetzt unseren Übungspartner bildlich vor.

Wir bitten unseren geistigen Helfer, uns über unser Gefühl alles zufließen zu lassen, was diese Person betrifft und von Wichtigkeit für sie ist – wie sie sich jetzt gerade fühlt, womit sie sich gerade beschäftigt. Hellfühlend nehmen wir all das wahr, was uns unser geistiger Helfer eingibt. Wir können ihm weitere Fragen stellen und mit seiner Hilfe alle wahrgenommenen Impulse verstehen lernen.

Wir bedanken uns bei unserem geistigen Helfer für seine Inspiration und bitten ihn, uns mit einem Schutzmantel aus Licht zu versehen. Wir ziehen alle »Antennen« ein, lassen alle Gefühle, die nicht zu uns gehören, abfließen, und kommen dann langsam wieder hierher zurück.

Eine andere Vorstellungsmöglichkeit, sich von unserem Übungspartner zu lösen, wäre eine Schere, die unsere feinstoffliche Verbindung abschneidet etc. – suchen Sie sich auch hier mittels Ihrer Phantasie Ihr eigenes Werkzeug, wenn Sie sich von den Gefühlen anderer loslösen wollen. Wenn wir anschließend unsere Gefühlseindrücke beim Freund bzw. bei der Freundin überprüfen, erkennen wir dank dieses Feedbacks unsere medialen Fähigkeiten und auch, welche Fortschritte wir anhand unserer Übungen machen.

Haben Sie Geduld!

Haben Sie sich einmal überlegt, wie Sie sich nach Ihrer Geburt als Baby verständigt haben? Wie Sie langsam an der Hand Ihres Großvaters vielleicht in die Sprache Ihrer Umgebung hineingewachsen sind und im Laufe vieler Jahre gelernt haben, sich verbal mit Ihren Mitmenschen auszutauschen? Und wie alt waren Sie, als Sie merkten, daß es gar nicht so einfach ist, Ihre Gefühle in Worten auszudrücken? Es muß uns bewußt sein, daß die Sprache der Medialität gleichermaßen erlernt werden muß. Wir müssen *aktiv* sein und immer wieder neue Fragen stellen, bis unsere geistigen Helfer uns und wir ihre Art der Kommunikation erfühlen und verstehen. Ich möchte Sie daran erinnern, daß wir soeben erst mit der ersten medialen Disziplin, dem Hellfühlen angefangen haben.

Stellen Sie sich nicht unter einen falschen Erwartungsdruck!

Wie Blinde und Taubstumme erfühlen wir geduldig die neue Wahrnehmungsebene. Bei jedem Menschen wird das anders sein. So wie jeder seine persönliche Handschrift hat, nimmt auch jeder die geistige Welt auf seine Art mit seinen medialen Fähigkeiten wahr. Bis diese »neue« Sprache wirklich ein Dialog und nicht nur ein Monolog ist, wollen wir mit viel Freude weiterüben und auf diese Weise immer gefühlssicherer werden.

 2. Übung

Nach der Entspannung von Körper, Seele und Geist verbinden wir uns wieder mit unserem geistigen Helfer. Er sendet uns jetzt eine Farbe als Geschenk. Dankbar nehmen wir sie an und wollen sie fühlen. Vielleicht nehmen wir in unserer Vorstellung ein entspannendes Bad in dieser wunderschönen Farbe – ohne sie zu sehen, wollen wir nur auf das Gefühl achten, das uns diese Farbe vermittelt. Wir lassen uns wie ein leeres Gefäß mit dieser Farbe vollaufen, unser ganzer Körper genießt dieses Gefühl. Wir werden uns bewußt, daß wir Farben nicht nur optisch wahrnehmen, sondern ihre Schwingung auch fühlen können.

Im inneren Dialog mit unserem geistigen Helfer versuchen wir nun herauszufinden, was er uns mit dieser besonderen Farbe mitteilen wollte. Was vermittelt uns das Gefühl zu dieser Farbe? Warum ist sie jetzt gerade wichtig für uns? Wir stellen so viele Fragen wie möglich und beobachten aufmerksam, was er uns über unser Gefühl mitteilt, bis wir ihn verstehen. Wir fragen solange nach, bis wir ganz sicher sind, daß er uns und wir ihn verstanden haben.

Wir bedanken uns herzlich für diese Zusammenarbeit, verabschieden uns bei ihm und kommen wieder zurück, ins Hier und Jetzt.

 3. Übung

Als Fortsetzung der zweiten Übung können wir unsere Farbe über unser Gefühl wieder tief ausatmen, bis sich ein helles, neutrales Licht in uns erspüren läßt.

Jetzt sendet uns unser geistiger Helfer eine neue Farbe, die mit uns persönlich nichts zu tun hat, sondern zu einer nahen Bezugsperson gehört. Auch diese Farbe nehmen wir hellfühlend wahr und fragen unseren geistigen Helfer, was sie uns über die betreffende Person mitteilen möchte. Wir bitten ihn, uns nur das zu sagen, was für diese Person richtig und förderlich ist – und was auch wir wissen dürfen.

Zur Kontrolle befragen wir die betreffende Person im Anschluß an die Übung. Auf diese Weise lernen wir langsam, mit unseren Gefühlsimpressionen umzugehen und sie im Alltag zu überprüfen.

Vor- und Nachteile medialen Fühlens

Was bringt uns die Gabe des medialen Fühlens? Nach Pete A. Sanders haben Menschen, deren besondere Begabung das mediale Fühlen ist, dadurch folgende Stärken:

- Sie sind am empfänglichsten für die Gefühle anderer,
- sie sorgen dafür, daß Leben und Arbeit sich angenehm und lebenswert anfühlen,
- sie sind flexibel und am anpassungsfähigsten,
- sie vertrauen ihren Gefühlen, und sie spüren, wenn etwas nicht in Ordnung ist,
- sie sind im Wahrnehmen von subtilen Signalen die besten.

Mediales Fühlen bewirkt auf der anderen Seite folgende Schwächen:

- Man neigt dazu, sowohl die positiven als auch die negativen Gefühle anderer Menschen aufzunehmen,
- sich damit medial zu überladen,
- man kann überemotional sein oder leicht von Gefühlen überwältigt werden,
- man ist schnell verletzt, wenn man die Gefühle zurückweist.

Hellriechen mit Übungen

Das Hellriechen ist eine spezielle Art des Hellfühlens, ein geistiger Geruchssinn, der den entsprechenden physischen Sinn erhöht, es aber auch ermöglicht, etwa Blumenduft, Zigarettenrauch etc. in der Vorstellung zu riechen, obwohl weder Blumen noch Raucher in der Nähe sind. Folgendes Erlebnis möchte Ihnen das veranschaulichen: Wenn ich als Medium arbeite, kommt es nicht selten vor, daß Verstorbene, die zu Lebzeiten starke Raucher waren, sich mit einer Zigarrenwolke in meiner inneren Wahrnehmung ankündigen. Auch Blumendüfte, spezielle Parfümnoten oder sonstige typische Gerüche können zum Erkennen eines Verstorbenen oder seiner Umgebung oder Tätigkeit beitragen.

Persönliches Erlebnis mit Hellriechen

Ich erinnere mich an ein lustiges Erlebnis mit dem Hellriechen. Ich war einmal völlig in Eile, öffnete den Schuhschrank, um ein Paar Schuhe herauszunehmen – und erschrak fast, weil mir zu meiner Verblüffung – in meiner Einbildung eine starke Rauchwolke aus dem Schrank entgegenkam. Zuerst wußte ich nicht, was das bedeuten sollte, bis ich dann mittels meines sinnlichen Drahtes zur geistigen Welt eine Männerstimme hörte, die mir sagte, er sei der Onkel Hans von meiner Sekretärin gewesen, und wenn ich jetzt sowieso gerade zu ihr ginge, sollte ich ihr doch bitte das und das noch ausrichten. Außer seinem starken Zigarrenrauch bekam ich ihn innerlich noch kurz zu sehen, und als ich ihn dann meiner Sekretärin beschrieb, war das erste, was sie sagte: »Ja, ja, der gute Onkel Hans. Der hat immer eine Zigarre im Mund gehabt. Vielen Dank für den geistigen Anstoß – der kommt gerade gelegen.«

Interessant ist hier zu erwähnen, daß immer in dem Moment, wo die geistigen Helfer erkannt werden und ich ihre Botschaft vermittelt habe, sich ihre verschiedensten Erscheinungsformen unmittelbar auflösen. Diese dienen also nur zu Erkennungszwecken.

Bei vielen Menschen ist das Hellriechen relativ unter-, bei anderen sehr fein entwickelt. Gruppen von Menschen, die gemeinsam meditieren, nehmen manchmal, wenn sie ihre Persönlichkeit transzendieren, wunderschöne Gerüche wahr; auch ein geistiger Helfer kann sich als »Duftwolke« bemerkbar machen.

Folgende *Übung* läßt vielleicht auch Ihren Hellriechsinn erwachen:

Wir stellen uns nach der Körper-Seele-Geist-Entspannung vor, wie wir mit geschlossenen Augen die frische Luft eines warmen Sommernachmittags tief einatmen. In unserer Phantasie machen wir einen Streifzug durch die Natur. Hier verschmelzen wir mit der ganzen Natur, wir werden eins mit der Harmonie hier draußen. In dieser Stimmung des Friedens begegnen wir wieder unserem geistigen Helfer.

Nachdem wir ihn herzlich begrüßt haben, begleitet er uns auf unserem Spaziergang – wir riechen das frisch gemähte Gras, das Heu, wir riechen die warme Erde, den kühlen Wald, die Rinde eines Baumes. Vom Duft einer ganz speziellen Blume lassen wir uns ins Land der Phantasie bringen, immer in Begleitung unseres geistigen Helfers. Er läßt eigens für uns ausgelesene Aromen jetzt zu uns strömen. Wir erleben verschiedene Düfte, die uns persönlich etwas mitteilen möchten. Im inneren Dialog mit unserem geistigen Helfer lassen wir uns jeweils beraten. (5 Minuten Stille)

Wurden wir von Parfums oder vielleicht von Bach-Blüten betört? Alle Anregungen nehmen wir dankbar mit – wir verlassen unsere Duftwelt und verabschieden uns von unserem Helfer, der uns mit einem speziellen Duft segnet. Wir schließen unsere Energiezentren und werden uns unseres Raumes und unseres Stuhles wieder bewußt. Langsam lassen wir unseren Körper erwachen.

Werden Sie erfinderisch, lassen Sie Ihrer Phantasie freien Lauf, und kreieren Sie selbständig weitere Übungen zum Hellriechen.

Psychometrie mit Übungen

Jeder Gegenstand nimmt die Schwingungen seiner Umgebung auf. In der Psychometrie fühlen wir medial über unsere Hände diese Schwingungen, die von unseren Händen durch den Körper zum Solarplexus fließen, wo die Gefühlsimpulse verstärkt und übersetzt werden.

Grundsätzlich kann man sagen, daß Psychometrie nicht auf Kontaktnahme zur geistig-spirituellen Welt beruht.

Psychometrie ist die Fähigkeit, Natur und Geschichte eines Gegenstandes, den man in der Hand hält, zu erforschen oder Wesensmerkmale einer Person, die in einem Objekt ›eingeprägt‹ sind, zu lesen.

Entwickelte Sensitive können diese Wesensmerkmale empfinden – deshalb eignet sich dieses parapsychologische Phänomen als eine sensitive Wahrnehmungsübung des Hellfühlens. Psychometrie versteht sich also auf der gefühlsmäßigen Ebene.

Wie Pychometrie funktioniert

Jede Materie absorbiert Atmosphäre und lagert diese auf ihre eigene Art in ihrer Aura. Bei einer Psychometrieübung nimmt das Medium diese Ausstrahlung auf. Es analysiert und interpretiert sie. Meistens wird Psychometrie an persönlichen Gegenständen demonstriert, das heißt, das Medium befaßt sich dadurch mit der persönlichen Geschichte des Besitzers. Das Medium »liest« also den Gegenstand mit seiner persönlichen Art, versucht sich auszudrücken und zu interpretieren – gleich wie der Pianist ein Stück spielt, das von einem anderen Menschen komponiert wurde. Natürlich können auch falsche Interpretationen vorkommen. Die Interpretationsvielfalt und -möglichkeit hängt auch hier wieder von der Erfahrung des Mediums und von seinem medialen Bewußtseinsstand ab.

Gegenstände von lieben Verstorbenen sollten nicht für psychometrische Übungen gebraucht werden – auch wenn der Besitzer sich dabei eine klare Botschaft von letzteren erhofft. Die Psychometrieebene, die die Ausstrahlung des Besitzers versucht zu erfassen, kann dann zu Verwechslungen führen; das heißt, daß man, statt in dessen Psyche zu lesen, plötzlich von einer spirituellen Ebene inspiriert wird. Diese beiden Ebenen sind – vor allem für den Anfänger – ziemlich nebulös und werden gerne verwechselt. Deshalb ist es sehr wichtig, jede Aktivität auf der Ebene auszuführen, auf die sie auch hingehört.

Psychometrie – Gegenstände »lesen« oder »erfühlen« – ist also eine gute Übung, das Hellfühlen zu trainieren, vertraut zu werden mit dem sinnlichen Draht zur geistigen Welt, und es ist eine sehr gute Vorübung zum späteren Hellsehen, Hellhören und Auralesen.

Bitte beachten Sie, daß auch die Psychometrie auf zwei Arten erlebt werden kann: aktiv oder passiv. Warum sich also nicht auch bei solchen Übungen von einer höheren Intelligenz inspirieren lassen?

Der Schlüssel zum Erfolg beim medialen Fühlen mittels Psychometrie ist, auch die flüchtigsten und subtilsten Eindrücke anzunehmen und korrekt interpretieren zu lernen.

Worauf sich Psychometrie anwenden läßt

Unmittelbar können wir mit dieser Methode unsere Gefühlssicherheit kennenlernen, trainieren und kontrollieren. Psychometrie erzählt uns hellfühlend vor allem über Gegenwartssituatio-

nen, gelegentlich auch über Vergangenes. Mit dieser Unterscheidungsfähigkeit sehen wir bereits wieder eine weitere Anwendungs- und Übungsmöglichkeit. So merken wir, daß unsere Hände, als Sensoren oder wie ein Pendel, uns helfen können, wenn wir zum Beispiel Akten, Listen, Wartungsarbeiten, ja sogar Medikamentenlisten, Nahrungsmittel etc. kontrollieren wollen. Wir bewegen unsere Hand auf der schriftlichen Liste der vorgelegten Arbeit entlang und achten auf die Gefühle, die wir beispielsweise im Bereich des Solarplexus – oder in der Magengrube – empfangen. Wir entwickeln dank dem Hellfühlen so allmählich auch unseren Lügendetektor!

Lügendetektor

Alle unsere Kleider, Gegenstände u. ä. speichern ständig unsere Schwingungen. Es ist dank Psychometrie möglich, sich auf einen Menschen einzustimmen, indem man seine im Gegenstand gespeicherten Schwingungen in sich aufnimmt. Diese Schwingungen werden vom Gehirn empfangen und vom interpretierenden Medium mit ähnlichen, ihm bekannten Schwingungen verglichen.

Gegenstände »speichern« Gefühle

Wenn Sie nach einem anstrengenden Einsatz und großer Leistung zum Beispiel Glückwünsche entgegennehmen durften, empfinden Sie große Freude und ein befriedigendes Gefühl, daß sich Ihre Arbeit gelohnt hat. Ihre Ausstrahlung wird man im Schmuck wiederfinden, den Sie dabei getragen haben. Das Medium, das sich jetzt psychometrisch auf Ihren Schmuck einstimmt, kann das Gefühl der Freude in sich aufnehmen und den Besitzer des Schmucks korrekt über seinen Erfolg informieren, indem es diese Gefühle mit der Erfahrung einer eigenen ähnlichen Emotion verbindet.

Die Psychometrie ermöglicht es dem Medium, eine gefühlsmäßige Verbindung zu seinem Klienten herzustellen. Als Mittel zur Zukunftsvorhersage taugt sie aber nicht, da auf dieser Ebene nur vergangene und gegenwärtige Ausstrahlungen zusammen mit den Bedürfnissen und Wünschen eines Individuums kraftvoll in seine Aura einfließen. Zukünftige Aspekte strahlen sehr subtil vom spirituellen Körper aus, den man erst später, wenn alle fünf medialen Sinne erwacht sind und wenn es das persönliche Talent ermöglicht, vielleicht erfassen kann.

Übungen

Auch die Übungen zur Psychometrie lassen sich besonders gut zu zweit durchführen. Denken wir daran: Während der Arbeit müssen wir unserem geistigen Helfer stets ganz klare Fragen stellen – wie können wir sonst unmißverständlich klare Antworten erwarten?

1. Übung

Wir halten ein Schmuckstück eines Bekannten in der Hand, das wir jetzt »lesen« wollen. (Gegenstände aus Metall eignen sich anfänglich besonders, da sie gute Schwingungsleiter sind.)

Nachdem wir uns entspannt und unsere Erwartungen und Gedanken losgelassen haben, begrüßen wir unseren geistigen Helfer und bitten ihn, er solle uns inspirieren und uns soviel Gefühlsimpressionen zur Geschichte des Gegenstands in unserer Hand eingeben wie möglich – selbstverständlich nur das, was wir wissen dürfen, ohne die Intimsphäre des Besitzers zu verletzen.

Wir bewegen jetzt das Schmuckstück in den Händen hin und her und achten auf all die Gefühle, die wir in uns wahrnehmen. Wir können gleichzeitig den Gegenstand betrachten und seine Beschaffenheit, sein Aussehen auf uns wirken lassen. All die Eigenschaften, die uns zum Äußeren des Gegenstands in den Sinn kommen, kombinieren wir jetzt mit unseren Gefühlseindrücken. Langsam entsteht in uns eine Geschichte zu diesem Schmuckstück.

Die Erlebnisse deuten

Zum Beispiel verrät Ihnen der Gegenstand, bei welcher Gelegenheit er in Besitz des Übungspartners kam, ob er selber gekauft wurde oder ein Geschenk war. In was für einer gefühlsmäßigen Verfassung war der Besitzer? usw. Kontrollieren Sie Ihre Gefühlssicherheit im Gedankenaustausch mit dem Besitzer, der Ihre Annahmen und Aussagen bestätigen kann oder nicht.

Ziehen Sie sich in die innere Stille zurück, und machen Sie aus dieser Erfahrung einen Lernprozeß: Wäre die erste Idee richtig gewesen? Habe ich mich durch die Farbe oder das Symbol ablenken oder auf falsche Wege führen lassen? Habe ich »geschlafen« und vergessen, im inneren Dialog immer Fragen zu stellen, bis ich einen Impuls nicht nur bekomme, sondern mir »einbilde«, diesen korrekt verstehen zu können?

Lösen Sie sich bewußt von dieser Übung, um frei zu werden für die nächste.

2. Übung

In dieser Übung lassen wir den Gegenstand ruhig in unseren Händen liegen und wollen geistig arbeiten. Nachdem wir in unserer Vorstellung unseren geistigen Helfer begrüßt haben, bitten wir ihn, er solle uns so viele Eindrücke wie möglich vermitteln. Wir achten darauf, welches Gefühl uns dieser Gegenstand vermittelt und warum.

Im inneren Dialog mit unserem geistigen Helfer wollen wir nun herausfinden, was für eine Geschichte uns dieser Gegenstand in Bezug zu seinem Besitzer erzählen möchte. Wie geht es momentan dem Besitzer des Gegenstandes? Wie geht es ihm gesundheitlich? Wir prägen uns alle Gefühle, die uns in den Sinn kommen, gut ein. Nachdem wir uns von unserem geistigen Helfer verabschiedet haben, befragen wir den Besitzer des Gegenstands.

Um während des Gespräches nicht unbewußt weitere Informationen abzuzapfen, formulieren wir aus unseren Eindrücken einfache Fragen, die mit Ja oder Nein (oder »Jein«) beantwortet werden können. Zum Beispiel: »Ist es richtig, daß Du in letzter Zeit oft Kopfschmerzen hattest?« Der sprachliche Ausdruck ist wichtig, um korrekte Informationen zu erhalten. Das ehrliche Feedback hilft uns, unsere Wahrnehmungen einzuordnen. Im Anschluß an das Gespräch lassen wir in der Stille wieder alle Gefühle, die nicht zu uns gehören, abfließen und schützen uns, wie wir es bereits gelernt haben.

Das Erlebte deuten

Vielleicht fühlten oder wußten wir alles, konnten es nur nicht präzise formulieren? Vielleicht waren wir unsicher und formulierten ungeschickt, damit sich unser Partner genötigt sah, uns seine ganze Geschichte zu erzählen. Ebenfalls kann es vorkommen, daß Ihre Gefühlseindrücke mit Traumsymbolen bereichert werden. Diese gilt es dann natürlich auch zu analysieren und gesamthaft zu deuten bzw. in einen Kontext zu bringen. Haben Sie Geduld! In der nächsten Lektion werden Sie ins Hellsehen und Hellhören eingeführt.

Die Psychometrie kann in vielen Bereichen sehr wertvolle Informationen liefern:

- Ein Stein von einer römischen Ausgrabungsstätte erzählt dem medial geschulten und entwickelten Archäologen seine vergangene Geschichte.
- Die Hand eines Patienten erzählt dem medialen Arzt dessen Krankengeschichte, was vor allem bei Babys, alten oder nicht ansprechbaren Patienten ein wichtiges zusätzliches Hilfsmittel darstellt.
- Ein Kleidungsstück eines Vermißten gibt medial geschulten und entwickelten Polizeiangehörigen Hinweise auf den Fahndungsort.
- Ein Brief, den Sie von einem Bekannten erhalten, verrät Ihnen seinen Inhalt, bevor Sie ihn geöffnet haben.

Psychometrie ist eine Art Tastsinn, über den man sich auf vielerlei Arten auf andere einstimmen kann, um deren physische – emotionale, mentale und spirituelle – Schwingungen wahrnehmen zu lernen. Im folgenden finden Sie weitere Psychometrieübungen, die besonders gut in medialen Entwicklungsgruppen oder im Freundeskreis durchgeführt werden können.

 Blumen-Lesen

Alle Teilnehmer pflücken eine Blume, ein Blatt, einen Grashalm oder einen Zweig und tragen sie oder ihn etwa eine Stunde mit sich herum. Dann werden die Pflanzen in einem verdeckten Korb eingesammelt, und jeder sucht sich daraus irgend etwas aus und läßt wie in der ersten Übung alle Gefühlsimpressionen, die ihm die Pflanze vermittelt, auf sich einwirken. Nach 5 bis 10 Minuten hat er einen Eindruck über Charakter, Lebensart und -weise des jeweiligen Pflückers gewonnen und überprüft seine Ideen im persönlichen Gespräch. Die Pflanze hilft ihm beim »Lesen«.

 Farbbänder-Lesen

Sammeln Sie soviele Stoffbänder wie möglich in allen Regenbogenfarben, und bündeln Sie sie. Dem Medium werden jetzt die Augen verbunden. Ein Gruppenmitglied wählt drei verschiedene Farbbänder aus, und ein Vermittler legt diese dem Medium in die Hände. Dieses nimmt wieder Kontakt mit seinem geistigen Helfer auf.

Er kann nun die Augenbinde abnehmen und sich im inneren Gespräch mit seinem geistigen Helfer so viele Information wie möglich eingeben lassen. Es erzählt laut alles, was ihm in den Sinn kommt. Der immer noch anonyme Ansprechpartner konzentriert sich, um dann am Schluß die Aussage zu überprüfen.

Vielleicht inspiriert Sie diese Übung auch dazu, sich mit der Wirkung von Farben auseinanderzusezten. Im Anhang finden Sie Literaturhinweise zu diesem Thema, und in Lektion 4 wollen wir tiefer in die Bedeutung der Farben einsteigen.

Setzen Sie sich doch wieder einmal in Ihrem Alltagsleben mit der Vielfalt der Farben auseinander. Wie wirkt Ihre Bürokollegin im roten Pullover heute auf Sie? Warum hatten Sie heute morgen Lust, einen blauen und nicht einen grünen Pullover anzuziehen?

Tintenklecks-Lesen

Nehmen Sie ein weißes Blatt Papier. Tropfen Sie einen Tintenklecks auf die Mitte dieses Blattes, falten Sie es zweimal zusammen, öffnen Sie es wieder, und lassen Sie Ihren »Schmetterling«, oder wonach immer es aussieht, trocknen.

Sie als ASW-Interessierter versuchen nun wieder, mit Hilfe Ihres geistigen Helfers so viel Information als möglich über »das Bild als Gegenstand« herauszuspüren.

(Diese Übung zählt in der Psychologie zu den »projektiven Techniken« und dient der Persönlichkeitsdiagnostik. Sie wird Rorschach-Test genannt).

Sand-Lesen

Leeren Sie feinen Sand auf ein großes Blech. Streichen Sie diesen mit Hilfe eines Kammes glatt. Dem Medium werden nun die Augen verbunden. Ein anonymes Gruppenmitglied macht einen Handabdruck in den Sand.

Das Medium öffnet, nachdem es sich wieder mit seinem geistigen Helfer verbunden hat, die Augen und beobachtet aufmerksam, welche Gefühlsimpulse ihm über die Person vermittelt werden, deren Handabdruck es jetzt im Sand erkennen kann. Vielleicht hält es seine Hand über den Handabdruck, um die Schwingungen besser fühlen zu können.

Weitere Übungen

Wählen Sie drei flache Gegenstände aus, beispielsweise ein Theaterbillet, eine Fahrkarte oder einen Mitgliederausweis. Packen Sie

alle in Papier ein, so daß man sie mit den Augen nicht mehr unterscheiden kann, und stecken Sie diese in je ein Kuvert. Auf der Rückseite jedes Briefumschlages zeichnen Sie jetzt ihr Geheimzeichen, damit Sie später noch wissen, was in welchem Kuvert ist. Die Aufgabe für die Studenten ist es nun, langsam diese drei Kuverts zirkulieren zu lassen, wobei der einzelne sie nicht länger als eine Minute behalten sollte.

Wieder in Verbindung mit dem geistigen Helfer merken sich jetzt alle Teilnehmer ihre Visionen und Einfälle zu jedem Kuvert und schreiben sie anschließend auf, damit sie nichts vergessen.

Nachträglich werden alle Gedankenblitze zu Kuvert 1 bzw. 2, 3 vorgelesen und verglichen. Hier beginnt der Lernprozeß:

Nicht so wichtig ist, ob wir mit unseren Gedanken und Gefühlen *richtig* oder *falsch* liegen. »Der Weg« interessiert uns, wir wollen unsere Intuition kennenlernen und analysieren.

Wählen Sie Gegenstände aus verschiedenen Materialien und Formen aus. Packen Sie diese einzeln in gleiche Schuhkartons und geben Sie jedem Teilnehmer einen oder numerieren Sie jeden Karton. Stellen Sie die Kartons für alle gut sichtbar in eine Reihe.

Jeder Student notiert sich, nachdem er sich wieder entspannt und mit seinem geistigen Helfer verbunden hat, alle Einfälle zu jedem Paket.

Je entspannter und ruhiger Sie sind, je besser Sie Ihren Gedankenfluß einfach fließen lassen können und Vertrauen haben, um so besser werden die Resultate sein. Fragen Sie innerlich: Ist es schwer? Ist es Metall, Holz? Ist es farbig, rund, eckig, lang, groß, klein ...?

Billet-Lesen ist eine andere Übung, bei der Sie Fragen und Antworten bekommen können.

 Billet-Lesen

Am Anfang ist es vorteilhaft, wenn Sie mit einer Frage starten, welche mit Ja oder Nein beantwortet werden kann. Jeder Teilnehmer nimmt ein gleiches Stück Papier und einen Bleistift. Jeder schreibt nun auf der gefalteten Innenseite eine Frage auf, z. B.: »Soll ich den neuen Job, der mir angeboten wurde, annehmen?«

Sie falten dann das Blatt und notieren außen heimlich Ihr Merkzeichen. Nur die Person, die dieses Zeichen geschrieben hat, sollte das Blatt anhand dessen identifizieren können; Initialen sind also nicht geeignet. Sammeln Sie nun alle Billets in einer Schachtel ein, und versuchen Sie, sich auf die Fragen einzuschwingen, ohne auf sie zu schauen.

Was auch immer für Ideen und Impulse Sie bekommen haben – lesen Sie anschließend die Frage durch und kontrollieren Sie, wie nahe Sie der »Wahrheit« kamen...

Je vertrauter wir mit diesem Lesen von Gegenständen werden, umso bewußter wird uns, daß wir alle diese Fähigkeit täglich unterschwellig anwenden! Sitzen beispielsweise mehrere Personen zusammen, so verschmelzen ihre Ausstrahlungen, und sie können sich wohlfühlen. Hat ein Mensch momentan sehr schwierige Probleme oder einen schlechten Charakter, ist er deshalb emotional und rational negativ eingestellt. Solche Menschen können in einer Gruppe ohne offenbaren Grund isoliert werden, weil ein subtiles Bedürfnis besteht, sich von ihnen zu distanzieren. Wenn ihre Ausstrahlungen in Harmonie verschmelzen, werden die Menschen, die sich leicht und luftig fühlen, eine Schwere empfinden, wenn sie neben einer negativen Person sitzen. Umgekehrt wird sich eine negative Person automatisch leichter fühlen, wenn sie neben einer positiven, hochgestimmten Person sitzt.

Tief im Innern stimmen wir uns täglich psychometrisch auf unsere Umwelt und auf die anwesenden Menschen ein und verhalten uns dann aus Selbstschutz oft unbewußt dementsprechend.

Grundlage des Hellwissens oder der Intuition

Vorahnungen kommen unangemeldet

Bei der Intuition, der Gabe des prophetischen Wissens, erleben wir unerwartete, blitzartige Einsichten. Während einer Unterhaltung mit einem Freund könnten Sie, schon bevor Ihr Freund seine Neuigkeit fertig erzählt oder sein Gefühl beschrieben hat, sagen: »Ich weiß«. Mit der Zeit werden Sie genügend Beweise für die Stichhaltigkeit Ihrer Intuition bekommen. Gefühlssicher genug, lernen Sie allmählich, Ihren Vorahnungen, Ihrer Intuition, völlig zu vertrauen. Wichtig ist, daß wir uns unsere Vorahnungen nicht ausreden! Leider werden diese von uns oft heruntergespielt und als Einbildung oder »innere Angst« abgestempelt. Intuition kommt aus heiterem Himmel und meistens ohne unterstützende Beweise zu uns. Die Folge ist, daß die Mehrzahl der Vorahnungen, die wir tatsächlich als solche anerkennen, auf dem Wege der Intuition zu uns kommen. Und die Folge hiervon ist, daß Intuition im allgemeinen mit Prophezeiung gleichgesetzt und fälschlich nur mit dem Wahrnehmen der Zukunft in Verbindung gebracht wird.

Einschneidende Erlebnisse sind vor allem solche, bei denen eine Intuition unmittelbar eintrifft und einfach stimmt. So wußte ich beispielsweise plötzlich, als ich noch in Bern als Lehrerin lebte, daß die Zeit dort jetzt abgeschlossen sei und ich nach Zürich zu fahren hätte, um meine Künstlerpläne realisieren zu können. Ich hatte die Gewißheit, daß sich die Wohnungssuche problemlos ergeben würde und daß ich von einer höheren Kraft geführt wurde. Also vertraute ich meinem inneren Impuls und nahm mir vor, einen Tag für diese Suche einzusetzen.

Die Suche begann über Zeitungsinserate. Mittags war ich ziemlich desillusioniert – es schien doch nicht so einfach zu sein. Der Zufall wollte es, daß ich beim Mittagessen im Restaurant mit einer Tischnachbarin ins Gespräch kam. Diese riet mir, im Stadthaus nachzufragen. Ohne zu wissen, daß dieses Haus für Wohnungssuchende unpassend war, ging ich hin und begegnete im Treppenhaus einem Herrn, der mich auf die städtische Liegenschaftenverwaltung verwies. Kurz vor Büroschlußzeit fand ich endlich den geeigneten Schalter. Der Zuständige lachte und meinte, ich sei ein Glückspilz. Soeben hätte er eine Kündigung von einem städtischen Wohnatelier erhalten.

Ich fuhr am selben Tag innerlich ruhig nach Hause und wußte, daß das meine zukünftige Wohnung sein würde. Innerhalb eines Monats war alles geregelt, und tatsächlich wohnte ich ein paar Jahre dort.

Geht es uns allen nicht oft so, daß man plötzlich einfach weiß, was man machen muß? Ein ganz tiefes, inneres Wissen vermittelt eine unmißverständliche Sicherheit, daß es so und nicht anders ist.

Unmittelbares und universales Wissen

Intuition ist ASW, die nicht als Gefühl, Vision oder Stimme vorkommt, sondern als unmittelbares Wissen. Dieses Hellwissen kann die Vergangenheit, die Gegenwart oder die Zukunft betreffen. Mit dieser Art plötzlicher intuitiver Einsicht können Rätsel aus unserer Vergangenheit gelöst werden – indem plötzlich der »Groschen« fällt. Mit Hilfe von Intuition können wir Schwingungen außerhalb eines linearen Zeitverständnisses wahrnehmen, was lebensverändernde Folgen haben kann.

Achten Sie also auf Ihre Gedankenblitze, auf Ihre Intuitionen. Der Vorgang, »nach oben oder innen zu denken«, öffnet buchstäblich eine Türe zu universalem Wissen, damit unmittelbar die dort gespeicherten Informationen, wie durch einen Trichter in unser Gehirn, in unseren Geist einfließen können.

Intuition ist von allen fünf medialen Sinnen diejenige außersinnliche Gabe, der wir am häufigsten begegnen. Sie ist der direkteste und schnellste ASW-Kanal: Menschen, deren Stärke die Intuition ist, arbeiten in einer höheren Geschwindigkeit. Da sie wie die »Propheten« eine natürliche intuitive Offenheit besitzen, fließen ständig Gedanken durch ihr Bewußtsein.

Wichtiger Hinweis für Hellwissende

Viele Hellwissende meinen, daß sie nicht richtig meditieren können, weil sie Schwierigkeiten damit haben, ihren Geist zur Ruhe zu bringen. Versuchen Sie in dem Fall nicht, den freien Fluß der Gedanken, der Ihre Stärke ist, zum Stillstand zu bringen! Der Schlüssel zur Meditation für einen »Propheten« ist, daß er dem Fluß erlaubt sich fortzusetzen, jedoch versucht, sich dabei auf seine meditativen Gedanken zu konzentrieren. Deuten nicht diese gerade auf »Realität« hin?

Vor- und Nachteile des Hellwissens

Nachteilig wirkt sich das Hellwissen so aus, daß die Eindrücke oft flüchtig, manchmal schwer einzufangen sind und häufig ohne weitere unterstützende Informationen vorkommen. Es ist der mediale Sinn, dem man am Anfang oft am schwersten vertraut.

Menschen, deren Stärke die Intuition ist, meinte Pete A. Sanders, können ausgezeichnet Probleme oder Schwierigkeiten vorhersehen. Sie sind geistig rege und können sich schnell an sich verändernde Umstände anpassen. Sie nehmen instinktmäßig wahr, wie sie zur richtigen Zeit am richtigen Ort sein können, und sie sind Erneuerer mit grenzenloser Kreativität, die sich nur selten von Konventionen einschränken lassen. Sie erkennen instinktiv die Bedürfnisse von Familienmitgliedern und Menschen, die ihnen lieb und teuer sind.

Menschen, deren Schwäche die Intuition ist, können aufgrund der Mengen an Gedanken und Ideen, die sie empfangen, zerstreut sein. Sie nehmen Informationen weit im voraus und manchmal zu früh auf, sind schnell gelangweilt und führen Projekte häufig nicht zu Ende. Oft sind sie ihrer Zeit voraus und werden von anderen deswegen abgelehnt. Manchmal sprechen sie zu schnell, wobei sie einfach ausspucken, was ihnen gerade in den Sinn kommt, ohne darüber nachzudenken.

Übungen

1. Übung

Das beste Übungsfeld ist der Alltag. Notieren Sie sich intuitive Gedankenblitze, beobachten Sie, vergleichen Sie. Über welche ungeklärten Dinge wollten Sie schon lange mehr wissen? Versuchen Sie Ihre Intuition zu benutzen, um zu sehen, welche Einsichten Sie vielleicht bekommen können:

- *Vergegenwärtigen Sie sich ungeklärte oder unverständliche Situationen im Geist – schauen Sie sich diese noch einmal in aller Ruhe an.*
- *Versuchen Sie, sich Ihre Gefühle über diese Angelegenheit zurückzurufen.*
- *Achten Sie darauf, welche unmittelbaren Eindrücke oder Gedanken Ihnen dabei zu diesem unaufgelösten Bereich in den Sinn kommen.*
- *Versuchen Sie, diese Gedanken oder Eindrücke nicht sofort zu analysieren.*
- *Schreiben Sie sie einfach so nieder, wie sie Ihnen in den Sinn kommen.*
- *Schauen Sie später Ihre Aufzeichnungen durch, um zu sehen, wie Sie die Bereiche, die Ihnen vorher unklar waren, er-klären oder er-hellen.*

2. Übung

Nach der Körper-Seele-Geist-Entspannung begrüßen Sie wieder herzlich einen Ihrer geistigen Helfer und freuen sich auf die Zusammenarbeit. Gemeinsam wandern Sie nun in Ihrer Vorstellung an Ihren Lieblingsort, irgendwo in der Natur, wo Sie sich ungestört vom Alltagslärm mit ihm unterhalten können.

Heute inspiriert Sie Ihr geistiger Helfer mit allem, was jetzt gerade Ihre(n) Freund(in) beschäftigt, was er oder sie tut, wie es ihm oder ihr geht. Da Ihr geistiger Helfer ja ein Abgesandter Gottes ist, sind Sie sich bewußt, daß Sie kraft Ihrer ethisch-moralisch sauberen Geisteshaltung nur entsprechende spirituelle Führung bekommen. Das heißt, daß Sie und ihr(e) Freund(in) automatisch unter göttlichem Schutz stehen und Ihnen nur das eingegeben wird, was für Ihre mediale Schulung geeignet zu wissen ist. Aufmerksam und wachsam für alle Einfälle und Gedankenblitze notieren Sie sich bitte alles in Ihrem Gedächtnis. Hochkonzentriert registrieren Sie alles, was Ihnen in den Sinn kommt.

Nachdem Sie sich alles gemerkt und durchs innere Gespräch geklärt haben, bedanken Sie sich für diese Zusammenarbeit, verabschieden sich und kommen von Ihrem Lieblingsplatz wieder ruhig zurück. Schließen und schützen Sie sich in Ihrer Art und Weise.

Grundlage des spirituellen Heilens

»Muß eine Brieftaube die Landkarte lesen können, um den richtigen Weg zu finden?«, meinte einmal ein philippinischer Heiler. Die Entwicklung des spirituellen Heilens gehört auch zur Entfaltung der Medialität. Es geht beim Heilen vor allem darum, Liebe zu schenken.

Liebe schenken ohne Bedingungen

Wir sollen alle einmal lernen, uns nicht nur von unseren persönlichen Gefühlen, unserem Ego, unseren Sympathien und Antipathien leiten zu lassen, sondern vor allem auch einfach Liebe zu schenken, ohne etwas Sichtbares unmittelbar dafür zu erwarten oder zu bekommen.

Je mehr Erfahrungen wir sammeln, desto besser begreifen wir, daß auch der Heiler nur als Werkzeug der Heilung dient. Der Heiler heilt nicht selbst. Die Heilung strömt durch ihn hindurch, nicht aus ihm. Wenn er sich »nach oben« wendet, um Heilung zu erbitten, stellt er sein Ego zurück. Diese Zurückhaltung ist gar nicht so einfach – aber sehr wichtig. Durch ihn hindurch kann die Heilung als ein sinnvolles, vorgeplantes Werk geschehen.

Alles im Leben hat einen Sinn, und unsere Aufgabe ist es, gemeinsam diesen Sinn zu erarbeiten. Die besten Heilmethoden sind demzufolge solche, die der Lebenskraft helfen, ihre innere Heilungsarbeit wieder aufzunehmen. Jeder Mensch hat ein Selbstheilungspotential, das für das seelische und körperliche Gleichgewicht sorgt. Auch sind wir mit der kosmischen, göttlichen Heilungsenergie oder dem Lebensstrom immer verbunden. Heilung geschieht also durch die Inspiration vom höchsten Bewußtsein oder vom höheren Selbst. Gottes Geist ist in allen Menschen. Dennoch kann es aus den verschiedensten Gründen geschehen, daß die Harmonie nicht mehr gewährleistet ist und Störungen, zum Beispiel Krankheiten, auftreten.

Geistheilen

Durch einen Lernprozeß, der zu einer Haltungs- und Verhaltensänderung führt, kann der Kranke oft wieder zur Harmonie kommen und sogar zur Gesundheit zurückfinden. Dabei kann ihm die Lebensenergie behilflich sein, die im Kontakt mit einem spirituellen Heiler direkt (als Medium durch »Gesundbeten« oder durch Handauflegen) oder auf Distanz (Fernheilung) – vom physisch anwesenden oder geistigen Heiler aus der feinstofflichen Welt – zufließt. Es gibt keine Heilung, bei der die Seele nicht durch diese göttliche Lebensenergie berührt wird.

Allgemein können wir sagen, daß beim Geistheilen eine Heilung durch Jenseitige, durch höher entwickelte Wesenheiten aus der geistigen Welt oder höheren Bewußtseinsebenen vermittelt werden kann, und zwar mittels irdischer oder außerirdischer Geistheiler; eine Art Fernheilung geschieht, könnte man sagen. Die Heiltechniken sollten beim Geistheilen von anderen geistigen Intelligenzen gelenkt und kontrolliert werden.

Der Heiler – ob physisch oder geistig anwesend – stellt sich als Kanal zur Verfügung und läßt die göttlichen Energien fließen. Dadurch werden die Heilenergien des Patienten möglichst optimal aktiviert.

Das bedeutet, anders ausgedrückt, daß göttliche Liebe durch Gedankenkraft und Gebet geschenkt oder vermittelt wird.

Grundsätzlich ist jeder Mensch ein Heiler, denn jeder Mensch kann göttliche Energie oder reinste Heilkraft durch sich hindurch zu anderen Menschen oder Lebewesen fließen lassen. Denken wir doch an die Mutter, die automatisch ihrem verletzten Kind über die Wunde streicht und

ihm ein »Healing« gibt. Mit ihrem Streicheln macht sie nichts anderes, als intuitiv den verletzten Ätherkörper zu schließen.

Heilung kommt nicht vom Heiler, sondern geschieht durch ihn hindurch

Die spirituelle Kraft und die Liebe hilft auf allen Ebenen, wenn es im großen Schicksalsbuch geplant und geschrieben steht. Deshalb darf der Heiler nie etwas versprechen. Erwarten wir also keine Wunder – obwohl es immer wieder Wunder geben kann und wird. Wenn durch eine Heilung vielleicht ein »Wunder« geschieht und eine Genesung eintritt, wollen wir nicht vergessen, daß es *nie* der Heiler ist, der geheilt hat, sondern »Es« heilt durch den Heiler.

Die Heilenergie ist eine gewaltige und die ewige Kraft des Lebens – eine beständige, schöpferische Kraft nicht nur zum Nutzen des einzelnen, sondern für die ganze Menschheit.

Heilung ist nicht auf Menschen beschränkt

So können Sensitive nicht nur einem Menschen ein Healing geben, sondern einer ganzen Gruppe, einer Stadt oder einem Land, das in einer schwierigen Situation ist. Auch der ganze Kosmos, das ganze Tier-, Pflanzen- und Mineralreich nimmt diese spirituellen Heilkräfte gerne und dankbar immer an.

Haben Sie zum Beispiel einen »grünen Daumen«? Probieren Sie es doch mal aus! Geben Sie einer Zimmerpflanze regelmäßig ein Healing – Sie könnten staunen, wie diese plötzlich wieder zu wachsen und zu blühen beginnt!

Was geschieht eigentlich bei einem Healing? Was wird geheilt? Der Heiler bittet vor seiner Arbeit um göttliche, höhere Führung. Selbstlos, mit Herz und Liebe etwas für den Mitmenschen zu tun, ist also die beste und erste Voraussetzung für spirituelles Heilen.

Mit seiner Arbeit reinigt der Heiler auch seinen eigenen Kanal – die Verbindung zwischen seiner Seele und seinem Geist und dem göttlichen Geist. Das ist eine wichtige Aufgabe für seine persönliche mediale Entwicklung.

Die Qualität des Heilerkanals ist demzufolge eine Frage des Bewußtseins. Je höher das Bewußtsein, umso höhere Heilenergien können vermittelt werden.

Gesundheit = physische, psychische und spirituelle Harmonie

Wenn wir krank sind, ist es unser disharmonischer Geist, der als eigentliche Ursache der Krankheit behandelt werden muß. Wir wissen, daß der Mensch weitaus mehr als bloß ein physischer Körper ist: Er existiert in einer Vielfalt von Bewußtseinskörpern. Gute Gesundheit bedeutet einen Zustand physischer, psychischer und spiritueller Harmonie. Der Körper selbst ist an der Erzeugung von Krankheiten völlig unbeteiligt; er reflektiert nur die Auswirkungen des Konflikts oder Ungleichgewichts zwischen den verschiedenen Bewußtseinsebenen oder unserer Psyche. Der Heiler versucht, durch sein Kanalsein wieder ein Gleichgewicht im Energiesystem herzustellen.

Falsch ist zu glauben, daß jede Krankheit jedesmal auf eine spirituelle Heilung anspricht. Auch wenn das höhere Selbst das Gefühl hat, daß die Zeit reif ist, um in die andere Welt zu gehen, kann dem kein menschlicher Wille entgegenwirken.

Gott allein kennt die letzte Antwort, deshalb können wir uns nur für uns selber bemühen, klarer zu wissen, und für andere beten, daß es für sie so kommen möge, wie es am besten für sie sei und ihrem göttlichen Plane entspricht.

Viele, auch komplizierte Fälle können sehr schnell geheilt werden, andere, harmlose Probleme können viele Behandlungen erfordern. Hier wird uns bewußt, daß jede Krankheit auch eine Art Lernlektion beinhaltet.

Die Lebensenergie

Es gibt viele verschiedene geistige Heilmethoden; unmöglich ist es, hier alle aufzuzählen. Einige Beispiele wären die magnetische Heilung, Radiotherapeutik, das Pranahealing, die Bioenergetik, Therapeutic Touch usw. Die Erfahrung und Beeinflussung der Lebensenergie hat in alten und neuen Heilkünsten immer eine wichtige Rolle gespielt. Wir finden sie unter verschiedenen Begriffen in fast allen Kulturen und Epochen wieder: Chi oder Ki hieß sie bei den Chinesen und Japanern, Prana bei den Indern, Ka bei den Ägyptern, Wakonda, Oki, Orenda bei den nordamerikanischen Indianern, Mgebe bei Buschmännern und Pygmäen Afrikas, Heilkraft der Natur bei Hippokrates, Numia bei Paracelsus, Animalischer Magnetismus bei Mesmer, Lebensprinzip bei Samuel Hahnemann, Orgon bei Wilhelm Reich, Bioenergie bei Lowen und Pierrakos, Reiki bei Dr. Usui etc. Überall handelt es sich um die gleiche Energie, mit der geheilt wird. All die verschiedenen angewendeten Heilermethoden geben immer wieder Anlaß zu vielfältigen Interpretationen und Diskussionen.

Der Heiler

Gleich welche Hilfsmittel und gleich welche Techniken beigezogen werden – wichtig scheint mir in erster Linie der *aufrichtige Wunsch* zu helfen und zu heilen.

Die Absicht ist wichtiger als die Tat – das ist für jeden spirituellen Heiler die erste und wichtigste Qualifikation!

Faktoren im Heilen

Die zweite Qualifikation ist dann sein medialer Bewußtseinsstand und die dritte seine er- und bearbeitete Persönlichkeit des Hier und Jetzt, die er als »Gefäß« und »Kanal« in den Dienst der göttlichen Führung stellt.

Der Klient seinerseits muß sich bemühen,
- **Krankheitsursachen selber herausfinden zu wollen,**
- **annehmen zu lernen,**
- **nach der Einsicht aktiv seine Lebenseinstellung oder -haltung zu verändern,**
- **passiv die höhere Führung walten zu lassen und**
- **sich vertrauensvoll seinem höheren Selbst zu fügen.**

Krankheit kann nur existieren, wenn Disharmonie herrscht. Heilung ist ein spiritueller und auch ein geistiger Prozeß.

Es gibt keinen Heiler, der erfolgreich heilen kann, wenn der Klient sich hartnäckig weigert, gewisse Dinge in seinem Leben zu verändern.

Heiler und Klient müssen eine spirituelle Atmosphäre anstreben, damit ein Zustand des Gleichgewichts erreicht werden kann.

Heilung ist kein Wunder, sondern folgt Naturgesetzen

Vergessen wir nicht: Ein Heilerfolg, wie spektakulär er auch sein mag, ist kein Wunder. Jede Heilung vollzieht sich innerhalb natürlicher und spiritueller Gesetze. Spirituelle Heilung ist die größte Kraft des Lichts und der Liebe.

Der spirituelle Heiler heilt beispielsweise:
- durch Auflegen der Hände,
- durch die Kraft der Gedanken und Worte,
- durch Fernheilung.

Der Heiler ist sich dank seiner psychischen und spirituellen Sensitivität oft der Präsenz eines lenkenden Wesens bewußt. Deshalb wird er automatisch zum kranken Körperteil geführt, und oft empfängt er dann eine Inspiration über die Ursache des Problems. Einige Heiler besitzen in dieser Hinsicht eine so große Begabung, daß sie sofort – ohne Hilfsmittel – eine genaue Diagnose der Krankheit erstellen können. Einige sensitive Menschen und Heiler sind in der Lage, Menschen zu helfen, ohne sie zu berühren oder sogar physisch bei ihnen zu sein. Dies wird durch Gebet und Meditation bewirkt und als *Fernheilung* bezeichnet.

Fernheilung

Am Anfang der Fernheilung kann ein Foto des Klienten – das kann auch ein Tier, eine ganze Menschengruppe oder ein Land sein – dem Heiler in seiner mentalen Phantasie und Projektion unterstützend helfen.

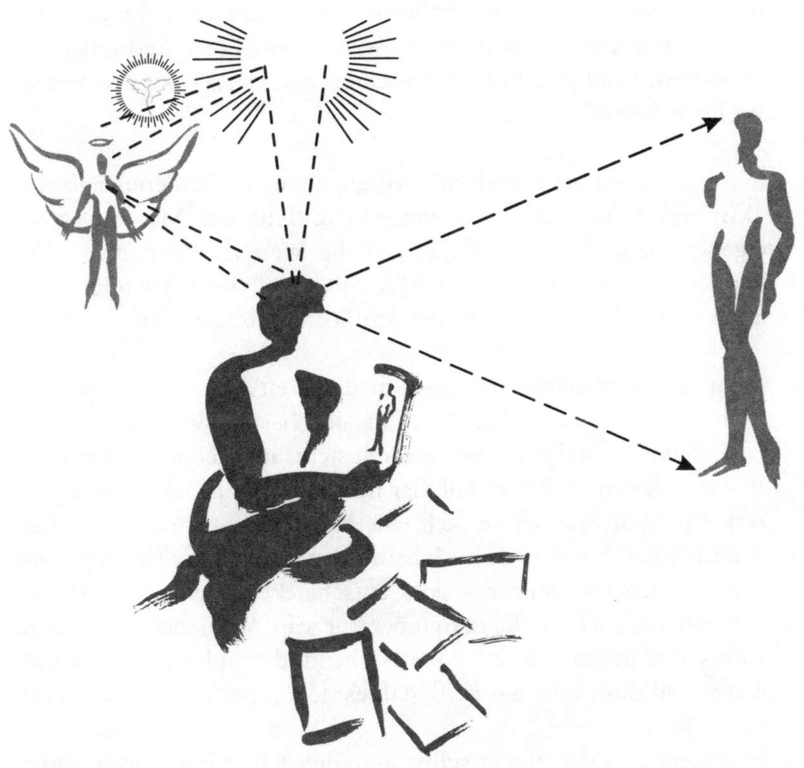

Fernheilung

Der Heiler wird von seinem geistigen Helfer geführt

Jeder spirituelle Heiler steht unter der Kontrolle eines geistigen Helfers oder Führers. Zu Beginn der medialen Entwicklung ist er sich dessen Gegenwart vielleicht noch nicht richtig bewußt. Er glaubt daran – das Wissen darüber bekommt er vielleicht dann bei wachem Beobachten und Erkennen. Er braucht sich deswegen aber nicht zu sorgen, denn sein Bote Gottes wird ihm als geistiger Helfer trotzdem zur Seite stehen, und zum gegebenen Zeitpunkt wird man seine Gegenwart immer klarer spüren.

Der Heiler, der Hohepriester und der Medizinmann wissen, daß ihre Kräfte göttlich inspiriert sind. Sie wissen, daß sie sich auf eine göttliche Kraft berufen und daß nur diese Erlösung von Krankheit und Leid bringen kann. »Dein Wille geschehe« sollte also die Grundeinstellung jedes Heilers sein – so ist es immer, und nur die spirituelle Bewußtseinsebene aktiviert die Liebe des Heilers zur Selbstheilung seines Klienten. Machen wir unwissentlich trotz aller ethischen Vorsicht etwas falsch, so ist das dennoch ein spiritueller Akt und daher ein göttlich inspirierter Heilakt. Fehler machen wir alle und immer wieder – entscheidend ist nur, daß wir sie in bestem Wissen und Gewissen, aus Liebe und selbstverantwortlich mit den besten Absichten machen – von unserem jeweiligen Bewußtseinsstand aus.

Fernheilung ist eine wertvolle Möglichkeit, um anderen *selbstlos* aktiv-passiv zu helfen und gleichzeitig dank der Meditation die eigenen Gedanken, den Geist und die Seele zu entspannen. Nebenbei lernt der Student der Medialität auf diese Art und Weise auch immer besser, aus »Raum und Zeit« auszusteigen.

Vorstellungen des Heilers

Wenn der Fernheiler dann seinen meditativen Zustand für seine geistige Arbeit gefunden hat, kann er sich beispielsweise eine große Badewanne vorstellen, gefüllt mit reinstem, angenehm beruhigenden Wasser oder einen Wasserfall, der hell und klar im Sonnenlicht glitzert. Vielleicht wählen Sie sich eine andere Vorstellung – entscheidend ist, daß Sie sich wohl dabei fühlen, sich seelisch-geistig optimal reinigen und immer wieder entschlacken. Denken Sie daran, daß eine angenehme Wassertemperatur sehr persönlich erlebt wird – die einen lieben es kalt und erfrischend, die anderen lieber handwarm und sanft oder gar heiß, daß es richtig prickelt auf der Haut.

Nachdem sich der Heiler selbst gereinigt hat, kann er sich seinen Patienten gedanklich vorstellen, wie dieser sich nun auch im reinen, sprudelnden Heilwasserquell reinigen und von göttlicher Heilkraft auftanken läßt. Vielleicht beginnt der fortgeschrittene Heiler mit der Zeit sogar, andere feinstoffliche Wesen aus höheren Bewußtseinsebenen um seinen Klienten wahrzunehmen, und kann beobachten, wie diese ihm eine spirituelle Heilung geben, ja vielleicht sogar einen feinstofflichen Eingriff vornehmen. Eine mentale Kommunikation auf telepathischer Ebene mit diesen geistigen Heilern gibt dem fortgeschrittenen Heiler immer größere Gefühlssicherheit bezüglich seiner eigenen Intuition. Interessant ist dann natürlich das anschließende Feedback, besonders wenn sich eine gesundheitliche Verbesserung des Klienten »automatisch« oder »unerwarteterweise« einzustellen beginnt.

Da die spirituelle Heilung stets vom höheren Willen geleitet wird, ist es gar nicht unbedingt immer nötig, daß der Klient über die Fernheilung, die für ihn vollzogen wird, orientiert oder aufgeklärt wird oder ist. Unter Umständen ist es sogar sinnvoller, wenn der Heiler »heimlich« arbeitet oder schlicht und einfach für jemanden betet.

Wenn Sie als Fernheiler den Kranken in ihrer Vorstellung nach gewisser Zeit wieder aus dem Heilbad nehmen, setzen Sie diesen zur Erholung in einen bequemen Sessel, oder legen Sie ihn in ein Bett. Vielleicht kommt Ihnen jetzt ein bestimmtes Gefühl von Wärme, Energie oder ein bestimmter Farbimpuls in den Sinn – auch wieder vom höheren Willen geführt, bieten Sie sich als Kanal für diese höheren Heilenergien an, die jetzt zu dem kranken Körper in der für ihn richtigen Quantität und Qualität fließen möchte. Lassen Sie diese Heilkraft solange fließen, bis ie mit dem Strom der göttlichen Liebe automatisch – wenn die Zeit dazu reif ist – wieder versiegt.

Sogar wenn die Krankheit schon vor der Geburt verursacht wurde oder genetisch bedingt ist, kann man vernünftigerweise sagen, daß jede negative körperliche Verfassung – wenn die Zeit dazu reif ist – auf eine spirituelle energetisch emotionale Heilung reagieren kann.

Für wen Fernheilung geeignet ist

Fernheilung ist sehr geeignet sowohl für Menschen, die bereits im Krankenhaus weilen, als auch für solche, die sich beispielsweise optimal auf eine Operation vorbereiten wollen. Auch allen Menschen, die im Streß stecken, die selbstmord-, drogen- oder alkoholgefährdet sind, kann mit regelmäßiger Fernheilung geholfen werden. Daß diese immer darüber informiert werden, ist – wie bereits erwähnt – nicht unbedingt nötig. Ein Abkommen, nach dem Heiler und Patient sich beide zur gleichen Zeit mental auf der gleichen Wellenlänge treffen, begünstigt allerdings die Heilkraft. So wird diese Beachtung der Aufmerksamkeit vor allem von Menschen, die oft alleine sind, dankbar und gerne angenommen. Das Aktiv-passiv-Sein erleben wir auch hier.

Fernheilung ist bei verschiedensten Krankheiten möglich – physischen wie psychischen, sichtbaren oder unsichtbaren. Bleiben Sie immer bescheiden dabei, und seien Sie sich bewußt, daß Sie im Dienste der Führung Gottes und der Treue seiner Liebe als Werkzeug wirken.

Selbstheilung

Die Selbstheilung ist ein wichtige Möglichkeit, die persönliche seelisch-geistige sowie körperliche Gesundheit frei und unabhängig – immer und überall – selbständig pflegen zu können. Sich selber heilen zu können ist die große Kunst der Selbstliebe.

Selbstheilung = Selbstliebe

Ich bin überzeugt davon, daß unsere Gebete erhört und je nach Notwendigkeit erfüllt werden. Ebenso sicher bin ich, daß Heilenergie von uns und an uns direkt und unmittelbar zu fließen beginnt, wenn man sich dazu die nötige Zeit gönnt. Es gibt nichts Einfacheres zu tun als das.

Setzen Sie sich bequem hin für eine kurze Meditation. Stellen Sie sich Ihren spirituellen Bewußtseins- oder Astralkörper vor, und fühlen Sie, wie dieser immer stärker und kräftiger wird. Bitten Sie dann Ihren geistigen Helfer, er möge Ihnen als Geistheiler beistehen. Dieser legt in Ihrer Vorstellung vielleicht seine feinstofflichen Hände auf Ihre Schultern und freut sich, für Sie Kanal sein zu dürfen. Bitten Sie dann die höchste Intelligenz oder den Großen Geist um die reinste Kraft, und öffnen Sie sich für dieses Healing. Vielleicht nehmen Sie diese Energie als Farbimpuls wahr – nehmen Sie Ihre Heilfarbe dankbar an, und lassen Sie sich in Ihrer Vorstellung wie ein leeres Gefäß damit vollaufen. Nicht nur Ihr physischer Körper mit all seinen Organen, Muskeln und Zellen – auch alle Ihre psychischen Schichten werden durchströmt von dieser Heilfarbe, regeneriert und aufgeladen.

Selbstheilung

Lassen Sie dieses Prozedere fünf bis fünfzehn Minuten am Morgen und am Abend mit sich geschehen, bei großen Schmerzen können Sie das beliebig wiederholen. Mit der Zeit und vor allem bei regelmäßiger, disziplinierter Durchführung werden Sie nicht nur im Hinblick auf Ihre Sorgen Erleichterung erfahren, sondern auch eine Veränderung in Ihrem ganzen spirituellen Wesen feststellen können. Sie können Selbstheilung also alleine und selbständig durchführen; in bewußter Zusammenarbeit mit Ihren geistigen Helfern funktioniert es oft schneller und noch besser.

Vergessen Sie bei dieser Gelegenheit nie, daß lange nicht alle geistigen Helfer und Führer Ärzte sind. Die spirituelle Heilung wird aber immer von der nächsthöheren Sphäre oder Bewußtseinsebene kontrolliert und durch den Heiler ausgeführt.

Aus diesem Grund empfehle ich Ihnen auf dieser Stufe der Entwicklung Ihrer medialen Anlagen, daß Sie vor allem Ihre geistigen Helfer – je nach Bedarf – um ein Healing bitten und es auch Ratsuchenden weiterempfehlen.

Probieren Sie es zuerst selber aus! Wenn Sie das nächste Mal Kopfweh haben, gönnen Sie sich ein bißchen Zeit, und bitten Sie ihren geistigen Helfer, er möge Ihnen als Kanal für die reinsten, göttlichen Heilkräfte – als Fernheiler – dienen und die Spannungen auflösen. Wenn es im Sinne des höheren Willens ist, erleben Sie bestimmt ein Wunder.

Handauflegen

Auch beim Handauflegen ist es die göttliche Liebe, die weiter geleitet werden will, und der Heiler muß sich in den Dienst und die Kontrolle der höheren Führung geben.

Der erfahrene Heiler spürt mit der Zeit intuitiv, was für seinen Klienten richtig und wichtig ist, so wie jede Mutter auch gefühlsmäßig genau spüren sollte, wann sie beispielsweise bei ihrem weinenden Kind durch körperlichen Kontakt vermehrt Schmerzen lindern kann oder nicht.

Seriöses Engagement wichtiger als auffälliges Ritual

Umso wichtiger ist demzufolge das seriöse innere Engagement – da sonst der Patient nach einem auffälligen Ritual, um es nicht Hokuspokus zu nennen, das Vertrauen in die wertvolle geistige Arbeit leicht verlieren könnte. Denn auch der Handaufleger weiß, daß er Heilenergie aus göttlicher Quelle der Liebe weiterleitet, und diese wird von der höheren Führung kontrolliert, und zwar genau in der richtigen Menge und Stärke.

Wenn Sie beim Handauflegen eine angenehme Wärme oder sogar ein Kribbeln an ihrem Körper feststellen können, geschieht eigentlich nichts anderes als daß Ihr Nervensystem erwacht und aufnahmebereit zur Weiterleitung dieser bewußt werdenden spirituellen Heilenergien wird. Wenn Sie diese Energietransmission nicht spüren, kann es auch sein, daß der Heiler blockiert und momentan ein ungünstiger Kanal ist. Die inneren oder höheren Helfer beider Teile sollten also die Führung übernehmen, um innere Barrieren überwinden zu können. Manchmal wirken solche nämlich auch als natürlicher Schutz – deshalb vertrauen Heiler sowie Klient der höheren Führung, und es können keine Fehler geschehen.

Oft genügt es für den Handaufleger auch, nur die Hand des Patienten zu halten. Dabei können Sie als Heiler mit der Zeit selber herausfinden, welche Ihrer beiden Hände geeigneter für starke Heilenergien ist. Ihre geistigen Helfer und Führer freuen sich jetzt schon auf diese weitere Bewußtseinserfahrung. Vor allem bei psychosomatischen Leiden kann das Handauflegen für beide Teile großes Vertrauen in die fließenden Energien schenken.

Denken Sie daran, daß kein Heiler einen Arzt ersetzt. Spirituelle Heilung will immer nur ergänzend zur Medizin wirken.

Spirituelle und medizinische Heilung ergänzen sich

Obwohl beide Behandlungsarten einander ergänzen, sollte man die Tatsache nie vergessen, daß sich beide Prozesse völlig voneinander unterscheiden. Die medizinische Behandlung erschöpft sich im Gebrauch physischer Medikamente und anderer Heilweisen, während die spirituelle Heilung ihren Ursprung in einer völlig anderen Dimension hat – nämlich jener des Geistes. Die Geistheilung, die unter Umständen eine größere Rolle spielt, leistet ihren Dienst als Unterstützung und gibt dem Kranken körperliche und seelische Kraft, Entspannung, Ruhe und Zuversicht. Sie dient vor allem auch der Vorbeugung. Ebenfalls ist es von großem Vorteil, wenn der praktizierende fortgeschrittene Heiler genügend psychotherapeutische Erfahrung mitbringt, um im Falle auftretender Emotionen solche auffangen zu können.

Wenn wir uns für diese Heilkräfte weiter öffnen, weiten wir unser spirituelles Bewußtseinsfeld aus, damit dieses die empfangenen Heilenergien durch all unsere Bewußtseinsschichten, durch unsere Aura und dessen Energiezentren hindurch schließlich durch unseren physischen Körper fließen lassen kann. Die gebündelten Energien werden somit durch uns weitergeleitet.

Heilen durch die Aura

Je mehr sich die individuelle Medialität und Spiritualität Ihren Anlagen gemäß weiterentwickeln, um so besser können Sie später vielleicht sogar als verantwortungsvoller, spiritueller Heiler durch die Aura heilen.

Das heißt, Sie *fühlen* die Aura eines Mitmenschen. Je nach bereits geschultem Intellekt können Wissen und Intuition verknüpft und dementsprechend immer besser Krankheitsherde in der Aura eines Patienten erahnt und diagnostiziert werden.

Das Aurasehen ermöglicht eine Diagnose

Mit der sich entwickelnden Hellsichtigkeit wird der Heiler immer gefühlssicherer. Er sieht die Aura. Arbeiten Sie als Arzt oder Krankenschwester, können Sie die Aura mit ihren Löchern immer klarer erkennen und demzufolge eine noch bessere Diagnose stellen. Der Fluß verschiedener Energien kann in Farben beobachtet werden, wie er beispielsweise durch die Wirbelsäule das Nervensystem und dadurch das Hormonsystem und die Blutbahnen beeinflußt etc.

Wenn Sie die Aura von anderen Menschen sehen, können Sie auch erleben, daß der Heiler Energie vom Patienten bezieht. Was passiert denn da? Wir wissen, daß jede Bewußtseinsstufe ein anderes Magnetfeld hat und die stärkere bzw. die »physikalischere« immer die schwächere, beziehungsweise »spirituellere« anzieht. Wenn sich der Heiler selber also nicht gut fühlt und sich nicht ethisch sauber nur als Kanal für spirituelle Energie zur Verfügung stellt, zapft er leicht Energie von seinem Patienten ab, anstatt ihm welche zu geben.

Deshalb kann der Heiler im Umgang mit seinen Heilenergien nie bescheiden genug sein. Zudem sollte er nur arbeiten, wenn er sich selber fit, gesund und munter fühlt und bereit ist, sich in den Dienst der göttlichen Führung zu stellen.

Heilen durch die Aura setzt eine fortgeschrittene mediale Entwicklung voraus. Die Hände werden nicht mehr direkt auf den Körper gelegt, sondern bleiben in den feinstofflichen Körpern – ungefähr drei bis zwanzig Zentimeter vom physischen Körper entfernt. Wenn der Heilerkanal gut ist, kann die spirituelle Heilenergie genauso auf den kranken Körper wirken wie beim direkten Handauflegen. Die Aura bleibt dabei nicht statisch ruhig; die Heilenergie findet allein ihren richtigen Weg, so wie Heilung immer durch den Äther geschieht.

Höhere und spirituelle Kräfte können die Materie verändern

In dem Moment, wo Materie durch diese Heilerkraft sogar verändert werden kann, zum Beispiel ein Geschwür sich plötzlich auflöst, ein deformierter Wirbel wieder korrekt an seinem Platz ist, ein Gelähmter wieder aufstehen und gehen kann, sprechen wir im Volksmund von »einem Wunder«. Gibt es das wirklich? Genau genommen spricht man von einem Wunder, wenn etwas für den normalen Menschenverstand Unfaßbares geschieht. Aus medialer Sicht gesehen, wird ein solches Wunder der spirituellen Heilung als ein Fall von *physischer Medialität* erklärt. Dazu lesen Sie weiteres bitte in Lektion 6 nach. Hier wird also weder »eine Wundertat vollbracht« noch »gezaubert«, sondern durch diese immer bewußter werdende höhere, spirituelle Kraft nur Materie verändert.

Zusammenfassung

Spirituelle Heilung ist eines der höchsten medialen Geschenke, sei es um einem schmerzvollen Körper oder einem verwirrten Geist zu helfen, immer und nur ist das mittels göttlicher Heilenergie möglich. Es gibt, wie wir bereits gesehen haben, verschiedene Wege des Heilens; entscheidend und wichtig zu wissen ist nur, daß nie unser Ego heilt, sondern immer und nur die Kraft der ewigen Liebe.

Der Heiler in uns selbst

Vergessen Sie nie, daß der Große Geist unsere natürliche Lebenskraft spendet und demzufolge die Geistheilung eine natürliche Medizin ist. Wenn uns unser Körper durch Unwohlsein oder gar Krankheit ruft, wollen wir ihn wachsam anhören, ihm Beachtung schenken und nach dem Motto »wehret den Anfängen« sofort herausfinden, was der Grund der seelisch-geistigen Disharmonie ist, dessen psychischer Überdruck schließlich zur Krankheitsursache werden könnte. Wir wollen ihm dementsprechend göttliche Liebe, Verständnis und Vertrauen schenken, damit er in der Entspannung seine eigenen Heilenergien aktivieren und ungünstige Verhaltensmuster verändern kann.

Je mehr sich unsere medialen Anlagen entfalten, um so klarer können wir bewußt wahrnehmen, was mit uns eigentlich während eines Healings geschieht, was und wie an uns aus der geistigen Welt gearbeitet wird. Es ist gut möglich, daß uns ehemalige Fachleute, wie zum Beispiel Ärzte, Chirurgen, Heiler aus der feinstofflichen Welt behandeln und an uns sogar große Operationen vornehmen, wenn es aus spiritueller Sicht nötig ist. Die mediale Geist-Chirurgie kann, wie bereits erwähnt, auf der ätherischen Ebene praktiziert werden, damit sich die physische verändern kann.

Entdecken wir alle unseren eigenen Arzt, Hohepriester und Geistheiler in uns selber, damit wir gesund bleiben können, werden wir verantwortungsbewußt, und bemühen wir uns immer wieder neu und besser, die nonverbale Sprache der Medialität (Körper, Seele, Geist) zu lernen!

Erst wenn der Mensch sein feinstoffliches Wesen versteht, ist wahre Heilung möglich. Die höchste Bewußtseinsebene ist unabhängig und frei von uns – wir aber nicht von ihr.

Wir merken uns: Jeder Mensch ist grundsätzlich ein Heiler. Wichtig zu wissen ist aber, daß nicht jeder Heiler automatisch ein Mental-Medium, geschweige denn ein Kausal-Medium ist.

Helfen Sie immer nach diesem Muster:

Schritte beim Heilvorgang

1. Fragen und abklären, ob der Klient überhaupt ein Healing will.
2. Wenn nein, akzeptieren und als Fernheilung der göttlichen Führung übergeben. Wenn ja, sich mit dem höheren Selbst oder der göttlichen Führung in Verbindung setzen.
3. Bewußt Kanal sein für die richtigen Heilenergien für den Patienten (nicht für sich selber).
4. Solange Kanal sein, bis der Heilerfluß versiegt. (Je nach Ihrem Bewußtseinsstand fühlen Sie vielleicht, wie das Kribbeln in den Händen aufhört, die Hitze sich abkühlt oder später wie die Farben der Heilenergien sich auflösen.)
5. Abschlußgebet oder -meditation machen, sich bei Ihrer spirituellen Führung für die Zusammenarbeit bedanken, sich innerlich verabschieden und sich ganz bewußt vom Klienten lösen. Sie können sich zum Beispiel vorstellen, wie sie mit der Schere eine Art Nabelschnur zerschneiden.

Übungen

1. Übung

Hat jemand in Ihrer Familie Bauchweh oder eine andere Krankheit? Dann fragen Sie doch diese Person, ob sie ein Healing möchte. Wenn nein, akzeptieren Sie das, und übergeben Sie es der göttlichen Führung. Jeder Mensch hat seinen eigenen freien Willen.

Wenn ja, machen Sie vorher für sich ein kurzes Gebet oder eine Meditation, in dem Sie sich mit Ihrer göttlichen Führung in Verbindung setzen. Bitten Sie darum, daß Sie als reinster Kanal jetzt nichts anderes machen möchten, als die für den Patienten richtigen und wichtigen Heilenergien beispielsweise als Fernheilung mittels Ihrer Gedankenkraft oder als Mutter durch Ihre Hände zu Ihrem kranken Kind fließen zu lassen.

2. Übung

Wir suchen in der jetzigen Meditation unseren Lieblingsplatz auf, wohin wir uns ungestört, geschützt und geborgen vom Alltagslärm zurückziehen können. Wir verbinden uns bewußt mit der göttlichen Urkraft, der höchsten Intelligenz oder Gott und bitten um ein Healing.

Ein Abgesandter Gottes, der innere Helfer oder sonst ein geistiger Führer kommt nun zu uns und stellt sich als spiritueller Heiler und Vermittler für Heilenergien zur Verfügung. Als Kanal läßt er – mental, in unserer Vorstellung – die reinsten, hellsten und besten Heilenergien, göttliche Kraft und Liebe, durch seine Hände in uns fließen. So lange regenerieren wir uns im Strome der göttlichen Liebe, bis wir spüren, daß die Heilenergie langsam wieder versiegt. Ganz herzlich bedanken wir uns bei unserem geistigen Helfer für diese Selbstheilung, wir verabschieden uns bei ihm und kommen wieder zurück, ins Hier und Jetzt.

Einige Ratschläge

- Zeigen Sie Anteilnahme und Hilfsbereitschaft in der Zusammenarbeit mit anderen Menschen, aber nicht bis zur Selbstaufgabe – das hat nichts mit wirklicher Hilfe zu tun.
- Helfen Sie, ohne sich zu opfern.
- Heilen Sie, ohne selbst krank zu werden.
  Viele Menschen lieben ihre Krankheiten, weil sie damit Aufmerksamkeit erlangen können, und werden sie deshalb nicht leicht los. Geben Sie als Heiler diese Personen einfach in Gottes Hände, und lassen Sie seinen Willen zusammen mit Ihrer eigenen Liebe fließen.
- Stellen Sie im Gebet niemals Bedingungen an Gott, wie: »Bitte mach sie gesund, dann werde ich das und das tun«. Gott ist allmächtig und kann auch Dinge tun, die unsere Vorstellungskraft weit überschreiten. Nicht Gott ist Bedingungen unterworfen, sondern wir.
- Beten Sie niemals, nur weil es gerade von Ihnen erwartet wird. Sitzen Sie einfach da, und seien Sie anwesend. Wenn Sie still

werden, wird Gott Sie hören. Wenn die Zeit reif ist, wird uns gegeben, worum wir bitten.

- Lassen Sie sich auch selbst heilen, indem Sie sich dem Schöpfer unterwerfen. Oftmals beten Menschen für andere, vergessen sich selbst jedoch dabei. Geht es Ihnen nicht besser, so haben Sie sich selbst die Heilung verwehrt.
- Bleiben Sie demütig und bescheiden.
- Wenn Sie sich durch die Grundmeditation auf das göttliche weiße Licht einstimmen, wird genügend Heilung stattfinden können, um Ihren Geist zu erheben und Ihren Verstand zu beruhigen.
- Auf Ihrem Weg zum spirituellen Heiler treffen Sie auf viele emotionale, mentale, körperliche und praktische Barrieren, die Sie am Heilen hindern. Um diese zu überwinden, muß man sie zunächst verstehen. »Selbst-Überwindung ist der größte aller Siege«, sagte Plato.

Zum Schluß sei noch einmal angemerkt, daß wirklich therapeutisches Wissen nur durch ein langes intensives Studium und unter großem persönlichen Einsatz erreicht werden kann.

Wünschenswert ist natürlich, daß zukünftige Ärzte zusätzlich ihren inneren spirituellen Heiler mit seinen medialen Anlagen wieder entwickeln oder wenigstens geschulte Sensitive in ihre Arbeit integrieren und beiziehen.

Schlußübung:

Raum der Stille

Die Zeit steht still – der Lebensstrom fließt ruhig an Ihnen vorbei. Verschiedenstes wird auf dem Wasser transportiert – alles fließt. Die Entwicklung und das Verständnis unserer medialen Anlagen hilft uns, unseren inneren Raum der Stille immer konstruktiver auszufüllen – innerlich, mit unserem geistigen Arzt, Priester und Lehrer an uns zu arbeiten – bis das Wasser immer stiller, tiefer und klarer wird.

Kontemplation – stille Beschauung, Betrachtung, anschauende Versenkung wird möglich. Gefühle und Gedanken werden im Raum der Stille vom Lebensstrom willkürlich laufen gelassen, beobachtet, immer besser erkannt und bearbeitet, bis der gleiche Lebensstrom immer ruhiger wird, bis wir ihn rein aus seiner

Quelle kommend immer besser wahrnehmen, fließen lassen und leben können.

So wie Blumen auch im stillen wachsen und blühen – bringen Geduld und stete Pflege die Blüten zur vollen Entfaltung.

Unsere Stille erwacht wieder, wir freuen uns, uns mit dem Lebensstrom wieder an neue Ufer bringen zu lassen.

Quellen der Zitate:

1) F. Mechner: »Dem Traum auf die Spur«, GEO, He. 2, Februar 1994

Literaturempfehlungen:

Bieri, Edgardo: Spirituelle Medizin, München 1988
Brennan, Barbara Ann: Lichtarbeit, München 1987
Castaneda, Carlos: Eine andere Wirklichkeit, Frankfurt 1994
Choa Kok Sui: Die hohe Kunst des Pranaheilens, Freiburg 1995
Fromm, Erich: Die Kunst des Liebens, Stuttgart 1956 u. ö.
Gaylin, Williard: Gefühle, München 1988
Geisler, Gert: Paramedizin – andere Wege des Heilens, Freiburg
Johanson, Tom: Heilkraft, die von innen kommt, Freiburg 1988
Johanson, Tom: Zuerst heile den Geist, Freiburg 1993
Ryzl, Milan: ASW-Training, München 1975
Ryzl, Milan: Parapsychologie, München 1983

Lektion 3

Hellsehen und Hellhören

Lernziel des Hellsehens und -hörens

Sie erweitern Ihre Gedanken- und Gefühlssprache. Mittels Ihrer erwachenden ASW-Fähigkeiten stellen Sie Ihre Kompaßnadel immer exakter ein und werden treffsicherer – analog zum Schüler, der die verschiedenen Wortarten entdeckt.

Alles in der Welt ist merkwürdig und wunderbar
für ein paar wohlgeöffnete Augen.

José Ortega y Gasset

Spirituelle Ebene

Psychische Ebene

Physische Ebene

Mittels der 5 medialen Sinne entwickeln wir uns vom Emotional- zum Mental-Medium. Wir werden gefühlssicher.

Entwicklung zum Mental-Medium

Grundsätzliches zum Hellsehen

Mediales Sehen, auch Clairvoyance, »klares Sehen« genannt, ist die Form von ASW, die sich als ein Bild, als eine Vorstellung oder als ein visueller Eindruck zu erkennen gibt.

Ob Sie sich darüber im klaren sind oder nicht, Sie haben bereits zahlreiche hellsichtige Erfahrungen in Ihrem Leben gemacht. Wenn Sie beispielsweise im Geiste etwas visualisieren, zapfen Sie telepathisch Ihre gespeicherte Bilderwelt an, und die Visionen, die erscheinen, sind hellsichtige Eindrücke. Jedesmal, wenn Sie träumen oder Tagträumen nachgehen, benützen Sie die flüchtig-telepathischen, emotionalen und mentalen Bilder des über- oder außersinnlichen Auges. Mediales Sehen ist also mit einem internen Fernsehbildschirm zu vergleichen, der Informationen und Bilder zeigt, die Ihren physischen Augen nicht zugänglich sind.

Hellsehen ist »alltäglich«

Viele Menschen üben Hellsehen aus, ohne auch nur die geringste Ahnung zu haben, was sie eigentlich machen: Sie greifen spontan zum Telefonhörer, erkundigen sich bei einem Freund über sein Wohlergehen und finden es einfach amüsant, wenn dieser gerade die gleiche Idee hatte.

Wenn Sie anerkannt haben, daß auch Ihnen das Hellsehen nicht ganz fremd ist, besteht der nächste Schritt darin zu lernen, wie Sie die »eingegebenen« Bilder richtig zuordnen, zwischen eigenem oder »anderen Bewußtseinsteilen und -welten« richtig unterscheiden, diese sinnvoll deuten und kontrollieren können.

Das geistige oder »dritte« Auge

Hellsichtigkeit ist die begehrteste mediale Fähigkeit – weil sie uns und andere vielleicht am meisten verblüfft. Wichtig zu wissen ist nur, daß sie keinesfalls die höchste und letzte in der medialen Entwicklung darstellt. Dieses psychische Sehen geschieht dank unserer Vorstellungskraft, Einbildung, kreativen Phantasie und dank der Entwicklung des dritten Auges, das sich in der Mitte der Stirn – in unserem feinstofflichen Astralkörper – befindet und sich ständig von unserer eigenen Psyche sowie von anderen Astralkörpern, Bewußtseinswelten oder Energieteilen inspirieren läßt. Mit unseren physischen Augen ist dieses geistige Auge, das wir alle haben, nicht sichtbar – Sie alle aber besitzen dieses Energiezentrum, ob Sie es »sehen« oder nicht.

Vom Hellfühlen über die Psychometrie entwickeln wir uns langsam zum Hellsehen. Indem wir immer mehr Vertrauen in unsere inneren Visionen, Einbildungen, Träume und Symbole bekommen, lernen wir, korrekt mit diesen umzugehen. Langsam beginnt dann auch das mentale Hellsehen in andere geistige Bewußtseins-

ebenen, die nichts mehr mit uns selber zu tun haben – wir werden uns Visionen, die für andere Gültigkeit haben könnten, gewahr, vielleicht wird sogar ein Blick in die Anima Mundi, Weltenseele oder Akasha-Chronik, möglich – je nach Talent.

Oft sehen wir zu Beginn Bilder, die sich auf das Astrale, Mentale, Kausale, die Zukunft oder Vergangenheit oder die eigene Psyche beziehen; wenn wir alleine üben und meditieren, fühlen wir uns leicht verunsichert: Wer hilft, in diesem Meer der verschiedenen Möglichkeiten klar zu sehen? Eine Patentlösung gibt es nicht, aber auch das begabte oder sogar dazu geborene Medium sollte nie vergessen, an sich selber immer wieder nicht nur Bewußtseinserweiterung zu trainieren, sondern ebenso die Persönlichkeit zu entwickeln. Zu leicht könnte man sonst gravierenden Deutungs-, Interpretations- oder Einbildungsfehlern unterlaufen. Um die eigene Kompaßnadel immer wieder überprüfen zu können, eignen sich deshalb leicht kontrollierbare ASW-Spiele, ähnlich wie beim Mentaltraining, ausgezeichnet. So können zum Beispiel Handlinien, Tarotkarten, Wahrsagen aus Sandfiguren (Geomantie), Tintenklecksleseп oder auch einfach Symbole oder Träume aus dem Land der Phantasie als Hilfsmittel dienen.

Leicht überprüfbare ASW-Spiele zur Kontrolle und Weiterentwicklung

Eindrücke und Visionen empfängt das spirituell arbeitende Medium von seinen Schutzengeln oder geistigen Helfern mit der gleichen Seelenschwingung. Diese wiederum können sich von noch höheren Bewußtseinsteilen inspirieren und leiten lassen. So hoffen wir, daß wir mittels unserer Hellsicht eines Tages selber Einblick in diese uns vielleicht jetzt noch verschlossenen Dimensionen erhalten. Wie anders als durch Inspiration aus höheren Bewußtseinsebenen oder von höheren Intelligenzen sind bedeutende Erfindungen, unvergängliche Kunstwerke usw. entstanden? Die bildende Kunst ist von solcher Vortrefflichkeit, daß sie sich nicht nur den Erscheinungen der Natur zuwendet, sondern unendlich viel mehr Erscheinungen als die Natur hervorbringt, meinte einmal Leonardo da Vinci.

Mit der bewußten weiteren Entwicklung der persönlichen hellseherischen Fähigkeiten werden einem Medium immer mehr Einzelheiten nicht nur über die eigene Psyche, sondern auch über andere Menschen, über bestimmte Lebenssituationen geistiger Freunde, offenbart, und die erfühlten Informationen können hellseherisch immer klarer erfaßt werden.

Das hellsichtige Bild, das sich durch Ihre visuellen geistigen Erinnerungen ausdrückt, erscheint dann, wenn die über- oder außersinnlichen Impulse oder Signale, die das Gehirn empfängt, als ein Bild aus Ihrer Vergangenheit in Ihrem »Computerspeicher angeklickt« werden. Jetzt kann es nur noch entsprechend übersetzt werden. Je reicher, umfassender und bewußter das Leben des Mediums geworden ist, umso besser können Zugänge auch zu visuellen Bildern, die in unserem Gedächtnis gespeichert sind, im Wachbewußtsein genützt werden.

Mentale Bilder

Der Ursprung des hellsichtigen Bildempfangs liegt also auch im Vorstellungs-Gedächtnis. Der Gebrauch eines früheren Bildes, gespeichert in Ihrer Erinnerung, will Ihnen helfen, eine gegenwärtige mediale Botschaft zu interpretieren. Die Schlüssel dazu sind die Gefühle, die Umstände oder Assoziationen, die Sie in Verbindung mit der Erinnerung haben.

Eine amüsante Anregung bezüglich des bewußten Schauen- und Sehenlernens bietet uns der Fernseher im Alltagsleben. Stellen Sie bei der nächsten politischen Sendung beispielsweise einfach einmal den Ton ab, und beobachten Sie nur Mimik und Gestik – was spüren Sie? Stimmt der Inhalt des Gesagten wohl mit Ihren Gefühlen gegenüber dem Redner überein?

Es liegt am selbstverantwortlichen, bewußten Fokussieren und an der medialen Veranlagung, diese Fähigkeit in Richtung Selbsterkenntnis, Unterscheidungsfähigkeit zwischen psychischer und spiritueller Medialität oder zwischen Vergangenheit, Gegenwart und Zukunft zu lenken.

Je nach erarbeiteter Persönlichkeit und entfaltetem Bewußtsein gelingt dies besser oder schlechter.

Jeder Mensch besitzt diese Fähigkeit des Hellsehens – nicht jeder hat aber die gleichen natürlichen medialen Fähigkeiten mit in die Wiege gelegt bekommen oder bereits in vergangenen Leben seine Anlagen entwickelt.

Jeder Mensch ist hellsichtig

Wie bereit die Hellsicht ist, aus dem Unterbewußtsein aufzusteigen, ist eine andere Frage. Bei einigen Menschen liegt sie nahe an der Oberfläche, bei anderen dagegen so tief, daß die Zeit, die nötig wäre, um sie ins Wachbewußtsein zu bringen, besser für anderes genutzt wird – alles zu seiner Zeit.

Auch das Hellsehen ist eine göttliche Gabe, die grundsätzlich jedem gegeben ist. Wie beim Klavierspielen wird aber nicht jeder ein Klavierlehrer oder Konzertpianist. Alle Begabungen sind göttlicher Natur, Geschenke Gottes oder Fähigkeiten unseres göttlichen Funkens, die auf unserem Entwicklungsweg entdeckt, entfaltet und letztlich als reiner Geist wieder gelebt werden wollen.

Was bringt Ihnen das Hellsehen?

Stärken und Schwächen des Hellsichtigen

Pete A. Sanders meint über Menschen im Alltagsleben, deren Stärke das Hellsehen ist, folgendes: Sie sind ausgezeichnet darin, alle Faktoren in einen Gesamtplan zu integrieren. Sie sind gut bei der Lösung von visuellen und räumlichen Problemen (Packen, Möbel anordnen, etc.) und können problemlos erkennen, wenn etwas nicht in Ordnung ist. Sie können sich Situationen, Probleme und Lösungen im Geiste vorstellen, und sie haben einen sehr guten Zeitsinn und können gut mit Kalendern planen. Sie haben auch einen sehr guten Orientierungssinn und können sich mit einer Landkarte gut zurechtfinden. Außerdem sind sie überragend darin, Farben harmonisch zusammenzustellen, und sie halten die Welt für optisch interessant.

Eine Schwäche kann in Starrheit und fehlender Flexibilität bestehen. Häufig handeln Hellsichtige nicht, bevor sie nicht den Überblick haben. Sie machen sich von allen medialen Typen die meisten Sorgen, indem sie sich alles vorstellen, was schiefgehen könnte, und sie können einen Hang zur Perfektion haben. Sie sind sehr selbstkritisch, weil sie ihre Fehler mehr betonen als ihre Stärken.

Wenn sich herausstellt, daß Sie natürlich hellsichtig begabt sind, werden Sie verstehen lernen, warum Sie die Neigung haben, in Bildern zu denken und warum Sie so häufig eine Entscheidung »sehen« müssen, bevor Sie sie fällen.

Visualisation

Diese Lektion wird Ihnen auch helfen, mit den hellsichtigen Menschen in Ihrem Leben besser umzugehen, und Sie in der Fähigkeit anleiten, Ihren eigenen Erfolg durch Visualisation zu kreieren.

Die drei Stufen des Hellsehens

Die moderne Psychologie hat uns gezeigt, daß hinter oder unter dem eigentlichen Wachbewußtsein noch mehrere Bewußtseinsebenen oder -schichten existieren. Deshalb wollen wir nach und nach unserem strukturierten Training eine seriöse Kontrolle durch unseren eigenen Willen – mittels unseres Verstandes – auferlegen. Konkret heißt das, daß wir langsam klarer unterscheiden lernen wollen zwischen

- phantastischen Visionen der eigenen Psyche und Persönlichkeit,
- derjenigen eines anderen Inkarnierten und
- derjenigen eines Nichtinkarnierten oder feinstofflichen Wesens aus einer anderen Bewußtseinswelt.

Anders ausgedrückt können wir auch sagen: Wir wollen das Hellsehen – in drei Arbeits- oder Sichtweisen einteilen, und zwar in

Drei Stufen des Hellsehens

1. das psychologische Hellsehen
2. das räumlich irdisch-psychische Hellsehen
3. das astrale, mentale, kausale und spirituelle Hellsehen.

Diese drei Stufen gelten sowohl für das Hellsehen als auch für das Hellhören und die bereits kennengelernten anderen medialen Disziplinen wie Hellfühlen, Hellriechen und Hellwissen. Trainingshalber trennen wir diese drei Möglichkeiten, obwohl in der Praxis alle Ebenen miteinander, nebeneinander und ineinander fließen.

Erste Stufe: psychologisches Hellsehen mit Übung

Inneres, räumliches Sehen

Am Anfang der hellseherischen Entwicklung arbeitet das dritte oder geistige Auge mit Tagträumen. Die physischen Augen sind nicht aktiv, das heißt (durch Fixierung einer Glaskugel, mit gedankenverlorenem Blick aus dem Fenster oder im Dunkel der geschlossenen Augen auf der Liege etc.) entspannen Sie den äußerlichen Sehsinn, indem Sie passiv »durch die Materie« hindurchschauen, um dann – dank höchster Konzentration – vor allem das innere, räumliche Sehen wahrnehmen zu können, wie wir das von den 3-D-Bildern her bereits kennen. Etwas Unerwartetes kommt uns vielleicht in den Sinn, taucht als Vision in uns auf;

schöne oder dramatische Bilder, Phantasien, entstehen im Kopf – der Tagtraum beginnt. Erinnern Sie sich an Ihren letzten Tagtraum? Vielleicht im Büro, als Sie von den Ferien träumten? Hier also »wohnt« die Hellsichtigkeit!

Das ganze Gut unserer schöpferischen Fähigkeiten und unserer Kreativität, all unsere Vorstellungen und Einbildungen entspringen in der unendlichen Phantasiewelt.

Die einen brauchen Hilfsmittel zum Hellsehen, die anderen weniger.

- Die Mutter läßt sich beim Ratschlag zu ihrem Kind von ihren inneren Bildern aus ihrer Erfahrung inspirieren und leiten,
- der Lehrer durch sein angeeignetes inneres Wissen, das sich kreativ in inneren Visionen ausdrücken möchte,
- der eine Bildbetrachter bevorzugt ein realistisches Bild zum Träumen, dem anderen genügt eine leere Leinwand,
- das Geburtshoroskop des Astrologen, die Zahlen des Numerologen, die Handschrift des Graphologen oder auch die Tarotkarten lösen beim Verwender innere Vorstellungen, Einbildungen, Visionen und demzufolge Einfälle aus, die als Mittel zum Zweck, als Inspirationen zu einer guten Intuition dienen.

Unser ganzes irdisches und außerirdisches Leben inspiriert uns andauernd nicht nur zur Erforschung unserer äußeren, sondern auch und vor allem zur Erforschung unserer inneren Welten. Entscheidend sind jetzt der richtige Umgang, das Verständnis und die richtige Interpretation all dieser phantastisch-kreativen, visuellen geistigen Phänomene und ihre feinstofflichen Verknüpfungen.

Erinnern Sie sich an Ihren letzten Vortrag, Ihr Konzert oder Ihre letzte engagierte Rede vor einer größeren Menschenmenge, als Sie vor lauter Aufregung weiche Knie, Herzklopfen, Atemnot und kalte, schweißige Hände bekamen? Vielleicht glaubten Sie, alle Anwesenden könnten Ihr Herz klopfen hören – Ihre Einbildungskraft hatte die Oberhand gewonnen. Es ist gerade die Irrationalität dieser Furcht, die sie wachsen läßt. Deshalb bemühen wir uns mit Hilfe der spirituellen Kraft, selbstverantwortlich immer der eigene Schöpfer unserer Gedanken- und Gefühlswelt zu bleiben.

ASW prägt auch die Gefühle

Gefühle sind letztlich Schöpfungen des Geistes – das Nervensystem wird zunächst einmal auf Touren gebracht oder gedämpft.

Es ist demzufolge die außersinnliche Wahrnehmung, der »nervensinnliche« Draht zur geistigen Welt, der im limbischen System zur Formung der individuellen Gefühlswelt beiträgt.

Freude und Besorgnis, die zwei »ersten Grundgefühle« des Kleinkindes entfalten sich mit seiner Entwicklung entsprechend seinen kulturellen Empfindungen. Der Verstand als scharfes Instrument beeinflußt seine Emotionen nach und nach am wirksamsten, indem es über sie nachdenkt. Das Kind lernt somit, Gefühle bei anderen zu erkennen und dadurch bei sich kontrolliert einzusetzen – schließlich will es sich in die Gesellschaft eingliedern und verstanden werden. Die Gefühle können unter die Haut gehen und kommen dann auf die Schwelle zum Bewußtsein.

Wir alle erlebten in unserer Vergangenheit Menschen, die auf die eine oder andere Art und Weise bei uns Erlebnisse des Schmerzes, der Scham, Angst oder der Freude, des Glücks und der Zufriedenheit auslösten. Längst haben wir die Menschen und die Situationen, in denen wir uns mit ihnen befunden haben, vergessen. Diese Erinnerungen sind aber nicht verloren, sie sind tief in unserem Unterbewußten gespeichert worden. Denn sie stören uns sonst, indem sie den freien Fluß der Vitalität hemmen, wenn sie sich in die normale Verstandesarbeit einmischen.

Projektion von Gefühlen

Wenn wir jetzt eines Tages beispielsweise eine Person treffen, deren Gesicht oder Gebaren deutlich dem unseres Freundes oder Feindes ähnelt, dann schlägt dieser Mensch, den wir zum ersten Mal sehen, eine Saite in unserer Seele an, die nichts mit ihm, sondern nur mit einer längst vergessenen Erinnerung zu tun hat. Erfolgt keine bewußte Wiedererinnerung an den Freund oder Feind, kommt es zu einem emotionalen Impuls. Wir übertragen die Gefühle, die früher hervorgerufen wurden, auf den Fremden. Wir meinen, wir müßten mißtrauisch sein, obwohl es sich wahrscheinlich um einen guten und liebenswerten Menschen handelt. Diese psychische Projektion geschieht sehr häufig.

Unsere eigenen Gefühle sowie die von anderen inkarnierten und nichtinkarnierten Lebewesen wirken unwiderstehlich oder abstoßend, fördernd oder behindernd auf uns und können uns inspirieren, weil wir morphogenetisch im Hologramm vernetzt sind.

Manchmal zeigen spätere Situationen, daß unser erster Eindruck richtig war! Hier merken wir, daß Hellsehen nicht nur mit Visionen oder luziden Träumen gleichgesetzt werden darf. Die spirituelle Kraft bringt uns bei ihrem Gang durch die unbewußten Schichten sehr viel mehr als nur ein einfaches, sichtbares Bild. Dieses Bild wird oft ergänzt von einer geistigen und gefühlsmäßigen Atmosphäre.

Es ist also die Summe von sichtbaren Bildern, Gefühlen und Erinnerungen, die ins Wachbewußtsein gelangen, wenn wir unsere hellseherischen Fähigkeiten wachsam und aufmerksam zu trainieren beginnen.

Die Kraft der Gefühle

Mit fortschreitender Entwicklung werden die Bilder, Geräusche und Empfindungen schärfer und die emotionale Atmosphäre weniger dominant, weil wir sie immer besser verstehen – oder weil wir daraus lernen. Deshalb scheinen die visuellen Bilder anfangs bis zu einem gewissen Maß einem formlosen und intuitiven Verständnis Raum zu geben – das Training unserer Gedanken- und Gefühlssprache entwickelt sich, die Selbsterkenntnis beginnt: denn

es ist die Kraft der Gefühle, die Dinge erhellt, die sonst möglicherweise verborgen bleiben, und wirkliches Verständnis hervorbringt.

Selbsterfahrung des psychologischen Hellsehens

Machen Sie es sich bequem, und entspannen Sie Ihren physischen Körper. Atmen Sie ruhig all Ihre noch belastenden Gefühle aus – eine tiefe Ruhe beginnt Sie angenehm zu erfüllen. Auch Ihre Gedanken werden langsamer und beruhigen sich – eine wohlige Harmonie und innere Zufriedenheit stellt sich ein. Verbinden Sie sich bewußt mit Ihrem spirituellen Selbst. Spüren Sie dabei, wie Sie automatisch dadurch in einen göttlichen Schutzmantel gehüllt werden, der nur noch solche elektromagnetischen Impulse auf Sie einwirken läßt, die für Ihre weitere Bewußtseinsentwicklung und deren Auseinandersetzung förderlich und günstig sind. Alle feinstofflichen Energiezentren öffnen sich, tief atmen Sie die reinsten und hellsten göttlichen Heilenergien ein. Alle Ihre Körper regenerieren, reinigen und stärken sich dabei.

Stellen Sie sich jetzt eine grüne Frühlingswiese vor. Leichten Fußes spazieren Sie auf einem Wanderweg in die erwachende Natur und genießen die Verbundenheit mit der allmächtigen Schöpferkraft. Weit vorne stellen Sie sich eine Schlucht vor. Sie kommen näher und haben Lust, den enger werdenden Weg durch die Schlucht weiterzugehen. Sie fühlen die Steine unter Ihren Füßen, alles Grobstoffliche, alle Ihre Sorgen, Ängste und Zweifel streifen Sie ab und lassen Sie mit jedem Schritt bewußt in der Schlucht zurück.

Aus der Schlucht herauskommend, fühlen Sie sich leicht und unbeschwert – tief atmen Sie die saftige grüne Frühlingswiese wieder ein. Sie beobachten, wie die Sonne warm scheint und vor Ihnen jetzt einen durchsichtigen, goldigen Vorhang bildet. Gehen Sie durch diesen hindurch in eine andere Schwingungsebene der Wahrnehmung, wo Ihr geistiger Helfer Sie bereits wieder erwartet und herzlich begrüßt. Er hat für Sie eine Traumreise geplant, auf die er Sie einladen möchte. In treuem Schutz und Begleitung führt er Sie jetzt durch verschiedene Szenen. Beobachten und merken Sie sich alles: Landschaften, Architektur, Menschen, Tiere, Pflanzen. Später auf Ihrem Weg kommen Sie plötzlich vor ein Hindernis… was ist das? Lassen Sie sich Zeit – schauen Sie es sich gut an. Was für Möglichkeiten bieten sich an, es überwinden zu können? Ihr geistiger Helfer gibt Ihnen Anregungen.

Es wird Zeit zurückzukehren. Ihr geistiger Begleiter bringt Sie wieder auf Ihre Frühlingswiese zurück. Bedanken und verabschieden Sie sich von ihm. Schließen Sie verantwortungsvoll Ihre feinstofflichen Energiezentren im Bewußtsein. Lenken Sie Ihr Bewußtsein wieder auf Ihren physischen Körper, lassen Sie diesen langsam und ruhig erwachen. Akzeptieren Sie die geschenkte Eingebung als ein Spiegelbild, das symbolisch aufgeschlüsselt eine wichtige Botschaft von Ihnen und an Sie bedeuten soll.

Erinnern wir uns an die vorangegangenen zwei Lektionen, dürfte jetzt der Wunsch erwacht sein, was man gespürt hat, auch endlich geistig zu »sehen«. Wie hat das in soeben erlebter Übung ausgesehen?

Unser bester Lehrmeister ist bekanntlich unser Alltagsleben. Demzufolge haben wir nicht nur physisch-materielle und geistig-intellektuelle Prüfungen zu bestehen, sondern wir können und sollten uns auch ständig mit den seelisch-spirituellen Herausforderungen bewußt auseinandersetzen.

Die Wirklichkeit liegt im Geistigen

Denn in der medialen Entwicklung unserer jetzigen irdischen Inkarnation liegt doch der eigentliche Lebenssinn. Die Wirklichkeit liegt nicht in der äußeren, physischen, sondern in der inneren geistigen Welt. Das heißt, erst dank unserer persönlichen, aktiv gelebten Bewußtseinsentfaltung leben wir ganzheitlich.

Die medial Erwachenden wollen das geistige »Sehen in andere Welten« nicht nur äußerlich, sondern auch innerlich lernen; nicht mehr nur unbewußt, sondern ganz bewußt, gezielt und vor allem verantwortungsvoll und gefühlssicher. Sie wollen auch in dieser Disziplin klar zwischen dem eigenen Unterbewußtsein und dem eines anderen Menschen unterscheiden lernen.

Auch hier sind Partnerübungen sehr wertvoll, weil durch den gegenseitigen Gedankenaustausch der eigenen Wahrnehmung die innere Kompaßnadel der Gefühlssicherheit immer exakter eingestellt werden kann.

Zweite Stufe: räumlich irdisch-psychisches Hellsehen mit Übung

Hellsehen mit Hilfe eines Gegenstandes

Hellsehen in Raum und Zeit können wir mit der Psychometrie vergleichen. Wie bereits in Lektion 2 erfühlt, können wir auch einen Gegenstand lesen oder »Hellsehen in der Zeit«. Ein Objekt oder auch ein inkarnierter Astral- oder Mentalkörper dient gleichzeitig als Ausgangs- sowie als Bezugspunkt. Es ist möglich, ohne Gegenstand zu arbeiten, doch hilft anfänglich die Konzentration darauf, die Arbeit des Hellsehers in den vorgegebenen Grenzen aufrechtzuerhalten. Beim weiteren bewußten Erforschen der Einbildungs- und Vorstellungswelt unserer Psyche, dem aufmerksamen Umgang mit Erinnerungen, erwacht unsere außersinnliche Wahrnehmung weiter, und räumliches Hellsehen – außerhalb von unserer Persönlichkeit – wird erlebbar.

Man »weiß« plötzlich, was in der Schublade liegt, man »sieht hinter die Kulisse«, bildet sich beispielsweise einen Tisch und zwei Stühle dahinter ein – und freut sich nach der Lüftung des Vorhangs, daß die bildliche Vorstellung tatsächlich der Wirklichkeit entspricht. Oder man erinnert sich an einen Freund, sieht diesen in der Vorstellung jetzt am Straßenrand neben seinem Wagen stehen und ist erstaunt, wenn er abends anruft und erzählt, daß er am Nachmittag eine Autopanne erlebt habe. Ein Arzt arbeitet treffsicher, wenn seine hellgesehenen Diagnosen mit technischen Hilfsmitteln bestätigt werden, und der Polizist ist verblüfft, wenn seine hellseherische Fähigkeit einen getarnten Verbrecher entlarvt.

Psychisches Hellsehen

Nach Ihrer Körperentspannung und -harmonisierung stellen Sie sich vor, wie Sie einen Hang hinaufgehen. Oben angelangt kommen Sie an einen kleinen Bergsee. Am anderen Ufer leuchtet ein kleiner Punkt. Magnetisch fühlen Sie sich von diesem angezogen. Ein Ruderboot wartet auf Sie und bringt Sie direkt ans andere Ufer. Genießen Sie die Bootsfahrt, saugen Sie die frische und stille Natur tief in sich ein. Der leuchtende Punkt wird immer größer. Sie erkennen und erfühlen, daß Sie wieder von einem geistigen Helfer erwartet werden.

Legen Sie mit Ihrem Boot an, begrüßen Sie ihn, und lassen Sie sich von ihm in eine kleine Alphütte führen. Dort hat er für Sie eine Überraschung. Eine ultramoderne technische Anlage erwartet Sie – Ihr geistiger Helfer zeigt Ihnen, wie Sie über Satellitenaufnahmen jetzt einen klaren TV-Empfang auf Ihrem Monitor erhalten. Nach dem Motto »Dein Wille geschehe« sind Sie sich bewußt, daß Ihr geistiger technischer Assistent Ihnen nur solche Sendungen zeigen wird, die für Ihre Entwicklung richtig, wichtig und verantwortungsvoll sind. Lassen Sie sich überraschen: Zuerst wird Ihnen vielleicht auf dem Bildschirm gezeigt, was Ihre Familienmitglieder jetzt gerade zu Hause machen. Dann erleben Sie, was für eine Sendung in Ihrem Fernsehen an Ihrem Wohnort jetzt gerade gesendet wird, und zum Abschluß sehen Sie auf dem Bildschirm in der Alphütte, welches Kleid Ihre Freundin heute angezogen hat und was sie gerade unternimmt.

Nach diesen drei Sendungen bedanken Sie sich bei Ihrem geistigen Helfer, verabschieden sich und fahren über den See wieder zurück. Ihr Ausflug führt Sie wieder über die Wiese zurück nach Hause, und Ihr Bewußtsein zieht alle feinstofflichen Antennen der geistigen Wahrnehmung ein, schützt sich vor unnötigen Einflüssen und läßt den physischen Körper wieder erwachen.

Überprüfen Sie bitte, ob Sie die richtigen Sender empfangen haben, indem Sie bei Ihren Familienmitgliedern und Ihrer Freundin deren Tätigkeiten nachfragen. Kontrollieren Sie auch das Fernsehprogramm, ob es mit dem Ihrigen identisch ist. Wenn ja, freuen Sie sich, wenn jein, erinnern Sie sich: Übung macht den Meister, und wenn nein, vergessen Sie nie, auch ein Medium ist keine Maschine.

Dritte Stufe: emotionales, mentales, kausal-spirituelles Hellsehen mit Übung

Visionen können »geistig-materiell« wahrgenommen werden

Wenn sich in der späteren medialen Entwicklung der Student der Funktion seiner hellseherischen Fähigkeiten immer bewußter wird und er treff- und gefühlssicherer sich und dadurch die psychische Ebene erkennt, kann er, je nach Talent, all die feinstofflichen Visionen oder Einbildungen in der Vorstellungswelt immer besser differenzieren und nuancieren. Zum Beispiel »verdichtet« sich seine hellgesehene Wahrnehmung, oder diese »materialisiert sich geistig«. Innere Eindrücke können vom talentierten Hellsichtigen nicht nur als Vision in seiner inneren Vorstellungswelt, sondern sogar »äußerlich, physisch«, aber immer noch feinstofflich wahrgenommen werden. Der Hellseher »sieht« dann einen anderen, sich materialisierenden nichtinkarnierten Gedanken-, Gefühls-, Bewußtseins- oder Energieteil. Je nach Bewußtseinsstand, persönlicher seelisch-geistiger Entwicklung und intellektueller Prägung kann diese Vision immer klarer entmystifiziert, definiert und erkannt werden.

Das ist der Grund, warum manche Gedankenleser werden, andere sich zu immer treffsicheren Diagnostikern entwickeln, die Aura verschiedenster Lebewesen wahrnehmen, mystische Erfahrungen machen oder Feen, Plejadier und Ufos sehen. Wieder andere nehmen vielleicht nichtinkarnierte Schutzengel, Marienerscheinungen, alte Meister oder Verstorbene, die ein Weiterleben nach dem Tod »beweisen« möchten, hellseherisch wahr.

Unter astralem, mentalem, kausal-spirituellem Hellsehen verstehen wir grundsätzlich das Wahrnehmen von verschiedenen feinstofflichen Bewußtseinsebenen und deren materialisierten Gedanken- und Gefühlswelten.

Entsprechend kann deren Leben in Form von verschiedenen »Wesen« hellseherisch wahrgenommen werden. Ich nenne diese Wesen einmal »Persönlichkeitsteile«, die keinen physischen Körper zum Leben besitzen müssen. Die »Leuchtenden« oder »Göttlichen« der keltischen Tradition, die Wasser- oder Waldnymphen und die Elementargeister des griechischen Glaubens, das Märchenvolk, Verstorbene wie sie die englischen Spiritualisten beschreiben, Engel und Außerirdische etc. – sie alle leben und besitzen einen feinstofflichen Körper oder bestehen zusammengefaßt aus einem Energie-Impuls, der je nach Bewußtheit in ätherischen, astralen, mentalen, kausalen oder spirituellen Bereichen bzw. Bewußtseinsschwingungen zu Hause ist.

Energieimpulse ohne physischen Körper

Einige Wesen werden dem medial Interessierten sicher begegnen, wenn er mit dem Hellsehtraining beginnt. Deren Aktivitäten und die Auseinandersetzung damit werden zum faszinierenden Forschungsgebiet des engagierten Hellsehers, vor allem wenn er sich bewußt wird, daß tatsächlich eine märchenhafte Astral- oder Gefühlsebene (Feen, Gnomen etc.) eine ratiobetontere Mentalebene (Verstorbene), eine Kausalebene (Führer und Meister, Erzengel etc.) in unserem holistischen Gefüge »in der Luft« liegen; und zwar nebeneinander, innen sowie außen, unten sowie oben. Es ist alles eine Frage des Senders oder Kanals, welchen wir gerade eingeschaltet haben und welchen wir selber als Empfänger überhaupt fähig sind, wahrnehmen zu können.

Andere Realitäten

Verantwortungsvolle Vorsicht ist demzufolge bei der Entdeckung anderer Realitäten geboten – insofern man nämlich auch da Kontakt mit Lebewesen verschiedenster Art oder Archetypen aus der eigenen Seele haben könnte; denn nicht alle Erscheinungsformen sind uns Menschen immer freundlich gesinnt. Auch die erwähnte geistige Hierarchie ist und bleibt bis zur reinsten spirituellen, nicht mehr in Worten beschreibbaren Ebene polar. Die Physik unterliegt auch in feinstofflichen Gefilden immer noch den gleichen Naturgesetzen, nur deren Erscheinungsformen bzw. Aggregatzustände haben sich verändert. Deshalb gilt auch in feinstofflichen Welten die alte Weisheit: Wo viel Licht, ist auch viel Schatten. Deshalb wird man, solange man selber noch auf dem Weg ist – und wer von uns ist das nicht – auch Kraft entwickeln müssen, dem Zauber, den einige dieser Wesen über einen ausüben können, zu widerstehen und ihm nicht zu verfallen, im Guten wie im Schlechten.

Je nach Veranlagung, Entwicklung und Bewußtheit ist es die angewendete Flexibilität beim Kanalwechsel, die es ermöglicht, auf verschiedenen Ebenen mittels dieser telepathischen Fähigkeit der ASW wahrnehmen und sich auf andere Frequenzen einschwingen zu können.

Amüsant ist es, wenn das Emotional-Medium Gelegenheit hat, beispielsweise dem Spiel der Feuergeister, dem Tanz der Luftgeister, den Wasser- und Erdgeistern, den Feen und Gnomen, den interstellaren, außerirdischen Wesen etc. bei ihren Aktivitäten zuzuschauen.

Ein Mental-Medium kann im Unterschied dazu beispielsweise die Aura eines Mitmenschen sehen und immer klarer deuten lernen. Es kann auch mitten auf der Straße plötzlich beobachten, wie ein geistiger Helfer als Schutzengel eines Fußgängers diesen vor dem unerwartet auftauchenden Bus beschützt oder seinen Schützling im Kauf neuer Schuhe inspiriert. Das Mental-Medium kann als spiritueller Lehrer den Studenten »verstandesmäßig zu schauen« lehren, um ihm bessere Interpretationshilfen zu geben und ihn kundig zu begleiten.

Das kausal-mentale Medium könnte einen geistigen Führer beobachten, der den geistigen Helfer zu einem wichtigen, entscheidenden Gedankenanstoß oder der Heilung seines Schützlings inspiriert, eine vergessene Szene aus einer anderen Inkarnation zur Problemlösung ins Bewußtsein bringt oder eine Vision von Übermorgen erhält, die sich dann erfüllt.

Auch bei physischen Medien müssen wir uns bewußt sein, daß es der Beweisbarkeit einer höheren Intelligenz bedarf, damit diese einen echten spirituellen und nicht einfach nur einen psychischen Wert haben.

Spirituelles Hellsehen

Entspannen Sie sich wie üblich, schenken Sie sich Zeit, und genießen Sie die äußere und dadurch erwachende innere Ruhe und Harmonie. Atmen Sie dreimal tief ein und aus, entspannen Sie Ihr Denken und Fühlen, erleben Sie bewußt, wie Ihre Gedanken immer langsamer und ruhiger werden – wie Wolken am Himmel immer langsamer vorbeiziehen. Sie haben keine Erwartungen mehr. Immer tiefer sinkt Ihre Ruhe, auch Ihr physischer Körper entspannt sich immer besser.

In Ihrer Vorstellung denken Sie sich mit Ihrem Bewußtsein jetzt an einen schönen Strand am Meer. Der Himmel und das Wasser sind stark blau. Tief erfüllt diese Farbe Ihr ganzes Wesen – noch ruhiger werden Sie und ganz eins mit der Natur um Sie herum. Hier in dieser angenehmen Schwingung werden Sie wieder Ihres geistigen Helfers gewahr, der Sie auch heute für eine wichtige Erfahrung begleiten möchte.

Sie erinnern sich jetzt an den Meeresstrand – eine fröhliche Sommerstimmung liegt vor Ihnen, und von weitem beobachten Sie viele badende Leute in farbigen Badekleidern, bunte Sonnenschirme spenden ihnen Schatten. Ihr geistiger Helfer führt Sie jetzt an ein ruhiges Plätzchen hinten bei den Dünen, ein wenig abseits vom Badebetrieb. Sie machen es sich dort bequem und dürfen sich nun auf eine Überraschung freuen. Ihr geistiger Helfer hat für heute nämlich einen Gast eingeladen, der sich langsam für Ihr inneres Auge zu materialisieren beginnt und immer klarer sichtbar wird.

Je besser Sie diesen jetzt hellseherisch wahrnehmen können, um so klarer entdecken Sie, daß es sich bei diesem Gast um einen Kunstmaler, genauer um einen Porträtisten, handelt. Dieser Fachmann setzt sich jetzt neben Sie auf seinen kleinen Klappstuhl, nimmt seine Malutensilien und Papier hervor und beginnt, für Sie ganz allein ein Porträt zu kreieren. Mühelos schauen Sie ihm über die Schultern zu und beobachten ihn, wie er zu zeichnen beginnt. Vielleicht beginnt er bei den Augen, der Nase, dem Mund – beobachten Sie, wie sich ganz langsam und ruhig unter seiner sicheren Zeichnungshand ein Gesicht zu formen und zu gestalten beginnt. Es nimmt immer mehr Form an, und während seiner Arbeit wird Ihnen bewußt, daß es sich hier nicht um einen ganz gewöhnlichen Porträtisten handelt, sondern um ein Mal-Medium, das speziell für Sie hierhergekommen ist und Ihnen einen Gruß aus der geistgen Welt vermitteln möchte, und zwar von jemandem, den Sie vielleicht sogar einmal zu Lebzeiten persönlich gekannt haben, der jetzt aber in der geistigen Welt weiterlebt oder eben »gestorben« ist.

Erkennen Sie die Gestalt auf dem Porträt? Wenn ja, freuen Sie sich, wenn nein, bitten Sie Ihren Porträtisten telepathisch, er solle Ihnen doch bitte Initialen oder gar den Namen dieser ehemaligen Person, Geburtstag, Wohnort, Beruf etc. dazuschreiben, damit

Sie an Hand möglichst vieler Anhaltspunkte anschließend abklären können, wer aus der feinstofflichen Welt sich durch dieses Malmedium materialisieren wollte. Vielleicht schreibt Ihnen Ihr Maler noch den Namen auf das Papier – merken Sie sich alles, bedanken Sie sich für dieses künstlerische Werk, und verabschieden Sie sich beim Mal-Medium.

Ihr geistiger Helfer begleitet Sie jetzt mit Ihrem Porträt, das Sie als Geschenk bekommen haben, von der Düne zurück ans Meer. Sie sehen, daß die Sonne schon bald untergeht und der Strand sich geleert hat. Dankbar und mit neuen Anregungen verabschieden Sie sich bei Ihrem geistigen Helfer, der Ihnen zum Abschluß noch ein Healing gibt, all Ihre feinstofflichen Chakren reinigt und schließt, damit sie geschützt, wohlbehalten und ruhig wieder zurück in Ihren Raum kehren können. Lenken Sie Ihr Bewußtsein auf Ihren physischen Körper, und wecken Sie ihn sanft wieder auf.

Erkennen Sie das Gesicht auf Ihrem Porträt? Wenn ja, wollte Ihnen Ihr Mal-Medium ein Weiterleben nach diesem Leben beweisen. Freuen Sie sich, und wiederholen Sie später vielleicht diese Übung noch einmal. Bitten Sie ein anderes Mal Ihr Mal-Medium, es möge Ihnen ein Porträt zeichnen für einen Bekannten. Viel Glück! Wenn Sie mit dem erhaltenen Porträt noch nichts anfangen können, merken Sie sich die Einzelheiten trotzdem – vielleicht ergibt sich nach späterer Recherche plötzlich ein Aha-Erlebnis… wer weiß?

Schwierigkeiten beim Hellsehen

Dem Hellsehen verwandte Erfahrungen müssen nichts mit Fata Morganen, mit Halluzinationen, Symptomen geistiger Verwirrung usw. im traditionell psychiatrischen Sinne zu tun haben. Es erübrigt sich zu erwähnen, daß es natürlich psychiatrische Störungen gibt wie

- optische, akustische, taktile Halluzinationen,
- Schizophrenie,
- somatische Probleme im Gehirn,
- Hirntumore,
- Epilepsie und anderes,

die sich zur psychischen Wahrnehmung sehr ähnlich wie die Medialität verhalten.

Es erübrigt sich auch zu erwähnen, daß mit Hilfe medialer Fähigkeiten im negativen Bereich einer kranken Phantasie Betrug und Wichtigtuerei Tür und Tor geöffnet werden kann. Wie überall hat jede Münze zwei Seiten; demzufolge kann auch das Talent oder die geschulte Fähigkeit für verschiedenste Zwecke eingesetzt werden.

Da ich nun aber davon ausgehe, daß Sie, liebe Leserin und Leser, »normale« mit gesundem Menschenverstand, an sich selbstverantwortlich Arbeitende sind, freue ich mich umso mehr, Sie auf Ihrer weiteren Entdeckungsreise begleiten zu dürfen.

Unwillkürliche Projektionen

Wir wollen uns auch in der feinstofflichen Welt vor unwillkürlichen Projektionen hüten: Zuerst stammen diese inneren erlebten gesehenen und gehörten Visionen vielleicht mentale Symbole von uns selber, wie wir das beim Mentaltraining bereits gelernt haben. Später wird, wenn es unsere Vorsehung so will und unsere Zeit dazu reif ist, der gleiche Vermittlerkanal dank unserer wachsenden Vertrautheit und Gefühlssicherheit vielleicht sogar als psychisches Mental-Medium für Vermittlungen von anderen inkarnierten Bewußtseinsteilen oder als spirituelles Mental-Medium sogar von nicht inkarnierten Energieteilen außerhalb von uns gebraucht werden können.

Somit gehört es zu den ganz normalen Anfangsschwierigkeiten, gelegentlich in unseren psychischen Wahrnehmungen verunsichert zu sein. Automatisch drängt sich die Frage auf: Stellen wir uns gewisse Dinge nur vor, oder können »eingebildete« Delphine, Feen, der verstorbene Großvater, Napoleon oder Mozart, Maria usw. tatsächlich geistige Helfer oder Führer von uns sein? Könnte man sich vorstellen, sich mit einem verstorbenen bekannten Menschen oder Tier, einem Engel, einem alten Indianer oder Zen-Mönch aus einer anderen Inkarnation oder gar einem Außerirdischen aus einem Ufo, einem Wesen aus dem Pflanzen- oder Mineralreich oder dem Innern der Erde oder von der Sonne oder einem anderen Planeten zu unterhalten?

Es gibt keine Feindschaft zwischen Geist und Materie, zwischen leer und voll, unsichtbar und sichtbar. Es sind die zwei Pole, und es ist der ausgewogene Gebrauch beider Prinzipien, in dem die Möglichkeit nicht des linearen, sondern des spiralförmigen Fortschritts liegt!

Bewußtseinswelten werden aus den Gefühlen ihrer Bewohner geformt

Die Beschaffenheit der ätherischen, astralen, mentalen und kausalen oder unserer seelisch-geistigen Welt ist von unserer physischen Welt in hohem Maße verschieden. Die Bewußtseinsebenen haben jeweils ihre eigenen physikalischen Eigenheiten und sind deshalb nicht miteinander vergleichbar. Ihre Substanz ist nicht so dicht und träge, aber trotzdem auf eine bestimmte Weise plastisch, weil sie durch verschiedene Kräfte, wie die der Gedanken und der Sehnsucht, geformt werden. Die ätherische, die astrale sowie die mentale Welt, die man dann langsam zu sehen beginnt, wenn sich das Hellsehen in diese Richtung entwickelt, ist aus den Gedanken und Gefühlen derer aufgebaut, die sie bewohnen.

Es gibt also Wesen, die nur in diesen ätherischen, astralen oder mentalen Bereichen leben. Sie schaffen sich ihre eigene Umgebung und ihre eigenen Verhältnisse. Deshalb sind sie für den menschlichen Geist nicht wahrnehmbar, bis dieser seine Hellsicht übt, solche »nicht-menschlichen« Äußerungen oder Manifestationen anzuerkennen. Die »verformbare« Natur der astralen und mentalen Wesen beispielsweise ist für den Anfänger, der sein spirituelles Hellsehen entwickelt, oft schwierig zu verstehen, geschweige denn gefühlssicher zu unterscheiden. Deshalb wird er, auch auf Grund seines irdisch konditionierten Bewußtseins, ohne jeden Zweifel viele Fehler machen, bevor er richtig versteht, was er in seinen Visionen eigentlich erblickt.

Man bedenke, daß unsere Wahrnehmungen unsere Wirklichkeit prägen!

Nicht selten stellt man deshalb fest, daß sich aus der geistigen Welt kommende Informationen sogar widersprechen und der Student nicht weiß, wem er glauben soll.

Letztlich sind alle Antworten richtig, weil sie den Studenten dazu anregen, nur *in sich selbst* nach endgültiger Antwort, nach Erkenntnis, nach höherem Bewußtsein zu suchen.

Was ein Bewußtseinsteil sieht, ist nicht unbedingt dem gleich, was ein anderer sieht. Je entwickelter und »bearbeiteter« ein Seelenbewußtsein ist, um so klarer und differenzierter sieht es in der Einheit alle Aspekte zugleich und ist der Wahrheit deshalb näher.

Interpretationsprobleme

Ganz bestimmt gibt es Menschen oder Medien, die das Talent der psychischen Medialität haben, dadurch in Bereiche des Unbewußten vordringen und darin gespeicherte Inhalte über das seelische Muster und sich daraus ergebende Schicksalsabläufe von Menschen wahrnehmen können. Es hat, seitdem es Menschen gibt, immer talentierte spirituelle Medien gegeben, die sich von einem nichtinkarnierten Bewußtseinsteil inspirieren ließen oder dessen seelische Muster studieren konnten.

Fehlerquelle Ego

Rüdiger Dahlke schreibt dazu: »Bezogen auf das Hellsehen ist ein hoher Ego-Anspruch auf Seiten des Mediums die Hauptfehlerquelle. Das Medium wird um so besser sein, je mehr es fähig ist, seine persönlichen Probleme und Meinungen, seine Projektionen auszuschalten, vor allem, wenn es um eine Interpretation des auf medialem Weg geschauten Inhaltes geht. Denn auch beim Hellsehen äußert sich die Seele bzw. das Unbewußte in Form von symbolischen Bildern. Je mehr Druck das Medium nun vom Fragenden erfährt, möglichst konkrete Aussagen zu machen, um so größer ist die Gefahr von Mißinterpretationen.

Diese Problematik verdeutlicht das folgende Beispiel:

Beispiel für eine Fehlinterpretation des Hellsehers

Eine Frau kam auf Grund von massiven Beziehungsproblemen (sie war eine von drei Frauen, zwischen denen sich ihr Freund nicht entscheiden konnte) zu einer Hellseherin und wollte wissen, was sie in dieser Situation tun solle… Nachdem die Hellseherin in Trance gegangen war, sah sie ein Bild voller Blut. Nach der Fragestellung lag für sie die Interpretation auf der Hand: Sie gab der hilfesuchenden Frau den Rat, auf jeden Fall die Finger von der Beziehung zu lassen, denn sonst werde es Mord und Totschlag geben. Die Liebe war stärker, und die Frau befolgte den Rat der Hellseherin nicht. Der Mann entschied sich für sie, und sie führte eine langjährige Ehe, bevor der Mann an einem Blutsturz starb. Hier erst spielte das viele Blut, das die Hellseherin in Trance ganz richtig gesehen hatte, seine Rolle. Vorher aber hatte die Vorhersage jahrelang das Leben der Frau vergiftet.«[1])

Beispiel für Interpretationsvarianten verschiedener Hellseher

Nehmen wir ein anderes Beispiel, und gehen wir mit drei verschiedenen Hellsehern in ein Haus, in dem es spukt. Der erste Hellseher nimmt vielleicht einige Lichtflecken wahr und »spürt«

starke Gefühlsströme im Raum. Er spürt und nimmt sogar eine gewisse Melancholie wahr, die ihm schwermütig gegenübersitzt und den Raum erfüllt. Das emotionale Medium fühlt sich nicht wohl in diesem Raum und möchte ihn sofort wieder verlassen.

Der zweite Hellseher wird nicht so stark von der schwermütig depressiven Stimmung ergriffen. Er kann die Erscheinung eines Mannes erkennen und diesen näher beschreiben. Er wird sehen können, daß er nicht einen Lebendigen sieht, sondern nur einen feinstofflich materialisierten Persönlichkeitsteil oder Astralkörper, den Abdruck oder den Schatten eines verstorbenen Menschen. Das emotional-mentale Medium nimmt einen subtilen, aber realen Unterschied der Wahrnehmung zwischen dem Einfluß auf die psychische Stimmung eines feinstofflichen Wesens und der Anwesenheit eines wirklich Lebenden wahr. Der Hellseher schildert und beschreibt also klar die Situation, und für diesen erledigt sich damit die Angelegenheit.

Der dritte Hellseher wird alle Möglichkeiten nutzen. Entfaltet er seine hellseherischen Fähigkeiten, wird er zunächst der stark belasteten Atmosphäre des Raumes gewahr. Dann wird er wie seine beiden Freunde die Gestalt auch hellseherisch wahrnehmen und sie näher beschreiben, wie sie dasitzt und in den Kamin starrt. Wie der zweite Hellseher weiß er, daß es sich nur um das Abbild eines Astralkörpers im Astrallicht handelt. Indem das Mental-Medium diese Vision vertieft, wird es ohne Zweifel dessen Aura oder in dessen Psyche lesen können und dann wissen, wie sich die Stimmung von Depression und Selbstmord in diesem Raum letztlich gebildet hat. Darüber hinaus wird er Einblick in die tiefere Ursache dieser tragischen Begebenheit bekommen. Ein geistiger Führer erscheint ihm vielleicht und zeigt ihm Eindrücke aus vergangenen Leben, die diesen letztlich in den selbst gewählten Tod geführt haben. Warum und wie sich diese Kraft seit dem Zeitpunkt ihres Entstehens hat erhalten können, wird jetzt aufgedeckt. Es wird erkannt, was zu tun ist, damit sich die Kraft selber befreien und erlösen kann und der Raum gesäubert und wieder bewohnbar wird.

Die fünf medialen Sinne können als ein wertvolles Hilfsmittel auf verschiedensten Ebenen eingesetzt werden.

Die spirituelle Kraft

Es existiert die unfaßbare universelle Schöpferkraft, das Licht und die Liebe des Großen Geistes. Tagtäglich können wir sie beispielsweise durch die Natur wahrnehmen – tagtäglich erfahren wir sie, ob wir wollen oder nicht, ob wir Zeit haben oder nicht, denn Bewußtseinsentwicklung kennt keine Zeit, sondern entfaltet sich außerhalb von Raum und Zeit.

Schwarze Magie

Willentlich können Sie sich deshalb dem höheren Willen unterordnen und als spiritueller Hellseher aktiv-passiv darum bitten, daß Sie nur das hellsehen möchten, was für Sie und die betroffene Situation richtig und wichtig zu wissen ist. Vergessen Sie nie, daß Sie, je größer Ihre Wahrnehmungsfähigkeit wird, willentlich in immer verschiedenere und differenziertere Bewußtseinsebenen ein- und aussteigen können. Dadurch könnte leicht auch eine persönliche Macht über andere ausgeübt werden. Das nennt man schwarze Magie und hat ebenfalls – im Guten wie im Schlechten – entsprechend dem Naturgesetz der Resonanz früher oder später eine Wirkung. Übernehmen Sie auch im Hellsehen Ihre eigene Verantwortung, seien und bleiben Sie sich immer bewußt, was Sie tun – auch hier sind Sie Ihr eigener Herr und Meister!

Durch die polare Natur demonstrieren uns die Liebe und das göttliche Licht, daß sie als Hilfsmittel für unsere Führung »auf der Reise zur Wahrheit« gebraucht werden möchten – und wir letztlich nur dank dieser Kraft aus der Polarität wieder zurück zur Einheit finden.

Bedeutung der spirituellen Kraft

Was können wir ohne diese spirituelle Kraft ausrichten? Nichts, denn wir könnten gar nicht ohne sie existieren, da sie ein Teil von uns selber, unser göttlicher Funke, das Leben in uns, ist. Nur zusammen mit dieser und dank dieser spirituellen, höchsten geistigen Kraft können auch wir uns persönlich seelisch-geistig zu immer höherem Bewußtsein entfalten, dem Licht entgegen, zwischen gut und schlecht immer besser entscheiden, bis wir einfach wieder nur noch *sind*. Entsteht Ethik nicht gerade dadurch, daß wir uns wieder bewußt werden, daß alle Lebewesen, irdische wie über- oder außerirdische, noch auf dem Weg sind, jedes in seiner Bewegung und jedes in seiner Zeit?

Auch spirituelles Hellsehen ist einer Geisteshaltung unterworfen. Diese sollte einfach heißen: »Dein Wille geschehe«. Denn Gott hat trotz allen menschlichen Erfindungen und Fortschritten immer das letzte Wort und wird es zum Glück immer haben. Stellen Sie, lieber Leser, liebe Leserin jetzt fest, daß es auch Ihnen hilft, Ihre Psi-Kräfte besser zu entwickeln, wenn Sie diese in einen religiös-spirituellen oder philosophischen Zusammenhang stellen, dann tun Sie das.

Wichtig ist aber, daß man nicht auf jene herunterschaut, die meinen, ohne philosophische oder religiöse Hilfe auszukommen. Man denke an das Sprichwort: »Jedem sein eigener Meister, denn wer bist du, eines anderen Diener zu richten? Vor seinem *eigenen* Meister besteht oder fällt er.«

Aktiv-passiv sein

Entwickeln wir *aktiv* unsere ASW-Fähigkeiten, und nehmen wir *passiv* wahr, was die göttliche Führung immer wieder als neue Wachstumschancen für uns präsent hat.

Abschalten, um »hell-zu-sehen«, um erfühlte Informationen ergänzen zu können, das ist bei den folgenden Übungen unsere Aufgabe.

Vorübung zum Hellsehen

Auch in den folgenden Übungen nehmen wir wieder dankbar die Hilfe unseres geistigen Helfers an. Wir sind uns bewußt, daß wir ihn erkennen und sehen werden, *wenn die Zeit dazu reif ist.* Wir sollten ihn nie vergessen oder einfach nicht beachten, denn er hilft uns aus jeder unangenehmen Situation sofort wieder heraus, wenn wir ihn aktiv dazu auffordern und darum bitten – und wenn es in unserem Lebensplan vorgesehen ist. Auch dann, wenn wir ihn noch nicht »sehen«. Hauptsache ist, daß wir um ihn wissen.

Suchen Sie sich jetzt Ihr persönliches Hilfsmittel aus, das Ihnen symbolisch auch beim Hellsehen behilflich ist, sich besser und tiefer entspannen zu können: Es muß einfach etwas sein, das man an- und ab-, auf- oder zuschließen kann, vielleicht ein Fernsehgerät, eine Türe, ein Tor, ein Schalter, Gerät, Antennen etc. Selbstverständlich können Sie später auch diese Krücke nach Belieben verändern, je nach Ihrer Entwicklung, Lust und Laune.

Die folgende kleine Vorübung ist dazu da, das Hellsehen zu kontrollieren. Wenn Sie die Türe öffnen, wollen Sie sehen, beim Schließen wollen Sie bewußt nicht mehr hellsehen.

Kontrolle des Hellsehens

Suchen Sie sich einen ruhigen Ort, wo sie ungestört sind, und machen Sie es sich bequem. Entspannen Sie Ihren Körper – atmen Sie zwei, drei Mal tief ein und aus. Stellen Sie sich vor, wie sich alle physischen Muskeln und Organe entspannen, immer ruhiger wird Ihr Körper, bis er langsam einschläft. Nur Ihr Geist erwacht, hellwach und klar freut er sich auf seine geistige Arbeit. Alle Erwartungen atmen Sie tief aus und schließen in Ihrer Vorstellung den blauen Vorhang, damit Sie alles, was Sie jetzt noch beschäftigt, dahinter vergessen können, bis Sie sich wieder damit befassen.

Sie stellen sich eine blühende Sommerwiese vor und entdecken jetzt einen kleinen Bach. Munter sprudelt er vor sich hin und lädt Sie zu einem Spaziergang an seiner Seite ein. Über einen Holzsteg können Sie leichten Fußes den Bach überqueren. Tief atmen Sie das frische Element Wasser ein und genießen dabei die Reinigung all Ihrer psychischen Schichten oder Bewußtseinsebenen. Für einen kurzen Moment verschmelzen Sie mit der ganzen Natur um sich herum und genießen dieses mystische Erlebnis.

Sie freuen und konzentrieren sich also auf nichts anderes als auf die Erfahrung und Entdeckung Ihrer erwachenden Hellsicht... Ihr geistiges Auge erwacht, Ihre Einbildungskraft wird aktiv.

Stellen Sie sich jetzt eine schöne Türe, einen geschlossenen Fensterladen oder ein Fernsehgerät vor. Wenn Sie sich beispielsweise eine Türe vorstellen, öffnen Sie diese, bleiben Sie in Ihrer Vorstellung auf der Schwelle stehen, und schauen Sie »hinaus«. Gehen Sie nicht durch die Türe – beobachten Sie nur – ohne zu denken. Was für eine Szene eröffnet sich Ihrem geistigen Auge? Was kommt Ihnen dank Ihrer Phantasie in den Sinn? Lassen Sie sich Zeit, schauen Sie sich ruhig alles an, und prägen Sie sich dieses Bild ein.

Ihr geistiger Helfer freut sich wieder auf ein telepathisches Gespräch, wo sie gemeinsam herausfinden können, was diese und keine andere Vision erzählen, zeigen und lehren möchte.

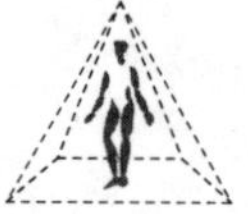

Nach einigen Minuten schließen Sie die Türe wieder zu. Lassen Sie Ihren Körper erwachen, öffnen Sie Ihre Augen, und berühren Sie bewußt ein physisches Objekt.

Diese Einstiegsübung ist eine Möglichkeit, Ihre medialen Fähigkeiten nur dann zu aktivieren, wenn Sie es wollen und wenn Sie dazu bereit sind. Denken Sie daran: Ihre geistigen Helfer entsprechen Ihrem Bewußtsein – analog dazu finden wir unsere irdischen Lehrer vom Kindergarten bis zur Universität. Denken wir ebenfalls daran, daß einige Schüler eine Klasse zu ihrem Wohle wiederholen oder wechseln können – je nach ihrer Entwicklung. Wenn Sie Ihre Erlebnisse nicht befriedigen, wiederholen Sie sie zu einem günstigeren Zeitpunkt, oder warten Sie geduldig. Dafür haben wir unseren eigenen, freien Willen und sollten diesen auch einsetzen.

Freuen Sie sich auch auf das Zusammensein mit verschiedenen geistigen Helfern und vertrauen Sie Ihrer höheren Führung – selbst wenn Sie sie jetzt noch nicht hellsehen! Sie wissen, daß diese sich erst visuell zeigen, wenn sie es für richtig erachten, und Sie lernen nur diejenigen kennen, die für Ihre persönliche Entwicklung, Ihre seelisch-geistige Auseinandersetzung, richtig und wichtig sind.

Lernen Sie behutsam Ihre vielfältige Fähigkeit der Hellsicht kennen. Nehmen Sie eventuelle, anfänglich auftauchende Unsicherheiten gelassen. Ja sogar aufkommende Ängste sollten Sie ebenso ernst nehmen wie phantastische Visionen.

Alle Wahrnehmungen dienen sowohl zum Schutz als auch als Lernfeld.

Schließlich wollen wir langsam, Schritt für Schritt, Licht in Unkenntnis oder neue Realitäten bringen.

Der Verstand beginnt, die Gefühle mit jeder Übung immer klarer zu be- und erleuchten.

Vergessen Sie nie, daß niemand dagegen gefeit ist, mit noch unverdauten Erlebnissen – zum Beispiel Traumata aus der Jugendzeit – konfrontiert zu werden. Hellsichtig können Sie solche mentalen Träume in Ihrer eigenen Psyche bewußt be- und dadurch verarbeiten.

Verschiedene Imaginationsübungen

Die folgenden Übungen beziehen sich jeweils wieder auf die verschiedenen Bewußtseinsebenen. Mit der nächsten will Ihnen Ihr *Traumhaus* Aufschluß über Ihr momentanes Seelenporträt geben:

1. Übung

Psychologische Ebene, Raum und Zeit

Nachdem wir unseren Körper, unsere Seele und unseren Geist wieder entspannt haben, schließen wir den blauen Vorhang und genießen die Ruhe, den inneren Frieden und die Harmonie.

Unser drittes Auge erwacht, wir öffnen die Tür, und wir stellen uns eine rote Rose, Blüte, Blätter und Dornen vor. Wir sehen, wie sie neben anderen Rosen in einem großen Beet steht. Wir freuen uns über ihre verschiedenen roten und rosanen Farben. Neben dem Rosenbeet entdecken wir einen Weg, der zu einem großen Haus führt. Leichten Fußes bewegen wir uns darauf zum Haus unserer Träume, wobei wir den Weg genau beobachten und das Haus genau anschauen, seine Farbe, Form, Architektur, Bausubstanz.

Wir suchen uns einen angenehmen Sitzplatz und ruhen uns aus. Hier, weit weg vom Lärm der Stadt, besucht uns wieder ein geistiger Helfer. Nachdem wir ihn begrüßt haben, unterhalten wir uns mit ihm in der Stille – innerlich – über dieses Haus. Wir beschreiben ihm im inneren Monolog alle Vorstellungen und Einbildungen. Wir bitten ihn, er solle uns helfen, daß unsere Hellsicht noch klarer wird, und wir können noch schärfer und besser hell-sehen. Geduldig warten wir auf die Dinge, die da kommen werden.

Im inneren Dialog mit unserem Helfer finden wir heraus, warum unser Haus so und nicht anders ausschaut, was es uns symbolisch mitteilen möchte.

Langsam wird es Zeit zum Umkehren. Wir bedanken uns für dieses Zusammensein mit unserem geistigen Helfer, all seine Gedankenanstöße, die wir kritisch überdenken wollen. Wir nehmen auch diese erste Erfahrung des Hellsehens dankbar an und sind uns bewußt, daß wir mit jeder solchen Übung vertrauter werden mit dem inneren Sehen.

In aller Ruhe spazieren wir über den Weg wieder zurück zum Rosenbeet, an der Rose vorbei und verabschieden uns von unserem geistigen Helfer. Auch schließen wir unsere Tür wieder gut zu. In der einkehrenden Ruhe ziehen wir unseren blauen Vorhang wieder auf und lassen unseren Körper langsam erwachen. Kopf und Füße beginnen wir zu bewegen, zwei Mal atmen wir tief ein und aus. Wir zählen innerlich bis sechs, und dann öffnen wir die Augen und fühlen uns im Hier und Jetzt wieder fit und entspannt.

Jetzt können Sie Ihre Hellsicht nicht mehr ignorieren. Sollten Sie Ihren inneren Visionen und Einbildungen nicht trauen, weil Sie meinen, daß Sie sich das alles ja sowieso nur eingebildet haben, kann ich Ihnen nur gratulieren und sagen: Bravo! Genau *diese* Einbildungskraft wollen wir weiter entfalten und besser kennenlernen. Oder denken Sie jetzt: »Ich habe nur ›schwarz‹ gesehen?« Glauben Sie mir: Wenn ich meine Augen schließe, ist auch bei mir alles dunkel. Trotzdem erwacht mit der Zeit in dieser dunklen Konzentration ein eingebildetes inneres Fernsehbild, das Ihnen wie im Traum »durchsichtige« Visionen zeigt. Mit der Zeit werden diese, wenn es in Ihrem geistigen Plan vorgesehen ist, immer klarer und klarer erkennbar. Es ist alles eine Frage der Gewohnheit und der Übung. Wiederholen und erfinden Sie ganz bewußt selber ähnliche Spaziergänge durch Ihre Phantasie – plötzlich klappt es. Imaginationstraining und Visualisationsübungen eignen sich auch für unser Alltagsleben bestens, sich immer wieder neu zu programmieren. Alte Verhaltensmuster können auf der persönlichen Ebene bewußt gemacht und umprogrammiert werden, so wie wir das bereits in Lektion 1 gelernt haben. Vielleicht finden Sie aber auch auf diese Art und Weise heute schon Ihr Haus der Zukunft.

Praktischer Nutzen von Imagination und Visualisation

Hellsehen nur, wo es angebracht ist

In diesem Stadium der Entwicklung sollten Sie keineswegs bestrebt sein, immer und überall hellsehen zu wollen! Leitungen fallen bekanntlich bei Überlastung aus, und Imaginationsübungen beim Autofahren beispielsweise könnten katastrophale Auswirkungen haben. Besser suchen Sie sich einen Übungspartner oder eine geeignete mediale Entwicklungsgruppe, mit der Sie diszipliniert, geduldig und regelmäßig trainieren können. Oder Sie nehmen sich wieder vermehrt Zeit – vielleicht sogar einmal Ferien – für bewußte Tagträume – für Reisen nach innen!

Ihr Hellsehtraining eignet sich mit der Zeit dann bestimmt immer besser, bewußt auch Wartesituationen im Alltagsleben konstruktiv zu nutzen. Vergessen Sie aber Ihre Pflichten im Hier und Jetzt nicht, schließlich soll auch diese mediale Disziplin zuerst einmal ein Hilfsmittel für die harmonische Gestaltung unserer persönlichen irdischen Realität werden. Geduld und Disziplin muß auf allen Ebenen irdischer und außerirdischer Entwicklung immer wieder trainiert und angeeignet werden. Weniger ist oft mehr! Deshalb überschätzen und überfordern Sie sich nicht. Suchen Sie bewußt auch in der medialen Entwicklung Ihr eigenes Wachstumstempo nach dem Motto: langsam aber sicher.

Mit der wachsenden Gefühlssicherheit in medialen Prozessen entwickelt sich gleichzeitig Ihr Selbstvertrauen. Vielleicht sind Sie ein Prophet, der nichts sieht, sondern einfach »weiß«, wie die Rose, der Weg und das Haus aussahen. Sollten Sie ein angeborener Prophet sein und auch einmal hellsehen wollen, hilft Ihnen vielleicht die Vorstellung, daß Sie durch ein Fernglas schauen. Bilden Sie sich ein, wie Sie zuerst die Schutzdeckel wegnehmen und dann, ganz ruhig, die Sehschärfe klarer und immer klarer einstellen.

Vergessen Sie nie, daß es *keine* medialen Versager gibt – es ist alles eine Frage der Interpretation, eine Frage des richtigen Verständnisses ... und letztendlich eine Frage Ihrer persönlichen Anlagen und Ihres jetzigen Lebenssinns.

So wie die einen in der Schule eher visuell, die anderen audiovisuell gelernt haben, funktionieren auch die medialen Sinne individuell. Das Grundsätzliche der Medialität wollen wir ja jetzt gemeinsam kennenlernen und erfahren, bis wir mit der Zeit alle sinnlichen Drähte zur geistigen Welt entwickelt haben.

Trainieren Sie weiter!

Erfinden Sie selber weitere ASW-Spiele (zum Beispiel nach Milan Ryzl), durch die Sie *alleine* zusammen mit Ihrem geistigen Helfer die Gefühlssicherheit Ihrer Hellsicht in Zeit und Raum trainieren können, durch die Sie sich aus spirituellen Ebenen mit visuellen Eindrücken außerhalb Ihrer eigenen Persönlichkeit inspirieren lassen.

Wenn Sie sich z. B. die rote Rose vorstellen konnten, warum sollten sie sich nicht einbilden können, wieviele Autos jetzt gerade auf der Straße vor ihrem Haus geparkt sind? Fragen Sie bitte in aller Konzentration Ihren geistigen Helfer. Wenn es sein soll, werden Sie die aktuelle Straßensituation klar und deutlich innerlich sehen können, überprüfen Sie Ihre Vision!

Psychospirituelle Ebene

2. Übung

Nehmen Sie den ganzen Bilderfluß Ihrer *ASW* an, der an Ihnen in der anschließenden Übung durch den sinnlichen Draht strömt. Versuchen Sie, ihn nicht zu verändern; nehmen Sie alles an, ohne zu filtern, ohne zu analysieren. Versuchen Sie, möglichst nicht selber zu denken, sondern *lassen* Sie es einfach denken.

Konstruieren Sie nicht selber Ideen, sondern lassen Sie sich vom großen Baumeister inspirieren, und nehmen Sie seine Bilder an. Sie sind der eigene Herr und Meister der späteren Überprüfung und Auswertung! Sollte der Strom einmal zu rasch fließen, bitten Sie um Zeitlupentempo. Fließen plötzlich zu viele Eindrücke – wird zuviel auf einmal angeschwemmt, beschränken Sie sich bewußt auf einen begrenzten Ausschnitt. Stoppen Sie Ihren inneren Film ganz einfach wie ein Video, das je nach Bedarf zurückgespult werden kann, bis man in aller Ruhe die vielen Impressionen erfaßt hat. Bilden Sie sich ungeniert angeschwemmte Eindrücke ein, und vertrauen Sie Ihren inneren phantastischen Visionen und deren Interpretation – Ihr geistiger Helfer wartet darauf, Ihnen diese in ihrer Bedeutung näherbringen zu können.

Symbole deuten

Mit dem dritten Auge lernen Sie, auf innere Bilder aufmerksam und wachsam zu werden. Es ist naheliegend, daß Sie lernen müssen, korrekt und seriös auch mit diesen inneren Visionen und Phantasiebildern umzugehen, vor allem und insbesondere, wenn Ihnen mit der Zeit bewußt wird, daß Ihnen oft intuitiv auch ein Symbol oder sogar ein ganzer Traum als Symbol gezeigt wird. Hier beginnt die wichtigste Arbeit, die Sie bereits in den vorangegangenen Übungen und Lektionen kennengelernt haben. Die Visionen, die sich oft verschlüsselt in Symbolen zeigen, müssen wir richtig verstehen lernen, das heißt wissen, was sie uns vermitteln möchten und für wen oder was sie von Bedeutung sein könnten. Bekanntlich hat alles einen Sinn. Es ist alles eine Frage der Interpretation, der Anschauung, und hier muß jeder seinen eigenen Schlüssel zur Wahrheit finden, um mit jeder erforschten Erkenntnis Tor um Tor weiter aufschließen zu können.

Entspannen Sie sich wieder, wie es Ihnen lieb ist. Lassen Sie sich Zeit für diesen Prozeß, und stellen Sie sich nach Ihrem selber kreierten Spaziergang Ihre innere Tür vor, öffnen Sie diese, und erleben Sie jetzt, wie Sie durch sie hindurch zu einem angeneh-

men Arbeitsplatz geführt werden. Hier können Sie sich in aller Ruhe auf Ihre geistige Arbeit konzentrieren. Ihr geistiger Helfer erscheint Ihnen auch, gemeinsam freuen Sie sich auf die bevorstehende Arbeit.

Er inspiriert Sie jetzt, wenn es dem göttlichen Willen entspricht, und beantwortet Ihnen verschiedene Fragen mit visuellen Eindrücken:

- *Welche Farbe wird der Pullover meiner Bürokollegin heute Nachmittag haben?*
- *Was für ein Kleid trägt meine Freundin jetzt?*
- *Mit was für einem Auto wird mich dieser Bekannte morgen besuchen kommen?*
- *Wie sieht die Landschaft aus meinem Hotelzimmer in den nächsten Ferien aus?*
- *Wie wird die Schaufensterdekoration meines Friseurs im nächsten Monat sein?*
- *Wie wird das Wetter morgen sein?*

Schließen Sie Ihre Tür wieder, bedanken Sie sich für die Zusammenarbeit mit Ihrer spirituellen Führung, und verabschieden Sie sich. Verlassen Sie den Arbeitsraum, öffnen Sie den blauen Vorhang, und erwachen Sie ruhig im Hier und Jetzt.

Notieren Sie sich all Ihre Eindrücke, und vergleichen Sie Ihre Wahrnehmungen sorgfältig mit der Realität. Kontrollieren Sie nachträglich die Art und Weise, wie Ihre Hellsicht und Ihre Intuition funktioniert. Das Ziel dieser Übung ist, daß Sie lernen, wie sich die Tiefen, Höhen oder anderen Daseinsebenen hellsichtig anfühlen. Mit der Zeit werden Sie gefühlssicherer und können zwischen den verschiedenen Realitäten immer besser unterscheiden.

Den Fluß des Höheren Selbst nicht durch Verstandesdenken bremsen

Versuchen Sie also nicht, sich während des Traums analytisch an das »Gesehene« zu erinnern, sonst ist die Gefahr groß, daß Sie Ihr Gehirn, den Verstand, gebrauchen, der *Ihre* Imagination aktiviert. Der Fluß Ihres Höheren Selbst, das mehr als Sie sieht, wird dadurch gestoppt. Zwar wird als Hilfsmittel Ihre Einbildungskraft, die gleiche Imaginationsfähigkeit, benützt; diese will beim spirituellen Hellsehen aber von einer höheren Bewußtseinsebene inspiriert werden. Aktiv-Passiv-Sein!

Beim richtigen inspirierten Hellsehen sollten wir nichts vorplanen oder erwarten. Die einführenden Bilderreisen dienen nur zur Aktivierung unseres kreativen Denkprozesses. Kommt dieser einmal in Fluß, entwickelt er eine Eigendynamik. Je reiner mit der Zeit dieser Fluß, Kanal oder Draht zur geistigen Welt wird, um so gefühlssicherer werden wir in der Unterscheidung unserer Wahrnehmung. Wir fühlen, sehen und wissen, ob angeschwemmte Bilder Botschaften von uns und an uns sind – für andere inkarnierte oder nichtinkarnierte Lebewesen – und auf welcher Bewußtseinsebene oder in welcher geistigen Welt diese zu Hause sind.

Visionen auf Tonband aufnehmen

Es ist praktisch, wenn Sie nach oder sogar während der Übung alle Ihre Visionen verbalisieren und direkt auf Tonband aufnehmen. Sie kommen dann am wenigsten in Versuchung mitzudenken und laufen weniger Gefahr zu glauben, sich gewisse Visionen ja doch nur eingebildet zu haben. Auch wird damit ausgeschaltet, sich selber tatsächlich einzubilden, man hätte es ja vorher eigentlich gewußt. Erst später, wenn Sie Ihre persönliche Gefühlskontrolle machen und Ihre Visionen mit klarem Menschenverstand hinterfragen, ist Denken und dadurch eine objektive Kontrolle angebracht! Hier beginnt somit die wichtigste Stufe des kontrollierten Hellsehens und der Arbeit an sich selber.

Wenn Sie auf dieser Stufe geübt sind, merken Sie mit der Zeit vermutlich, daß Sie die Tür als Hilfsmittel nicht mehr brauchen. Ein klarer An- und Aus-Impuls reicht, damit Sie sich auf die gewünschten Schwingungsebenen einstellen können. Wichtig zu wissen ist auch, daß Sie Ihren physischen Körper nur im telepathischen Sinne verlassen, wenn Sie bei solch geistigen Spaziergängen in Ihrer Vorstellung durch Türen hinausgehen. In der Regel hat das Reisen dank Hellsehen nichts mit außerkörperlicher Erfahrung zu tun. Daß es aber dieses Phänomen gibt, ergibt sich aus der Tatsache, daß unser Bewußtsein an der »langen Leine«, der Silberschnur, tatsächlich auf feinstoffliche Reisen gehen kann. (Näheres darüber in Lektion 6.)

Hellseh-Übungen zum Gruppentraining

Wenn Sie im Freundeskreis Ihre Hellsicht trainieren wollen, folgen hier weitere ASW-Anregungen nach Milan Ryzl. Die Aufgabe besteht darin, die verborgenen Gegenstände immer exakter hellsichtig sehen zu können: Lassen Sie bei der Übung dem Gegenstand Zeit, klarer zu erscheinen. Stellen Sie sich nichts vor, atmen Sie alle Erwartungen aus, warten Sie völlig passiv, und Ihre Geduld wird mit einer klaren, richtigen Sicht belohnt werden...

Verschiedene Übungen

- *Stellen Sie einen Gegenstand hinter die geschlossene Türe,*
- *legen Sie beispielsweise einen Schlüssel in eine Kartonschachtel,*
- *lesen Sie ein eingepacktes Buch,*
- *beschreiben Sie ein eingepacktes Bild,*
- *schauen Sie, was für eine Farbe das Blatt Papier im verschlossenen Kuvert hat,*
- *verstecken Sie einen Ball im Haus, und lassen Sie diesen von den Gruppenmitgliedern hellseherisch suchen.*
- *Sind Sie neugierig darauf, was die Freundin jetzt gerade in der Küche tut?*
- *Versuchen Sie, die Gedanken eines Gruppenmitgliedes zu lesen, das sich z. B. einen Gegenstand vorstellt.*

Folgendes könnte bei dieser Art von psychometrischen Übungen passieren: Nimmt das Medium beispielsweise einen Gegenstand einer Freundin in die Hand – deren Einverständnis immer vorausgesetzt –, fühlt es zuerst vielleicht eine Enttäuschung, anschließend sogar einen Ehestreit. Die Annahme dieses Gedankens und Gefühls eröffnet jetzt mit dem zweiten Schritt ein Bild, eine Vision der Freundin in der Vorstellungswelt des Mediums. Es sieht innerlich, wie beide streiten. Wenn nun das Medium der Freundin diese Information mitteilt, wird sie den Vorfall bestätigen. Auf dieser Stufe werden noch keine Ideen über die Ursache oder den Inhalt des Streites gegeben. Das Medium, das seine mediale Arbeit erst beginnt, erlebt zwar hellfühlend diesen Streit wie im Stummfilm – der Sinn der Hellhörigkeit, zu hören, *warum* es soweit gekommen ist – muß sich erst noch entwickeln.

Notieren Sie sich alle Eindrücke, und setzen Sie sich mit ihnen auseinander – wie in der Traumanalyse. Rückblickend sollten Sie aus den Fehlern lernen, indem Sie Ihre Visionen kontrollieren und dadurch Ihre höchstpersönliche Wahrnehmungsart weiter kennenlernen.

Fehler sind erwünscht!

Fehler machen ist also nicht nur erlaubt, sondern erwünscht – nur daraus lernen wir!

Wer sonst wenn nicht Sie kann die Erfahrung erleben, die schließlich zur Entwicklung führt?

Wachsamkeit im Alltag eignet sich als weitere Übung sehr gut. Flüchtigsten Visionen gegenüber wollen wir wachsam werden, die sich fünf Minuten später im Alltag in Realität umwandeln.

Ein persönliches Erlebnis

Dazu ein Beispiel aus meiner Erfahrung: Ich fuhr im Auto und sah in meiner Vorstellung plötzlich einen Radfahrer in einer roten Jacke, der nach einem Verkehrsunfall neben seinem Fahrrad auf dem Boden lag. Ich erschrak und deutete diese Phantasie als eine Warnung; ich nahm an, daß ich mich stärker aufs Autofahren konzentrieren sollte. Sofort kontrollierte ich mein Fahrverhalten. Fünf Minuten später sehe ich hinter einer Kurve, daß ein Verkehrsunfall passiert ist. Ein junger Mann mit roter Jacke lag mit seinem Fahrrad am Boden, umgeben von verschiedenen Autos.

Durch Wachsamkeit lernen wir, unsere Intuition zu beobachten und die Wahrnehmung mit dem geistigen oder dritten Auge mit den physischen Augen zu vernetzen; wir wollen etwas Vertrautes wie zum allerersten Mal erblicken. Auch hier wollen wir beginnen, ganzheitlich zu denken!

Töne sehen

Der wörtlich zu nehmende visuelle Eindruck kann eine tatsächliche visuelle innere Wahrnehmung sein. Sie verfeinern Ihr mediales Sehen bis zu dem Punkt, an dem Sie die Impulse in eine genaue Szene übersetzen können – bis Sie Töne »sehen«.

Gehen wir nun aber wieder ins »Kino der Stummfilme«. Wir werden immer mehr entdecken, daß die Sprachen unseres Unterbewußten und unseres Überbewußten, unserer psychischen und spirituellen Wahrnehmung Geschwister sind, auf dem Sprungbrett des Mental-Mediums wahrgenommen.

Nur mit Eingeweihten üben

Bei den folgenden Übungen ist es besonders wichtig, daß Sie moralisch selbstverantwortlich und nur mit »Eingeweihten« arbeiten – nach dem Motto: Wie du mir, so ich dir. Mit Eingeweihten meine ich Menschen, die wissen, was Sie jetzt üben, wozu Sie sie als »Versuchskaninchen« benützen möchten. Kontrollieren Sie Ihre Gefühlssicherheit nie bei Menschen, die nicht wissen, um was es geht. Oder möchten Sie, daß man Gleiches mit Ihnen macht, Ihnen Fragen stellt, ohne daß Sie den Hintergrund kennen? Geben Sie auch nie jemandem Botschaften, der nicht darum gefragt hat.

Zwingen Sie nichts herbei. Je entspannter Sie Ihre Hellsicht ohne Erwartungen geschehen lassen können, um so größer wird die Trefferquote. Machen Sie es nicht wie kleine Kinder, die eigenwillig ihre Schockolade jetzt gerade bekommen wollen – oder haben Sie als Erzieher auch immer sofort nachgegeben? Sie sind sich bewußt, daß folgender Film nichts mit Ihnen zu tun hat, sondern als wichtige Botschaft für Ihre(n) Freund(in) nachträglich aufgeschlüsselt werden will.

Wählen Sie sich eine(n) Ihrer Freund(inn)e(n) aus. Diese(r) stellt sich wieder für Sie als Übungspartner zur Verfügung. Nach gegenseitigem Einvernehmen versenken Sie sich in Ruhe und Entspannung. Nachdem Sie Körper, Seele und Geist mit göttlicher Heilkraft durchfluten ließen, freuen Sie sich über die klare, sauber gereinigte Atmosphäre um Sie herum und begrüßen wieder Ihren geistigen Helfer.

Beobachten Sie, welche Bilder, Eindrücke und Filmausschnitte Ihnen eingegeben werden. Der Film beginnt mit einer schönen, farbigen Marktszene. Freuen Sie sich über all die verschiedenen Farben der Stände, der Früchte und Waren, der einkaufenden und bummelnden Menschen. Achten Sie auf alle Eindrücke, auf das Wissen, welches jedes Bild begleitet. Bleiben Sie offen für alle verschiedenen Möglichkeiten, die Sie hellsichtig empfangen können. Nehmen Sie Farben, Formen, Landschaft usw. telepathisch-hellsichtig zur Kenntnis.

Plötzlich kristallisiert sich jetzt ein bestimmter Mensch aus der Menschengruppe heraus. Immer klarer können Sie diesen wahrnehmen, als Frau oder Mann, alt oder jung, blond oder dunkelhaarig. Nehmen Sie ruhig inneren Kontakt auf mit diesem Menschen. Ist es ein geistiger Helfer von Ihnen oder eventuell von Ihrem Feund (Ihrer Freundin)? Lassen Sie sich überraschen, nehmen Sie die Situation einfach ruhig an, so wie es sich ergibt. Dieser geistige Helfer hat für Sie eine Überraschung in seinem Einkaufskorb. Er führt Sie jetzt aus diesem fröhlichen Markttreiben hinaus zu einem ruhigen Plätzchen. Merken Sie sich sämtliche visuellen Erscheinungen, die Ihnen vielleicht wie Geistesblitze zufallen, weil Ihr geistiger Helfer diese in Ihrem Computerprogramm zur Verständigung angeklickt hat.

Wie sieht Ihr ruhiger Arbeitsplatz aus? Setzen Sie sich zusammen jetzt auf einen Bank, einen Stein, eine kleine Mauer oder was im-

mer sich sonst gut eignet, und freuen Sie sich auf die Enthüllung des geheimnisvollen Einkaufskorbs. Ihr geistiger Begleiter packt sorgfältig drei Gegenstände aus. Schauen Sie gut, was da zum Vorschein kommt. Bitten Sie innerlich um klarere Bilder, akzeptieren Sie das Geschehene, solange es Ihnen behagt, und träumen Sie weiter. Nichts stört diesen medialen Fluß. Lassen Sie es ungeniert fließen, konzentrieren Sie sich auf alle Eindrücke, und merken Sie sich alle Einbildungen, die Sie auf Ihrem inneren Bildschirm immer deutlicher sehen können.

Jeder einzelne Gegenstand möchte mit Ihnen in Kontakt kommen, Ihnen eine kleine Geschichte erzählen. Ihr geistiger Helfer freut sich auf die Versändigungshilfen, bis Sie immer sicherer werden und die Bedeutung dieser Geschenke besser verstehen. Was wollen Sie dem Empfänger als Botschaft vermitteln?

Wenn es wieder Zeit wird, diese Übung zu beenden, profitieren Sie in aller Ruhe noch von dieser Stille. Besprechen und analysieren Sie den ganzen Traum mit Ihrem geistigen Helfer, bis Sie sich ein Bild von Ihrem Freund (Ihrer Freundin) machen können. Bedanken und verabschieden Sie sich.

Interpretation und Überprüfung des Erlebten

Erzählen Sie jetzt Ihrem Übungspartner den erlebten »künstlichen Traum«. Bitten Sie ihn, Ihnen ein ehrliches Feedback anhand der von Ihnen daraus gezogenen Schlüsse zu geben. Nicht selten staunen wir, wenn unser Ansprechpartner unsere Visionen verstehen und sie gut für sich selber als Situationsanalyse oder sogar als wichtige Anregung akzeptieren kann. Ist das nicht eine tolle Möglichkeit, die persönliche Gefühlssicherheit unserer inneren Visionen Schritt für Schritt kennenzulernen?

Wer war eigentlich der geistige Helfer, der sich auf dem Marktplatz zu Ihnen gesellte? Wurde er eventuell als feinstofflich materialisierter Bewußtseinsteil von einem verstorbenen Bekannten Ihres Übungspartners erkannt, der mit seiner »Erscheinung« mitteilen wollte, daß er sich freue, immer noch am Leben zu sein, obwohl in einer anderen Daseinsform? Sollte er nicht erkannt werden, könnte es ein geistiger Helfer von Ihnen sein, den Sie vielleicht noch gar nicht kennen, oder ein symbolisch »Verkleiderter«, der noch nicht erkannt werden will, weil er aus bestimmten Gründen glaubt, daß die Zeit dazu noch nicht reif ist. Nehmen Sie ihn an, so wie er ist – Hauptsache, daß es ein Bote Gottes ist und er Ihnen in bester Absicht und altruistischer Liebe auf seine Art mit Rat und Tat beistehen möchte.

Mit solchen Visionen für andere stärken wir in erster Linie unsere persönliche Gefühlssicherheit, unser Selbstwertgefühl und unser Selbstvertrauen.

Mit der Zeit sollten Sie als Medium Ihre Interpretationen selbständig so weitervermitteln, daß Ihr Ansprechpartner nur noch Ja oder Nein zu sagen braucht, ohne daß er von Ihrem Traum Kenntnis hat, da dieser ja auch nur als Hilfsmittel dient, wie beispielsweise eine Tarotkarte. Achten Sie darauf, daß Sie Ihren Übungspartner nicht zu intensiv ausfragen, so daß dieser Ihnen sein halbes Leben offenbart und Sie sich anschließend einbilden, Sie hätten ihm selber alles erzählt. Zu erwähnen, daß wir diskret und verantwortungsbewußt mit solchen Übungen umgehen müssen, erübrigt sich beinahe:

Das Gesetz der Resonanz wirkt nicht nur grobstofflich, sondern auch feinstofflich.

Erwarten Sie nichts!

Von alters her werden visuelle Einsichten entweder durch das Gebet, die Meditation, über Träume oder wie in meinen beschriebenen Erlebnissen durch visuelle Vorahnungen empfangen. Erwarten Sie aber nichts – oft hält der Trainierende Ausschau nach einer bestimmten Qualität, nach leuchtenden, intensiven Bildern etc. Vertrauen Sie ganz einfach zuerst Ihren Eindrücken.

Es ergibt sich logischerweise, daß psychologisch-therapeutisch Geschulte, die ihre erwachende Medialität in ihre Sitzungen einfließen lassen, mit effizienteren Erfolgsquoten rechnen dürfen. Oft trifft das angehende Mental-Medium innerhalb kürzester Zeit den Nagel auf den Kopf. Dadurch erübrigen sich oft viele unnötige Stunden der Anamnese und der Analyse.

Schreiben Sie auf je ein Blatt Papier drei Namen von »Eingeweihten« auf, die Sie nach der Übung ungeniert abfragen dürfen. Drehen Sie die Blätter um, und mischen sie diese tüchtig. Intuitiv wählen Sie jetzt ein Blatt aus, und, ohne zu schauen, für welchen Übungspartner Sie sich entschieden haben, beginnen Sie wie in der vorigen Übung, wieder für die Person eine Vision zu erleben. Überprüfen Sie anschließend Ihre eigene Gefühlssicherheit. Er-

staunlich, daß Ihr geistiger Helfer Ihnen für »den Richtigen das Richtige« eingegeben hat.

Sich auf die vertikale Ebene begeben

Versuchen Sie, sich jetzt zum Abschluß ganz bewußt noch einmal von der »horizontalen«, psychischen Arbeitsebene zu lösen. Das heißt, nicht für unsere irdischen Freunde wollen wir uns jetzt hellseherisch inspirieren lassen, sondern für unsere geistigen Helfer und Freunde. Ich nenne das die »vertikale«, spirituelle Ebene.

Da sich unsere eigenen geistigen Helfer oder Schutzengel meistens zu Anfang unseres Hellsehtrainings noch nicht klar zeigen – weil sie uns nicht erschrecken wollen oder weil sie vielleicht denken, daß die Zeit dazu noch nicht reif sei – ist es sinnvoll, wenn wir unsere Gefühlssicherheit auch wieder in der Auseinandersetzung mit anderen Übungspartnern kontrollieren.

Anfangs zeigt sich Ihr geistiger Helfer als Schutz vielleicht in einer verkleideten Symbolfigur. Gefühlssicher, dank der Kontrolle bei anderen Eingeweihten, realisieren Sie vielleicht, daß viele Visionen mit eigenen Wunschvorstellungen oder Sehnsüchten kollidieren.

Da auch die geistige Welt ihren freien Willen hat, lassen wir geschehen, was geschehen mag…

Wir denken daran, daß wir die Toten nie rufen dürfen, und wir wissen, daß diese sich immer freiwillig melden, wenn die Zeit dazu reif ist.

Denn diese sind ja nicht tot, sondern leben in einer anderen Realität weiter und möchten – je nach ihrem aktuellen Lernprogramm – unter Umständen nicht in ihrer momentanen Arbeit gestört werden.

Genau wie vorher wählen Sie sich einen eingeweihten Übungspartner aus, der mit seinem Feedback anschließend helfen wird, Ihre Visionen immer besser verstehen zu lernen.

Verbinden Sie sich wieder mit Ihrem höheren Selbst, nachdem Sie sich entspannt und den blauen Vorhang zugezogen haben, und bitten Sie darum, daß sich Ihnen jetzt ein geistiger Helfer Ihres Partners so klar und deutlich zeigt, daß Sie ihn hellseherisch wahrnehmen können, sofern es richtig und wichtig für Ihre persönliche Bewußtseinserweiterung ist.

Schauen und beobachten Sie gut, aktiv-passiv, wie mittels Ihrem geistigen Helfer sich jetzt ein anderer feinstofflicher Bewußtseins- oder Energieteil vor Ihrem geistigen Auge »materialisiert«, langsam Form annimmt oder einfach erscheint. Zuerst sieht es vielleicht wie ein nebliges Gespenst aus, ein außergalaktisches Phantom. Immer deutlicher erscheint Ihnen dann aber ein geistiger Helfer.

Nehmen Sie hellsichtig telepatisch Kontakt mit diesem auf, oder warten Sie einfach ruhig ab. Bitten Sie ihn, daß er sich klarer erkennbar macht, damit Sie immer besser erahnen können, ob er beispielsweise in seiner letzten Inkarnation männlich oder weiblich gewesen sei, blond oder weißhaarig. Kurz: Versuchen Sie, im inneren Dialog soviele Eigenschaften und wichtige persönliche Details von ihm wie möglich herauszufinden. Bestimmt erzählt er Ihnen jetzt gerne aus seinem früheren Leben: Was hat er beruflich gemacht? Hat er eine Familie gehabt? Wieviele Kinder? Lassen Sie sich in aller Ruhe sein Haus, sein Dorf oder die Stadt zeigen, wo er gelebt hat. Bestimmt verrät er Ihnen jetzt noch, wie er mit Ihrem Übungspartner bekannt, befreundet oder verwandt war, wie alt dieser gewesen sein muß, als sie sich kannten.

Sollte sich kein geistiger Helfer zeigen, oder behauptet dieser, daß er noch nie inkarniert gewesen sei, seien Sie nicht enttäuscht! Vielleicht haben Sie einen Engel gesehen oder sonst eine märchenhafte Fee, vielleicht machen die geistigen Helfer und Führer der Astral-, Mental- oder Kausalebene gerade ein Mittagsschläfchen, sind in den Ferien oder anderweitig beschäftigt. Vielleicht wollen sie auch Ihren Durchhaltewillen, Ihre Disziplin, Ihre Geduld und vor allem Ihr Gottvertrauen testen? Nehmen Sie getrost an, was Ihre höhere Führung für Sie bereithält. Es hat alles seinen Sinn.

Es wird wieder Zeit, um sich zu verabschieden. Bedanken Sie sich für dieses Beisammensein, schließen Sie bewußt alle Ihre feinstofflichen Energiezentren, damit Sie vor ungünstigen Energieeinflüssen geschützt und nur für Sie förderlichen beeinflußbar sind. Öffnen Sie den blauen Vorhang, und kommen Sie ruhig zurück ins Hier und Jetzt.

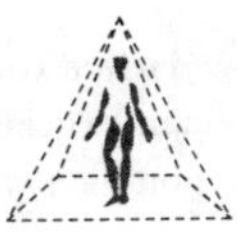

Wie immer auch Ihre Gefühlskontrolle ausfiel – wiederholen Sie je nach Belieben auch diese Übung, und vergessen Sie nie: Die besten Resultate erzielen wir, wenn wir mit Freude an uns arbeiten und nicht um des Erfolgs willen: »Dein Wille geschehe«.

Lernen Sie sich mit jeder Übung einen Schritt besser kennen – ein Schritt in der medialen Entwicklung bedeutet drei Schritte Charakterschulung!

Dem Partner keine Fragen stellen

Wenn Ihnen Ihr Übungspartner bei der Kontrolle mindestens zwei bis drei klare, eindeutige Ja-Antworten auf Ihre präzisen Beschreibungen geben konnte und der, der sich freiwillig gezeigt hat, eindeutig identifiziert werden konnte, dann sind Sie auf dem besten Weg, ein spirituelles Mental-Medium zu werden! Herzliche Gratulation!

Denken Sie daran, daß Sie während des Erzählens keine Fragen stellen sollten. Das wäre zu leicht und vor allem für Sie keine objektive Gefühlskontrolle, weil Sie sich sonst telepathisch von Ihrem Gegenüber beeinflussen lassen könnten.

Umgang mit unklaren Wahrnehmungen

Hier noch einige Anregungen zu »verzerrten«, unklaren Inspirationen oder Wahrnehmungen aus den geistigen Welten: Weil wir ja alle aus dem gleichen Stoff sind, gibt es oft allgemeine Aussagen und Botschaften, die für alle zutreffen könnten. Schließlich sind wir alle, wenn auch jeder auf seinem Weg, unterwegs zum gleichen Ziel. Demzufolge werden wir alle mit gewissen Erfahrungen früher oder später mehr oder weniger konfrontiert. Wenn auf der mentalen Ebene psychisches Wissen oder Verdrängtes abgezapft oder spirituell von Bewußtseinsteilen außerhalb der menschlichen Psyche inspiriert wird, entstehen anfänglich oft Unklarheiten und vermischte Botschaften. Eine vor 30 Jahren geschehene Fehlgeburt kann sich zum Beispiel heute als 30jährige Frau für das Medium »materialisieren«. Diese muß jetzt aber richtig gedeutet werden, damit sie korrekt erkannt wird. Faszinierend ist dann festzustellen, wenn beispielsweise diesc Fehlgeburt der ehemaligen Mutter als geistige Helferin bei der Verarbeitung der soeben geschehenen Fehlgeburt ihrer eigenen Tochter hilft...

Geistige Helfer können »übereinandergelagert« wahrgenommen werden

Auch geschieht es gerne, daß zwei geistige Helfer als einer beschrieben werden. »Übereinandergelagert« werden diese feinstofflichen Wesen vom Medium dann wahrgenommen – schließlich stehen die geistigen Helfer gerne Schlange in der Hoffnung, vom Medium als Beweis, daß es ihnen »drüben« gutgeht, vermittelt werden zu können. Eine andere Schwierigkeit ist besonders am Anfang der medialen Entwicklung auch, inkarnierte von nichtinkarnierten Astralkörpern psycho-spirituell unterscheiden zu können.

Das ist der Grund, warum ich überzeugt davon bin, daß die mediale Schulung eine gute Möglichkeit bietet, sich vom Mentaltraining mittels ASW in Richtung Mental-Medium zu entwickeln.

Ein talentiertes Mental-Medium mit gut entwickelten psycho-spirituellen Fähigkeiten ist ein guter Wahrnehmungskanal zu feinstofflichen Gefilden. Sein persönliches, zur Verfügung stehendes »Gefäß« aber setzt noch lange keine reife Persönlichkeit voraus.

Nebenbei erwähnt, realisieren wir, daß seelisch-geistige Belastbarkeit und Durchhaltekraft beispielsweise im praktischen Alltag Tugenden der Charakter- und Persönlichkeitsschulung und demzufolge für eine mediale Entwicklung unbedingt förderlich sind!

Gedankenaustausch mit Übungspartnern anstreben

Gedankenaustausch unter Gleichgesinnten und Eingeweihten wird jetzt für Sie sehr wertvoll, damit Sie auf dem Boden der Realität bleiben und Ihre persönliche Kompaßnadel immer wieder neu kontrollieren, testen und überprüfen können. Das im Anhang vorgestellte TRILOGOS-Modell bietet Ihnen diesbezüglich weitere Anregungen. Beachten Sie auch immer, daß wir Menschen keine Maschinen sind, und demzufolge funktioniert unser sinnlicher Draht zur geistigen Welt nicht immer gleich optimal. Wie jedes Gerät allerdings, sollte meines Erachtens auch jedes Medium immer wieder »gewartet« und »kontrolliert« werden.

Hellhören

Wir arbeiten jetzt bewußt nur mit unserem geistigen Gehör – wir wollen zum Beispiel die Blumen innerlich »hören«. Das heißt, wir schalten unseren Stummfilm bewußt aus und konzentrieren uns nur auf unser akustisches Gedächtnis. Wie Blinde wollen wir uns nur auf akustische Wahrnehmungen konzentrieren. Die numinose (göttliche) Schönheit wird außersinnlich wahrnehmbar und lebhaft.

Alltagsgeräusche gedanklich hören

Erwarten Sie keinen Dialog! Lernen Sie zuerst, dank Ihrem Raum der Stille, den Sie sich kreieren, bescheidene Geräusche in Ihrer Erinnerung wachzurufen, damit Sie mit der Zeit Vorstellungen hören lernen. Sehr geeignet als Übungsfeld ist hier unser Alltag. Wenn Sie das nächste Mal den Zug verpaßt haben, ärgern Sie sich bitte nicht! Setzen Sie sich auf eine Bank, schließen Sie die Augen, öffnen Sie Ihre Ohren, und nehmen Sie bewußt die verschiedenen Geräusche wahr. Erkennen Sie sie?

Auf die innere Stimme hören

Gönnen Sie sich die Zeit, auch auf Ihre innere Stimme zu hören. Wann haben Sie bewußt Ihrem Ge-Wissen zu gehört? Vertrauen Sie dieser Stimme, und lernen Sie diese jetzt bewußter kennen. Können Sie Musik oder andere Klänge hören, für die es keine feststellbare physikalische Quelle gibt, die aber bestimmte Gedanken oder Gefühle erwachen lassen? Bleiben Sie immer mit beiden Füßen auf dem Boden, und vergessen Sie nie, daß Ihr Verstand und Ihre intellektuellen Fähigkeiten Ihnen gerne mit einer kritischen Auseinandersetzung zum innerlich Gehörten beistehen. Wir sind der Herr und Meister auch unserer inneren Stimmen – wir haben die Freiheit, uns verantwortungsvoll unserem akustischen Gewissen zuzuwenden.

Unabhängig und selbständig trainieren Sie mit der Zeit dann auch die verschiedenen Nuancen des Hellhörens. Wie beim Hellsehen imaginieren Sie dank geführter Meditationen akustische Zugänge zu Verdrängtem in Ihrem Unterbewußtsein, zu Verdrängtem Ihres Übungspartners und Zugänge zu verschiedenen Bewußtseinsebenen oder Realitäten außerhalb inkarnierter Lebewesen. Sie lernen immer besser, psychisches von spirituellem Hellhören zu unterscheiden. Hier sei erwähnt, daß in der Regel das Hellhören oft als letzter medialer Sinn erwacht. Üben Sie sich also besonders hier in Geduld, und vergessen Sie nie: Auch hier geschieht alles zu seiner Zeit.

Stärken und Schwächen des Hellhörenden

Pete Sanders definiert bei Menschen im Alltag die Gabe des medialen Hörens unter anderem folgendermaßen: *»Als Stärken* können sie hören, wenn sie jemand anlügt und können am besten Gedanken übertragen. Sie neigen am wenigsten zu medialer Überladung und sind direkte, unkomplizierte Initiatoren. Sie sind exzellente Organisatoren im Detail und sind darin die Besten, bestimmte mediale Informationen zu erhalten und zu verstehen. *Schwächen/Worauf man achten muß:* Sie können ihr mediales Potential anzweifeln und sich aus ASW herausreden. Sie können überanalytisch sein und zu viele Fragen stellen, zu stark auftreten und zu viel mentale Energie ausstrahlen. Sie können Schwierigkeiten damit haben, Gefühlen und ihrer Intuition zu vertrauen, und sie können am wenigsten sensibel für mediale Feinheiten sein.«[2])

Übungen zum Hellhören

 1. Übung

Wir schließen wieder unsere Augen und entspannen unseren Körper. Auch unsere Seele und unser Geist erholen sich in dieser Ruhe und nehmen die göttlichen Ur- und Heilenergien tief in sich auf. Wir schließen wieder den blauen Vorhang und stellen fest, daß sich auch unser Gehör so entspannt, daß alles, was wir noch hören könnten, uns nicht mehr interessiert, der Alltagslärm immer weiter und weiter von uns weggeht und uns immer weniger beeinflußt und stört.

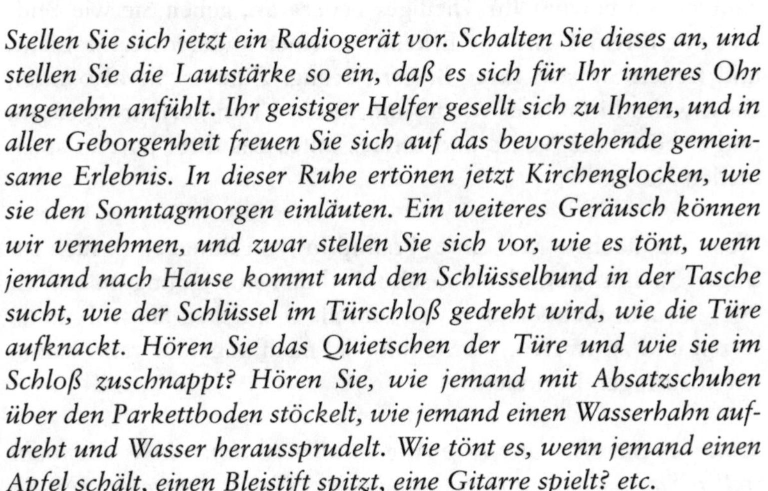

Stellen Sie sich jetzt ein Radiogerät vor. Schalten Sie dieses an, und stellen Sie die Lautstärke so ein, daß es sich für Ihr inneres Ohr angenehm anfühlt. Ihr geistiger Helfer gesellt sich zu Ihnen, und in aller Geborgenheit freuen Sie sich auf das bevorstehende gemeinsame Erlebnis. In dieser Ruhe ertönen jetzt Kirchenglocken, wie sie den Sonntagmorgen einläuten. Ein weiteres Geräusch können wir vernehmen, und zwar stellen Sie sich vor, wie es tönt, wenn jemand nach Hause kommt und den Schlüsselbund in der Tasche sucht, wie der Schlüssel im Türschloß gedreht wird, wie die Türe aufknackt. Hören Sie das Quietschen der Türe und wie sie im Schloß zuschnappt? Hören Sie, wie jemand mit Absatzschuhen über den Parkettboden stöckelt, wie jemand einen Wasserhahn aufdreht und Wasser heraussprudelt. Wie tönt es, wenn jemand einen Apfel schält, einen Bleistift spitzt, eine Gitarre spielt? etc.

Ihr geistiger Helfer sucht für Sie jetzt einen neuen Sender. Lassen Sie sich überraschen. Sollte Ihnen der Sender nicht passen, wählen Sie einen anderen.

Vergessen Sie Ihren eigenen Willen nicht – bleiben Sie aktivpassiv.

Wenn dem Empfang nichts im Wege steht, werden Sie jetzt vielleicht eine angenehme geräuschvolle Überraschung erleben: einen

Ton, Ihre Lieblingsmusik, ja vielleicht sogar eine ganze Symphonie?

Es wird langsam Zeit, die erste Erfahrung mit dem Hellhören abzuschließen. Schalten Sie ganz bewußt das Radio aus, und genießen Sie für einen Moment die einkehrende angenehme Stille und Ruhe. Nachdem Ihr geistiger Helfer Ihnen noch ein Healing zur Stärkung gegeben hat, imprägniert er all Ihre geistigen Schutzhüllen und verabschiedet sich wieder. Öffnen Sie den blauen Vorhang, und erinnern Sie sich wieder an Ihren Körper…

Konnten Sie sich all diese Geräusche in Ihrer Phantasie oder Ihrer Vorstellung akustisch vorstellen? Dann haben Sie die besten Voraussetzungen, um mit dem Hellhören weiterzutrainieren.

Ist das nicht alles einfach phantastisch? Auch Sie sind hellhörend. Zünden Sie bewußt Ihr »heiliges Feuer« an, geben Sie wie Buddha mit Ihrem Licht der Erkenntnis einer anderen Kerze Licht, und freuen Sie sich Ihrer Be-*geist*-erung. Zünden Sie also Ihren Geist weiterhin immer wieder mit neuen Übungserfahrungen an, und er-hören Sie Neues und Interessantes aus Ihrer psycho-spirituellen Natur.

Wenn das nächste Mal ein(e) Freund(in) von Ihnen zu Besuch ist, fragen Sie ihn (sie), ob sie rasch mit Ihnen eine Übung mache. Er (Sie) braucht nichts anderes zu tun, als sich neben Sie still hinzusetzen und zu warten, bis Sie ihn (sie) nach ungefähr zehn Minuten abzufragen beginnen…

2. Übung

Schließen Sie also jetzt Ihre Augen, alles ist dunkel. Nichts mehr stellen Sie sich vor, nur auf Ihr inneres Gehör konzentrieren Sie sich, wie ein Blinder auf sein akustisches Gedächtnis – oder als würden Sie wieder aufmerksam Radio hören. Wenn Sie Ihren Körper völlig entspannt haben, innerlich immer ruhiger, friedlicher und harmonischer geworden sind, freuen Sie sich wieder auf die Zusammenarbeit mit Ihrer geistigen Welt.

Ein geistiger Helfer kommt zu Ihnen, Sie begrüßen ihn herzlich und geben ihm zu spüren, daß Sie sich freuen auf ihn und seine Eingebungen. Ihr geistiger Helfer möchte Ihnen nun durch das Radio so viele akustische Geräusche wie möglich in Ihr inneres

Gehör einfließen lassen. Ganz klar sagen Sie ihm innerlich, daß es nur Geräusche sein dürfen, die direkt mit Ihrem Übungspartner und seinem praktischen Alltagsleben zu tun haben. Selbstverständlich inspiriert er Sie nur mit solchen Geräusch-Ideen, die zu hören und zu wissen ethisch vertretbar sind. Dankbar nehmen Sie alles an, was Ihnen in den Sinn kommt – merken Sie sich jede kleinste Einzelheit – notieren Sie sich alles in Ihrem Gedächtnis…

Es wird langsam Zeit aufzuhören. Bedanken Sie sich herzlich bei Ihrem geistigen Helfer für die Zusammenarbeit und die Eingebungen, verabschieden Sie sich von ihm, und seien Sie gewiß, daß er sich freut, Sie immer auf Ihrem persönlichen Entwicklungsweg weiter begleiten zu dürfen. Ziehen Sie ganz bewußt alle Ihre Antennen des inneren Hörens ein, und schalten Sie Ihr Radio aus, seien Sie sich bewußt, daß die imaginäre göttliche Schutzhülle, die Sie sich jetzt mental wieder um sich vorstellen, vor unnötigen äußeren Einflüssen schützt, die Sie in Ihrer persönlichen Bewußtseinsentwicklung stören könnten. Erwachen Sie langsam wieder. Werden Sie sich Ihres physischen Körpers bewußt, öffnen Sie die Augen, und fühlen Sie sich wieder fit und entspannt.

Erinnern Sie sich noch an alle Geräusch-Impulse für Ihre Freundin? Dann fragen Sie sie jetzt ab. Haben Sie zum Beispiel einen Zug abfahren, einen Gegenstand fallen hören, einen Feuerwehrwagen gehört usw.?

Mit dem Feedback können Sie wieder unmittelbar Ihre persönliche Medialität weiter kennenlernen, Ihre Gefühlssicherheit kontrollieren und Ihre innere Kompaßnadel neu einstellen. Mit jeder Übung trainieren Sie Ihre Hellhörigkeit. Werden Sie sich auch wieder bewußt, daß jede »akustische Vision« mindestens zwei Deutungsmöglichkeiten hat (schwarz und weiß). Je differenzierter Sie zu arbeiten beginnen, umso mehr Graunuancen entdecken Sie.

Die gleichen Symbole bedeuten für jeden Menschen in jedem Augenblick etwas anderes.

Ein Musikinstrument spielen

Zur Abwechslung eignet sich auch Ihr Alltag gut zum Hellhören, indem Sie auf Ihrem Musikinstrument mutig improvisieren – auch wenn es »nur« Ihre eigene Stimme oder das Pfeifen ist. Laden Sie Ihren Lieblingsmusiker auf CD zu sich nach Hause – oder life aus dem Radio – ein, und begleiten Sie diesen selber! Das ist eine weitere Gehörschulung, die zudem Spaß und Freude macht und entspannt. Nebenbei gesagt, habe ich auf diese Art und Weise zwei Instrumente selber spielen gelernt, ohne daß ich weiß, welche Töne genau ich spiele; es spielt und tönt einfach.

Denken Sie daran, daß die Hellhörigkeit sich oft später entwickelt, aber ein äußerst praktischer Sinn ist, den man nicht mehr lange beschreiben und erklären muß. Namen, Ortschaften, Daten etc. werden dem Mental-Medium von der geistigen Welt direkt eingegeben, es bedarf keiner komplizierten Bildbeschreibungen mehr.

3. Übung

Analog zum Hellsehen versuchen wir jetzt noch, einen geistigen Helfer Ihres eingeweihten Übungspartners akustisch wahrzunehmen. Ihr geistiger Helfer hilft Ihnen wieder beim Finden eines neuen Kanals. Nachdem Sie sich entspannt und Ihr geistiges Radio eingeschaltet haben, kann Ihre feine Wahrnehmung vielleicht einen Namen hören? Entsteht eine akustische Verbindung? Vielleicht erzählt der Sender Ihnen seine ehemalige Wohnadresse und über seine Lebensart: seine Hobbies, Lieblingsmusik, Malerei, Lektüre, Essen und Trinken, über seinen Beruf, seine familiären Verhältnisse, seine Todesursache usw. Nach dieser interessanten inneren Radiosendung schalten wir das Empfangsgerät wieder ab, bedanken und verabschieden uns bei unserem geistigen Helfer und sind dankbar für die Erlebnisse.

Überprüfen Sie Ihre persönliche Gefühlssicherheit, und lernen Sie vor allem aus den Fehlern.

Anzeichen für Hellhörigkeit

Andere ASW-Erfahrungen, die als Anzeichen für hellhörige Sensibilität dienen könnten, sind:

- das Hören Ihres Namens, ohne daß ihn tatsächlich jemand zuruft,
- »zwischen den Zeilen« oder in Gedanken etwas hören, was medial ausgestrahlt wird, obwohl niemand es tatsächlich ausspricht,
- das Sprechen mit sich selber, wobei Sie nützliche »Echo«-Antworten erhalten,
- das Hören Ihres Lieblingsliedes im Geiste,
- das Projizieren von Gedanken, die andere eventuell sogar hören können.

Jedes dieser Beispiele liefert uns Einsichten auch in eigene Charakteristiken der hellhörigen Persönlichkeit. Mediales Hören ist der außersinnliche Kanal, den die meisten Menschen mit mentaler Telepathie in Verbindung bringen, dem Lesen oder Hören der Gedanken einer anderen Person.

Hellhörige strahlen viel Energie aus

Hellhörige Menschen neigen dazu, immense Mengen mentaler Energie auszustrahlen. Wenn diese Gedankenmuster von Emotionen oder starkem Verlangen verstärkt werden, werden die Signale doppelt so stark. Wenn die Menschen in der Umgebung der Hellhörigen medial empfänglich sind, werden sie die Gedanken hören oder verstehen. Menschen, deren Stärke die Intuition ist, scheinen dafür die empfänglichsten zu sein. Viele Menschen, besonders diejenigen, die medial sehr empfänglich sind, erleben den mentalen Beschuß durch einen Hellhörigen als Druck oder als ein Energiefeld, vor dem sie zurückweichen wollen. Das ist der Grund, warum medial Fühlende und Propheten sich manchmal in der Gegenwart stark Hellhöriger unwohl fühlen und die Hellhörigen selbst als aufdringlich und überaggressiv empfinden.

Mit der Zeit verschmelzen die medialen Fähigkeiten, d. h., hellfühlen, hellsehen und hellhören gehen ineinander über.

Zum Trainieren aber scheint es mir sinnvoll, wenn man ab und zu getrennt jede Disziplin für sich allein übt.

Alltagsübungen

Übrigens bietet uns dazu auch unser Alltagsleben gute Vorübungen:

- Fühlen Sie wieder bewußt mit, wenn Ihnen jemand eine Geschichte erzählt – ohne Mitleid zu haben!
- Hören Sie wieder bewußt Radio – oder anderen Menschen zu, ohne mit Ihren Gedanken abzuschweifen!
- Gucken Sie bewußt Fernsehen oder Bilder an, ohne bereits an die Fortsetzung zu denken! etc.

Denken Sie daran, daß Sie letztlich unter der Führung Ihres höheren Selbst Ihre medialen Anlagen entfalten. Aber nur Sie tragen die Verantwortung für sich selber und weder Ihre irdischen noch ihre außerirdischen Helfer und Begleiter. Diese stehen Ihnen alle zwar gerne als Werkzeuge zur Verfügung, Sie selber aber sind und bleiben der Schmied Ihres Glücks. Denken Sie auch daran, daß nicht jedermann seine medialen Talente entwickeln muß. Diese Anlagen werden vielleicht im Ausdruck von Kreativität oder menschlicher Betreuung im Alltagsleben aktiv gelebt. Es gibt so viele Formen und Möglichkeiten, die göttliche Liebe bewußt und selbstlos in den Alltag einfließen zu lassen.

Keine falschen Hemmungen!

Haben Sie keine falschen Hemmungen gegenüber der geistigen Welt. Diese weiß sich schon zu helfen, wenn es ihr zu »bunt« wird. Fragen ist also immer erlaubt, wenn wir die Antwort nicht scheuen, und denken Sie daran, daß alles zu seiner Zeit möglich ist. Wir können mit unserem Glauben Berge versetzen.

Vergessen Sie nie, daß für uns alle *alles* sichtbar und hörbar wäre, wenn wir das Bewußtsein dazu hätten! Alle haben verschiedene Schutzengel, geistige Helfer, Führer und aufgestiegene Meister. Alle haben vergangene Leben, hier auf Erden oder in anderen Bewußtseinsebenen. Üben Sie sich in Geduld, wenn die erwünschten Resultate nicht nach Ihren Erwartungen, nach Ihrem Willen sich erfüllen. Der richtige Moment auch der außersinnlichen Wahrnehmung wird noch kommen.

Die Stille bewußt mit allen Sinnen aufnehmen

Eine der besten Übungsmöglichkeiten ist das regelmäßige *Fühlen, Sehen, Hören, Riechen und Wissen* von *Stille.* Völlig frei und unabhängig sollten Sie jeden Tag – lassen Sie sich am besten inspirieren, wann – regelmäßig, immer mehr oder weniger zur gleichen Zeit meditieren – in die Stille gehen, auf die Reise nach Innen in die geistigen Welten. Seien Sie gewiß: Ihre geistigen Helfer freuen sich sehr darüber, Sie mit außer- oder übersinnlichen Gefühlsvisionen, Einbildungen und Vorstellungen zu inspirieren. Auch gewöhnen sie sich gerne an Regelmäßigkeit, selbst wenn es jeden Tag am Anfang nur fünf, später vielleicht zehn Minuten sind. Wichtig ist, das gewohnte »Rendez-vous« rituell in Ihrem Rhythmus abzuhalten. Wo genau, an welchem geistigen Arbeitsplatz, in welcher Landschaft Sie sich auf Ihr inneres Zwiegespräch einlassen und konzentrieren, spielt keine Rolle. Gott ist direkt in *Ihrem Herzen* zu finden. Er freut sich, als Intuition und Inspiration mittels Ihres sinnlichen Drahtes zur geistigen Welt immer wieder einen neuen Schlüssel zur persönlichen Freiheit vermitteln zu können. Behalten Sie immer den nötigen Humor, Freundlichkeit und Liebe gegenüber allem, was Sie erleben, vertrauen Sie Ihrer inneren Stimme, bis Sie gefühlssicher mit Ihrer nonverbalen Kommunikation werden und zwischen Einbildung und Eingebung unterscheiden lernen.

Schlußübung: Seelisch-geistige Standortbestimmung

Zum Abschluß machen wir jetzt gemeinsam einen langen geistigen Spaziergang. Ihre geistigen Helfer führen Sie nach der anfangs geführten Imaginationsreise selber weiter auf Ihrem individuellen Weg. Dieser anschließende »Traum« ist dann ein Geschenk für Sie ganz persönlich und möchte Ihnen über Ihren momentanen seelisch-geistigen Entwicklungsstand Aufschluß geben. Eventuell bekommen Sie mittels aller Ihrer fünf medialen Sinne jetzt Hinweise auf

- Ihre Vergangenheit, wenn es etwas aufzuarbeiten oder nachzuholen gäbe,
- Impulse und Hinweise auf eine optimalere Gegenwartsbewältigung und/oder
- zukünftige Entwicklungsmöglichkeiten; neue Wege werden vielleicht aufgezeigt und gar empfohlen.

Diese Übung eignet sich sehr gut für zwei Personen. Das heißt, der eine entführt den anderen verbal in den Traum und anschließend umgekehrt. Nachdem beide ihre Erlebnisse dann aufgeschrieben haben, kann ein Gedankenaustausch sehr wertvoll sein. Anregungen und neue Impulse können auch von irdischer Seite zusätzlich ausgetauscht werden. Wenn Sie alleine sind, sprechen Sie den anschließenden Text langsam – in Ihrem Tempo – auf Tonband, und lassen Sie sich nachher mit Ihrer eigenen Stimme entführen.

Gehen Sie in Ihrer Vorstellung wieder an Ihren Meditationsplatz, und nehmen Sie sich Zeit für einen weiteren Ausflug in geistige Ebenen. Entspannen Sie wie üblich Ihren Körper – selbständig – in Ihrem Tempo und auf Ihre Art und Weise... Ziehen Sie wieder einen blauen Vorhang zu, damit Sie alle Ihre Sorgen, Ängste und Zweifel von heute und gestern dahinter zurücklassen können... Völlig frei und unbelastet spazieren Sie jetzt leichten Fußes in Ihrer Vorstellung an Ihren Lieblingsplatz, wo Sie völlig ungestört, weitab vom Stadt- und Alltagslärm, wieder Ihren geistigen Helfer herzlich begrüßen, der Sie bereits freudig erwartet...

Ihr geistiger Helfer möchte Ihnen zuerst ein Healing geben. Das heißt, wenn Sie bereit dazu sind, stellt er sich jetzt als Kanal für die Vermittlung göttlicher Heilenergie, die reinste Kraft – Licht und Liebe – zur Verfügung. Damit werden Ihre persönlichen Heilenergien aktiviert, und je nach Ihrem geistigen Plan wirken sie.

Sie müssen gar nichts anderes machen als einfach still sein, loslassen, geschehen lassen. Nehmen Sie dieses unsichtbare spirituelle Geschenk an, denn es reinigt alle Ihre Körper: Körper – Seele – Geist. Sämtliche Schlacken oder unnötigen Verhaltensmuster in Ihren feinstofflichen Körpern oder Bewußtseinsebenen werden jetzt gereinigt. Wenn die Zeit reif dazu ist, werden sie bewußt gemacht, erkannt und somit aufgelöst.

Erholen und zentrieren Sie sich in der Stille, indem Sie die geistige höhere Welt aktiv an sich arbeiten lassen. Dadurch werden Ihre eigenen Heilkräfte aktiviert: Dunkles kann in Helles transformiert werden; eventuelle physische Probleme oder gar Krankheiten können geheilt werden, wenn es das göttliche Gesetz zuläßt. Erwarten Sie aber keine Wunder – schließlich hat alles seinen Sinn.

Lassen Sie sich jetzt in der Stille wie ein leerer Tank mit göttlicher Energie auffüllen, und gönnen Sie sich die Zeit, die prickelnde kosmische, spirituelle Kraft physisch wie psychisch wahrzunehmen und zu erleben. Denken Sie daran, daß auch Sie ein Teil dieses göttlichen ewigen Urgeistes sind.

Kanal für Heilenergie sein

Wenn Sie jetzt gereinigt und neu mit göttlicher Kraft aufgetankt sind, bedanken Sie sich bei Ihrem geistigen Helfer dafür. Bitten Sie Ihre geistige Führung nun um Zusammenarbeit. Denn auch Sie werden jetzt als Kanal sich zur Verfügung stellen, um nur die reinsten und hellsten spirituellen Heilenergien in Form einer Fernheilung

- *all denjenigen Pflanzen, Tieren, Menschen und Familien,*
- *Städten, Ländern, Kontinenten,*
- *Verstorbenen und anderen geistigen Wesen*

weiterzusenden, die Hilfe nötig haben und dankbar für positive Gedankenkräfte sind. Es fließt genau die richtige Qualität und Quantität. Überlassen Sie die Arbeit Ihrer höheren Führung; stellen Sie sich nur passiv als Werkzeug zur Verfügung (»Dein Wille geschehe«). Wenn der Heilstrom langsam versiegt, richten Sie Ihr Bewußtsein wieder auf sich selber.

Wanderung zu einem Haus

Stehen Sie jetzt auf von Ihrem Arbeitsplatz, und lassen Sie sich von Ihrem geistigen Helfer auf einem breiten Wanderweg durch die Natur führen. Immer weiter und weiter geht der mühelose, beschwingte Fußmarsch, Ihr Helfer ist immer bei Ihnen und be-

schützt Sie. Nur das kann erlebt werden, was für Sie jetzt richtig und wichtig ist...

Sie kommen nun zu einem interessanten Haus. Es ist ein ganz spezielles Haus, und Sie erkennen es sofort, da es speziell für Sie konstruiert wurde. Lassen Sie sich Zeit, und schauen Sie es außen und innen gut an. Beobachten und prägen Sie sich die kleinsten Details ein: typische Merkmale, Baustil, Inneneinrichtung, alt oder modern, ordentlich oder ungepflegt, groß oder klein usw.

Lassen Sie sich Zeit – vielleicht suchen Sie sich irgendwo im Haus oder draußen ein ruhiges Plätzchen, wo Sie sich ein bißchen erholen können. Wenn Sie Lust haben und sich bereits als fortgeschrittener Schüler der Medialität empfinden, unterhalten Sie sich mit Ihrem geistigen Helfer darüber, warum er Sie jetzt in dieses Haus und nicht in ein anderes geführt hat, was es Ihnen symbolisch bewußt machen möchte. (Wichtig ist, daß Sie zwischen medialem Fluß und Analyse jetzt sofort umschalten können.)

Ihr geistiger Helfer hat für Sie eine Überraschung vorbereitet. Und zwar erscheint er mit einem speziell für Sie angefertigten Fahrzeug. Sie entdecken im Fahrzeug sogar einen Führer oder Fahrer – nichts haben Sie weiter zu tun als einzusteigen und sich auf eine Fahrt ins Blaue zu freuen...

Fahrt ins Blaue

Schauen Sie Ihr Gefährt jetzt aufmerksam an. Gefällt es Ihnen? Was ist besonders an ihm? Merken Sie sich innere und äußere Eigenschaften. Selbstverständlich steigt auch Ihr geistiger Helfer mit ein und beide zusammen laßt ihr euch jetzt wegfahren, weiter und weiter ins Land der Träume... Beobachten Sie aufmerksam die Fahrt – lassen Sie sich vertrauensvoll von Ihrem Führer führen. Wie sieht die Landschaft aus, durch die Sie jetzt fahren? Was ist für Wetter, welche Jahreszeit? usw. Nutzen Sie die Zweisamkeit, und profitieren Sie von den höheren Kenntnissen Ihres Führers. Bestimmt gibt er Ihnen gerne Auskunft, warum er Sie jetzt durch diese bestimmte Landschaft führt und nicht durch eine andere. Sie lernen Ihre persönlichen Symbole, die telepathische Fremdsprache, immer besser kennen und verstehen, ohne den Fluß des höheren Selbst zu unterbrechen.

Das Fahrzeug verlangsamt jetzt seine Fahrt – intuitiv spüren Sie, daß Sie auf einen Rastplatz kommen. Es gibt eine kurze Pause.

Hier steigen Sie aus und entspannen sich ein bißchen, vielleicht bewegen Sie sich und atmen tief ein und aus. Wo sind Sie? Wie sieht es hier aus? Ihr geistiger Helfer empfiehlt Ihnen, jetzt wieder zu Fuß mit ihm weiterzuwandern. Sie kommen an eine Kreuzung – instinktiv wissen Sie sofort, in welcher Richtung Sie weitermarschieren wollen. Lassen Sie sich auch wieder führen von Ihrem Helfer, beobachten Sie genau, wodurch und wohin Sie geführt werden, bis Sie jetzt zu einem ganz speziellen Platz kommen. Sofort entdecken Sie, daß man von diesem Punkt aus eine tolle Aussicht genießt – profitieren Sie, und schauen Sie sich Ihr Panorama gut an…

Ein Geschenk

Zum Abschluß überreicht Ihnen Ihr geistiger Helfer jetzt noch ein Geschenk, das er speziell für Sie ausgewählt hat. Dieses Geschenk soll vor allem für Ihre Zukunft wegweisend sein und Ihnen hilfreich mit Rat und Tat beistehen.

Es wird langsam Zeit zum Umkehren. Wir entdecken zu unserer Freude, daß plötzlich unser Gefährt mit Chauffeur wieder aufgetaucht ist, und wenn wir nicht zu Fuß zurückwandern wollen, bringt uns unser Führer in aller Ruhe wieder zurück an unseren Lieblingsplatz, wo wir unsere Fahrt ins Blaue begonnen haben…

Wir lassen uns Zeit und erinnern uns auf der Rückfahrt an die wichtigsten Erlebnisse unserer Reise:
- *Durch was für eine Landschaft spazierten wir?*
- *Wie sah unser Haus aus?*
- *Was für ein Gefährt und was für ein Führer begleiteten uns auf der Fahrt ins Blaue?*
- *Wie sah der Rastplatz aus?*
- *Durch welche Gegend marschierten wir weiter?*
- *Für welchen Weg entschieden wir uns an der Kreuzung?*
- *Wie sah dieser Weg aus?*
- *Welches Panorama erschloß sich unseren Augen auf unserem letzten Rastplatz?*
- *Was war unser Abschiedsgeschenk?*

Notieren Sie sich in aller Ruhe und ausführlich Ihre ganze Geschichte, oder sprudeln Sie alles unverfroren auf Ihre Tonbandkassette. Es ist ein wichtiger Traum *von Ihnen an Sie…*

Deutungshilfen

- Die erste Landschaft und unser Haus könnte unsere Vergangenheit symbolisieren.

- Das Gefährt, der Rastplatz und der weitere Fußmarsch könnte uns veranschaulichen, wie wir jetzt die Gegenwart leben und erleben.
- Die Kreuzung, der neue Weg und das Panorama zeigen uns symbolisch Möglichkeiten, die vielleicht anzustreben sinnvoll wären.
- Alle diejenigen, die beim Schlußbild am oder in der Nähe von Wasser saßen, sollten unbedingt ihre ASW-Fähigkeiten weiterhin für regelmäßige Psychohygiene einsetzen. Den anderen wünsche ich viele neue geistige Erkenntnisse, Freude an der weiteren Arbeit an Ihrer Persönlichkeit und der erfolgreichen Selbstverwirklichung.
- Das Abschlußgeschenk hilft uns vielleicht bei der Deutung und Anschauung unseres Traums, der eine wichtige Botschaft für uns symbolisiert und uns unseren jetzigen seelisch-geistigen Entwicklungsstand veranschaulichen möchte.

Gehen Sie mit Ihrer Geschichte »schwanger«. Plötzlich bekommen Sie neue Ideen, und neue Interpretationsmöglichkeiten tauchen auf. Lassen Sie sich Zeit, und schauen Sie die Symbole von verschiedenen Seiten, aus verschiedenen Perspektiven an. Nutzen Sie mutig Ihr ganzes kreatives Potential, das in Ihnen schlummert. Liegen nicht hier die Quellen für Innovatives und Neues

- in Ihrer persönlichen Entwicklung,
- in Ihren zwischenmenschlichen Beziehungen,
- in Ihrem Beruf und Sozialleben?

Um glücklich zu sein, braucht jeder etwas, wofür er sich begeistern kann. Warum also nicht wieder die eigene Kreativität?

Übungen später wiederholen

Es ist sinnvoll, wenn Sie vielleicht in einem halben Jahr diese oder eine ähnliche, selber erfundene Geschichte nach diesem Muster, wiederholen. Bestimmt erleben Sie neue Überraschungen. Alles fließt, Sie sind jetzt bereits eine andere Person mit einem anderen Bewußtsein, als Sie es noch vor kurzer Zeit, vor dieser Übung beispielsweise waren. Sollten Sie Mühe mit der Interpretation haben, suchen Sie sich ungeniert einen Gesprächspartner. Hier nämlich beginnt die effektive Arbeit! Phantastische innere Abenteuerreisen zu erleben ist der erste Schritt; was wir aber dann daraus machen, was genau wir daraus heraus fühlen, sehen oder hören oder wie treffsicher, exakt und präzise wir interpretieren, ist die eigentliche Auseinandersetzung, auf die es ankommt. Hier beginnt der wichtigste Teil: die Arbeit an sich selber – der korrekte, verantwortungsvolle Umgang mit der eigenen nonverbalen Kommunikation.

Wer Ihr Übungspartner ist, spielt eigentlich keine Rolle. Entscheidend ist nur, daß dieser Mensch offen für die mediale Arbeit ist und Ihnen dementsprechend ein kritisches, objektives Spiegelbild bietet. Oft lösen sich bereits gordische Knoten beim Erzählen des Traums. Dann ist es wichtig, daß Sie zuerst Ihre Geschichte und Schlüsse erzählen, da Sie sonst Gefahr laufen, daß Ihr Partner zuerst seine ganze Geschichte auftischt, die ihn bewegt, und am Schluß meinen Sie, Sie hätten eigentlich doch alles klar gesehen. Schließlich ist unser Ziel nebst dem inneren Erleben, eine vernünftige Gefühls- und Gedankenkontrolle für uns selber zu kreieren und nicht für den anderen. Natürlich profitieren nicht nur Sie beim Geschichtenerzählen; auch Ihre Zuhörer lernen bestimmt dabei und leisten aus Ihrer Sicht gesehen wertvolle Ergänzungen und/oder Beiträge – weil wir ja alle aus dem gleichen Stoff sind.

Gefühls- und Gedankenkontrolle für sich selber

Nun wünsche ich Ihnen viel Freude und Begeisterung, lassen Sie sich mutig auf neue Expeditionen nach Innen ein. Nutzen Sie Ihre medialen Anlagen – alle fünf feinstofflichen Sinne – für die Arbeit an sich selber, und denken Sie daran, daß viele medial veranlagte Menschen psychische Fähigkeiten haben, aber nicht alle spirituelle. Denken Sie daran, daß man von jeder Bewußtseinsebene aus mediale und außersinnliche Erfahrungen machen kann – entsprechend wird die Inspiration gefiltert.

Genießen Sie all Ihre spirituellen Reisen, und lassen Sie sich in Ihrer urpersönlichen medialen Entwicklung Zeit. Es gibt unendlich viel Zeit – sie ist, wie die Liebe, ewig. Ihre fünf medialen Sinne werden sich auf allen drei großen Bewußtseinsebenen im Hologramm entfalten und zu einer immer größeren, ganzheitlicheren Blüte heranwachsen.

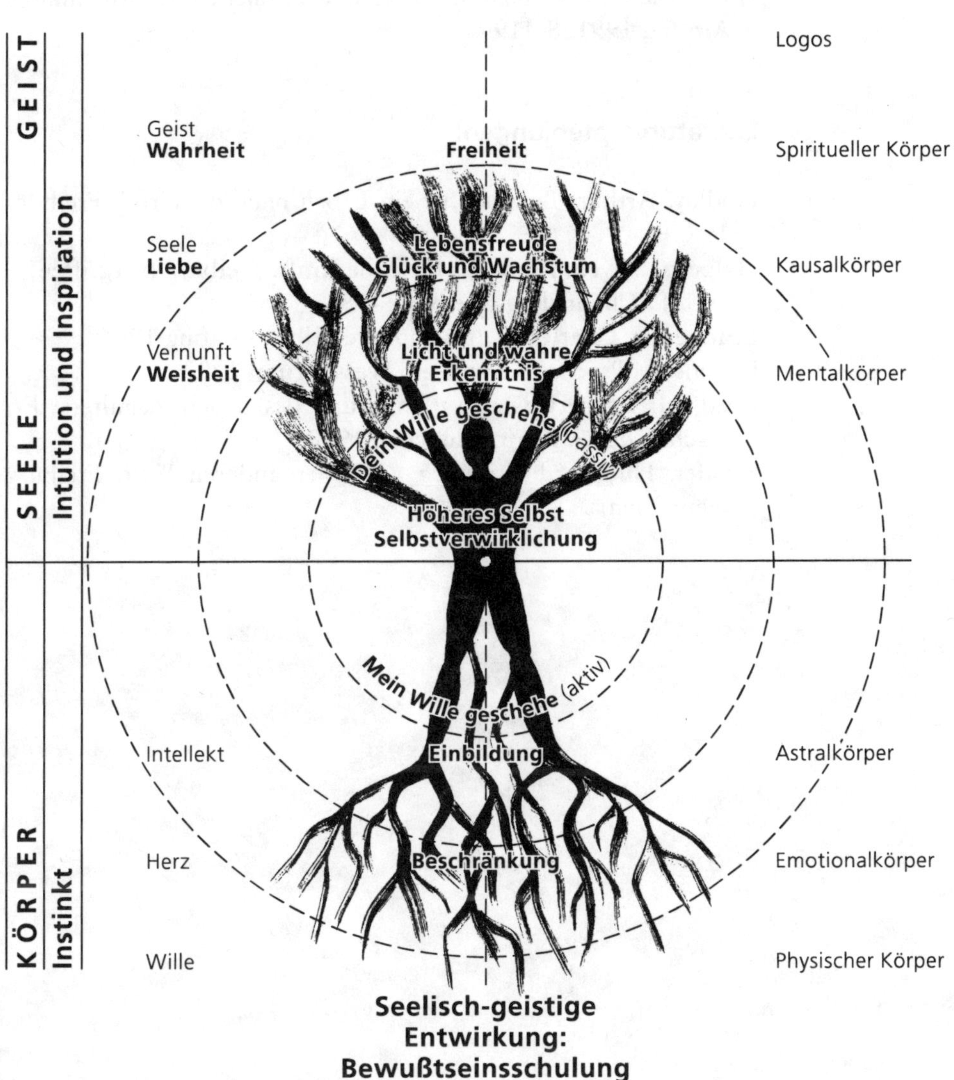

Der Weg zur Selbstverwirklichung

Quellen der Zitate:

[1]) Rüdiger Dahlke: Spirituelle Herausforderung, München 1990
[2]) Pete Sanders, Geheimnisse der übersinnlichen Wahrnehmung, Aitrang 1991, S. 119

Literaturempfehlungen:

Findlay, Arthur: Beweise für ein Leben nach dem Tod, Freiburg 1983
Halpern, Steven: Klang als heilende Kraft, Freiburg (vergriffen)
Klimo, J.: Channeling, Freiburg 1988
Leadbeater, Charles W.: Das höhere Selbst, Grafing 1994
Perkins, J.: Psycho Navigation, Wessobrunn 1993
Reed, H: Edgar Cayces Offenbarung des neuen Zeitalters: Erwachen der 6. Kraft, München 1993
Schäfer, Hildegard: Stimmen aus einer anderen Welt, Freiburg (vergriffen)

Lektion 4

Auralesen

Mittels des sinnlichen Drahtes zur geistigen Welt kann man immer geschickter Intuition und Intellekt verknüpfen. Sobald die psychische Anatomie bewußt geworden ist, erkennt man die psychisch-spirituelle immer besser. Analog zum Schüler, der jetzt lernt, sich mit Worten geschickt auszudrücken, wird dem Sensitiven bewußt, wie sich die Entwicklung vom Emotional- zum Mental-Medium vollzieht. Zwischen dem eigenen Schatten und den bereits entwickelten Anlagen suchen wir auf unserer Reise zur Weisheit unsere Persönlichkeit. Die Arbeit an sich selber und die Auseinandersetzung mit den schattigen Seiten führt über das Erkennen der Seele unseres kleinen Geistes mit all ihren Farben, Klängen und Visionen zurück zum Großen Geist. Lernziel des Auralesens

Wenn die Sonne untergegangen ist,
wenn das Feuer erloschen ist,
wenn das Wort verschollen ist,
welches Licht scheint dem Wesen?

Upanishaden

Das Aurasystem

Die Aura ist das Strahlungsenergiefeld, das sowohl beseelte als auch unbeseelte Körper umhüllt. Die Aura kann farblos oder von großer farbiger Leuchtkraft sein. Sensitive, die die Aurafarben unmittelbar wahrnehmen können, beurteilen einen Menschen nach diesen Energieschwingungen.

Das Vorhandensein einer Aura, einer besonderen Energiestrahlung zum Beispiel um den Kopf eines Menschen, diente jahrhundertelang den Päpsten als Kriterium bei der Heiligsprechung. Von Heiligen wie Karl Borromäus, Ignatius von Loyola und Franz von Sales wird berichtet, daß sie von einem strahlenden übernatürlichen Glanz, dem Heiligenschein, umgeben waren, wenn sie predigten oder die Messe lasen.

Je nach persönlicher Entwicklung der medialen Anlagen kann entsprechend klar mit den 5 medialen Sinnen die geistige Welt emotional, mental, kausal und spirituell wahrgenommen werden. Entsprechend wird die Aura erlebt und gedeutet.

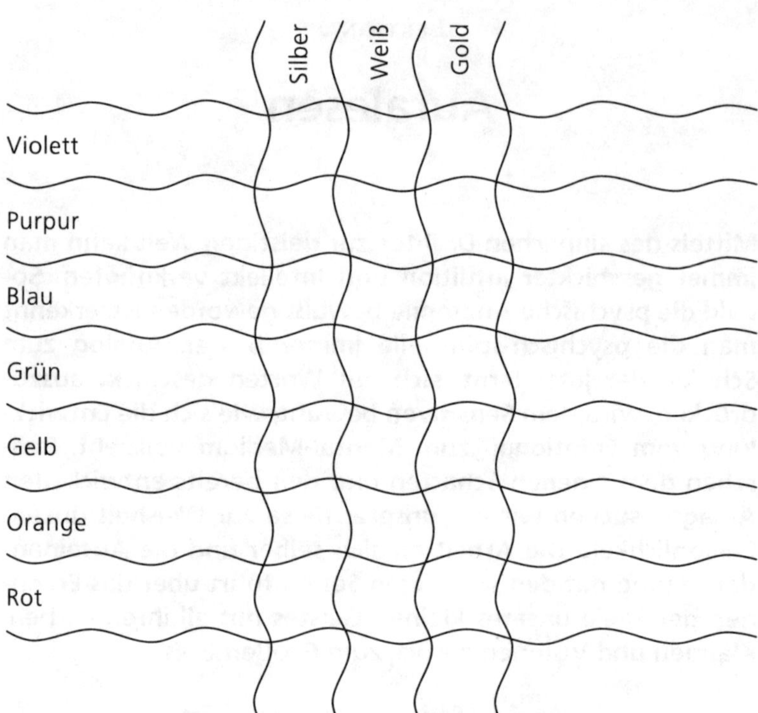

Wahrnehmung der geistigen Welt

Jedes Wesen hat eine Aura

So wie Gott, der Urgeist oder das höchste Bewußtsein als sichtbare Folge und Zeichen seines Lebens das Urlicht und die Urliebe als Energiekörper oder -feld hat, besitzt auch jedes von Gott geschaffene Geschöpf, also jedes Geistwesen einen Energiekörper oder Lichtleib – ein spezielles Bewußtseinsmuster, das mit einem Mandala oder einer Schneeflocke unter dem Mikroskop zu vergleichen wäre. Das ist das gleiche wie der Astralkörper, Astralleib, Zweitkörper, Aurakörper, Seelenkörper, die Aura oder die Seele.

Bei der Inkarnation eines Geistwesens fließen nun ununterbrochen ganz feine Schwingungen oder Seelenaspekte von den feinsten in die immer dichter werdenden Aurakörper – jeder hat sein inneres Seelenleben und seinen eigenen Schlüssel dazu. Die sich stets bewegende, lebensformende Substanz leuchtet und flimmert in beständig wechselnden Farben und Mustern, bis sie letzlich als feinstofflicher Bewußtseinsteil den physischen Körper erreicht, damit eine Mutation entstehen kann. Der Embryo lebt in völliger Harmonie: Geist, Seele und Körper arbeiten zusammen, und doch wirkt jeder Teil für sich in totaler Harmonie der Einheit. Mit steter Eigendynamik entwickelt sich der Embryo zum Individuum – als Juwel wird er geboren und muß seinen rechtmäßigen Platz in der Welt finden. Nach Emma Kunz vollzieht sich »Das Wunder des entstehenden Lebens« folgendermaßen:

Entstehung der Aurakörper bei der Inkarnation

Im ersten Monat erfolgt die Initialzündung des göttlichen Funkens. Im zweiten und dritten Monat entstehen die drei Zonen des Menschen: die Kopfzone – das Mentale, das Bewußtsein, die Intuition, die Ideen und Gedanken; die Zone von der Kehle zum Nabel und die Beckenzone. Jede der drei Zonen hat drei Chakren, die beim werdenden Wesen noch nicht voll strukturiert sind.

Im vierten Monat zieht das Licht in die Materie ein. Die kristallförmige Struktur, welche die vielfältigen Charakterzüge symbolisiert, wird dynamisch. Im fünften und sechsten Monat werden der physische und die drei feinstofflichen Körper aufgebaut. Im siebten Monat ist der Embryo so weit entwickelt, daß er lebensfähig ist.

Im achten Monat werden die neun Bewußtseinszentren (Chakren) unter noch geschützen Verhältnissen veredelt, die physiologischen Strukturen (Immunsystem) verstärkt. Im neunten Monat ist der Embryo vollendet. Der unsterbliche Lebenskern hat durch die ihm innewohnende Intelligenz die neunmonatige Entwicklung beeinflußt. Er wird weiter seine Form beibehalten und die Persönlichkeit prägen, solange im Bewußtsein des Menschen ein Lebenswille besteht. Die Seele hat bei der Inkarnation ihr Bewußtsein verloren, um nach und nach im physischen Körper wieder zu erwachen.

Die verschiedenen Aurakörper dienen der Persönlichkeit für ihre menschlich-irdische Entwicklung, für ihre seelisch-geistige Bewußtseinsentfaltung in der Materie mittels unserer Gedanken- und Gefühlssprache. Die Aura spiegelt die menschliche Entwicklung.

Jeder neue Lebensabschnitt entspricht anderen, höheren Schwingungen; entsprechend werden wir mit neuen Energiemustern berührt. Neue Erfahrungen können für die Entwicklung während unserer Inkarnation gesammelt werden – unsere geistigen Helfer begleiten uns; vom höheren Selbst werden wir allesamt gelenkt.

Dieser leuchtende Energiekörper der Aura, der in allen Regenbogenfarben auf allen sieben Ebenen für das Medium mittels seiner entwickelten medialen Anlagen ersichtlich werden kann, unterscheidet sich in drei Hauptgruppen und hat einen strukturellen Aufbau wie der physische Körper; er wird in verschiedene Bewußtseinsstufen oder Auraschichten eingeteilt.

Die Auraschichten

1. **Auf der physischen Ebene, dem *Instinkt,* haben wir den emotionalen Körper.**
2. **Auf der astralen Ebene, der *Intuition,* den mentalen Körper oder das Spiegelbild und**
3. **auf der spirituellen Ebene, der *Inspiration,* die Kausalebene und die spirituelle Ebene.**

Die Wahrnehmung der Aura

Gott ist also der Große Geist, und die geschaffene Individualität ist ein losgelöster kleiner Geist. Jeder anorganische oder organische Körper verfügt über einen Energiekörper oder eine Aura aus göttlicher Energie. Deshalb sollte die Seele allein nicht nur mit dem Wesenskern des Menschen gleichgesetzt werden, so wenig, wie wir dem menschlichen Geist nur geistig-intellektuelle Fähigkeiten zuschreiben. Die Seele ist demnach nicht irgendein klar erfaßbares Gemüt im Individuum oder eine eigenständige Instanz gegenüber dem Geist, sondern:

Bedeutung der Seele

Die Seele ist der feinstoffliche Ausdruck des menschlichen Geistes, seines Bewußtseins, der Verbindungsteil zwischen Geist und Materie.

Mit jedem Schritt, wo sich der kleine Geist oder ein Bewußtseinsteil entwickelt, »verselbständigt« er sich. Der göttliche Funke »verdichtet« seine Energie und kreiert ein eigenes Magnetfeld, immer seiner geistigen Entwicklungsstufe gemäß.

Der Geist- oder Bewußtseinsteil »materialisiert« sich also in einen Energiekörper, den wir Aura nennen. Die Verbindung zwischen Geist und irdischer Materie wird durch diese dritte Kraft, die wir auch Seele nennen, möglich.

Chakren in der Aura eines Neugeborenen

Die Aura eines Babys

Hier liegt die Ursache der seelisch-geistigen Auseinandersetzung in der irdischen Polarität für den Menschen. Die aktive Bewußtseinsentwicklung in der Lebensschule wird nötig und dadurch ermöglicht. Durch diese innere Bewußtwerdung während seiner verschiedenen Inkarnationen bemüht sich der Mensch, den Weg zur letzten Wahrheit und Einheit zu suchen und aufzunehmen.

Unsere Seele oder Aura ist also nichts anderes als eine feinstoffliche, farbige Hülle, untrennbar von unserem Geist, und wenn diese die Vollendung erreicht hat, wird sie den Glanz letzterer in Form einer goldenen, stark strahlenden mystisch reinen Aura zeigen, so wie wir uns diese beispielsweise von Buddha, Jesus oder sonstigen Heiligen vorstellen.

Aura = Ausstrahlung = erarbeitetes Bewußtsein

Unsere Aura ist der Glanz all unserer sieben – mehr oder weniger entwickelten – Energiekörper. Sie ist nichts anderes als das, was letztlich unsere Ausstrahlung, unser erarbeitetes Bewußtsein oder unsere Persönlichkeit ausmacht.

Alle Lebewesen haben eine Aura, ein magnetisches Energiefeld, das vom physischen Körper ausströmt und ihn umgibt, das man dank den entwickelten ASW-Fähigkeiten wahrnehmen kann. Für unsere normalen fünf physischen Sinne ist dies normalerweise also weder faß- noch offensichtlich erlebbar, nur mit unseren psychischen und spirituellen oder medialen Sinnen können wir die Aura zuerst in unserer Vorstellung wahrnehmen.

Wie das Licht in der Natur gebrochen werden kann und wir dann einen wunderschönen Regenbogen entdecken, so basiert das Aurasehen auf dem gleichen Naturwunder. Unsere physischen Augen sehen dann die Aura wie materialisierte Regenbogenfarben um einen Menschen oder ein Lebewesen herum.

Lernen wir unsere Charakterstruktur verstehen, denn sie ist der Kosmos, den wir bewohnen. Die sieben Regenbogenfarben und ihre verschiedenen Frequenzen oder Bewußtseinsebenen helfen uns dabei. Gespeicherte Erinnerungen an vergangene Leben in unserer Datenbank, geistige Lebensgeschichten und alle psychischen Wiederholungsmuster – sowohl von den steinigen, als auch den sanften Lebensstraßen – sind in der Aura existent. Werden wir uns jetzt unserer gesamten Aurastruktur gewahr – im körperlichen, ätherischen, emotionalen, mentalen, kausalen und im spirituellen Bereich.

Je besser wir unsere Aurastruktur kennenlernen, desto mehr entwickeln wir uns zu Freude, zu einem vollen Menschsein und zur Seligkeit hin.

Das Lesen der Aura ist also keine geheime Kunst. Allerdings kann man es nur dann richtig beherrschen, wenn man sich das Fachwissen durch ein langes, fortgesetztes Studium und ein ehrliches Interesse an anderen Menschen erwirbt.

Entwicklung der Aura nach der Geburt

Die mitgebrachte Aurastruktur oder Ausstrahlung des Astralkörpers eines jeden Menschen beginnt, sich innerhalb von ungefähr drei Stunden nach der Geburt auszubilden bzw. zu materialisieren. Bis zum Alter von 28 Jahren ist sie noch nicht vollständig entwickelt; das heißt, dieser »Materialisierungsprozeß« in unserer bewußten Gedanken- und Gefühlswelt dauert viele Jahre. Die Aura enthält neben unseren vergangenen Lebensgeschichten auch unsere körperlichen, emotionalen und intellektuellen Stärken und Schwächen, und sie enthält unser Potential, unser ganzes schöpferisches Gut, das in uns schlummert und darauf wartet, zur vollsten Enfaltung zu gelangen. Das ist der Grund, warum der Mensch oft erst im Alter von ungefähr 28 Jahren wirklich zu fühlen beginnt, wer er ist, wozu er berufen ist und was er eigentlich von seinem Leben will. Er findet durch die Lebensschule und die bereits gelernten Lektionen seine Schlüssel, um innerlich angelegte Codierungen aufzuschlüsseln.

Mit wachsender Reife können die gefühlsmäßig erlebten Visionen und Erfahrungen des Emotionalkörpers immer besser mit dem Verstand und dem gebildeten Intellekt analysiert und verstanden werden; die mentale, vielleicht sogar kausale Bewußtseinsebene erwacht – hoffentlich immer mittels der spirituellen, ewig lenkenden Kraft.

Auch in der Lebensschule baut alles, wie in der irdischen Schule, aufeinander auf:

Unser Aurasystem wirkt und webt holografisch.

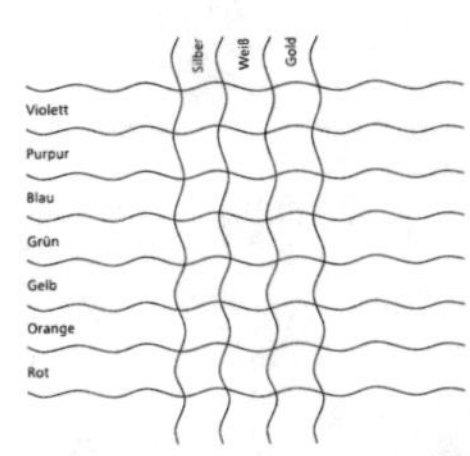

Das heißt, unser momentaner Bewußtseinsstand wird immer wieder von anderen Bewußtseinsebenen oder -teilen beeinflußt oder inspiriert. Aus diesem Grund kann jeder, gleich ob mehr oder weniger entwickelt, als Gedanken- oder Gefühlsblitz das immer wieder in bestimmten Lebenssituationen aufblitzende »spirituelle Licht« erfahren. Diese höchste Intelligenz kennen wir alle: Es ist die alles umfassende Liebe, die uns berührt, die uns unser Schutzengel schickt.

Bewußtseinsebenen nach Farbintensität der Schwingungen geordnet

Alle Ebenen des Bewußtseins, die verschiedenen Realitäten und Wesen dieser inneren geistigen Welten oder die ganze Aura, sind in einer wunderbaren Art und Weise geordnet und werden immer vom Großen Geist durchdrungen. Sie ordnen sich nach der Höhe ihrer Dichte und demzufolge ihrer Farbintensität der Schwingungen. Die niederen können die höheren also nicht durchdringen, weil sie gebunden sind, die höheren hingegen sind frei.

Unsere Aura ist also der Kosmos, in dem wir wohnen, in dem jeder von uns eingebettet ist und ab und zu – zu Entwicklungszwecken – von anderen Energieimpulsen berührt und zur Aktion motiviert wird, damit wieder eine Reaktion, eine Bewegung, geschehen kann.

Indem wir uns mit unserem Energiefeld, mit unserer Seele und unserem Geist bzw. mit unserem momentanen Bewußtsein auseinandersetzen und sie kennenlernen, nehmen wir an dem Heilungsprozeß teil, dessen es bedarf, damit wir eins mit uns selber werden und dadurch als globale Familie überleben können.

Wir sind selbstverantwortliche Teile des höchsten Bewußtseins

Immer besser beginnen wir mit der Zeit zu erkennen, daß jedes Individuum sich eine andere, ganz persönliche Form, eine Farbe oder einen Klang bzw. einen individuellen Bewußtseinsstand erarbeitet hat. Dann erst erkennen wir, was wir jetzt und heute bereits sind oder noch werden möchten.

Mit dieser inneren Erkenntnis freuen wir uns unseres Lebens; denn dank diesem ewigen Energieaustausch zwischen uns und dem höheren Willen der höheren Intelligenz können wir uns optimal und konstruktiv in diesem unendlichen Energiemeer weiter und weiter entwickeln durch jede Schicht aller Regenbogenfarben hindurch – hinaus und zurück zum Großen Geist ins weiße Meer des reinsten Lichts und der Liebe, das befreit vom irdischen und feinstofflichen Inkarniertsein ist.

Der Mensch ist eingebettet in die Aura

Dem hellsichtigen Blick erscheint das ganze Aurasystem als eine vielfarbige, ovale, stärker oder schwächer leuchtende Wolke, die den Körper umgibt, als hänge oder schwebe der Mensch im Inneren einer halbdurchsichtigen Sphäre wechselnder Farben und Muster. Vergleichen Sie den mit der Nabelschnur verbundenen Embryo im Mutterleib mit dem an der Silberschnur hängenden aurischen Energiefeld im menschlichen Körper. Wir können uns vorstellen, wie sich auf jeder Stufe des Herabsteigens aus dem Geist in die Materie ein Bewußtseinsteil tiefer und tiefer in Schein und Täuschung hüllt und zudem seine göttlichen Kräfte verliert. Wenn auch angenommen werden kann, daß zu Beginn der Evolution dieser Bewußtseinsteil fähig war, sich in unbegrenzte Richtungen des Raumes zu bewegen und zu schauen, so löst er doch bei jedem Herabsteigen eine dieser Dimensionen ab, bis für das Bewußtsein des Gehirns nur noch drei Dimensionen übrigbleiben, das Denken in Raum und Zeit.

Vergessen wir nie, daß in Wahrheit alle Beschreibungen der Aura notwendigerweise aus ihrem eigensten Wesen heraus mangelhaft sind; mit physischen Worten ist es unmöglich, mehr als nur Andeutungen dessen zu machen, was dieses höhere Bewußtsein wirklich ist, denn unser physisches Gehirn ist unfähig, die ganze Wirklichkeit zu erfassen. Immer noch und trotz des Drahtes zur geistigen

Welt können wir uns in bezug auf Gedanken und Gefühle anderer irren, immer noch sind auch Sensitive Täuschungen ausgesetzt, obwohl sie viel mehr wahrnehmen als nicht medial entwickelte Menschen. Die gelesene Aura ist immer nur eine Teilwahrheit der Großen Wahrheit – gerade klar genug, um dadurch vorläufig unser eigenes Spiegelbild immer klarer erkennen zu lassen.

Die Aura enthält alles zur Heilung Nötige

Unsere eigene Aura hält alle Heilmittel für unsere Leiden bereit: Erkannt wollen sie werden, schmutzige Farben wollen in saubere, dunkle in helle transformiert werden. Mittel und Zweck allen Heilens über die Aura ist einzig und allein, mit unserem eigenen höheren Selbst, der Ur-Energie oder dem Göttlichen, in Verbindung zu treten und das völlig zum Ausdruck zu bringen.

Verschiedene Bewußtseinsebenen und ihre Farben

Ich möchte Ihnen das Wichtigste über die feinstofflichen Körper, ihre Farben und deren Bedeutung aufzeigen, und zwar aus meiner persönlichen Sicht, die gewiß nicht die einzig richtige oder einzig mögliche ist.

Es gibt soviele Wahrheiten, wie es Menschen gibt – meine Wirklichkeit prägt meine Wahrheit.

Folgende Anregungen nehmen Sie bitte als Idee, wie man sich diese verschiedenen Bewußtseinsebenen oder Energiekörper farbig vorstellen oder sie erleben könnte. Sie können sie jedoch unter Umständen anders erleben als ich.

Die Hauptsache ist, daß Sie Ihre Farben wie bereits Ihre Symbole aus den Lektionen 1 bis 3 für sich richtig deuten lernen.

Die sieben Ebenen jeder Aura

Die Aura ist in sieben Regionen – Realitäten oder Bewußtseinsebenen – aufgeteilt, analog unserem Regenbogen. Jede Farbe, Schwingungsebene oder Bewußtseinsstufe haben wir Menschen vermutlich alle mehr oder weniger, kürzer oder länger, schon selber erfahren oder könnten deren Existenz wenigstens erahnen.

1. Logos

1. *Die Ebene des Logos* oder der reine Geist: Diese Wirklichkeit kennen wir als der göttliche Funke im Menschen, als Lebenskraft.

2. Spirituelle Ebene

2. *Die spirituelle Ebene* oder die geistige Welt: Ihre Farbe ist golden. Diese Wirklichkeit kennen wir als den »Engel im Menschen«, wir werden zu Gutem inspiriert. Hier liegt die eigentliche Grundlage unseres Wohlergehens, die Quelle der inneren Zufriedenheit.

3. Kausalebene

3. *Die Kausalebene* oder die Ideenwelt: Der Farbklang des Kausalkörpers ist weißlich-ätherartig und schillert wie Seifenblasen durchsichtig, in ganz zarten Farbtönen.

Diese Wirklichkeit kennen wir als die Ebene, wo Ursache und Wirkung mit dem höheren Ego oder höheren Selbst zusammenkommen. Wir werden vom schöpferischen Denken inspiriert; die Vernunft der kosmischen Intelligenz führt uns, und somit weiß der Aufmerksame und Wachsame immer ganz genau, was seine innerste Stimme oder sein Gewissen ihm zu tun oder nicht zu tun rät. Der Lebensplan ist hier gespeichert und ändert sich entsprechend den freien Willensentscheidungen, die der Mensch in seinem Leben trifft.

4. Mentalebene

4. *Die Mentalebene,* die Gedankenwelt: Der Farbklang des Mentalkörpers beinhaltet alle Regenbogenfarben in sämtlichen Schattierungen. Seine Farben wirken immer noch durchsichtig, aber doch bereits kräftiger als die des Kausalkörpers.

Diese Wirklichkeit kennen wir als das persönliche Ich, wo Persönlichkeitsschulung entscheidend werden sollte, weil mit Begehren verbundenes Denken und der Verstand unsere Gefühlssicherheit beeinflussen. Auch hier werden wir immer wieder von höheren Ebenen zu neuen Gedanken inspiriert und nehmen diese als Intuition wahr.

5. Emotionalebene

5. *Die Emotionalebene*, die Wunschwelt: Die emotionalen Chakren sind dunkler als die der Mentalebene und immer heller als jene auf ätherischer Ebene. Sie haben eine schnellere Drehzahl als diese. Die Farben des Astralkörpers kann man auch in allen Regenbogenfarben sehen, nur sind diese intensiver als die des Mentalkörpers. Dieser Körper befindet sich wegen des häufigen Wechsels der Empfindungen in steter Veränderung. Diese Wirklichkeit kennen wir mittels unseres *Instinktes*, der Triebnatur und all seinen Begierden und Leidenschaften.

6. Ätherwelt

6. *Die Ätherwelt,* die »Ozonschicht«: Die Farbe des Ätherkörpers ist graublau, bengalisch-violett. Diese Wirklichkeit kennen wir, wenn wir den Ätherkörper als hellen Lichtkranz beispielsweise um den Kopf unseres Mitmenschen bei Konzentration wahrnehmen können, wenn wir uns von einem Magnetopathen oder Bioenergetiker behandeln lassen.

7. Physische Welt

7. *Die physische Welt,* unser physischer Körper: Diese Wirklichkeit ist uns am vertrautesten. So nehmen wir das (den) Gefährt(en) unserer Seele und unseres Geistes jeden Tag von neuem und vor allem mit unseren fünf physischen Sinnen wahr.

Alle Bewußtseinsebenen zusammen bilden ein eng integriertes System, das man sich als vierdimensionales Gitter vorstellen könnte, durch das sich die Energie seitlich, also horizontal durch jedes Chakrasystem und auch vertikal zwischen den verschiedenen Bewußtseinsebenen bewegt.

Es existieren alle uns bekannten und einige jetzt noch unbekannte Farbtöne in einem jeden dieser sieben, soeben beschriebenen Körper. Je höher oder tiefer – je nach Blickrichtung – wir in diese Schichten eindringen, desto feiner und leuchtender werden sie. Man könnte es mit höheren Oktaven der Farbenskala vergleichen. Wichtig ist sich zu merken, daß es sich eigentlich auch beim Auralesen nur um Unterscheidungszeichen und Farbsymbole handelt, die es gilt, richtig aufzuschlüsseln.

Gisela Weigel meinte: »Durch die siebenfache Konstitution des Weltalls, des Menschen und der inneren Welt wird das Gesetz der Entsprechungen deutlich. Es bildet die Grundlage aller Religionen und der ihnen zugrundeliegenden Weisheitsreligion mit ihrer Herzens-, Geheim- oder Gefühlssprache oder -Lehre. Die Seher und Weisen erkennen den Lauf der Dinge und des Lebens, weil sie unmittelbar das Wesen von allem zu schauen vermögen. Es ist alles in so wunderbarer Feinheit geordnet, daß es nur in der Stille des in den inneren Frieden eingekehrten Geistes erlebt werden kann.«[1])

Wie die Energieaufnahme und -abgabe funktioniert

Die Aura liefert dem Körper Lebensenergie

Die Aura nimmt ständig über die Chakren göttliche Energie auf, überführt einen Teil als Lebensenergie an den physischen Körper und strahlt den Rest wieder ab. Die vom Körper abgestrahlte göttliche Energie ist – vergleichbar den Radiowellen – moduliert. Sie enthält alle Infos über deren Gedanken, Gefühle und Empfindungen, über den ganzen, bis heute erarbeiteten Bewußtseinsstand. Durch unsere spirituelle mediale Entwicklung können wir also selber – ohne LSD – erweiterte Bewußtseinszustände erleben, und es besteht somit die Möglichkeit, bewußt die spirituelle Strahlung anderer Geistwesen – Inkarnierter oder Nichtinkarnierter bzw. deren Energiekörper oder ihre Aura aufzufangen und auszuwerten:

Auf der *psychischen* Bewußtseinsebene sind unsere persönlichen Stimmungen, Neigungen, Probleme und Erfahrungen enthalten; auf der *spirituellen* Ebene der eigentliche Lebenssinn, das Anliegen unserer persönlichen Verwirklichung im Hier und Jetzt.

Eine intensive, *selbständige* Auseinandersetzung mit der Aura und der Suche nach ihrer tieferen Bedeutung läßt das Medium mit der Zeit immer gefühlssicherer in seinen eigenen Wahrnehmungen und ihren Bedeutungen werden. Die Selbsterkenntnis entfaltet sich weiter.

Die Aura arbeitet nur mit ihrer eigenen Energie, kann sich aber wie jede Farbe im Malkasten mit anderen Frequenzen vermischen, von der Harmonie bis zur Disharmonie. Alle Formen des Lebens, alle materiellen Objekte sind aus winzigen Energiequanten zusammengesetzt, die sich voneinander klar durch ihre energetische Schwingung unterscheiden. Deshalb können wir die Aura sämtlicher Objekte erleben – allerdings meist »unbewußt«, denn sie besteht aus Energie, die langsamer oder schneller schwingt als auf unserer irdisch-physi(kali)schen Ebene.

Aura = Energetische Bündelung

Die Aura eines Menschen können wir mit einem Energiebündel vergleichen, das aus Bewußtsein, einer ganz bestimmten, persönlich energetischen Qualität besteht. Berühren sich nun die Energie-, Magnet- oder Bewußtseinsfelder zweier Menschen, entsteht automatisch eine Sympathie oder eine Antipathie, ein »schwingender« Energie- oder Auren-Austausch. Dementsprechend erleben wir den anderen als angenehm oder unangenehm, abstoßend oder anziehend. Nicht zu übersehen ist dabei auch immer das aktuelle eigene Befinden, die Wahrnehmung der persönlichen Stimmung. Leicht könnte man sonst Fehlprojektionen erliegen, das heißt »fremde Auren« wahrnehmen, die beispielsweise Licht in den eigenen Schatten werfen.

Im Alltag beginnt unser Aura-Training: Innerliche geistige Visionen können an praktischen Handlungen im bescheidenen Tun und Verwirklichen am realistischsten durch Beobachtung am Mitmenschen überprüft werden. Jede Persönlichkeit, der wir begegnen und die wir gefühlsmäßig wahrnehmen, beeinflußt in dem Moment gerade »ihren« Bewußtseins- und Wachstumsprozeß. Deshalb gibt es die vielfältigsten Möglichkeiten und Herausforderungen, und aus diesem Grund verändert sich logischerweise in einem Menschenleben auch der Freundes- und Bekanntenkreis meistens des öfteren.

Verschiedene »Klassenzimmer« der Lebensschule

Auch in der Natur passen sämtliche Blumenfarben zusammen, und jede ist auf ihre Art wunderschön. Daß ein Kaktus neben dem Edelweiß vermutlich aber Überlebensschwierigkeiten hätte, zeigt uns, daß auch Blumen untereinander sich zum Teil nicht leiden mögen, es auch nicht brauchen oder sollen, nicht weil eine besser als die andere ist, sondern weil sie momentan verschiedene Lernprogramme zu absolvieren haben. Indem wir herausfinden, *warum* wir einen anderen Menschen nicht leiden mögen, beginnt der Lernprozeß, die Bewußtseinserweiterung.

Wir können uns auf all die mühsamen Herausforderungen des Lebens freuen, weil wir, indem wir nicht mehr davor flüchten, unsere Chance als Schicksal wahrnehmen und dadurch erkennen, daß wir hier erst, nach innerem Lernen, Überwinden und Loslassen, die innere Zufriedenheit erarbeiten.

Erst nach einem entsprechenden Reifeprozeß verliert die Aura eines entwickelten Bewußtseins beispielsweise in einer Ansammlung von weniger entwickelten Personen keine Energie mehr, fühlt sich trotz allem nicht mehr unwohl und braucht immer weniger auszuweichen. Schützen wir uns also regelmäßig und pflichtbewußt.

In unserem Aurakörper zirkuliert ständig die Lebensenergie in einer Art feinstofflichem Kreislaufsystem, das vielfältige Aufgaben erfüllt.

Unter anderem wird unsere Aura gereinigt, indem Energieüberschüsse und Fremdenergie mehr oder weniger automatisch abgeführt werden, analog zu unserem physischen Körper. So wie unser physischer Körper von der Nahrung lebt, die wir in der materiellen Welt zu uns nehmen, lebt unser feinstofflicher Energiekörper von der Energie, die innerhalb der geistigen Welt fließt – all den Gedanken und Gefühlen – die von unserer persönlichen Ausstrahlung magnetisch angezogen werden.

Die feinstofflichen Energiebahnen

Wir wissen, daß die feinstofflichen Stoffwechselbahnen durch die Chakren fließen, weil diese die Aufgabe haben, unsere spirituellen, psychischen sowie physischen Körper mit Lebensenergie zu versorgen.

Die feinstofflichen Stoffwechselbahnen stehen demzufolge in direktem Zusammenhang mit unserem feinstofflichen Energiekreislaufsystem. Das heißt, die einströmende Primärenergie fließt durch eines der entsprechenden Chakren, wird dort absorbiert und in weitere Komponenten zerlegt. Als ausströmende Sekundärenergie wird die universale oder primäre Energie weiter zu einem der Hauptnervenknoten geleitet, von dort weiter über das Nervensystem, über das endoktrine Drüsensystem ins Blut, um schließlich den Körper zu versorgen.

Das Energiekreislaufsystem besteht also aus Energiekanälen, die als Hauptbahnen – feinstofflich gesehen – unseren ganzen Körper beeinflussen. Der Mensch kann je nach Bewußtsein seine Energien bewußt zirkulieren lassen, ihre Farbschwingung und somit seine geistige Verfassung immer besser mitbestimmen oder seine Stimmung selbst beeinflussen.

Der unsterbliche und der sterbliche Persönlichkeitsteil

Ein Teil jeder Aura ist die Ausstrahlung des persönlich-spirituellen, ewigen Teils, den wir bereits in dieses Leben mitgebracht haben und den wir auch nach diesem Leben mit uns nehmen werden.

Die spirituelle Aura

Er erlöst sich selber immer wieder als geistiger Bewußtseinsteil oder Götterfunke, der auf dem Weg zurück zum Großen Geist ist. Diese spirituelle Aura ist unsterblich. Jeder Grashalm, jeder

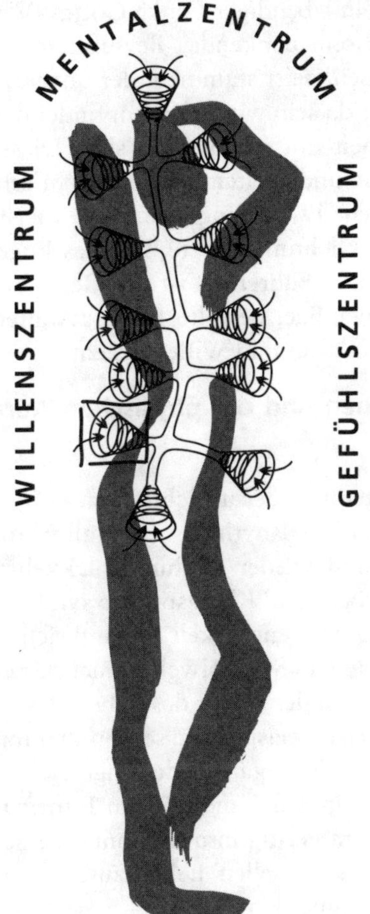

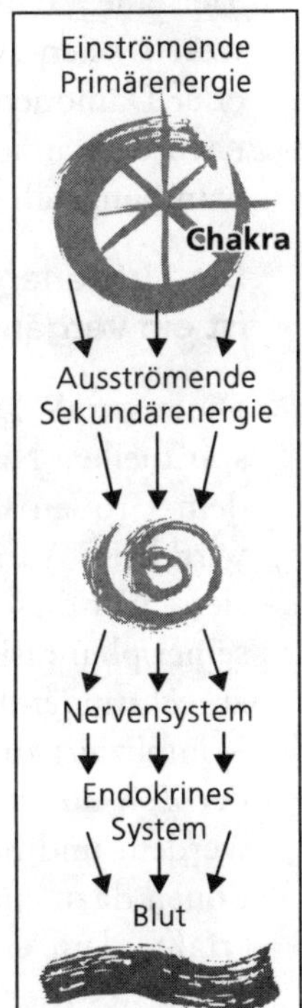

Die Hauptchakren und das Energiesystem

Baum, jeder Berg und jedes Lebewesen strahlt dieses innerste Licht aus. Hier empfinden wir alle im Vergänglichen das Ewige.

Die ganze Natur geht aus dem sich selbst leuchtenden Licht des Großen Geistes hervor, durchdringt und umhüllt alles mit dem aurischen Licht und kehrt in dieses zurück.

Diese aurische Austrahlung ist das verbindende Licht und das Bewußtsein aller Geschöpfe und Dinge zusammen. Ihnen allen liegt eine göttliche Uridee zugrunde, ein lebendiger Funke Gottes. Wer durch sein fühlendes Herz und sein denkendes Bewußtsein erkennt, daß alle Kräfte vom Großen Geist stammen, der unveränderlich da ist, der da war und der da sein wird, der empfindet den unmittelbaren Hauch der Gottheit um sich und in sich. Dieses aurische Licht umhüllt alle Sterne und Welten, jedes Gestein und Tier, alle Pflanzen und Menschen. Es umfängt auch alle Geistwesen, seien es Inkarnierte oder Nichtinkarnierte, seien es Engel oder Dämonen, geistige Helfer oder Führer. Es ist der Geist, der nach dem inneren Urbild die lebendige, beseelte Form gestaltet, wandlungsfähig macht, mit Bewußtsein und Wille versieht.

Die psychische und die physische Aura

Die Lichtenergie der psychischen und der physischen Aura ist ein vergängliches Kleid.

Diese astrale Ebene wird umfangen von der unsichtbaren, ewigen spirituellen Natur. Der gesetzmäßige Rhythmus, das alles aus dem Großen Geist hervorgeht und wieder in ihn zurückkehrt, wird beim Auralesen in einer Farben- und Klangsprache symbolisiert. Wer diese geistige Sprache bereits entwickelt hat und sich in seiner phantasievollen, »eingebildeten« Symbolwelt immer besser zurechtfindet, kann immer leichter in der Natur des Lebens lesen. Kompliziert zu deutende Traumreisen beispielsweise könnten mit der Zeit durch Farbklänge vereinfacht, ergänzt oder angereichert werden, und hellhörendes Wissen gibt uns die nötigen Informationen dazu ein. Wer auch die Aura geistig-intuitiv immer besser erfaßt, dem erschließen sich die spirituellen Lebenszusammenhänge des Menschen im Kosmos immer klarer.

Auralesen mittels der fünf medialen Sinne

Auch bei dieser geistigen Disziplin gilt: Es ist alles relativ. Verschiedene Aurasichten rühren daher, daß nicht alle Seher auf der gleichen geistigen Bewußtseinsstufe stehen.

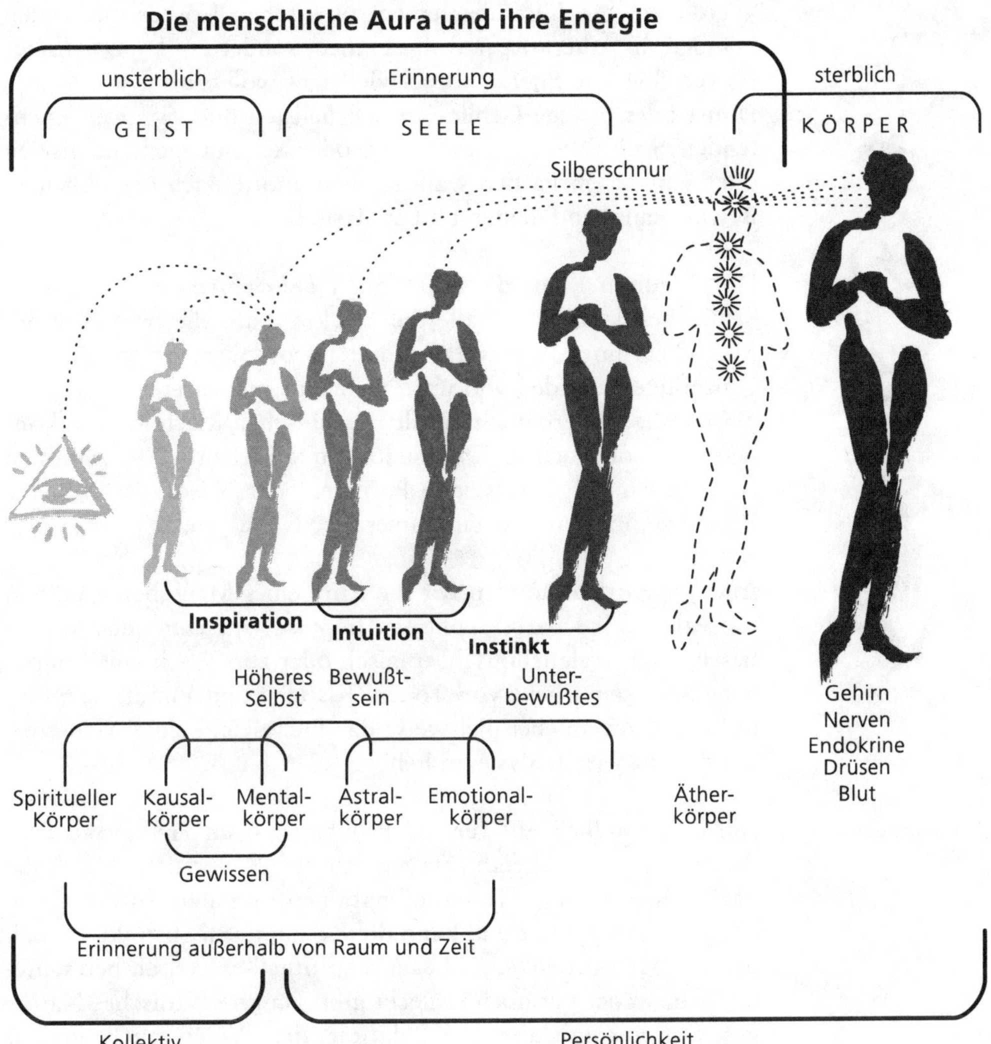

Die menschliche Aura und ihre Energie

Die Aura mit allen Sinnen aufnehmen

Je nach Sensibilisierung oder Wachheit der medialen Anlagen eines Menschen kann die Aura immer bewußter wahrgenommen und entsprechend gelesen werden. Auch diese dient als Instrument, als Vermittler der eigenen, einer anderen inkarnierten oder nichtinkarnierten Seele. Das Medium kann nicht nur *hellfühlend* »verdichtetere« Luft über einem physischen Körper mit seinen Händen im Ätherkörper wahrnehmen, sondern es kann *hellsichtig* verschiedene Energiekörper vielleicht wolkenartig wie weißer Dunst oder farbige Gebilde in den hellsten oder weniger leuchtenden Spektralfarben, in reinen oder schmutzigen, intensiven oder schwachen Farben wahrnehmen und je nach persönlichem Bewußtseinsstand deuten und analysieren.

Das Medium kann die Aura auch *hellriechend* wahrnehmen. Schließlich kennen wir alle die »dicke« Luft, die beispielsweise Menschen im Gerichtssaal hinterlassen, oder die persönliche Duftnote eines jeden von uns. Nicht nur mit unserer physischen Nase also, sondern auch mit den psychischen Riechorganen können wir – oft auch in Kombination mit Farben – Assoziationen herstellen und beispielsweise Positives oder Negatives über eine Person gefühlsmäßig wahrnehmen.

Auch *hellhörend* können wir die Aura eines Menschen erfahren. Eine akustische Farbsymphonie, Impulse von Dur oder Moll – beschwingt, melancholisch, tragisch oder zornig – können innerliche Sinneseindrücke von Tönen, Klängen und Vibrationen hinterlassen und uns beispielsweise das Energiefeld eines Menschen auf diesem Weg analysieren helfen.

Es gibt weder gut noch schlecht

Selbstverständlich gilt für die Propheten beim *Hellwissen* dem Auralesen entsprechend: Das Medium weiß plötzlich einfach die Farb-, Riech- oder Tonkombinationen, versteht sofort deren Schwingungsqualität und kann diese dann quasi abstrakt für sich deuten. Man bedenke, daß es aus spirituell-esoterisch betrachteter Sicht weder gut noch schlecht gibt. Da unser irdisches Naturgesetz momentan aber die Polarität, den Widerspruch, in sich trägt, kommen wir nicht umhin, in hell und dunkel zu werten, was Graustufen keineswegs ausschließt.

Ein weiter Bogen spannt sich von den ersten Wahrnehmungen im Astrallicht bis zu den weiteren, immer wahreren geistigen Zusammenhängen in den formlosen Welten aus

Licht und Klang, den Reichen ewigen Friedens und unzerstörbarer Harmonie.

Die Vibration verschiedenster Schwingungs- oder Farbspektren kann telepathisch mittels unserem sinnlichen Draht zur geistigen Welt mannigfaltige Botschaften in Form von verschiedensten Impulsen vermitteln. Auch unsere persönliche Seele will all diese verschiedensten feinstofflichen Wellen und Bewegungen als Schwingungen *bewußter* telepathisch wahrnehmen, um effizienter an der persönlichen Charakterschulung arbeiten zu können. Gefühlssicher will sie zwischen positiven oder negativen, guten oder schlechten, sympathischen oder unsympathischen, günstigen oder weniger günstigen Einflüssen unterscheiden lernen, nicht nur energetisch oder feinstofflich, sondern auch psychisch oder spirituell.

Wir können mit der Zeit immer differenzierter größere und kleinere Unterschiede mittels unserer ASW in unserer eigenen feinstofflichen Gedanken- und Gefühlswelt wahrnehmen. Diese beeinflussen den psychischen sowie den physischen Körper.

Wir können immer wieder neue Oktaven mit ihren verschiedenen Klangformen in Zusammenarbeit mit unseren geistigen Helfern erforschen und entwickeln – wir entdecken auch mittels Auralesen zuerst vorhandene Persönlichkeitsstrukturen. Ganz wichtig zu wissen ist, daß auch Blinde oder farbenblinde Menschen aurafühlig sind, denn es sind ja die inneren medialen Sinne, die uns informieren.

Die Wirkung der Farben

Bestimmt wird es ein unvergeßliches Erlebnis, wenn Sie zum Gefühl und Ihrem medial erwachenden Verstand zukünftig eine farbige Energiewolke aus dem Herzenergiezentrum oder rosa Blitze aus den Augen Ihres Partners strömen sehen, wenn dieser Sie verliebt ansieht. Bestimmt wird es faszinierend, die gute goldene oder schlechte rußige Ausstrahlung Ihrer Nahrungsmittel zu beobachten, geeignete oder ungünstige Erdstrahlungen als energetische Gitternetze aufzufinden – ohne Pendel oder Wünschelrute.

gesunde Aura

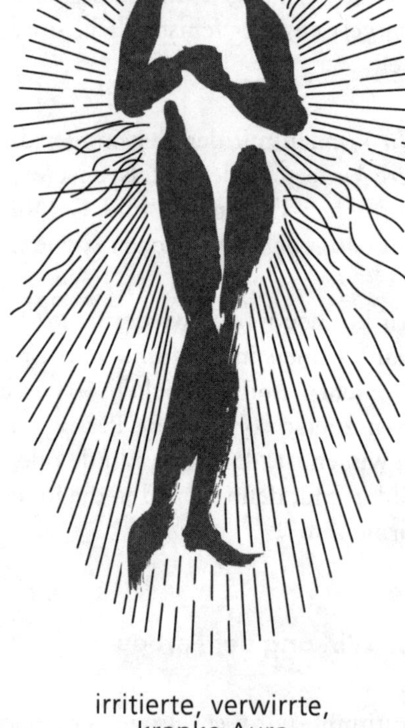

irritierte, verwirrte, kranke Aura

Einfluß unserer psychischen Körper auf unseren physischen Körper

Die persönliche Bedeutung der Farben erkunden

Bestimmt ist die irdische Auseinandersetzung mit der Psychologie der Farben allgemein eine wertvolle Vorarbeit für das anschließende Auralesen. Wir wissen aus Goethes Farbenlehre: Das Auge bedarf der Farben, wie es des Lichtes bedarf. Ich bin der Meinung, daß es am sinnvollsten ist, wenn jeder Mensch seine *persönliche* Bedeutung der verschiedenen medialen Farbwahrnehmungen oder der inneren Sinnbilder kennenlernt.

Farben üben einen starken Eindruck auf unser Denken und Fühlen aus, sie beeinflussen uns täglich, nicht nur die sichtbaren – sondern ebenso die unsichtbaren, außerirdischen Farben – weil sie alle nichts anderes als mehr oder weniger verdichtete Schwingungen, also Lebenskraft, sind und demzufolge auch unser aller Leben immer beeinflussen.

Bei aktivierten, gesunden Energiezentren oder Chakren kann Ihnen als Einstiegshilfe und Anregung folgende *Farbskala* dienen, die wir bereits an Hand der Schlußmeditation »Der Blumenbaum« in der Lektion 1 erwähnt haben:

Die Farbskala

1. *Rot* deutet auf Erdverbundenheit, Durchsetzungskraft und körperliche Sexualkraft hin. Die gesamte Lebensenergie wird hier gestärkt.
2. *Orange* bringt die Lebensfreude in Fluß und regt Kreativität und Erotik an.
3. *Gelb:* Hier werden Gefühle und Erlebnisse verarbeitet, Emotionen gelöst und Depressionen gelindert.
4. *Grün:* Ausgleich zwischen Körper, Seele, Geist; Mitgefühl, Liebe und Heilung werden gefördert.
5. *Blau*: Selbstausdruck und Unabhängigkeit sowie die intuitive Kommunikation werden hier aktiviert und gefördert.
6. *Purpur*: Geisteskraft und Inspiration werden belebt.
7. *Violett:* Spirituelles Wachstum und dadurch der Selbstverwirklichungsprozeß werden gestärkt.

Viel Forscherfreude beim Kreieren Ihrer persönlichen ausführlicheren Auren-Modelle!

Übungen zum Sehen der verschiedenen Aurakörper

Auch hier gibt es drei Stadien der Wahrnehmung: Üblicherweise beginnt man zuerst, die Aura in der Phantasie, in der Vorstellungswelt unseres kreativen Denkens wahrzunehmen. Später gelingt es Ihnen vielleicht mittels Ihres 3-D-Blicks, die Aura zwar noch feinstofflich, aber »äußerlich« zu sehen. Als dritte, allerdings sehr seltene Möglichkeit könnte sich mittels Ihres medialen Kanals die Energie so verdichten, daß diese für alle physischen Augen, wie der Regenbogen, sichtbar wird.

Die Aurabrille

Organisieren Sie sich jetzt ein großes leeres Heft. Zeichnen und malen Sie selber – nach Ihrer Vorstellung – die sieben oben allgemein dargestellten Bewußtseinsebenen zuerst als Regenbogen, dann als menschlichen Blumenbaum (vgl. Lektion 1).

Zeichnen Sie selber in jede Schicht die entsprechenden Energiezentren oder Chakren ein. Freuen Sie sich über Ihre »sich langsam materialisierenden« Kunstwerke, auch wenn sie sich schon lange keine Zeit mehr für das Zeichnen und Malen genommen haben. Auch wenn Sie sogar das Gefühl haben, daß Sie ja gar nicht zeichnen können, sollten Sie die Übung machen, dann erst Recht viel Spaß.

Gönnen Sie sich jetzt etwas Zeit. Schließen Sie Ihre Augen, und entspannen Sie sich, atmen Sie tief ein und aus. Nach ihrer Körperentspannung stellen Sie sich Ihren Lieblingsort in der geistigen Welt vor. Machen Sie es sich dort bequem, und warten Sie, bis ein geistiger Helfer Sie hier besucht. Freuen Sie sich über die Zusammenarbeit. Ihr geistiger Helfer schenkt Ihnen heute eine spezielle Aurabrille. Wenn Sie Lust haben, ziehen Sie diese jetzt an. Sie stellen fest, daß sie Ihre ganze Umgebung zum Beispiel in einem kräftigen Rot sehen. Wie fühlt sich das an? Lassen Sie sich Zeit. Beginnen Sie einen Dialog mit der Farbe: Was will sie Ihnen heute erzählen?

Hier erinnern wir uns an den Volksmund, der uns mit uralter Weisheit die Bedeutung der »Rosabrille«, »Rot-«oder »Schwarzsehens« näherbringt.

Anregungen

Zur Abwechslung einige geistige Anregungen: Als praktische, einfache Alltagsübungen empfehle ich, im irdischen Leben einmal nachzufühlen, wie sich beispielsweise die in rotem Pullover gekleidete Bürokollegin für Sie heute morgen »anfühlt«. Paßt ihre Persönlichkeit zu diesem Pullover? Macht er sie eventuell noch aggressiver und reizbarer, oder gibt die rote Farbe ihr etwa Power und Elan?

Schauen Sie mal nach, mit welcher Farbe Sie sich selbst heute gekleidet haben. War alles andere gerade in der Wäsche, oder hatten Sie auf genau diese Farbe heute morgen Lust? Warum? Wie wirkt diese auf ihre Stimmung? Warum haben Sie sich gestern orange Blumen und nicht violette gekauft?

Lassen Sie Ihrer Phantasie freien Lauf. Bestimmt kommen Ihnen unzählige andere Beispiele noch in den Sinn, wie Sie Ihr persönliches Farbempfinden wieder einmal neu und bewußt unter die Lupe nehmen können... Hier, mit dem *bewußten Erleben der fünf physischen Sinne* beginnt bereits Ihre Arbeit mit dem Aurafühlen, -lesen, -hören, -riechen.

Lernen Sie die verschiedenen Aurakörper kennen

Als geistige mediale Übung empfehle ich Ihnen, jetzt wieder eine leere Seite in Ihrem Aura-Buch aufzuschlagen. Beschreiben Sie am Rand *in Worten* auf der ersten Seite die Bedeutung des Ätherkörpers, auf der zweiten Seite die des Astral- oder Emotionalkörpers, auf der dritten die des Mentalkörpers und auf der vierten des Kausal- und spirituellen Körpers.

Zum »Warmlaufen« empfehle ich Ihnen die ausführlich beschriebene Schluß-Meditation vom Blumenbaum (Lektion 1) zu wiederholen. Sie erinnern sich an die spirituell-psychologischen Anregungen bezüglich der Bedeutung der sieben Hauptchakren, die Sie vielleicht für sich bereits als Standortbestimmung bekommen haben.

 Ätherkörper

Machen Sie wie üblich zuerst eine Körperentspannung. Verbinden Sie sich bewußt mit dem höchsten und reinsten Bewußtsein, und begrüßen Sie innerlich herzlich Ihren geistigen Helfer, der sich auch heute freut, Sie aus höheren Welten inspirieren zu dürfen. Wieder können Sie dadurch Ihre persönliche Gedanken- und Gefühlssprache kennenlernen und sich mit dieser auseinandersetzen – neue Impulse, wichtige Botschaften von Ihnen an Sie können vermittelt werden für Ihren Wunsch: als Spiegelbild Ihren eigenen Ätherkörper wahrnehmen zu können.

Interpretation des Erlebten

Wie erlebten Sie diesen? War er strahlend und kräftig, oder zeigte er beispielsweise Löcher auf? Wenn ja, wo? Was könnte das bedeuten? Vielleicht haben Sie es unklar, verzerrt, durch den Nebel nur wahrgenommen – Ihr Ätherkörper ist gar kein »Emmentaler«, wie Sie jetzt vielleicht erschreckt meinen. Vielleicht sahen Sie Ihren Ätherköper ganz klar im inneren Spiegelbild und analysierten, daß der graue Nebel über dem Hals eventuell ein Hinweis bezüglich Ihres empfindlichen Rachens sein könnte. Vielleicht hatten Sie vor langer Zeit eine Mandelentzündung oder gestern den Husten, oder – hoffen wir es nicht – Sie bekommen ihn morgen? Oder wünschen Sie sich in bestimmten Situationen eine bessere Kommunikationsfähigkeit? Notieren Sie sich jetzt Ihre Anregungen und Erlebnisse in Ihrem Aurabuch.

Denken wir immer daran, daß all unsere Visionen und die Kommunikation mit der geistigen Welt noch ungeschickt oder gar falsch von uns verstanden werden könnten. Bleiben wir also mit beiden Füßen immer auf dem Boden, setzen wir uns kritisch mit den inneren Wahrnehmungen auseinander, und scheuen wir nicht, uns bei Unsicherheit auch mit geschulten Seelsorgern darüber zu unterhalten.

Haben Sie bitte Geduld mit Ihrem inneren Lehrer. Ängstigen wir uns deshalb nie, wenn unser Ätherkörper beispielsweise fad, schwach, grau oder durchlöchert erscheint. Im Gegenteil! Dann wenden wir all unsere bis jetzt angeeigneten Erfahrungen an und bitten pflichtbewußt jeden Tag mindestens zwei Mal um eine geistige Heilung. Die höchsten geistigen Heiler und Ärzte in unserer Vorstellungswelt freuen sich jetzt schon darauf, Kanal für uns zu sein und die reinsten Energien des Lichts und der Liebe durch uns fließen zu lassen. Selbstverständlich überprüfen wir auch unser irdisches Alltagsleben, setzen uns verantwortungsvoller den verschiedensten Reizen aus, indem wir diese auf ein vernünftiges Maß reduzieren, und schützen uns pflichtbewußt.

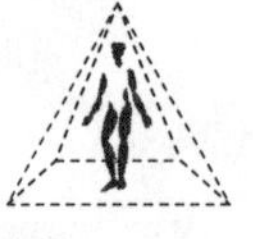

Positives Denken beeinflußt die Aura

Wenn Sie später Ihren Ätherkörper vor dem inneren Spiegel betrachten, werden Sie realisieren, wie dieser sich langsam wieder aufgebaut hat. Im Alltagsleben dürften Sie dann auch merken, daß Sie sich nach regelmäßigem, mindestens dreimonatigem Training, ausgeglichener und besser in Form fühlen.

Die geistige Luftverschmutzung beginnt bei uns selber; die Kraft des positiven Denkens wird – in der Aura sichtbar –

wirksam. Legen wir uns kritisch und wachsam Rechenschaft ab über die inneren, verborgenen und heimlichen Gedanken und Gefühle.

Viel Spaß beim zeichnerisch farbigen Festhalten Ihrer Visionen. Vergleichen Sie die nächsten Darstellungen Ihres Ätherkörpers, beobachten, analysieren, und lernen Sie.

Emotionalkörper

Wenn Sie mit dem Emotionalkörper fortfahren möchten, verbinden Sie sich nach der Körperentspannung wieder mit dem Großen Geist, verschmelzen Sie mit der göttlichen Kraft und Liebe, und begrüßen Sie Ihren heutigen geistigen Helfer.

Dieser bringt Ihnen einen großen, schönen Spiegel, in dem Sie sich von Kopf bis Fuß anschauen können... Lassen Sie sich Zeit, und warten Sie, bis Ihre Konturen, Ihr ganzer Körper immer deutlicher und klarer in Ihrer inneren Sinneswelt wahrnehmbar werden.

Bitten Sie Ihren geistigen Helfer darum, er möge Ihnen jetzt Ihre astrale oder emotionale Aura in Form von verschiedenfarbigen Nebelschwaden zeigen, die Sie einzuhüllen beginnen. In den hellsten und leuchtendsten Farben versucht er bestimmt sein Bestes. Warten Sie geduldig, und nehmen Sie alles an, was Ihnen eingegeben und gezeigt wird...

Merken Sie sich alle Farben gut, die Ihnen in den Sinn, in Ihre Vorstellung und Phantasie gekommen sind. Vertrauen Sie Ihren inneren Visionen. Nützen Sie die Ruhe und die Zeit des Zusammenseins mit Ihrem geistigen Führer, und bitten Sie diesen um Anregungen, was die Farben für Sie persönlich jetzt wohl bedeuten könnten, warum er Ihnen gerade diese gezeigt hat und keine anderen. Haben Sie Geduld mit ihm – Fragen ist immer erlaubt, wenn man die Antwort nicht scheut. Vielleicht ist Ihr geistiger Helfer jetzt müde und schlägt vor, daß Sie zu einem anderen Zeitpunkt auf diese Farbimpulse zurückkommen und später mit ihm diskutieren und analysieren.

Vielleicht freut er sich auch über Ihren Lernwillen und bemüht sich, auf seine Art und Weise mit Ihnen zu kommunizieren, indem er Ihnen zur ersten wahrgenommenen Farbe jetzt vielleicht ein zusätzliches Symbol, einen Ton oder einen Duft vermittelt. Was soll das alles bedeuten? Fragen Sie ihn so lange, bis Sie das Gefühl haben, daß er Sie versteht und Ihnen eine gefühlsmäßige Bestätigung gibt, daß Sie ihn richtig verstanden haben. Bleiben Sie hartnäckig, wie das kleine Kind, das hundertmal das gleiche fragt, bis es verstanden hat und verstanden wird. Haben Sie keine Hemmungen – wir sind die Schüler, die ihr Bewußtsein erweitern möchten. Die geistige Welt zieht sich automatisch zurück, wenn es ihr zu viel werden sollte. Denn wir sind uns der ethischen geistigen Haltung bewußt, daß uns nur das widerfährt, was im Sinne des höheren Willens geschieht.

Bevor wir zum Erfahrungsaustausch Ihres Emotionalkörpers kommen, zuerst eine kurze Frage: Konnten Sie Ihr erstes Spiegelbild, Ihren physischen Körper, gut und klar sehen? Wenn nicht, überprüfen Sie doch bitte heute abend einmal heimlich in Ihrem Badezimmer, wie es sich anfühlt, wenn Sie sich ganz bewußt und ruhig von Kopf bis Fuß im Spiegel betrachten... Können Sie sich gut so annehmen, wie Sie sind? Oder möchten Sie lieber blonde Haare, braune Augen oder einen kleineren Bauch? Wir können nicht aus unserer Haut schlüpfen, denn auch sie ist ein Spiegelbild unseres seelisch-geistigen Körpers – eine Schutzhülle sozusagen – die genau so, wie sie ist, richtig ist, weil sie uns die Lektionen ermöglicht, die wir noch lernen möchten, mit denen wir uns Schritt für Schritt auseinandersetzen sollen.

Nehmen Sie sich so an, wie Sie sind!

Nun zur astralen Aura. Wie erlebten Sie diese? Kamen Ihnen verschiedene Farben in den Sinn? Welche? Analysieren Sie immer der Reihe nach Ihre Wahrnehmung: zuerst also die erste Farbe; wenn sie jetzt orange gewesen wäre, erinnern Sie sich, ob Sie diese Farbe über einer bestimmten Körperstelle gesehen haben. Wenn ja, wo genau? Ihr innerer Arzt hat Ihnen bestimmt Ideen zur Auseinandersetzung mit Ihrer Vision gegeben. Sonst macht er es morgen. Aus meiner persönlichen Erfahrung würde ich Sie zur Wahrnehmung von orange beispielsweise über dem Bauch folgendes fragen: Hatten Sie in vergangener Zeit eine Blinddarmoperation oder ähnliches? Leiden Sie unter chronischer Verstopfung? Kennen Sie ein Kribbeln in der Magengegend bei Vorausahnungen? Haben Sie einen empfindlichen Magen? Neigen Sie in nervösen Situationen sofort zu Durchfall? Reagiert Ihr Verdauungsapparat besonders schnell als sensibler Sensor im Alltagsleben? Fühlen Sie sich oft müde und schlapp? Sind Sie ein Vegetarier?

Ihre physische Gesundheit überprüfen

Entdecken Sie wieder an Ihrem eigenen Spiegelbild Ihren Emotionalkörper, und setzen Sie sich dank ihm mit Ihrer physischen Gesundheit auseinander.

Niemand kennt besser als Sie Ihre Krankheitsgeschichte, Ihre gesundheitlich starken und schwachen Anlagen. Unter Umständen können Sie später Ihren inneren Arzt auch um Rat bitten, was Sie bezüglich Ihrer Wahrnehmung sinnvoll an Ihrem Lebensstil verändern könnten, was Ihrem physischen Körper Erleichterung bringen könnte, oder welche Veränderungen helfen würden. Bestimmt vermittelt er Ihnen wertvolle Impulse für Ihr gesundheitliches Wohlbefinden; sicher ist er aber nicht in allen Situationen der geeignete Ersatz des physischen Arztes! Bleiben Sie kritisch und mit beiden Füßen auf dem Boden. Ihr innerer Arzt möchte Ihnen aber helfen, daß Sie durch einen verantwortungsvollen und bewußteren Umgang mit sich selber gesund bleiben können.

Hier wird uns bewußt, wie sorgfältig man besonders als nicht medizinisch geschulter Mensch für sich selber und in Bezug zu Mitmenschen mit dem Lesen der Gesundheitsaura umgehen muß. Weil wir den Balken im eigenen Auge oft schwer erblicken, ist es schwierig, für sich selber klar sehen zu können. Um so rascher kommt man dadurch gerne in Versuchung, den anderen zuerst helfen zu wollen. Doch wollen wir nicht einfach vor lauter Nächstenliebe gutgemeinte Ratschläge verteilen, sondern uns zuerst selbst entwickeln.

Mit Übungspartnern trainieren

Wenn wir die emotionale Aura eines »eingeweihten« Mitmenschen – eines Studenten, der auch seine medialen Anlagen trainiert – lesen möchten, sind wir uns bewußt, daß wir nicht Arzt spielen wollen, sondern wir benützen den physischen Körper des Freundes als Mittel zur Übung. Das heißt, mittels seiner Krankheitsgeschichte beispielsweise könnte uns unser innerer Helfer mit Informationen inspirieren. Solche zu wissen steht uns zu, weil wir uns die innere Haltung des »Dein Wille geschehe« bereits angewöhnt haben. Dadurch wird uns nur das eingegeben, was für unser Training richtig ist, und wir können unsere persönliche Gefühlssicherheit kontrollieren, nicht indem wir raffiniert dem anderen die Würmer aus der Nase ziehen, sondern, indem wir unsere Wahrnehmungen ruhig, klar und deutlich so abfragen, daß unser Partner nur mit Ja und Nein antworten muß.

Verantwortung und Ethik sind also auch beim Auralesen angebracht. Wir wissen selber, wie rasch auch wir uns verunsichern lassen, wenn jemand mit »Röntgenblick« uns selbstsicher irgendein phantastisches Phantom diagnostiziert, das dann zwar falsch interpretiert war, aber leider ernst genommen werden könnte.

Wer sich für die Gesundheitsaura interessiert, sollte mit einem Arzt zusammenarbeiten.

Üben Sie grundsätzlich vorläufig mittels Ihres *eigenen* Spiegelbildes. Zeichnen Sie alle Ihre medial wahrgenommenen Farben ihres Emotionalkörpers immer wieder auf, vergleichen und lernen Sie durch die Beobachtung. Erinnern Sie sich auch im Alltag wieder an die wahrgenommenen Farbimpulse, und setzen Sie sich damit auseinander. Vielleicht fällt Ihnen auf, daß diese Farbe eigentlich in Ihrer Umgebung völlig fehlt und Ihnen gerne auch über die physischen Sinne ihre Schwingung vermitteln möchte – oder umgekehrt, es wird Ihnen bewußt, wie genau dieser Farbton Sie eigentlich momentan eher reizt und nervös macht oder wie einseitig Ihre Nahrungsmittel sind und daß der Körper sich nach orangefarbigen sehnt.

Mentalkörper 

Wenn Sie jetzt Ihren Mentalkörper kennenlernen wollen, entspannen Sie sich wieder von Kopf bis Fuß, und werden Sie eins mit der göttlichen Urkraft. In diesem inneren Frieden und dieser Harmonie entdecken Sie in Ihrer Vorstellung wieder einen geistigen Helfer von Ihnen. Er läßt ruhig vor Ihrem inneren, geistigen Auge zarte Regenbogenfarben vorbeiziehen. Viel durchsichtiger als die emotionalen wirken diese mentalen Farben, genießen Sie diese zarte Farbsymphonie. Wie am Morgen, wenn sich der Nebel im Tal aufzulösen anfängt, beginnen Sie ganz langsam, hinter den fast durchsichtigen Farben jetzt Ihr eigenes Spiegelbild immer deutlicher zu sehen…

Feine, farbige Wolkenfetzen bewegen sich noch ganz langsam vor Ihrem Spiegelbild. Jetzt wird alles ruhig, jede Farbe findet ihren Platz. Mit Ihrem geistigen Auge und mit allen anderen medialen Sinnen fotografieren Sie innerlich dieses Bild und merken es sich gut.

Wenn Sie das Bedürfnis haben, fragen Sie Ihren geistigen Helfer nach der Bedeutung Ihrer momentanen Farbvisionen oder warum

beispielsweise blau über dem Halsbereich liegt. Fragen Sie anfangs eine Farbe nach der anderen ab.

Denken Sie daran, daß Sie mit der Zeit Ihr persönliches Übungsfeld erweitern, mehrere Farben Ihrer mentalen Aura abfragen und dann auch sogar Farbkombinationen und Vernetzungen mit anderen Aurakörpern abfragen können. Hier merken Sie, wie kompliziert es noch werden könnte, wenn Sie nicht nur oberflächlich, sondern in die Tiefen dringen möchten, wenn Sie nicht nur Allgemeingültiges, sondern ganz Spezifisches herausfühlen und -schälen möchten.

Der innere Priester

Gerne steht Ihnen auch heute Ihr geistiger Helfer als innerer Priester oder Psychologe wieder Rede und Antwort; so ist auch das eine gute weitere Übung, Ihre persönliche Gedanken- und Gefühlssprache kennenzulernen. Denn mediale Entwicklung ist ja nichts anderes als seelisch-geistige Bewußtseinsentfaltung, und zwar vor allem für Sie selber!

Deutungsbeispiel

Als Mental-Medium würde ich Ihnen bei der Wahrnehmung von blau über der Halsgegend beispielsweise folgende Fragen zur Kontrolle stellen: Hatten Sie als Kind einen leichten Sprachfehler? Neigten Sie zu Legasthenie? Verschlägt es Ihnen rasch die Sprache? Träumen Sie in letzter Zeit bewußt vermehrt? Haben Sie in gewissen Situationen oft verbale Verständigungsschwierigkeiten? Gibt es in Ihrem näheren Umfeld – Partnerschaft, Arbeitsfeld etc. Menschen, die Sie in Ihrer Ausdrucksweise immer wieder mißverstehen? Oder verbale Machtkampfsituation? Leben Sie bewußt nach dem Motto: Reden ist Silber – Schweigen ist Gold? Ist es etwa an Ihnen, »der Ton macht die Musik« zu trainieren? Haben Sie in allen Lebenslagen mehr oder weniger Gottvertrauen?

Farbkombinationen

Achten Sie mit der Zeit auch auf Ihre wahrgenommenen Farbkombinationen und die Reihenfolge der dabei auftretenden Farben. Schließlich ist dann alles eine Frage der Interpretation und des klaren Ausdrucks, daß wir den Helfer so hören und verstehen, wie *er* sich uns mitteilen möchte und nicht so, wie *wir* ihn hören möchten.

Auch beim Auralesen geht es um das korrekte Entziffern der verschiedenen Farbkombinationen. Verschiedenste Symbole materialisieren sich gerne für Sie in Ergänzung zu den

Farbschwingungen und helfen als Schlüssel der Erkenntnis dabei.

Wir werden uns bewußt, wie wir dank unserem medialen Training, dank der steten Auseinandersetzung mit uns selber, immer weniger emotional reagieren. Wir reagieren weniger mit Mitleid als mit Mitgefühl.

Scheuen Sie sich nicht, sich psychologisches und tiefenpsychologisches Grundwissen anzueignen, wie das auch die Graphologie oder Astrologie beispielsweise als alternative Möglichkeit bietet – oder arbeiten Sie mit einem Psychotherapeuten zusammen.

Kausale und spirituelle Aura

Wenn Sie jetzt die kausale und spirituelle Aura kennenlernen möchten, dann werden Sie sich nach Ihrer physischen Körperentspannung wieder bewußt, daß der Sinn des Lebens der ist, zur Evolution des individuellen Bewußtseins beizutragen, bis es eins werden kann mit dem Licht, von dem es erschaffen wurde. Am Anfang war das Licht. Um das zu erreichen, möchten wir selber zu einem perfekten Regenbogen werden, der alle Farben des weißen ursprünglichen Lichtes enthält.

Verschmelzen Sie jetzt mit allen Regenbogenfarben – genießen Sie dieses Farbbad. Begrüßen Sie Ihren geistigen Helfer herzlich, der wieder zu Ihnen kommt und sich freut, Sie im inneren Dialog mit neuen Gedankenanstößen zu inspirieren.

Einstweilen enthalten die verschiedenen Energiezentren unseres Körpers noch Farbschwingungen, die eigentlich gar nicht dorthin gehören. Sie zeigen an, welche Grundtendenzen in unserem Dasein gerade vorherrschen. Sie sind Augenblickserscheinungen und deshalb wandelbar. Besprechen Sie in aller Ruhe Ihre inneren Visionen.

Die meisten von uns wissen tief im Innern, wo mit ihrem Leben etwas nicht stimmt. Wir spüren genau, welche Zentren nicht so recht funktionieren. Umgekehrt spüren wir gewöhnlich ebenfalls, wann unsere Energien kraftvoll sind, wann wir unserer Intuition trauen dürfen, wann wir geistig frisch und klar sind.

Gelangen wir zur Einsicht, daß wir nicht nur ein kurzes Leben haben, sondern daß eine ganze Ewigkeit für unsere Bewußtseinsentwicklung vor uns liegt, öffnen wir uns einer kosmischen Perspektive. Wir wissen dann, daß wir alle eine Bahn haben, daß jeder einzelne eine Aufgabe erfüllen muß, die für den Kosmos bedeutsam ist. Beginnt dann endlich der Körper des »höheren Geistes« durchzuscheinen, so daß wir in aller Ruhe auch an diesen Chakren arbeiten können, strahlen jene Zentren mehr und mehr eine goldene Qualität aus. Ein geistiger Führer erscheint jetzt in unserer inneren Wahrnehmung und begleitet uns zusammen mit unserem geistigen Helfer in ein geistiges Labor: Uns wird hier bewußt, daß auch wir auf das gleiche Ziel hinarbeiten wie die Alchemisten: Auch wir wollen »Gold« im übertragenen Sinne gewinnen.

Mit zunehmendem Fortschritt werden wir fähig, unser Leben durch goldene Augenblicke zu bereichern. Von uns strahlt ein goldenes Leuchten aus, und für die Menschen, mit denen wir im Laufe unseres Lebens zusammentreffen, ist dies eine kostbare Erfahrung. Im inneren Dialog mit unserem geistigen Führer wird uns jetzt bewußt, wie wir in unserem praktischen Alltagsleben an der Materialisation unseres goldenen Herzens konstruktiv weiterarbeiten können.

Christusbewußtsein

Goldene Menschen haben am kosmischen Bewußtsein Anteil, das nichts anderes ist als das Christusbewußtsein. Dieses Bewußtsein kennt nur eine Möglichkeit, Gott für seine Gnade zu danken, etwas von seinem Reichtum an andere weiterzugeben. Auf diese Weise vergelten wir Gott, daß er uns das Leben geschenkt hat. Dann gehört uns in unserem erwachten Bewußtsein ebenfalls alles, denn der höhere Körper läßt uns des spirituellen Aspektes unserer Natur gewahr werden. Durch die Öffnung dieser Energiezentren öffnen wir uns der Weisheit der tiefsten Schichten unseres Seins, die es uns ermöglichen, anderen Wesen sinnvoll zu dienen. Heilen heißt, das zu geben, was gebraucht wird, und zwar in der Form, die für die Situation angemessen ist. Unser geistiger Führer erinnert uns jetzt an eine aktuelle Situation in unserem Leben, die uns als Lebenslektion dienen möchte.

Uns wird bewußt, daß Gold eine Freiheit anzeigt, die nur wenige Menschen besitzen. Wie beim Goldwaschen ist das meiste Sand und Lehm, nur ab und zu funkelt dazwischen doch ein Gold-

körnchen auf. Unser geistiger Führer zeigt uns Stellen in unserem praktischen Alltagsleben, wo Goldkörnchen verborgen auf uns warten könnten.

In unserer Vorstellung stellen wir uns jetzt vor einen großen Spiegel. Geduldig warten wir, bis wir unsere Aura ganz zart, in allerfeinsten Regenbogenfarben immer besser wahrnehmen können. Langsam entdecken wir vielleicht einen goldenen Glanz, er wird immer stärker; welche Stellen sind vor allem golden, was könnte das bedeuten? Unser geistiger Führer hilft uns bei dieser Analyse.

Bedeutung der Farbe Gold

Uns wird bewußt: Das Gesetz des Karmas ist hier außer Kraft gesetzt, denn eine Person, in der Gold dominiert, hat keinerlei persönliche Bedürfnisse mehr. Sie kann ihr Schicksal nicht mehr mit dem Schicksal anderer verflechten. Man kann sich nicht an sie klammern. Es gibt keine Projektion. Ein solcher Mensch ist mit sich selbst völlig glücklich. Er liebt, ohne etwas dafür zu erwarten oder zu fordern. Das Ideal ist natürlich, alle Energiezentren im kausalen und spirituellen Körper zu öffnen, zu heilen und wirklich mit dem Kosmos eins werden zu können. Dieses Ideal wird jedoch nur sehr selten Wirklichkeit. Kein Mensch ist vollkommen. Wir alle sind durch unsere Lebensgewohnheiten und unsere vergangenen Leben konditioniert, und im allgemeinen sind wir durch unsere unausgeglichene irdische Gedanken- und Gefühlswelt weit von der Vollkommenheit entfernt – wir alle sind aber auf dem Weg dahin.

Unser geistiger Führer schenkt uns zum Abschluß ein goldenes Schmuckstück. Es ist ein ganz spezielles und will uns fortan als geistiger Glücksbringer für unsere weitere Goldwäscherei dienen. Nachdem wir uns bedankt haben, verabschieden wir uns von ihm, und unser geistiger Helfer bringt uns innerlich ruhig und von tiefem Frieden erfüllt wieder zurück ins Hier und Jetzt. Schließen und schützen Sie sich, erwachen Sie ruhig.

Standortbestimmung

Ein geistiger Führer erwartet Sie jetzt und begleitet Sie auf einen langen Spaziergang durch Ihre geistige Welt. Denken Sie daran, daß Sie jetzt Gelegenheit haben, ihn alles zu fragen, was nicht klar sein sollte, was Sie besser verstehen möchten. Er wird immer wieder von einer anderen Seite her Ihre Fragen beleuchten, bis Sie ihn schließlich verstehen. Lassen Sie sich Zeit, viel Zeit, und erleben Sie vielleicht jetzt eine Standortbestimmung an Hand einer

Farbsymphonie, angereichert mit den verschiedensten Symbolen, die sogar zu einem Film zusammenschmelzen.

Ihr geistiger Helfer führt Sie jetzt durch eine gelbe Winterlandschaft durch violette Wälder, und langsam besteigen Sie rosa Hügel und Berge, leichten Fußes überqueren Sie einen rosa Bergbach über eine weiße Brücke. Ein wunderschöner rot-oranger See liegt jetzt vor Ihnen; haben Sie Lust, ein Bad zu nehmen? Genießen Sie diese kraftvolle und doch weiche Schwingung, achten Sie auf die Qualität des Wassers, das gar keines ist; ohne naß zu werden, verlassen Sie jetzt den See wieder und wandern gereinigt und gestärkt weiter über eine blaue Wiese, wo die Blumen Ihnen angenehmen Schatten spenden, weil sie so groß sind, und die Natur haucht Ihnen melodiöse Lieder ein. Freuen Sie sich des Lebens, bis Sie in ein grün-violettes Haus kommen, das Sie einlädt, die Stille zu hören. Mit Ihrem geistigen Helfer haben Sie wieder die Gelegenheit, sich über alles zu unterhalten, das Sie jetzt wissen möchten.

Beobachten Sie auch Ihre jetztige Aura – sie spiegelt sich vielleicht in einem Fenster. Könnten Sie all Ihre Körper und die spirituelle Aura als Bild kreieren?

Nach dem aufschlußreichen Gespräch mit Ihrem geistigen Helfer, entführt er Sie weiter durch das Land der Phantasien. Es ist eine spezielle Landschaft, die farblich unbeschreiblich schön und symbolisch eine für Sie ganz allein verborgene Botschaft beinhaltet. Ihr geistiger Helfer freut sich, alle Ihre Fragen beantworten zu dürfen. Langsam geht diese phantastische Reise zu Ende. Bedanken und verabschieden Sie sich, schließen Sie Ihre Chakren, und kommen Sie ruhig wieder hierher in diesen irdischen Raum zurück.

Vielleicht haben Sie Lust, Ihre nachträglich erlebte Reise zur Weisheit, die Sie nach Belieben immer wiederholen können, durch die geistige Welt in Farben, zeichnerisch festzuhalten? Das wäre bereits eine tolle Vorübung für das anschließende Training Ihrer Seelenbilder.

Mit dem Auralesen haben Sie jetzt also eine neue Möglichkeit, sich selber mittels Ihrer Medialität und innerer Farbvisionen besser kennenzulernen. Seien Sie auch auf diesem unendlich vielfältigen Gebiet mit sich selber geduldig, lassen Sie sich Zeit, werden Sie mit jeder Übung vertrauter mit diesem anderen Dialekt der nonverbalen, telepathischen Sprache.

Denken Sie daran, wie die hologrammartigen Farbschwingungen von Ihrer Dichte, Intensität und Kombination ganz verschieden sind, sich immer wieder verändern, bei jedem Menschen immer anderes bedeuten; schließlich ist nichts wandelbarer als der Mensch und demzufolge auch seine Muster. Auch Sie haben jetzt bereits wieder eine andere Intensität Ihrer Aura als noch gestern abend. Wie die Spuren im Sand, die die Wellen hinterlassen, sind sie gleich und doch immer wieder anders.

Wir ziehen aus unserem Umfeld an, was uns entspricht

Vergessen Sie nie, daß sich die Aura aus denjenigen Schwingungen und Kräften ernährt, die wir selbst wie ein Magnet anziehen.

Denken Sie daran, daß uns die Aura gleichzeitig auch Schutz sein möchte: Deshalb achten wir auf die Dinge, die wir anziehen, und lernen von ihnen!

Menschen, die für einige Zeit bewußt an sich gearbeitet haben, werden vielleicht immer mehr herausfinden, daß sie die Aura auch zu heilen vermögen, und manche tun das dann auch des Prestiges und der Anerkennung wegen. Sie leben in dem Irrglauben, daß sie eine Gabe besitzen, die die Erfahrungsmöglichkeiten anderer weit übersteigt, und sie versuchen, diese Kraft zur Anwendung zu bringen, um in einer Art von Machtgefühl zu schwelgen. Auf der anderen Seite tut eine ganze Anzahl von Menschen aber auch das genaue Gegenteil. Sie fliehen vor ihrer Verantwortung im Alltagsleben und unterschätzen sich fortwährend selbst.

Eine Person, die über ein Potential verfügt, welches sie über mehrere Leben angesammelt hat, ist vor die Wahl gestellt, davon Gebrauch zu machen oder es zu mißachten. So mancher besitzt einen »goldenen Tropf«, ohne jemals einzusehen, daß dieser wirklich existiert. Die höchste Hülle des Selbst, die bekannt ist als Einsicht, Weisheit – »Klar-Sehen« – wird kausal oder kollektiv genannt. Diese wirkliche, beständige Dimension des wahren Gewissens, des Seins, ist in jedem von uns. Sie ist das, was über alle Veränderungen und Schwierigkeiten unseres Lebens hinweg fortdauert und diesem Sinn und Kontinuität verleiht. Diese spirituelle

Dimension ist die Quelle von allem Guten in uns und kann einen starken Einfluß in Richtung Wachstum und Selbsttransformation ausüben. Universelles Bewußtsein sammelt sich im individuellen Selbst. Der spirituelle und der Kausalkörper lösen sich nach dem Tod nicht auf, sondern bestehen weiter, von Leben zu Leben, und dort bleiben unsere erarbeiteten und versäumten Erkenntnisse auch glücklicherweise erhalten.

Universelles Bewußtsein

Ihr inneres Aurasehen ist jetzt geschärft und sensibel – versuchen Sie es zum Abschluß noch bewußt mit geöffneten Augen:

Übungen zum »äußeren« Aurasehen

Nehmen Sie den »3-D-Blick«, den entspannten »Glaskugelblick«, mit dem Sie konzentriert und gedankenverloren gleichzeitig einfach durch die Wand hindurch in die Ferne schweifen.

1. Übung

Stellen Sie einen Freund vor eine weiße, neutrale Wand: Fixieren Sie mit Ihrem »Durchblick« jetzt seine Nasenwurzel, und schauen Sie entspannt einfach durch ihn hindurch. Lassen Sie sich Zeit, konzentrieren Sie sich auf nichts, starren Sie immer nur den gleichen Punkt an, schauen Sie entspannt durch ihn hindurch, und warten Sie geduldig ab.

Entdecken Sie plötzlich, gleichzeitig, einen hellen Schein um dessen Kopf? Freuen Sie sich! Mit der Zeit werden Sie herausfinden, ob es sich dabei nur um Ihre eigene Sinnesveränderung handelt, ob Sie den Ätherkörper des Übungspartners gesehen haben oder sogar andere, farbige Schichten der Aura.

Warten Sie geduldig – vielleicht beginnen Sie jetzt sogar noch ein Pulsieren von ganz zarten Farben an der weißen Wand hinter der Versuchsperson wahrzunehmen.

Wird der Blick noch weiter entspannt, können vielleicht immer mehr Schichten der Aura wahrgenommen werden – und zwar nicht nur in Ihrer inneren Vorstellung, sondern sogar *äußerlich*, als »geistige Materialisation«.

Von phantastischen physischen Phänomenen können wir allerdings erst dann reden, wenn dank Ihrer Anwesenheit sich der

Wann die Aura äußerlich sichtbar wird

innerlich gesichtete Regenbogen oder die Aura plötzlich noch stärker »verdichtet« und dann für alle Zuschauer, auch die nicht hellsichtig oder medial Geschulten, mit den zwei physischen Augen *äußerlich* sichtbar werden... Analog dazu demonstriert Ihnen der Regenbogen als guter Lehrmeister in der Natur dies und motiviert Sie, es mit Hilfe Ihrer geistigen Helfer vielleicht sogar einmal selber materialisieren zu können. Dann sind Sie ein physisches Medium. (Näheres hierzu siehe Lektion 6.)

Viel Spaß also beim äußeren Aurasehen und bei der Auseinandersetzung mit den Fata-Morgana-ähnlichen Phänomenen. Mit diesem speziellen Training könnten Sie je nach Wohlbefinden und Tätigkeit des Übungspartners immer differenziertere Farben in dessen Aura wahrnehmen und je nach Ihrem geschulten Intellekt auf interessante Kombinationen schließen.

2. Übung

Eine tolle Erfahrung ist auch zu erleben, wie willentlich die Farben der Aura Ihres Übungspartners mental verändert werden können. Das heißt, plötzlich stellt sich dieser vor, wie er jetzt zornig und aggressiv wird, bis Sie dann plötzlich beispielsweise immer mehr rot in seinem Energiefeld wahrnehmen könnten. Oder er trinkt in seiner Vorstellung einen Pfefferminztee, meditiert und begibt sich mental ans Meer und ist von angenehmster Harmonie und himmlischem Frieden durchdrungen, bis Sie Ihn in einem weißlich goldenen Schein erblicken.

In einer Gruppe von Menschen könnten Sie auch erleben, wie die Farben von einem zum anderen wandern, wie sie sich gegenseitig anziehen, abstoßen und berühren. Vor allem bei einer starken Gruppendynamik verschmelzen die Energiefelder miteinander und geben einander Kraft. Ganz persönliche Initiationen oder Erleuchtungen können dann oft leichter erlebt werden – nicht wegen des Gruppenleiters, sondern weil die Zeit jetzt für eine persönliche, spezielle Erfahrung reif und richtig ist und die Verstärkung des aufgebauten Energiefeldes einen solchen Prozeß begünstigt.

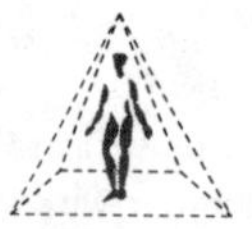

Normalerweise arbeiten und funktionieren wir während unseres Wachbewußtseins *ohne* bewußte Verbindung mit dem Großen Geist. Unsere Energiezentren funktionieren glücklicherweise und natürlicherweise automatisch, weil göttliches Licht – ob erleuchtet oder nicht – ja die Energie unserer Lebenskraft ist. Deshalb erinnern wir uns bewußt, ab und zu willentlich unsere Energiezentren für unnötige, geistige Einflüsse zu schließen.

Jede Aura ist für sich allein verantwortlich

In Menschengruppen lernen wir immer wieder neue, andere Seiten auch an uns selber kennen. Erst danach entscheiden wir, ob dieses neue Element, diese andere Aura für die persönliche Entwicklung wichtig und günstig ist oder nicht.

Henri Matisse sagte einmal: »Eine Farbe bekommt ihren Wert erst im Zusammenklang mit ihrer nächsten.« Was in der Farbe zählt, sind die Beziehungen. Ein Ton allein ist nur eine Farbe, zwei Töne sind schon ein Akkord, ein Leben.

Trotz geistigen Schutzes kann ab und zu ein Stachel einer anderen Aura uns verletzen oder uns beeinflussen. Warum? Damit wir neu zum inneren Wachsen motiviert werden.

Lassen Sie sich durch Ihre geistige Welt und Ihren farbenfrohen Alltag vernünftig herausfordern – lassen Sie selbständig und selbstverantwortlich die Sonne immer wieder scheinen, damit Ihr Licht Ihre Farben erhellt; und vergessen Sie vor allem nicht, die selber erfahrenen, gesammelten Erkenntnisse ins irdische Hier und Jetzt umzusetzen und aktiv, mit den physischen Sinnen wahrnehmbar anzuwenden.

Es wäre eine Illusion, wenn man denken würde, daß man nach den soeben erlebten Übungen die Aura lesen kann. Immer besser werden Sie aber erkennen, wie riesig, vielfältig und auch kompliziert die verschiedenen Farbkombinationen gedeutet werden können und die Bedeutungen, die sie haben, von Mensch zu Mensch variieren.

Seelenbilder zeichnen

Festgehaltene Träume

Die von Ihnen selbst angefertigten *Seelenbilder* oder Auragramme sind nichts anderes als erweckte, mit Farben festgehaltene Träume. Ist es nicht das Leben im Licht, das Seelische und Geistige, das in den Erscheinungen der Farben zur irdischen Wirkung kommt? Sind es nicht die wunderschönen Farbsymphonien unserer Blumenwelt beispielsweise, die uns als Spiegelbild zur unsichtbaren Welt unsere geistige Urheimat nie vergessen lassen wollen?

Nicht stur, nach verschiedenen Dogmen, wollen wir jetzt unser erstes Seelenbild malen, sondern jeder mit seinen eigenen Farben. Wir haben eine tolle Phantasie und Vorstellungskraft, mit der wir jetzt wieder arbeiten, von der wir uns inspirieren lassen wollen.

Organisieren Sie sich jetzt große Papierbogen und all Ihre Lieblingsmalutensilien. Drei verschiedene Bilder können Sie jetzt kreieren, in Zusammenarbeit mit Ihrer geistigen Welt.

1. Ein Seelenbild für Sie persönlich

Entspannen und verbinden Sie sich wieder mit Ihrer höheren Führung. Gemeinsam mit Ihrem geistigen Helfer machen Sie jetzt einen kurzen Spaziergang durch die geistige Welt. Es ist noch früh morgens, die ganze Landschaft ist in grau-bläuliches Licht gehüllt. Genießen Sie die Ruhe und den Frieden in Ihnen und um Sie herum. Plötzlich entdecken Sie weit vorne am Horizont die ersten goldgelben Sonnenstrahlen. Die Sonne geht auf und hüllt die ganze Landschaft vor Ihnen in ein spezielles Licht. Wo sind Sie? Achten Sie jetzt auf alle Farben, die Ihnen durch Ihre Sinne fließen, achten Sie auf Formen, Symbole – ja, achten Sie auch auf eine phantastische Farben-, Formen- oder Märchenlandschaft, die sich da, vor Ihrem inneren Auge im hellen Sonnenlicht vielleicht jetzt erschließt.

Malen Sie jetzt! Und zwar völlig frei – malen Sie Farbfetzen und -formen, Linien und Flächen... Lassen Sie Ihrem Malwerkzeug freien Lauf. Lüften Sie innere Schleier, mutig und voll Freude kreieren Sie innere Phantasien und Visionen; immer klarer werden Sie, vielleicht nehmen sie sogar Gestalt an.

»Die Farbe muß gedacht, geträumt, ersonnen werden«, sagte einmal Gustave Moreau zu einem seiner Schüler. Lassen Sie sich selber überraschen von einer inneren Botschaft, die durch Ihren künstlerischen Ausdruck eine wichtige Mitteilung machen möchte – für Sie persönlich.

2. Ein Seelenbild für einen speziellen Freund

Entspannen Sie sich, werden Sie eins mit der göttlichen ewigen Kraft der Liebe und des Lichts. Stärken Sie Ihre Intuition und Ihre Aufmerksamkeit in dieser Ruhe – genießen Sie den Frieden und die Harmonie. Bitten Sie einen Abgesandten Gottes, der Ihnen als geistiger Helfer erscheint, er möge Sie jetzt inspirieren und Ihnen helfen, ein Seelenbild für Ihren Freund malerisch oder zeichnerisch zu gestalten. Vielleicht ziehen Sie jetzt einen runden oder

ovalen Kreis auf Ihr Blatt, damit Ihr Bild bereits einen Rahmen bekommt.

Beginnen Sie links, und zeichnen Sie gegen den Uhrzeigersinn zwölf verschiedene Mini-Bilder, Symbole oder Farbkompositionen, die alle eine spezielle Botschaft für Ihren Freund in sich bergen... Wenn Sie beispielsweise astrologisch geschult sind, können Sie anschließend diese mit Ihrem Fachwissen kombinieren.

Vielleicht entsteht aus einer Wunderblume eine zweite, dritte und so weiter... Wo stehen Sie? Vielleicht fühlen Sie zu all den inneren Visionen Freude oder Trauer, Ruhe oder Streß. Zeichnen und malen Sie alle Gefühle, die Ihnen jetzt in den Sinn kommen, drücken Sie diese in differenzierter Farbwahl sorgfältig aus. Der Sinn eines Wortes ist für Sie nicht mehr so klar wie der Sinn Ihrer Farben. Vielleicht werden im Kristall die Farben des Himmels dank eines unsichtbaren Fadens von Ihnen jetzt durch den Pinsel auf das Papier gezaubert.

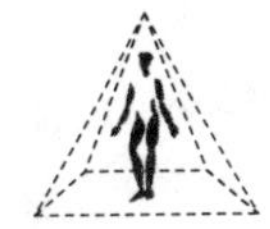

Lassen Sie beim Schenken Ihr Bild alleine sprechen. Oder haben Sie Lust, vielleicht kurz Ihre persönliche Gefühlssicherheit zu testen? Fragen Sie Ihren Freund, ob er Ihnen mit Ja-nein-Antworten auf Ihre Fragen bezüglich des Bildes hilft, Ihre Kompaßnadel wieder exakt einzustellen.

3. Ein spezielles Seelenbild für einen anderen Freund

Neben, über oder unter dem Seelenbild beobachten Sie dann während Ihrer Arbeit plötzlich vielleicht eine neue Aura. Einen »fremden« Energiekörper, der nahe neben Ihrem Bild sich immer stärker in alle Regenbogenfarben »verdichtet« – Sie erahnen, erfühlen und erkennen darin vielleicht plötzlich die Aura eines nicht inkarnierten Bewußtseinsteils.

Versuchen Sie, auch diese Farbeindrücke auf Ihr Papier umzusetzen. Während des Malens der neuen Aura erleben Sie vielleicht zusätzliche, ergänzende, innere Visionen. Die soeben gemalten Farben beginnen ganz sachte, mit Ihnen zu sprechen, und nehmen dadurch noch klarer Form an. Das heißt, Sie beobachten, wie sich langsam vielleicht sogar ein Gesicht aus diesem Farbenmeer herauskristallisiert. Immer deutlicher wird es, für Sie innerlich sichtbarer und klarer. Lassen Sie Ihrer Intuition und Inspiration einfach freien Lauf.

Der Vater von Frau Humphry, portraitiert und fotografiert. Coral Polge begann das Zeichnen an der Brille. Manchmal bringt sie zunächst ein Lächeln oder eine Frisur aufs Papier und muß dann warten, bis weitere Eindrücke kommen.

Porträt von Coral Polge

Haben Sie Vertrauen in Ihre höhere Führung! Ihr jetziger geistiger Helfer ist bestimmt ein versierter Porträtist und bemüht sich mit seiner ganzen göttlichen Liebe, Ihre Hand immer sicherer auf dem Blatt Papier zu führen. Fällt Ihnen ein Name dazu ein? Initialen? Jahreszahlen? Wohnort? Notieren Sie auch diese Visionen, und signieren Sie Ihr Porträt. Wenn Sie Ihre Arbeit abgeschlossen haben, bedanken Sie sich innerlich für die Zusammenarbeit und Inspiration aus höherem Bewußtsein. Alle Energiezentren und Energiekörper schließen und imprägnieren sich automatisch, wenn wir um göttlichen Schutz bitten! Alles Große ist einfacher Natur!

Kontrollieren Sie jetzt Ihre zeichnerischen Visionen in der Realität bei Ihrem Freund, indem Sie diesen fragen, ob er mit dem Porträt etwas anfangen könne. Vielleicht erkennt er darin einen verstorbenen Bekannten oder Verwandten? Vielleicht finden Sie zum Vergleichen eine alte Fotografie? Dann hätten Sie ihm als Mental-Medium nicht nur ein Weiterleben nach dem Tod bewiesen, sondern für sich selber wieder einmal Ihre eigene Intuition unter Beweis gestellt…

Üben muß, wer ein Meister werden will – und zwar am sinnvollsten kombiniert im Alltagsleben, denn Ausdruck und Kommunikation mit Farben und Worten ist ein wichtiges Werkzeug auch für den Vermittler der zwei Welten.

Henry Corbin sagte: »Man kann das Licht nicht sehen. Es ist, was uns sehen macht.« In diesem Sinn wünsche ich Ihnen allen, liebe Leserin, lieber Leser, unzählige innere, farbenfrohe Visionen und Entschleierungen, eine nach dem andern.

Quelle des Zitats:

1) Gisela Weigl / Franz Wenzel: Entschleierte Aura, Grafing 1986

Literaturempfehlungen:

Butler, Walter: Die Aura sehen und deuten, Basel 1988
Eberhard, L.: Heilkräfte der Farben, München 1994
Hulke, W.-M.: Das Farben Heilbuch, Aitrang 1991

Itten, J: Kunst der Farbe, Ravensburg 1983
Jones, Alex: Die Geheimnisse der Farben, Aitrang 1991
Meurois-Givaudan, A. und D.: Berichte von Astralreisen, München 1989
Pawlik, J.: Goethe – Farbenlehre, Köln
Polge, Coral: Ich male Gesichter Verstorbener, Neuwied
Ray, C.: Die persönliche Magie der Farbe, Bad Münstereifel 1994
Riedel, Ingrid: Bilder in Religion, Kunst und Psychotherapie, Zürich 1988
Sanders, Lea: Die Farben Deiner Aura, München
Wilson, Annie / Lilla Beck: Farbtherapie, Bern, München 1988

LEKTION 5

Channeling

Der Blick zurück und die Vision nach vorne bieten Ihnen Hilfe für die sinnvolle Bewältigung des Hier und Jetzt. Sie lernen, Ihr Ego und Ihren eigenen Körper immer besser kennen, verknüpft in soziale Bande. Sie lernen, sich verantwortlich in der Umwelt zu organisieren – analog zum Schüler, der sich der verschiedenen Zeiten und Modi bewußt wird.

Lernziel des Channeling (dt.: Kanal-Sein, Kanalisieren)

Dies ist das Geheimnis:
Diesseits und jenseits
das gleiche All.

Tao Te King

Die geistige Hierarchie oder die wichtigsten Schwingungsebenen unseres Bewußtseins

Der Mensch ist ein Lichtwesen. Das heißt, er besteht aus einer Reihe feinstofflicher Schichten oder Körper – Aura genannt –, die über den physischen Körper hinausreichen. Diese Lichtkörper durchdringen und beinflussen sich gegenseitig. Jeder schwingt in seiner spezifischen Frequenz und sendet Licht aus. Die Beschaffenheit dieser Körper reicht von ziemlich dichter bis zu unendlich feiner Qualität.

Die Lichtkörper sind verschieden beschaffen und aufgebaut. Einige bestehen aus Gebilden, die wie schwingende Farbwolken aussehen, und andere aus Lichtfäden, auch wenn jeder dies individuell ein wenig anders sieht. Diese Eigenschaften resultieren aus den unterschiedlichen Ebenen und ihren verschiedenen Zwecken.

Das Universum besteht aus Energie

Nach Maud Nordwald Pollock sagt die Physik aus, »daß jedes Atom seinen Raum hat, worin es schwingt und aktiv ist, was auf immens viele leere Räume hinausläuft. Diese Räume sind eigent-

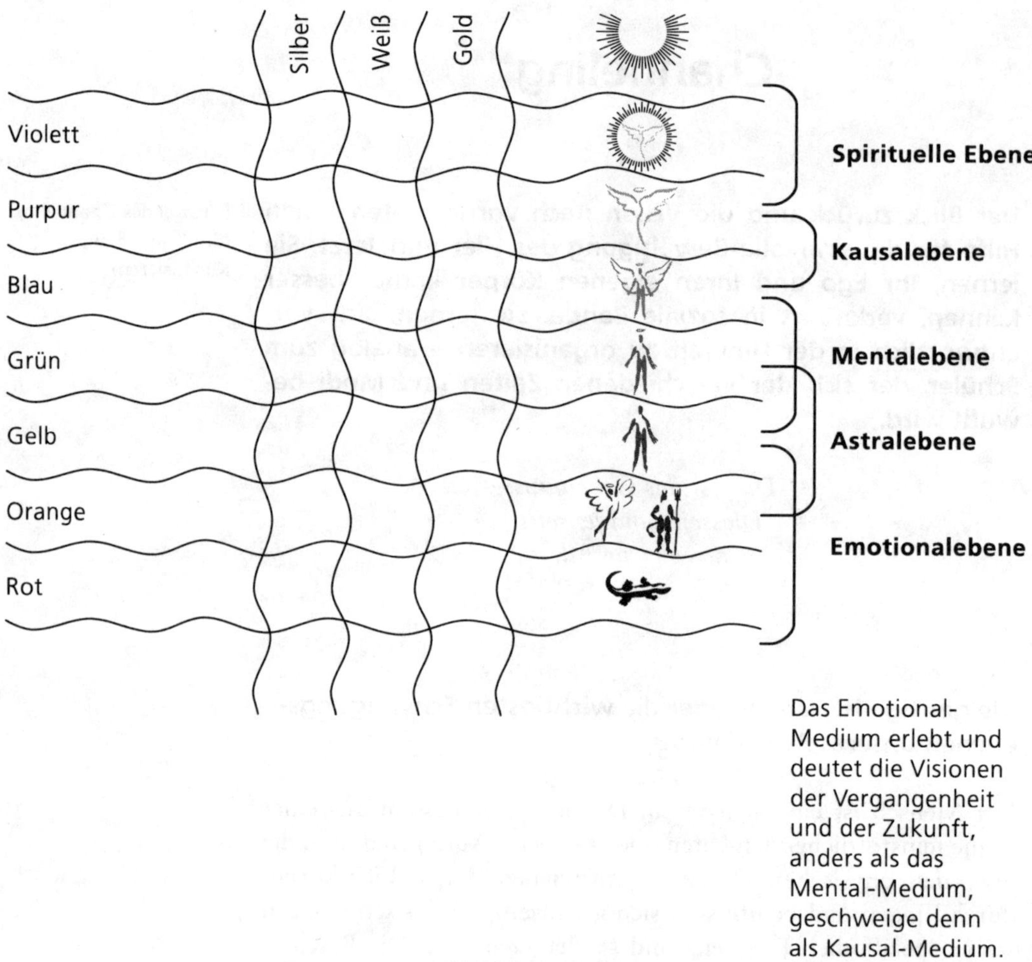

Unterschiede zwischen Emotional-, Mental- und Kausal-Medien

lich gar nicht leer, sondern beinhalten die nächsthöhere Frequenzstufe der Lichtkörper, wobei die Frequenzen immer feiner werden. Das ganze Universum besteht also aus einem hierarchischen System von Interferenzwellen und dynamischer Energie, die durch ihre Interaktion Hologramme erzeugen. Diese Frequenzstufen setzen sich aus kosmischer Information zusammen. Werden sie entsprechend angeregt, erzeugen sie ein Hologramm in Form eines dichteren Schwingungssystems, das seinerseits ein weiteres Hologramm in Form eines noch dichteren Schwingungssystems erzeugt, bis hinunter zur festen Materie. Auch wenn wir Materie gerne für etwas Feststoffliches halten, so ist alles im Universum nichts anderes als schwingende Hologramme. So wie die Elektronenwelle als Teilchen erkennbar wird, so enthalten diese schwingenden kosmischen Interferenzsysteme auf jeder Stufe ihre potentielle Information, wobei sie auf den richtigen Impuls warten, der ein weiteres Hologramm erzeugt.«[1])

Charles W. Leadbeater, ein zuverlässiger Experte unter den Hellsichtigen, gibt uns ebenfalls zu verstehen, daß wir uns die Schwingungsebenen nicht wie übereinandergeordnete Regalbretter vorstellen sollen, sondern einander durchdringend.

Man kann das kosmische Modell mit einem hochempfindlichen Radiogerät vergleichen. Dieses kann zahlreiche Sender auf unterschiedlichen Frequenzen empfangen; auf Kurzwelle, Mittelwelle, Langwelle und UKW; zudem gibt es lokale, regionale, nationale und internationale Sender. Wir können jeden Sender empfangen, wenn wir ihn richtig einstellen. Stellen wir ihn nicht ein, heißt das aber nicht, daß es ihn nicht gibt. Die Wellen, die die Radiosender ausstrahlen, stehen uns ständig als Informationsquelle zur Verfügung.

Lichtschwingungen sind Informationen

Wie das Radio, so stellen auch die verschiedenen Schwingungsebenen Informationsquellen bzw. Informationssysteme mit schwingenden Frequenzen dar. Damit wir Zugang zu den Informationen dieser Frequenzen bekommen, brauchen wir einen Vermittler, und zwar unsere feinstofflichen Körper, die die Schwingungsfrequenzen – unser Denken und Fühlen – anzapfen. Eine auslösende Frequenz wird erzeugt, die durch den Aufbau einer Verbindung die Information freisetzt. Auch wenn im Moment der Wahrnehmung nicht die ganze kosmische Information direkt zugänglich ist, können wir doch versuchen, sie dank unserer kreativen Vorstellungskraft zu verstehen.

Je dichter die Schwingungen, desto niedriger das Bewußtsein

Die Ebenen mit einer dichteren Schwingungsfrequenz haben eine einfache Bewußtheit. Jede physische Materie, vom Stein bis zum Mensch verfügt darüber. Das Bewußtsein des Menschen ist jene Stufe, auf der er weiß, daß es Erfahrungen sind, die unser Leben in Zeit und Raum ausmachen. Erst der Zugang zu Informationen, die in höheren Frequenzen enthalten sind, erlaubt uns, Bewußtsein zu entfalten.

So wie jedes Organ im physischen Körper einem bestimmten Zweck dient, haben wir auch einen Lichtkörper für jede Ebene der Existenz. Diese Körper stehen in einer Interaktion mit der Ebene, die sie verkörpern, sie sind auf dieser Schwingungsstufe aktiv. Im Wachzustand merkt man im physischen Körper vielleicht nichts von dem gegenseitigen Austausch; das Unbewußte weiß es allerdings. Das Individuum braucht den Lichtkörper, um in der physischen Form zu existieren und sich durch die Inkarnation als Seele zu entfalten. Das physische Leben hat zum Ziel, die Eigenschaften, die sich durch die Lichtkörper ausdrücken, zu integrieren, indem man als Mensch lernt, sich seiner selbst bewußt zu werden.

Die verschiedenen Schwingungsebenen

Es wird zwischen zwei Schwingungsebenen unterschieden: Die erste Gruppe besteht aus Ebenen und Bereichen, die schneller und feiner pulsieren und die archetypische Information enthalten. Die zweite Gruppe besteht aus Ebenen, in denen die Schwingungen dichter und langsamer pulsieren. Sie enthalten und liefern die Schwingungsinformation zur Unterstützung unseres Universums.

Je mehr wir die unterschiedlichen Ebenen und Lichtkörper verstehen, desto mehr begreifen wir auch, daß wir aus den elementaren Substanzen des Kosmos bestehen. Jeder von uns verkörpert als Einzelwesen sämtliche Eigenschaften des Kosmos, die in unseren Lichtkörpern enthalten sind und zusammen eine Einheit bilden. Die Schwingungsebenen sind Ausdrucksform von etwas Absolutem, von etwas Göttlichem, das sich nicht manifestiert, sondern in die Ebenen und Bereiche gliedert, die wir Menschen für unsere seelisch-geistige Entwicklung brauchen.

Körper = *Weg* = Ziel
Seele oder Resonanz = *Bewegung* = zeitlos
Geist = *Bewußtsein* = synchron

Die Schwingungsebenen, zu denen wir Zugang haben, sind vermutlich nur für den Lauf der Dinge auf unserem Planeten von Bedeutung. Vielleicht haben andere Systeme Lichtkörper, deren Ebenen ganz anders strukturiert sind und deshalb ganz andere Resonanz zeigen, woraus sich ganz andere Formen von Erfahrungen ergeben.

Suchen Sie Ihre eigene Wahrheit

Verschiedene Darstellungen, Theorien und Wahrheiten existieren über die geistigen Hierarchien. So unterscheiden sich zum Teil verschiedene religiöse von philosophischen, intellektuelle von psychologischen Sichten in deren Aufteilung, Beschreibungen und Wesenszuordnung. Seit Menschengedenken gibt es höchst verschiedene Vorstellungen; alle haben sie aber grundsätzlich etwas gemeinsam: die Suche nach der absoluten Wahrheit – und ich möchte auch Sie hier motivieren, sich Ihre eigene Philosophie zu bilden und kraft Ihres sinnlichen Drahtes zur geistigen Welt nach *Ihrer Wahrheit* zu suchen. Entscheidend scheinen mir auch hier die persönlichen Erfahrungen dieser doch immer noch recht schwierig zu beweisenden Annahmen und Vermutungen.

Bilden Sie sich auch mittels der überlieferten Werke weiter, und entwickeln Sie Ihre Kreativität, indem Sie selber nach Ihrer Wahrheit forschen und immer wieder neue Ufer suchen. Ich habe die geistige Hierarchie der Einfachheit halber in sieben Schwingungs- oder Bewußtseinsebenen mit ihren dazugehörigen Wesenheiten eingeteilt. Lassen Sie sich von dieser Basis unseres physischen Körpers ausgehend durch folgende Vorstellungen anregen:

Die verschiedenen Bewußtseinsebenen und ihre »Bewohner« von »innen nach außen«:

1. Die physische Welt – unser physischer Körper:

Physischer Körper = kristallisierte Lichtenergie

Er ist der Gefährte, der uns durch die Lebensschule begleitet; alles erscheint hier in Gegensätzen und Widersprüchen und ist dennoch einheitlich. Unser physischer Körper ist kristallisierte Lichtenergie, das wunderbare Werkzeug der geistigen Seele, des inneren Menschen, das in gesundem Zustand bei allen Lebewesen durch alle Organe den ewigen Fluß des Bewußtseins zuläßt, damit sich dieses weiter und weiter wieder zum reinen Geist zurückentwickeln kann.

2. Die Ätherwelt – oder die »Ozonschicht«:

Sie gehört mit der Nervenkraft und der persönlichen Ausstrahlung zum physischen Körper und ist ihr Spiegel. Bei Krankheit ist die Strahlkraft des Ätherkörpers gestört, oder sie ist schwach, und im Alter ist die Energiespannung nicht mehr so groß wie in der Jugend. Für gewöhnlich läßt sich dieser Teil der Aura am leichtesten »sehen«. Das wäre also nichts anderes als der auch »bioplasmatische Körper« genannte Teil der Aura. Beim Entspannen dehnt er sich aus, bei Angst zieht er sich zusammen.

Beim Sterben eines physischen Körpers vergeht auch der Ätherkörper. Während des ganzen Lebens ist er nie getrennt von ihm, erst nach dem körperlichen Tod »löst er sich auf«.

Krankheitsdiagnose mit Hilfe des Ätherkörpers

Eine Abenteuerreise ins Ätherische erlaubt dem medizinisch Geschulten die Diagnose von Krankheiten, lange bevor sie sich im physischen Körper manifestieren. Wenn sich beispielsweise ein Schatten über einem bestimmten Organ erkennen ließe, würde diese Person dort wahrscheinlich unter Streß leiden. Um die Ursache eines potentiellen oder manifesten »Unwohlseins« (eine Krankheit) zu interpretieren, muß man jedoch auch ins übrige Aurasystem hineinsehen, um die Ursache einer Krankheit zu finden. Demzufolge kann man vorbeugend handeln, so daß es gar nicht erst zum Ausbruch einer Krankheit im physischen Körper kommt.

Der Ätherkörper dient als Schutz

Die ätherische Schwingungsebene ist eine Schutzhülle für unsere Seele und unseren physischen Körper, ähnlich wie die Ozonschicht diese Aufgabe für unseren Planeten Erde erfüllt. Sie besteht aus Tausenden von winzigen Lichtstrahlen, die die Unterstrukturen von allem Grobstofflichen bilden und die die Lebenskraft übertragen, zwischen Grob- und Feinstofflichem austauschen. Auf dieser feinstofflichen Bewußtseinsebene materialisieren sich Feen, Gnomen und alle Naturgeister.

3. Die emotionale (astrale) Ebene – oder die Wunschwelt:

Hier erwacht der Instinkt, die Handlungsebene. Sie wird auch als Ebene der Illusionen und Täuschungen bezeichnet. Der Intellekt entsteht hier, und das Ego wird mit der Physis verbunden; dann sprechen wir vom Astralkörper. Verbindet sich ein Gefühl mit einer Idee oder einem Gedanken, so entsteht das, was wir Emotion nennen. Die emotionsbefrachtete Information oder die Gefühle können zusammen mit den damit verbundenen Gedanken der Mentalebene holografische Formen hervorbringen, die Ausdruck kürzlich erlebter Erfahrungen sind und nur kurze Zeit bestehen.

Holografische Formen von Gedanken und Gefühlen

Sie strahlen als Farben von weichen, leuchtenden Pastelltönen höchster Frequenz bis zu ganz tiefem Schwarz dichtester Frequenz, je nach Bewußtsein. Diese Ebene bildet die Brücke zwischen den unteren Schwingungen der physischen Welt und denen der höheren Spiritualität.

Der Astralkörper dehnt sich ungefähr 35 bis 45 Zentimeter über der Oberfläche des physischen Körpers aus und ist viel intensiver als der Mentalkörper. Er ist dem Ätherkörper ähnlich, aber feinstofflicher. Der Astralkörper wird auch Traumkörper genannt. Er ist der »Doppelgänger«, in dem sich der Mensch im Traum wie im Tod an andere Orte bewegt und sogenannte Astralreisen oder Reisen im Hellsehen erlebt. Er kann sich sehr weit vom irdischen Leib entfernen und findet mittels der Silberschnur, ähnlich der Nabelschnur, immer wieder automatisch den Weg in den physischen Körper zurück. Bei der Geburt wird das Neugeborene in eine neue Realität entbunden; analog dazu löst sich beim Tod die geistige Nabelschnur auf, um den Astralkörper in eine andere Wirklichkeit gebären zu können. Manche Menschen können bewußt in ihrem Astralkörper wandern, bei Nacht- und Schlafwandlern geschieht es unbewußt.

Die Silberschnur

Die astralen Zentren sind offen für den großen Ozean astraler Energie, in den alle Lebewesen eingetaucht sind, sowohl Inkarnierte als auch Nicht-Inkarnierte. Ebenso befinden sich auch dort negative Energien oder Geistwesen, die sich beispielsweise der schwarzen Magie ergeben haben – höllische Geschöpfe, die hier in ihrem Element sind, in Wahn und Haß, in Dunkelheit und Nichterkenntnis. Sie sind noch nicht restlos von ihrem Gewissen getrennt und können durch eigene Willensanstrengung und Bereitschaft zur Transformation aufsteigen, sich weiterentwickeln.

Diejenigen, die ganz ohne Gewissen und ohne Verbindung mit dem Guten, Göttlichen sind, sammeln sich an einem anderen Ort und gehen vorübergehend einen anderen Weg. Die Lehre von der ewigen Verdammnis trifft meines Erachtens nicht zu. Selbst von der schwarzen Magie kann ein Mensch oder Wesen wieder frei werden, wenn auch durch viele Leiden wie Begierden und Leidenschaften, erfüllte und unerfüllte Wünsche; dies alles sind Übergangs- und Durchgangssphären für die entsprechenden Seelen oder Bewußtseinsqualitäten. Auf dieser feinstofflichen Astralebene können sich die verschiedensten symbolhaften Gestalten –

edle, urwüchsige oder unschöne, kranke Tiere, Pflanzen und Wesen materialisieren.

Dämonische Wesen und Engelwesen

Starke negative Gefühle wie Wut, Ärger, Haß und Neid können sich beispielsweise in dämonische, gespenstische Gebilde oder angsterregende Phantome in unserer Phantasiewelt materialisieren; analog können sich auch die positiven Gefühle in engelhafte Formen verwandeln.

Der Eigenwille oder die Wunschnatur des Astralkörpers hat den stärksten Zusammenhang mit dem Irdischen. Die astrale Aura spiegelt die tierischen Triebkräfte, die zum physischen Körper gehören, der ohne sie nicht bestehen könnte.

Hier sind auch die Schutzengel und andere Engelwesen zu Hause; das können Verstorbene sein, Geistwesen oder Freunde von Kindern, die hier ihre Bewußtseinsentwicklung fortführen. Oft erlebe ich als Medium, daß die Verstorbenen sich von dieser astralen Bewußtseinsebene als geistige Helfer melden und sich einsetzen, weil sie noch etwas aus dem letzten Leben erledigen müssen. Häufig wird dieser Gutmachungsprozeß auch vom Adressaten verstanden und akzeptiert – eine gegenseitige Versöhnung und Verzeihung kann stattfinden. Hier sind verschiedenste Engelwesen angesiedelt.

4. Die Mentalebene – oder die Gedankenwelt

Ort der Einstellungen und Glaubenssätze

Sie ist der Hort für schöpferischen, positiven Wandel und beherbergt unsere wesentlichen Einstellungen, Glaubenssätze und Grundannahmen. All die vielgestaltigen Gedankenformen sind schnellschwingender Art, es sind Spiegelungen und Imaginationen, die sich hier verdichten und Spuren hinterlassen. Der Mentalkörper kann sich ungefähr 90 Zentimeter über den physischen Körper hinaus ausdehnen und durchdringt sowohl den Emotional- (Astral-) als auch den Ätherkörper. Wann immer wir an jemanden denken oder jemand an uns denkt, so ist dies eine Interaktion, die auf der Mentalebene stattfindet.

Auf seiner Schwingungsfrequenz drückt sich die Intelligenz des Menschen aus. Unser Denkvermögen hängt davon ab, wieviel Geistsubstanz vorhanden ist und wie leicht sie schwingen kann.

Begabte Menschen verwirklichen sich hier und sind kreativ. Die Fähigkeit, Informationen zu verarbeiten und zu interpretieren oder umdenken zu können, entspringt hier.

Alle unsere Ideen, nützliche wie bereits ausgediente, die in uns als Teil unseres Glaubenssystems einprogrammiert worden sind, nennen wir Gedankenmuster, die über Raum und Zeit hinausgehen, die uns bestimmen und von denen wir vielleicht mehrere Leben lang nicht loskommen. Sie beeinflussen unser Denken und Verhalten. Hier in der mentalen Ebene finden wir den Niederschlag der Ursachen.

Wenn Sie jetzt eine Meditation oder einen Spaziergang in die geistige Welt machen, können Sie beispielsweise durch die astralmentale Bewußtseinsebene geführt werden, wo Sie ihre Bewohner oder ihre Aura in verschiedenen Gedankenformen sehen und erleben können, oder Sie bekommen vielleicht von der mentalen Ebene Einblick in die verschiedenen »Schulhäuser«, »Bibliotheken«, »Universitäten«, »Labors«, »Kunstakademien« usw., wo geistige Forscher auch immer an der Arbeit sind und uns Menschen inspirieren und befruchten. Wie oben, so auch unten. Sie könnten auch in eine dunklere, noch nicht sehr entwickelte Ebene der Astral- oder Mentalwelt Einblick erhalten.

Oft erlebe ich, daß sich meldende Verstorbene aus der mentalen Ebene recht objektiv neue Impulse, wertvolle Ratschläge und wichtige Gedankenanstöße vermitteln können, die sie sich unter Umständen in geistigen Lernanstalten erarbeitet haben.

5. Die Kausalebene – oder die Ideenwelt

Ort der Weisheit und der Akasha-Chronik

Sie ist außerhalb von Raum und Zeit. Hier finden wir das Lebens- oder Schicksalsbuch für den Planeten Erde, auch Akasha-Chronik genannt. Die ganze Weisheit, das ganze Wissen der höheren Gedankenwelt über alle persönlichen, historischen und natürlichen Ereignisse auf dem Planeten Erde ist darin enthalten. Hier wird ein Blick zurück oder nach vorne möglich, alles Wissen, absolute Erkenntnis und Verständnis des Lernplaneten Erde stehen dem Menschen hier zur Verfügung. Dieser sehr hohe spirituelle Schwingungsbereich ist Ausdruck einer emotionsfreien Weisheit. Bereits Platon war dieser Sphäre nahe, als er sah, daß zuerst immer eine Idee da sein muß, bevor etwas entsteht. Diese gerät dann in die Seele, und durch emotionelles und mentales Agieren mittels eines geistigen Impulses kann sie wiedererkannt und in Wort und Tat umgesetzt werden.

Auch die Hologramme der Kausalebene, die durch diese Schwingungsfrequenz manifest werden, sind uns Menschen zugänglich. Einige manifestieren sich in Form neuer philosophischer, wissenschaftlicher, humanitärer oder spiritueller Ideen, die zu uns immer wieder in die Welt kommen. Sie bilden auch Grundlage für Erfindungen oder künstlerische Schöpfungen. Als Genie kann sich der Mensch je nach Veranlagung auf dieser Stufe nicht nur selber verwirklichen, sondern auch die Zeit Überdauerndes hervorbringen.

Genies sind inspirierte Wesen, sie werden zum Schöpfer. Selten ist aber ihr Leben das eines Heiligen, oft sogar das Gegenteil. Dank der Leistungen in vergangenen Inkarnationen haben sie sich ihre Begabung angeeignet. Sind sie nicht wachsam, entwickeln sie sich jedoch bis zu den unteren Stufen dieses Bewußtseins zurück, und ihre Begabung wird ihnen entzogen. Wenn die Urinformationen der Kausalebene in untere, dichtere Frequenzen gelangen, kann es sein, daß sie sich mit diesen vermischen und zum Beispiel auf astraler Ebene durch die emotionalen Eigenschaften eines Individuums, das sie heranzieht, gefärbt oder gar entstellt werden. Sie können, abhängig von der Art der Färbung oder Verzerrung, die sie angenommen haben, im Entwicklungsprozeß des Planeten der Menschheit Harmonie bewirken oder Chaos hervorrufen, je nachdem wie man damit umgeht. Das ist auch der Grund, warum immer wieder symbolische Verzerrungen und Deutungsfehler bei der Zukunftsprognostik auftreten.

Informationen der Kausalebene vermischen sich mit niederen Frequenzen

Auf dieser feinstofflichen Kausalebene sind die geistigen Führer zu Hause, die Erzengel, Schutzgeister, Torhüter und aufgestiegenen Meister, die sich von ihrem Karma und demzufolge vom Lernplaneten Erde befreit haben.

6. Die spirituelle Ebene – oder die geistige Welt

Ort des Höheren Selbst und hoher Bewußtseinsenergien

In dieser Ebene sind das höhere Selbst, die höheren Gefühle angesiedelt, das Intuitive, das höchste Spirituelle, der Bereich der inneren Macht und Stärke. Es ist diese kreative Kraft des Göttlichen, jene dynamische Eigenschaft, die die Seele durch den »Willen zum Sein« inkarnieren läßt. Sie spiegelt den Wunsch nach enger Vereinigung wider. Auf dieser feinstofflichen Ebene wirken Heilige, Lichtwesen, große Weisheitslehrer und hohe Bewußtseinsenergien; sie inspirieren uns mit ihrer Weisheit und Liebe. Heilige hinterlassen in der Regel keine Kunstwerke oder andere schöpferische Werke. Sie führen ein geläutertes Leben, das von göttlicher Liebe unterstützt wird, die sie in ihrem Umkreis ausstrahlen.

7. Die Ebene des Logos – oder der reine Geist

Diese Ebene ist eine formlose, unbeschreibliche Lichtwelt der Harmonie, Schönheit, Wahrheit und Liebe – es ist der Aufenthaltsort des höchsten Bewußtseins, der höchsten Intelligenz.

Ort des höchsten Bewußtseins und der Liebe

Nach unten, bis in den astralen Schwingungsbereich gestuft, manifestiert sich diese göttliche Liebe als Eigenschaft, die wir höchstes und reinstes Gefühl nennen. Im Menschen drückt sich das so aus, daß er sich zum Beispiel zu jemandem hingezogen fühlt, was er dann Liebe nennt. Hier beginnen wir, den Sinn unserer Gefühlssprache zu entdecken. Nur dank ihr werden wir entwicklungsfähig, weil sie uns in der irdischen Polarität – zwischen Materie und Geist, gut und schlecht, hell und dunkel – immer wieder zur Auseinandersetzung mit uns selber motiviert, die notwendigen Erfahrungen zu machen.

In die Materie transformiert, kann daraus auch eine sexuelle Anziehung entstehen. Nicht der sexuelle Akt, sondern der Wunsch nach Vereinigung mit der göttlichen Schöpferkraft, ist das Wesentliche. Diese Eigenschaft ist für den dynamischen Prozeß der physischen Fortpflanzung unerläßlich, also auf der materiellen Ebene, aber ebenfalls für den psychologischen Beziehungsprozeß und den kreativen Schöpferakt, also auch auf der psychischen Ebene. Was anziehend wirkt, ist die starke Schwingung dieser siebten Bewußtseinsebene, der leimartige Stoff, der die Substanz so stark zusammenhält oder magnetisch anzieht, daß sie Form annehmen oder zum Beispiel eine Herausforderung zur seelisch-geistigen Entwicklung bewirken kann.

Dies ist der höchste zu erreichende spirituelle Schwingungsbereich für den Menschen. Hier macht er die Erfahrungen des himmlischen Zustands des Einsseins und der Ungeteiltheit, der Segen und innere Harmonie spendet oder Ekstase erzeugt. Gelingt es einem Menschen, seine höheren Körper zu entwickeln, um mit den Strömungen und Wesenheiten der fünften, sechsten und siebten Schwingungsebene eine Verbindung herzustellen, so kann man in solchem Fall wirklich von Inspiration sprechen.

Energiepunkt aller Sonnen

Diese Schwingungsebene kann man auch den Energiepunkt aller Sonnen nennen. Aus ihr fließen über die Heerscharen der Engel und Lichtwesen die Energieformen, die das Universum im Gleichgewicht halten. Aus dieser Einheit heraus wirken große Meister und Eingeweihte. Sie haben sich im göttlichen Bewußtsein verschmelzen können, ihnen sind dann die Erkenntnis und die höchste Macht zuteil geworden. Auch sie führen wie die Heiligen ein geläutertes und geweihtes Leben und schaffen ebenfalls wie die Genies. Ihr Ziel sind nicht Gedichte, Symphonien oder Gemälde, sondern die Erschaffung einer neuen Menschheit. Herz, Intellekt, Seele und Geist der Menschen sollen geschult werden, damit sie auf ihrem Weg der Entwicklung vorangehen.

Engel und Lichtwesen

Engelwesen sind nichtinkarnierte Energien, die in das kosmische Geschehen der Galaxien eingebunden sind. Sie sind in allen sieben Ebenen tätig. So gibt es zum Beispiel Engel der Freude, der Geduld, der Heilung, der Erneuerung, der universellen Liebe, der Sonne, des Mondes, des Lichtes etc., die uns, je nach benötigter Hilfe, gerne beistehen und uns mit ihrer Energie positiv beeinflussen.

Der persönliche Schutzengel

Der Schutzengel oder auch Torhüter ist uns mit seinen Energien und seinem Bewußtsein am nächsten. Er hält sich immer in unserem Schwingungsbereich auf. Er löst alle Spannungen und Disharmonien immer wieder auf. Er spricht innerlich zu uns und führt uns liebevoll. So befinden sich in gewissen Schwingungsbereichen der Astral-, Mental- und Kausalebene die feinstofflichen Richttempel und Schulungsstätten der Schutzengel. Dort unterrichten sie Astral- und Mentalwesen und polen unablässig die negative menschliche Gedankenenergie um, an denen der Planet Erde sonst schon lange erstickt wäre. Denken wir nur an die geistige Luftverschmutzung!

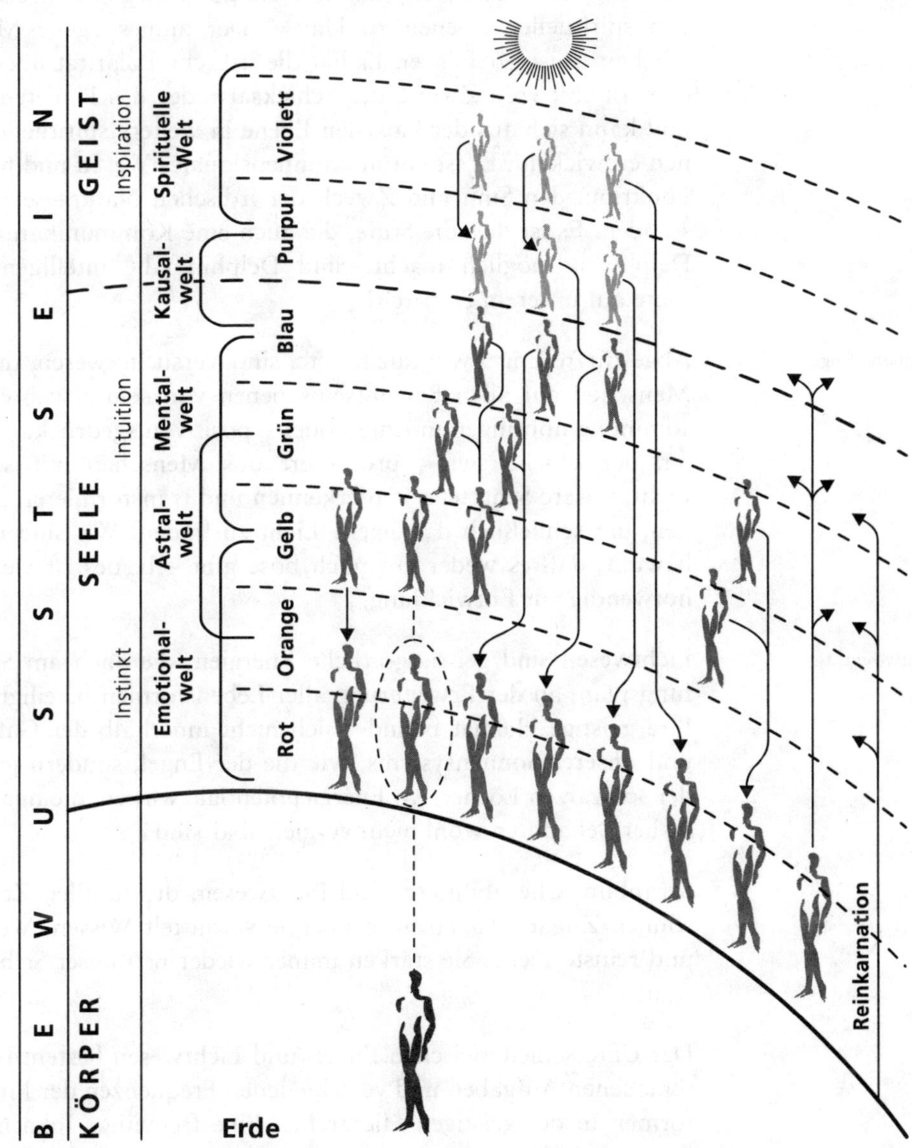

Die sieben Bewußtseinswelten und ihre feinstofflichen Körper

Erzengel

Auch Engel entwickeln sich weiter und arbeiten am großen geistigen Plan der Vervollkommnung mit. In unendlicher Liebe dehnen sie die Harmonie des Universums aus. Erzengel (Michael, Raffael, Gabriel, Uriel etc.) sind wie die aufgestiegenen Meister in den spirituellen Ebenen zu Hause. Der aufgestiegene Meister wird ein geistiger Führer. Er hat die irdische Polarität überwunden, ist frei vom Zwang des Schicksalsrades des Planeten Erde und kann sich aus der kausalen Ebene in weitere spirituelle Ebenen entwickeln. Er ist ein multidimensionales Wesen und hat die Funktion, den Sinn und Zweck der irdischen Naturgesetze verstanden. Es ist dies die Stufe, die auch eine Kommunikation mit Delphinen möglich macht. Sind Delphine die intelligentesten Tiere auf unserem Planeten?

Gefallene Engel

Abgestürzte Engel wie Luzifer etc. sind Versucherwesen, die den Menschen auf allen Bewußtseinsebenen von seiner wahren Bestimmung abbringen möchten oder – positiv ausgedrückt – Luzifer, der »Lichtträger«, provoziert uns Menschen mit seinem Licht, unsere Schattenseiten erkennen und transformieren zu lernen, um schließlich das eigene Licht zu finden. Wir sind uns ja bewußt, daß es weder gut noch böse gibt – beides ist vielmehr notwendig zur Entwicklung.

Lichtwesen

Lichtwesen sind geistig-göttliche Energien, die auch am Schöpfungsplan, an der Erweiterung aller Lebensformen beteiligt sind. Ihre geistige Heimat befindet sich nicht innerhalb der Galaxien und unseres Sonnensystems, wie die der Engel, sondern jenseits der schwarzen Löcher, wo Energiepotentiale wirken, die mit allem bisher Bekannten wohl nicht vergleichbar sind.

Seraphim, Cherubim etc. sind Lichtwesen, die zu allen Zentralsonnen Zugang haben. Ihre Energie vermittelt Wissen, Weisheit und reinste Liebe. Sie stärken immer wieder neu unser Selbstvertrauen.

Der Unterschied zwischen Engel- und Lichtwesen besteht in verschiedenen Aufgaben und verschiedenen Frequenzen der Energieformen in der geistigen Hierarchie. Eine freiwillige Inkarnation ist möglich, aber sehr selten.

Unzählige Heere von Engel- und Lichtwesen warten geduldig auf unseren Ruf, auf unsere Bitte, daß sie uns mit göttlichem Licht und Liebe durchströmen können, damit wir als Menschen diese in unseren aktiv gelebten Alltag immer wieder einfließen lassen können. Sie helfen, uns mit dem Allbewußtsein immer wieder zu verbinden.

Wenn die Zeit reif ist, werden wir selber die Geburt des Christus- oder Buddha-Bewußtseins in unserem Menschsein erleben. Das heißt, wir werden unser eigener Herr und Meister, wir haben uns unser eigenes Paradies erschaffen, wir erkennen den Sinn unseres Lebens und verwirklichen uns in Harmonie mit unseren Mitmenschen. Hier erst beginnt das Leben, und hier erst wird gewährleistet, sich selber erlösen zu können! Ist das nicht der Anfang des Weltfriedens?

Ich empfehle Ihnen, liebe Leserin, lieber Leser, auch mit Engelwesen Ihre eigenen Erfahrungen und Erlebnisse zu sammeln und sich damit auseinanderzusetzen, und zwar im Sinne Khalil Gibrans, der meinte: »Gott hat deinem Geist Flügel verliehen, mit denen du aufsteigen kannst ins weite Firmament der Liebe und der Freiheit. Und du jammervolles Geschöpf stutzt diese Flügel mit eigener Hand und läßt zu, daß deine Seele wie ein Insekt am Boden dahinkriecht... der Gedanke ist ein Vogel des Weltraumes, der in einem Käfig von Worten seine Flügel wohl zu entfalten vermag, doch nicht fliegen kann...«[2])

Selber können Sie jetzt mit der anschließenden Meditation weiterforschen und arbeiten. Wir wollen offen unsere persönlichen Visionen als Geschenk annehmen und sie erfahren, wir wollen alle neuen Ideen in uns herumtragen, bis wir immer sicherer mit der Bedeutung dieser geistigen Hierarchie, dieser verschiedenen Schwingungsebenen und ihrer Wesenheiten umgehen.

Es ist sinnvoll, wenn wir uns für die anschließende Meditation viel Zeit lassen. Ich empfehle Ihnen, während einer Übung jeweils nur eine Bewußtseinsebene zu erforschen, bevor Sie ein anderes Mal dann die nachfolgende unter die Lupe nehmen. Lassen Sie Ihren Lebensbaum immer nur so weit wachsen, daß ihn seine Wurzeln auch halten können.

Drei Meditationen

▲ 1. Übung

Suchen Sie sich in Ihrer Vorstellung einen ruhigen Ort, entspan-

nen Sie sich mit Ihrem höheren Selbst. Ein Abgesandter Gottes oder ein geistiger Helfer aus einer höheren Bewußtseinsebene holt Sie jetzt ab und entführt Sie auf eine lange Reise ins unendliche Reich der geistigen Hierarchie. Ein speziell für Sie gebauter Helikopter landet jetzt vor Ihnen. Ihr geistiger Helfer steigt aus, es gibt ein fröhliches Wiedersehen und eine herzliche Begrüßung.

Bevor Sie einsteigen, entspannen Sie Körper, Seele und Geist. Ihr geistiger Helfer gibt Ihnen noch ein Healing; genießen Sie es, und tanken Sie sich mit den reinsten göttlichen Energien auf... Völlig fit, regeneriert und gestärkt steigen Sie jetzt gemeinsam mit Ihrem geistigen Helfer in den Helikopter ein, und mühelos werden Sie auf ein hohes, terrassenartiges Plateau in den Bergen geflogen.

Schon von weitem erkennen Sie, daß Sie hier in ein sehr spezielles Gebirge gebracht werden. Sieben große, regenbogenfarbige Stufen bilden immer wieder eine Art neues Gebirgsplateau. Sie werden sich bewußt, daß Ihr geistiger Helfer Sie jetzt von einem Plateau zum anderen führen will und Sie in die jeweiligen Reiche mit seinen entsprechenden Gesetzen einweihen möchte. Sie konzentrieren sich zu Beginn nur auf die unterste Terrasse oder auf das erste Plateau:

Diese erste Ebene erstrahlt jetzt in einem wunderschönen roten Licht. Gut beobachten Sie diese Landschaft. Begleitet von Ihrem geistigen Helfer durchwandern Sie dieses Plateau, bis Sie ganz hinten im Felsen ein großes rotes Tor entdecken. Sie treten näher und schauen aufmerksam, ob irgendwelche Informationen oder Hinweise bezüglich dieses geheimnisvollen Ortes bzw. dieses Tores angegeben sind. Hier wird Ihnen bewußt, daß dieses rote Tor Ihnen das Reich der roten Schwingungsebene eröffnet. Merken Sie sich Namen, Symbole usw.; achten Sie auf spezielle Gerüche oder Töne, und folgen Sie vertrauensvoll Ihrem geistigen Führer, nachdem sich das Tor automatisch geöffnet hat. Ein weises Wesen erscheint. Von wem werden Sie hier empfangen? Der neue Abgesandte ist zuständig für dieses rote Reich. Er heißt Sie herzlich willkommen, nimmt sich jetzt nur für Sie Zeit und freut sich, wenn Sie ihm soviele Fragen wie möglich über sein Reich stellen. Vielleicht sprechen Sie nur telepathisch mit ihm; lassen Sie sich in aller Ruhe durch diese Bewußtseinsstufe mit ihren Gesetzen führen, stellen Sie soviele Fragen wie möglich, und merken Sie sich alle Eindrücke... Beenden Sie die Übung auf die Ihnen be-

kannte Weise.

2. Übung

Wenn Sie wieder Lust und Zeit zur Arbeit haben, ziehen Sie sich zurück und meditieren Sie erneut. Lassen Sie sich in verschiedenen Meditationen jeweils wieder mit dem Helikopter auf

- *die zweite orange Bewußtseinsebene, anschließend auf*
- *die dritte gelbe Ebene,*
- *die vierte grüne Ebene,*
- *die fünfte blaue Ebene,*
- *die sechste purpurfarbene Ebene,*
- *die siebte violette Ebene fliegen.*

Jedesmal werden Sie von Ihrem geistigen Helfer oder Führer begleitet. Dadurch sind Sie automatisch geschützt vor unnötigen Einflüssen, und die weisen Wesenheiten der jeweiligen Bewußtseinsstufe oder Schwingungsebene freuen sich riesig, Sie in ihr Reich einzuweihen und Ihnen Auskunft zu geben, nach dem Motto: Fragen ist immer erlaubt, wenn man die Antwort nicht scheut!

3. Standortbestimmung des heutigen Bewußtseins

Nachdem wir uns mental wieder mit unserem geistigen Führer vor den siebenstufigen Terrassenberg führen ließen, bitten wir ihn heute, er solle uns auf »unsere« momentane Bewußtseinsstufe führen. Wir lassen uns auf den ersten Farbimpuls ein, und ganz bewußt – mit Hilfe der geistigen Welt – wollen wir uns jetzt noch einmal mit uns selber auseinandersetzen. Dank den entsprechenden Gesetzen und den anschließenden Erlebnissen auf dieser Bewußtseinsebene wird uns klar, welches unsere wichtigsten Lernziele im Hier und Jetzt sind... Noch einmal lassen wir uns also durch diese – unsere momentane – Schwingungsebene führen; alles wollen wir uns merken, und in aller Ruhe, im anschließenden Dialog mit unserem geistigen Helfer, wollen wir die neuen Impulse in unserem Alltagsleben anwenden und integrieren.

Ratschläge

Wir müssen lernen, Hilfe und Visionen von den geistigen Hierarchien anzunehmen, sogar wenn wir glauben, mit neuen und anderen Naturgesetzen oder Lebensgewohnheiten konfrontiert zu werden oder wenn es für unseren Menschenverstand fast unglaublich wirkt.

Es gibt so viele Wahrheiten, wie es Menschen gibt

Es ist der Verstand in uns, der sich den Gesetzen fügt, die wir gemacht haben, aber niemals der Geist in uns.

Über ihre Richtigkeit, Gültigkeit und Echtheit hier zu orakeln ist meines Erachtens müßig. »Und derjenige, der die Engel und Teufel nicht gesehen hat in den Wundern und Widerwärtigkeiten des Lebens, dessen Herz bleibt ohne Erkenntnis und dessen Seele ohne Verständnis«, schreibt Khalil Gibran[3]).

Wir sind uns bewußt, daß das, was wir für Realität und Wirklichkeit halten, auf dem basiert, was wir durch unsere Erziehung, kombiniert mit unseren eigenen Erfahrungen sowie den Moralvorschriften und Traditionen unserer Gesellschaft gelernt haben.

Um eine neue Idee oder Wirklichkeit anzunehmen, müssen wir die Welt immer wieder mit anderen Augen sehen. Dazu müssen wir den Mut aufbringen, unsere Denkmuster zu verändern.

Nehmen wir alle Visionen als wertvolle Gedankenanstöße für Impulse zu neuen Erkenntnissen unseres Selbst an.

Vergangenheit – Gegenwart – Zukunft

Was ist Zeit?

»Aus der Zeit wollt ihr einen Strom machen, an dessen Ufern ihr euch niederlasset, um ihn im Vorbeifließen zu überwachen. Doch das Zeitlose in euch weiß um die Zeitlosigkeit des Lebens, und es weiß, daß Gestern nur die Erinnerung an Heute ist, und Morgen nur der Traum von Heute, und daß, was in euch singt und sinnt, immer noch verweilet in den Grenzen jenes ersten Augenblickes, der die Gestirne in den Raum gestreut.« (Khalil Gibran)[4])

Was heißt eigentlich Zukunft und was Vergangenheit? Überlegen Sie sich doch bitte einmal: Könnte nicht die Zukunft bereits Vergangenheit sein und die Vergangenheit Zukunft werden? Wenn wir uns an das Hologramm, das dreidimensionale Modell des Aufbaus unseres Universums, erinnern, wird uns sofort bewußt, daß es eigentlich gar keine Zeit gibt. Nicht einmal die Gegenwart existiert, weil auch sie, kaum wollen wir sie fassen, schon wieder vorbeigehuscht ist... *Zeit* ist also eine Erfindung von uns Menschen, damit wir uns in der dreidimensionalen materiellen Welt, im Raum, zurechtfinden können. So wie unsere irdische Materie vom gasförmigen und flüssigen bis in den festen Aggregatzustand herunter transponiert wird, wird auch das »Zeitgefühl« (Werden – Sein – Vergehen) der jeweiligen Dimension angepaßt. Wir Inkarnierten leben im engen Rahmen eines linearen Zeitverständnisses.

Überirdisch gesehen, existiert von der vierten Bewußtseinsebene aus eine immer »feinere« Zeitqualität, weil für unser menschliches Empfinden einfach alles nur noch *ist*. Es gibt immer feinere Aktio- und Re-aktio-Schwingungen, bis sich alles aufhebt, bis in sich alles ruhend, eins mit sich selber und in totaler Harmonie mit seiner jeweiligen Welt ist. Entsprechend den Farbwahrnehmungen beispielsweise, die ja auch immer zarter und durchsichtiger werden, verhält sich das Zeitgefühl, je höher wir kommen.

Ziel von Zeitreisen: eine bessere Gegenwartsbewältigung

Hier wird uns jetzt bewußt, daß Rückführungen, der Blick zurück in ein vergangenes irdisches oder feinstoffliches Leben und danach der Blick nach vorne in die Zukunft uns vor allem motivieren und Möglichkeiten für eine noch bessere Gegenwartsbewältigung aufzeigen möchten. Die mannigfaltigen Lebenserfahrungen sind es, die unser Leben in Zeit und Raum, *Hier und Jetzt,* ausmachen.

Der Same der Zukunft liegt in der Gegenwart. Nichtsdestotrotz kann aber mit diesem klaren Bewußtsein eine Weissagung interessant sein, da diese uns mit neuen Möglichkeiten, Sehnsüchten und Wünschen konfrontiert. Noch besser können wir uns dann – besonders in Phasen innerer Unsicherheit oder mangelnder Entschlußkraft – damit ein wertvolles Mittel zum Zweck aneignen, den Amboß unseres glühenden Eisens der Gegenwart ganz bewußt, verantwortungsvoll und zielstrebig mit unserem eigenen Willen neu zu schmieden. Auf der irdischen Gratwanderung sind wir immer wieder vor die Entscheidungsfreiheit gestellt: Ist es die Führung des höheren Willens oder unser persönliche Wille?

Die geistige Auseinandersetzung hilft uns, besser in unser irdisches Gleichgewicht zu kommen. Ist nicht auch das eben der entscheidende Grund, warum es seit Menschengedenken Religionen, also Wiederverbindungen mit dem Göttlichen, gegeben hat?

Zeit ist relativ

Weder die Kirche noch der Wahrsager kann uns den sinnlichen Draht zur geistigen Welt ersetzen; ständiges seelisch-geistiges Training oder mediale Entwicklung stärkt und fördert unser Bewußtsein.

Nur so lernen wir, Selbstverantwortung zu übernehmen und können rascher den ureigenen Entwicklungsweg finden. Alles zu seiner Zeit und alles mit Maß! Es geht uns dann wie dem Piloten, der ein neues Zeitverständnis bekommt. Steht er in seinem Helikopter am Rand einer Straße und beobachtet ein Auto, das vorbeigefahren ist, erzählt er über ein vergangenes Ereignis, sobald das Auto außer Sichtweite ist. Ein anderes Auto, das noch nicht sichtbar ist, aber herannaht, ist für ihn zukünftig. Steigt der Pilot mit seinem Gefährt jetzt auf, werden beide Autos plötzlich sichtbar – also gegenwärtig. Je höher er fliegt, desto mehr wird die ganze Welt – von Gott aus das ganze Universum – gegenwärtig und »gleichzeitig«. Je höher unser Bewußtsein, umso umfassender wird unsere Sicht. Entdecken Sie in sich selber Ihre Wahrheit, und finden Sie Ihr individuelles vernünftiges Trainingsmaß.

In Ihrer Seele, in der sich alle Ereignisse des Universums widerspiegeln, finden Sie alle Lösungen.

Konzentrieren Sie sich auf die Sprache der Natur, und versuchen Sie, sie zu interpretieren und immer gefühlssicherer zu verstehen. Ihr praktisches Alltagsleben ist Ihr bester Wahr- und Weissager. Werden Sie wachsam und aufmerksam auf die Zeichen der Zeit. In allen Ereignissen, manchmal den unscheinbarsten, finden wir Antwort auf offene Fragen. Aktivieren Sie Ihre Phantasie, setzen Sie sich mit der Sprache der kreativen, immerwährenden Symbole Ihres Alltagslebens auseinander. Diese aber richtig in ihrer Zeit zu deuten und zu verstehen, erfordert eine tüchtige Erkenntnis. Befreien auch Sie Ihr Bewußtsein aus den Fesseln Ihrer Vergangenheit und Ihrer Zukunft!

Die Bedeutung vergangener Leben

Dank Channeling und mit Hilfe von feinstofflichen Wesenheiten läßt sich in Raum und Zeit zurückschauen. So möchte ich Sie jetzt einladen, sich grundsätzlich einmal mit der Bedeutung vergangener Leben auseinanderzusetzen.

Das Wissen um Wiedergeburten ist alt

Sri Aurobindo schrieb, eine neue Geburt, ein neues Leben nehme die Entwicklung nicht genau an dem Punkt wieder auf, wo sie im letzten Leben aufgehört habe. Sie wiederhole nicht nur unsere frühere vordergründige Persönlichkeit und die Gestaltung unserer Natur, sondern setze diese fort. Alte Charaktereigenschaften und Beweggründe würden abgelegt, manche verstärkt und neu geordnet. Die Entwicklungen der Vergangenheit würden neu gesichtet und für die Zwecke der Zukunft ausgewählt. Sonst könne der neue Anfang nicht erfolgreich sein, die Entwicklung nicht weitergehen.[5])

Daß das Leben nicht mit dem Tod endet, sondern daß jedes Ende der Anfang einer neuen Existenz ist, daß wir also wiedergeboren sind, daran haben die Menschen immer schon geglaubt. Auch die großen Philosophen von Pythagoras und Platon bis Voltaire und Goethe hielten eine Wiedergeburt für möglich. Die moderne Wissenschaft bleibt heute, Ende des 20. Jahrhunderts, jedoch noch bei der Ablehnung dieser Themen, weil experimentelle Beweise für die Wiedergeburt zwar nicht mehr fehlen, aber naturwissenschaftlich nicht anerkannt werden.

Ego = Quintessenz der Erfahrungen aus vielen Leben

Der Sinn von Rückführungen besteht darin, daß alte Verhaltensmuster, die das gegenwärtige Leben beeinflussen, ausgeschaltet werden und das göttliche Potential im Menschen bewußt gemacht wird. Jeder Mensch weiß in seinen tiefsten Seelenschichten um seine früheren Existenzen. Das »Ich« ist eine Quintessenz sämtlicher Erfahrungen aus den vielen Lebenskreisläufen. Mit Beispielen aus der täglichen Arbeit zeigt der Mensch, daß das gegenwärtige Leben mit seinen Hoffnungen, Wünschen, Sehnsüchten, Ängsten nicht nur aus dem Hier und Jetzt geprägt wird, sondern auch von den viel weiter zurückliegenden Erlebnissen früherer Inkarnationen.

Joanne Klink trägt in ihrem Buch »Früher, als ich groß war« eine Fülle von Berichten zusammen, in denen Kinder uns Erwachsenen von ihren Erinnerungen an frühere Leben erzählen. Im Volksmund sagt man, kleine Kinder besäßen noch ihre »Himmelsaugen«, und meint damit, daß sie Bürger zweier Welten sind. Nach der anthroposophischen und theosophischen Weltanschauung vollzieht sich die vollständige Inkarnation erst im siebten Lebensjahr, bis dahin ist das höhere Selbst noch nicht vollständig in die materielle Welt hinabgestiegen. Es ist für die Kinder daher leichter, mit den »Augen ihrer Seele und dem Herzen« zu schauen und sich zu erinnern, zu erinnern an ferne Zeiten, *als sie groß waren…*

Wiedergeburt bedeutet Fortschritt

Jede Geburt ist ein neuer Anfang. Gewiß entwickelt er sich aus der Vergangenheit, ist aber nicht deren mechanische Fortsetzung. Wiedergeburt ist keine ständige Wiederholung, sondern ein Fortschritt. Die integrierende positive Vorbereitung wird von der Seele selbst durchgeführt und der Charakter des neuen Lebens von ihr entschieden, und zwar auf einer Ebene psychischer Ruhe, wo sie alles in sich zurücknehmen und ihre neue Stufe in der Evolution erwarten kann.

Betrachten wir unsere momentane Lebenssituation unter Einbeziehung vergangener Leben, wird uns vieles bewußter und verständlicher. Da wir realistisch sein und *jetzt* glücklich hier auf Erden in unserem eigenen Paradies leben wollen, gehört es zu unserer Hauptaufgabe, daß wir gesunde Menschen werden, sind und bleiben und unser Alltagsleben im Griff haben.

Wenn uns die Forschung und Auseinandersetzung mit unserer Vergangenheit dazu verhilft, daß wir Alltagsprobleme auflösen können, ist dieses Studium sinnvoll. Die Reinkarnationsforschung und -therapie wird demzufolge als ein wertvolles Hilfsmittel für die konstruktive Gegenwartsbewältigung eingesetzt – nach dem Motto: »Alles was bewußt ist, kann nicht mehr weh tun«.

Persönliche Erfahrungen mit Rückführungen

Während einer Rückführung erlebte ich einmal, daß ich als einfaches Fischermädchen in Südengland aufwuchs. Ich lebte mein Leben lang als Missionarin, war glücklich und zufrieden mit meinem Lebenswerk und entschlief mit 83 Jahren in London in einem roten Backsteinhaus hinter dem Belgravesquare. Dadurch erklären sich interessante Parallelen zu meinem jetzigen Leben. So fand ich mich während meines ersten Londonaufenthaltes auf den ersten Anhieb sofort zurecht in dieser »vertrauten« Stadt, und hinter dem Belgravesquare fand ich problemlos mein Sterbehaus.

Eine andere innere Vision aus einem vergangenen Leben erzählte mir, daß ich in Heiligenblut, hinter dem Groß-Glockner in Österreich, gelebt hätte. Genaue Daten wie Name, Beruf, tödlicher Absturz mit ca. 50 Jahren kontrollierte und überprüfte ich nachträglich selber. Der Blick in »meine eigenen Augen« auf dem Friedhof war ein unbeschreibliches Erlebnis.

Die »mediumistische Neugierde« klärt, forscht, findet persönliche Muster heraus, von denen es sich zu lösen gilt, und will sich selber vielleicht sogar beweisen, was für vergangene Leben bereits erlebt wurden. Auch das kann sehr interessant, spannend und wertvoll sein.

Alltag und Realität nicht mißachten!

Man hüte sich aber davor, vor lauter Sensationslust und Neugierde den Alltag und die Realität darüber zu vergessen – das würde bedeuten, daß wir wertvolle Zeit und Energie im Gestern verlieren.

Wir leben Hier und Jetzt und müssen in diesem Leben wieder neu unser eigenes Paradies kreieren.

Dank unserer medialen Entwicklung kann es geschehen, daß wir automatisch immer schneller Zusammenhänge früherer Leben und ihre Bedeutung im Hier und Jetzt erfassen und mit den fünf medialen Sinnen wahrnehmen – für uns selber und/oder für andere. Das Mental-Medium kann nicht nur das Leben nach dem Tod, durch eine klare Identifizierung eines sich freiwillig meldenden Verstorbenen oder geistigen Helfers, beweisen, sondern ebenfalls eine frühere Inkarnation durch eine sorgfältig zusammengetragene Dokumentation.

Für das Bewußtsein, daß Sie, liebe Leser, jetzt schon haben, könnte ich mir gut vorstellen, daß Sie den Beweis der Existenz eines früheren Lebens gar nicht mehr brauchen – es sei denn, daß Sie als entwickeltes Mental-Medium Ihre Gefühlssicherheit kontrollieren und es sich selber beweisen möchten.

Die Bedeutung von Karma

Karma = Gesetz von Ursache und Wirkung

Wir alle kennen den »Bumerang-Effekt«! Genauer heißt das, daß alles Gute, das wir aussenden, irgendwann einmal – vielleicht in einer anderen, überraschenden Form und in einem höchstwahrscheinlich viel späteren oder unerwarteten Zeitpunkt, aber gleichwertig – auf uns zurückkommt.

Gerechtigkeit

Was wir säen, ernten wir. Wer hätte das noch nie bemerkt? Helena Blavatsky definierte Karma einmal in einem ihrer Vorträge, indem sie meinte, Karma sei das grundlegende Gesetz des Weltalls, das die Wirkung in der physischen, gedanklichen und geistigen Welt an die Ursache knüpfe. Freudig erfahren wir manchmal unerwartete Überraschungen – teuer und schmerzhaft müssen wir unsere begangenen Fehler bezahlen! Deshalb *gibt es* eine Gerechtigkeit.

Vielleicht fragen Sie sich, wie es tatsächlich mit dieser irdischen Gerechtigkeit steht? Wer kennt nicht die Frage, warum jemand unheilbar krank ist oder in seinem Leben immer nur belohnt / bestraft wird. Das Lebensgesetz ist die Antwort: Es geht nach dem Gesetz von Ursache und Wirkung. Zufallsereignisse haben gar keinen Platz!

Es gibt also keine Zufälle, es ist alles zugefallen. Dennoch gibt es immer wieder Situationen im täglichen Leben, die für uns Menschen mit unserer beschränkten Sicht ein Rätsel bleiben. Erst bei der Sicht zurück – unter Umständen sogar zurück in die vergangenen Leben – bekommen wir Einsicht, wo genau die Wurzeln eines Ereignisses liegen. Erst bei der Bewußtwerdung einer vergangenen Ursache wird die Wirkung erkannt. Somit kann man sie besser verstehen und mit ihr umgehen lernen.

Zeit spielt eine Rolle bei der Karmaauflösung

Auch in der geistigen Welt bezahlt man mit Zins und Zinseszinsen – im Negativen, wie im Positiven. Die Auseinandersetzung mit früheren Leben kann uns ermutigen, schwierige Lebenssituationen besser anzunehmen, um sie letztlich zu meistern.

Die Rückführung kann uns auch helfen, beispielsweise Ursachen von Krankheiten bewußt zu machen. Hier werden wir entdecken, daß der irdische Zeitfaktor eine ganz wesentliche Rolle spielt. Denn wir können nur geheilt werden, wenn unsere Zeit dazu reif ist. Wir können und werden uns erst von unserem Karma erlösen – wenn wir mittels des Leidensdrucks genug gelernt haben oder wenn der

Opferweg vollzogen ist: wenn wir die entsprechende Lebenserfahrung gemacht haben, die wir uns ursprünglich vorgenommen haben; wenn wir nur noch positiv und konstruktiv denken und uns nicht mehr zu destruktiven Gedanken wie Zweifeln, Ängsten usw. verleiten lassen, die Schuld für Unannehmlichkeiten nicht anderen in die Schuhe schieben, wenn wir nicht mehr resignieren, verdrängen und Symptombekämpfung betreiben und vor aufgeschobenen Pflichten flüchten, die es zu bewältigen und erledigen gäbe.

Wenn wir uns die Zeit gönnen und in uns hineinhorchen, realisieren wir, ob eine Aufgabe schon hundertprozentig erledigt ist oder noch nicht. Unser Ge-*wissen* plagt uns oder ermuntert uns in unserer Entwicklung, weiß und erinnert uns ständig wieder an den gewissen Punkt, an dem wir noch arbeiten, den wir noch verwirklichen müssen und schließlich auch wollen.

Ziel unseres Lebens ist es, Selbstverantwortung für all unsere Taten zu übernehmen.

»Glauben, Lieben und Hoffen« sind die besten Mittel, um den manchmal sehr strengen und harten Lebensprüfungen Stand halten zu können, wenn unser sinnlicher Draht zur geistigen Welt einmal verstopft erscheinen könnte. Wir können gewiß sein, daß wir mit unserem freien Willen unser Karma lösen, wenn die Zeit dazu reif ist. Den Prozeß zu erkennen, sich damit auseinanderzusetzen, zu akzeptieren, loszulassen, sich zu befreien und zu verändern im Sinne der höheren Führung hilft uns bei der seelisch-geistigen Weiterentwicklung.

Wir entwickeln uns spiralförmig nach oben

Die Last, die wir zu tragen bekommen, ist immer nur so schwer, wie wir es verkraften; entsprechend bekommen wir immer nur soviel Erkenntnis, wie unser Bewußtsein auch verkraften und verarbeiten kann. Es ist alles notwendig, und somit entwickeln wir uns immer höher und höher, bis wir in uns selber ruhen, bis es nichts mehr zu wenden gibt, bis wir in uns angekommen sind und dadurch uns selber von diesem Lernplaneten befreit haben. Erst dann haben wir unsere Lektionen begriffen.

Bis dahin jedoch bringt die Natur uns Menschen immer wieder neue Chancen. Wie auf einer Spirale wandern wir unseren Berg hoch; immer kommen wir wieder an den gleichen Horizonten oder Übungsmöglichkeiten vorbei, bis wir diese begriffen haben.

Demzufolge ist die Art der Lektion jedesmal gleich und doch wieder anders oder hat eine andere Qualität.

Werden wir uns also unserer selbst bewußt, damit unsere Vorsehung oder unser Leben uns nicht immer mit noch schwereren Schicksalsschlägen oder Lektionen prüfen muß.

Der Widerspruch ist die kreative Kraft in uns.

Unser Körper spiegelt alle Inkarnationen

Das macht schließlich die Polarität unserer Erde aus. Das Karma, das wir auf unserer irdischen Wanderung sammeln, ist die Motivation unseres seelisch-geistigen Wachstums in der Materie, bis wir aus den Fehlern soviel gelernt haben, daß wir sie nicht mehr zu machen brauchen.

Die Auswahl der Eltern, das Zusammentreffen mit Menschen aus früheren Inkarnationen, Geschlechterwechsel in anderen Leben, verschiedenste Todeserfahrungen usw. können dem Suchenden und Interessierten wichtige Schlüssel zu höheren Erkenntnissen bieten.

Haben Sie atlantische Ohren oder römische Beine? Oder sogar die Füße eines Galaxiers, einen mittelalterlichen Schädel, chinesische Augen oder gar eine indianische Nase? In unserer physischen Erscheinung ist ein Spiegel enthalten: Alle anderen Körper, in die wir je einmal inkarniert, und alle Lehren, die wir gelernt haben, werden durch unser(en) jetzigen(-s) Gefährt(en) reflektiert. Beobachten und schärfen Sie Ihre physischen Augen – lernen Sie.

Feiern Sie das Wunder Ihres physischen sowie all Ihrer psychischen Körper; feiern Sie das Wunder einer Seelenreise durch viele Inkarnationen und die Weisheit, die Sie sich auf ihrem Weg aneignen. Ihr Körper ist eine Landkarte der Seele, und jeder Teil erzählt Ihnen seine eigene Geschichte über das, was die Seele gerade lernt.

Ronald Zürrer meinte anläßlich eines Vortrags einmal, daß die zentrale Frage zum Thema Karma die spirituelle Verantwortung ist. Erst dadurch, daß es uns mit der Zeit gelingt, unsere Blindheit für die spirituelle Dimension unseres Daseins zu überwinden, wir zu unserem inneren Selbst vordringen und gemäß dieser Erkenntnis zu handeln beginnen, erst dadurch lernen wir unsere Verantwortung allen anderen Menschen, ja allen anderen Geschöpfen Gottes und der ganzen Schöpfung gegenüber, zu erkennen.

Das Ende der Wiedergeburten

Erst die tatsächliche Veränderung des Bewußtseins, das tatsächliche Ablegen der illusionären Identifikationen mit diesem oder jenem früheren Traumata – mit diesem oder jenem früheren Körper etc. – macht die Seele wirklich frei von Illusion, frei von Unwissenheit und von Dunkelheit. Frei von allem, was wir eigentlich nicht sind, was wir nie waren, was wir nie sein werden.

Das Rad der Wiedergeburt hört in dem Moment auf, wo Sie sich mit Ihrem freien Willen entscheiden, bewußt zu erkennen und Vergangenes abzuschließen und loszulassen. Wir haben alle unsere Wünsche und Sehnsüchte. Es braucht manchmal mehrere Anläufe und kann über Jahre dauern, bis die Einsicht einer bestimmten Erkenntnis wirklich begriffen wird, damit wir diese endgültig loslassen und hinter uns bringen können.

Nach den Wiedergeburten geht es weiter

Unsere Individualität, die sich mittels der Polarität in ihrem Bewußtsein immer mehr zur eigenen Mitte hin entwickelt, erlöst sich erst mit dem Verständnis zur Kausalwelt von dem Lernplaneten Erde. Dann erst haben wir die Polarität begriffen, überwunden und können sie integrieren in unser Leben.

Es gibt dann aber noch andere Schulhäuser und Lernplaneten – in unserem Sonnensystem und außerhalb – die wir durchlaufen müssen, bis wir wieder zurück in den großen göttlichen Geist gehen. Unser Ego löst sich auf, dann unsere Seele mit ihren Emotionen und Gedanken, bis wir nur noch reiner Geist sind. Es wird immer schwieriger, darüber Worte zu verlieren; weil auch diese materiell sind, man kann es nur noch fühlen und wissen. Unser Herz weiß im stillen um die Geheimnisse, weiß, wo sich alles aufhebt, »die Zeit stillsteht«, es weder Aktio noch Reaktio gibt, alles neutral ist, in Ewigkeit.

Verantwortung bei Rückführungen und Führungen in die Zukunft

Entscheidend scheint mir, daß therapeutische und psychologische Eigenerfahrungen wichtig sind für jeden, der einen anderen Mitmenschen rück- oder in die Zukunft führen möchte. Ein Reinkarnationstherapeut muß demzufolge kein Mental-Medium sein, es wäre aber günstig und vorteilhaft. Entwickelt der zukünftige Seelenarzt noch seine persönliche Medialität und trainiert er selber auch regelmäßig, erübrigt es sich, auf die Effizienz und Qualität seiner zukünftigen Arbeit hinzuweisen.

So wie die Entwicklung zum Mental-Medium weite Tore in die irdische und außerirdische Vergangenheiten öffnen kann, kann auf die gleiche Art und Weise der Blick in die Zukunft trainiert werden. Das erspart viel wertvolle Zeit, und unter Umständen können unnötige Umwege im gegenwärtigen Leben vermieden werden.

Die Verantwortung beim Blick nach vorn ist vor allem für uns selber sehr wichtig: »Wie rasch« bilden wir uns etwas ein, lassen uns von Sehnsüchten irreleiten oder von Illusionen enttäuschen? Machen wir Aussagen über die Zukunft anderer Menschen, sollten wir immer beachten, daß sie ihre Zukunft nach ihrem freien persönlichen Willen und eigener Neigung gestalten. Was hätte sonst das Leben mit all seinen Erfahrungen für uns Menschen für einen Sinn? Die Zukunft entwickelt sich aus den Gelegenheiten und Chancen eines Augenblicks in der Gegenwart. Wird die Gegenwart verändert, verändern sich auch die Gelegenheiten und Chancen. Schließlich ist jeder der Schmied seines eigenen Glücks.

Willensfreiheit oder -determiniertheit?

Der Glaube an die Willensfreiheit ist gleichbedeutend mit der Überzeugung, daß der Mensch imstande ist, sich für bestimmte Handlungsweisen zu entscheiden und daß er selbst die letzte Verantwortung für seine Entscheidungen trägt.

Der Determinismus, die Lehre vom »Schicksal«, behauptet demgegenüber, daß sich alle Ereignisse einschließlich der sogenannten »Entscheidungen« und »willentlichen Handlungen« in Wirklichkeit völlig mechanisch und kausal aus vorher existenten Kräften oder Ursachen ergeben, also ausschließlich vorherbestimmt seien. Da jede Entscheidung von Gesetzen der Natur oder des Menschen abhänge, sei die Idee der Entscheidungsfreiheit – und ebenso die der moralischen Verantwortlichkeit – nur eine Illusion. Viele Denker haben sich bemüht, durch Kompromißlösungen zwischen den zwei extremen Standpunkten – Willensfreiheit oder -determiniertheit – zu vermitteln. Baruch Spinoza beispielsweise glaubte, daß die Handlungen zwar von vergangenen Ereignissen bestimmt werden, aber durch Umwandlung der Erfahrung

sich die Zukunft freier gestalten lasse.

Diejenigen, die behaupten, die Zukunft sowie die Vergangenheit eines Menschen lesen zu können, sollten problemlos auch die bescheidene psychische und spirituelle Mentalebene medial erfassen und klar unterscheiden können. Wie schwierig es aber ist, schon diese einzig beweisbare Grundstufe des Mental-Mediums bereits zu verwirklichen, ist Ihnen bestimmt durch Ihr seriöses Training bewußt geworden. Wir können nie kritisch und wachsam genug sein, bevor wir auf der unendlichen Reise unserer Seele forsch und mutig mit dem Kopf weiter in den Himmel wachsen und mit Pioniergeist offen für neue Ufer in schwerer beweisbare Ebenen vordringen wollen! Wir alle finden aber auf unsere persönliche Art und Weise gelegentlich zukünftige Wahrheiten.

Wenn wir die Wahrheit gefunden haben, müssen wir daran arbeiten, diese Wahrheit auch zu werden.

Der Weg ist ja schließlich das Ziel, weil das Leben nichts anderes bedeutet, als Erfahrungen zu sammeln.

Praktischer Übungsteil

1. Der Sinn Ihres jetzigen Lebens

Die folgenden Übungen eignen sich für den einzelnen und für Gruppen Gleichgesinnter. Gemeinsam kann man nachher die Visionen anschauen und einander wertvolle Gedankenanstöße vermitteln. Sprechen Sie die folgenden fünf Texte, die sich als Meditationen eignen, in Ihrem Tempo auf ein Tonband, um dann, je nach Lust und Laune, neue Erfahrungen zu sammeln:

Nachdem Sie Körper, Seele und Geist völlig entspannt haben, begegnen Sie wieder Ihrem geistigen Helfer oder Führer. Sie begrüßen Ihn herzlich, und Sie bitten ihn, er möge Ihnen helfen, den Sinn und Zweck Ihres menschlichen Daseins zu enthüllen.

Sie fühlen sich jetzt immer leichter und leichter, wie ein Blatt im Winde lassen Sie sich forttragen, an einen ruhigen Ort, weit weg vom Alltagslärm, völlig geschützt und geborgen fühlen Sie sich, wie von einer starken Wolke getragen…

Sie verlieren Ihr Körpergefühl mehr und mehr, leicht wie eine

Wolke landen Sie jetzt hoch oben auf einer Bergspitze. Außer einer goldenen langen Leiter mit sieben Sprossen, die in den Kosmos führt, gibt es hier nichts mehr.

- *Auf der ersten Stufe werden Sie mit einem roten Licht eingehüllt. Tief atmen Sie diese starke Farbe ein und lassen sich auftanken von dieser Schwingung. Ihr geistiger Führer ist mit Ihnen, fest geben Sie ihm Ihre Hand und marschieren mit ihm weiter…*
- *Auf der zweiten Stufe fließt Ihnen ein oranges Licht entgegen; Ruhe und Frieden, Liebe und Harmonie atmen Sie tief ein…*
- *Weiter geht es auf die dritte Stufe. Ein kräftiges Gelb hüllt Sie ein, Beharrlichkeit und Geduld strömen in Sie…*
- *Auf der vierten, grünen Stufe dürfen Sie all Ihre Probleme zurücklassen und vertrauensvoll nach vorne schauen….*
- *und auf der fünften, blauen Stufe legen Sie Ihr Ego, Ihre menschliche Weltlichkeit, ab…*
- *Auf der sechsten Stufe fließt Ihnen ein helles Purpur entgegen. Ihr geistiges Auge erwacht, alles wird durchschaubar, hier legen Sie all Ihre Unvollkommenheiten, Ihre Zwänge und Fehler ab…*
- *Auf der siebten und letzten Sprosse durchströmt Sie ein violettes Licht. Sie sind jetzt bereit, sich total losgelöst von allen irdischen Angelegenheiten von Ihrem geistigen Führer und Helfer helfen und führen zu lassen…*

Der Ort vor der jetzigen Inkarnation

Vor Ihnen eröffnet sich das ganze Universum, alle Sterne und Planeten, tief lassen Sie diesen wunderbaren Anblick auf sich wirken…

Die geistige Führung bringt Sie in die Schwingungs- oder Bewußtseinsebene, wo Sie waren, bevor Sie sich entschieden haben, auf der Erde zu inkarnieren… Wie von einem starken Magneten fühlen Sie sich von einer ganz bestimmten Farbe angezogen. Sie stellen fest, daß Sie jetzt in eine andere Dimension kommen. Ist es eine physische oder nichtphysische, in der Sie sich befanden, bevor Sie auf die Erde kamen?

Ihre eigene Bewußtseinsebene ruft Sie zurück in diese Energieebene, die Ihnen nicht fremd ist. Sie werden hingezogen, und immer klarer beginnen Sie, mit Ihren medialen Sinnen wahrzunehmen, wo Sie sind. Wenn Sie angekommen sind, genießen Sie es zuerst einmal und ruhen sich aus. Sie fühlen sich zu Hause und wohl hier. Schauen Sie sich nun ganz ruhig um, und merken Sie sich alles, was Ihnen in den Sinn kommt, was Sie sehen und hören können, alle Farben und ihre Formen, Geräusche und Gerüche, wenn es solche gibt...

Versuchen Sie ganz bewußt, ihre Form wahrzunehmen, wenn Sie überhaupt eine haben. Ihr Bewußtsein dehnt sich auf die Weite aus, die es vor der allerersten irdischen Inkarnierung hatte. Merken Sie sich alle Eindrücke, die Ihnen dazu in den Sinn kommen.

Ihr geistiger Helfer führt Sie dann zu einem Ihrer damals wichtigsten geistigen Lehrer, einem feinstofflichen Wesen, das die Entwicklung Ihres Bewußtseins geleitet hat, bevor Sie inkarnierten. Sie fühlen seine Anwesenheit, wie fühlt es sich an, mit dieser Vibration, mit dieser Schwingung zusammen zu sein, die mit Ihrer am stimmigsten ist? Sie erinnern sich an den Moment zurück, als Sie das erste Mal über den Planeten Erde hörten. Was hörten Sie zuerst über die Erde und über die Wesen der Erdbewohner? Wie war die Reaktion darauf?

Sinn der jetzigen Inkarnation

Ihr geistiger Führer bringt Sie zu dem Moment zurück, wo Sie sich entschieden haben, zum Planeten Erden zu gehen... Ihr geistiger Lehrer begleitet Sie, er inspiriert Sie und macht Ihnen bewußt, was Sie sich vorgenommen haben, auf der Erde zu tun. Achten Sie auf alle Ihnen jetzt zufließenden Einfälle und Ideen. Was wollten Sie genau lernen in Ihrem physischen Körper? Ihr geistiger Lehrer zeigt Ihnen ganz klar den nächsten Schritt, den Sie auf der Erde machen möchten. Sind Sie bereit, Ihre ganze Vergangenheit, alle Erfahrungen, die Sie auf der Erde bis jetzt gemacht haben, fallen zu lassen? Klären Sie in sich ab, ob Sie bereit wären, alles Alte loszulassen, um total auf dem Planeten Erde sein zu können.

Was ist also der Sinn und Zweck Ihres Hierseins? Die Zeit ist reif, sich zu erinnern, wer Sie wirklich sind. Die Zeit ist reif, auf die auch Sie gewartet haben. Die Zeit ist reif, in der Sie sich erinnern, warum Sie hier sind. Die Zeit ist reif, sich klar bewußt zu werden, wie Sie Ihre Talente und Fähigkeiten mit anderen teilen und einsetzen können.

Die Zeit ist reif, wo Sie die Absicht, zur Erde zu kommen, beenden können. Jetzt können Sie aus dem Rad des Schicksals aus-

steigen. In aller Ruhe können Sie telepathisch – im inneren Dialog mit Ihrem Lehrer – über die verschiedenen Punkte diskutieren und in der Stille meditieren.

Ganz bewußt verabschieden Sie sich wieder von Ihrer geistigen Bewußtseinsebene. Ihr geistiger Führer begleitet Sie zur Leiter zurück, und Stufe um Stufe steigen Sie wieder hinunter auf die Erde. Sie bedanken und verabschieden sich von dieser geistigen Führung und lassen sich zurück auf die Bergspitze bringen. Langsam werden Sie sich Ihres jetzigen physischen Körpers wieder bewußt und erwachen in aller Ruhe. Sie fühlen sich fit und entspannt.

Hinweise zur möglichen Interpretation

Notieren Sie sich alle Gedankenanstöße, die Ihnen zum Sinn des jetzigen Lebens gekommen sind.

Vielleicht hat sich ein geistiger Helfer oder Führer jetzt bei Ihnen als »Verstand« vorgestellt. Nehmen Sie diese Idee sowie andere Einbildungen einfach an, und setzen Sie sich damit auseinander… Vertrauen Sie all Ihren soeben erlebten Visionen, Ideen und Einfällen, und befassen Sie sich mit Ihren Träumen! Träumen heißt, die bekannten Rahmen sprengen, das Unmögliche denken und sich für seine Verwirklichung einsetzen!

Nehmen Sie beispielsweise dankbar Erlebnisse wie die folgenden an:

- Sie erkennen damalige Bezugspersonen (Familie, Beruf etc.) heute wieder. Wie stehen Sie heute zueinander? Entdecken Sie ein bestimmtes Verhaltensmuster, das sich früher sowie heute wiederholt? Oder waren es vertauschte Rollen? Oder gibt es andere wichtige Schlüsselerlebnisse?
- Eine weitere Möglichkeit wäre die Erfahrung des Todeserlebnisses oder die klare Erfahrung des göttlichen kreativen Potentials, das in uns allen schlummert. Wenn Sie bereits ein Mental-Medium sind, können Sie immer besser die Zusammenhänge Ihres irdischen Daseins verstehen. Sollten Sie später nach einiger Erfahrung auch exakte Orts-, Zeit-, Namensangaben etc. erhalten, ist es sicher interessant, wenn Sie sich einmal die Zeit nehmen, einem solchen vergangenen Leben auf den Grund zu gehen.

2. Rückführung in ein vergangenes Leben

Die mediale Sinngebung der Rückführung beginnt da, wo Sie Ihre persönliche Gefühlssicherheit auch auf dieser Ebene kontrollieren können.

Die zweite Übung ist ähnlich aufgebaut. Dadurch, daß wir immer mit unserer spirituellen Führung zusammenarbeiten, unter ihrem Schutz stehen und uns bewußt sind, daß wir anständig reklamieren dürfen und auch müssen, wenn wir beispielsweise in eine Situation geführt werden, die uns nicht paßt oder unangenehm ist, erleben wir nur das, was für uns richtig und wichtig ist.

Lassen Sie in Ihrer Vorstellung eine wunderschöne Blume in Ihrem Solarplexus wachsen. Dank ihrer Blüte können Sie sich noch besser ausdehnen und entspannen, ein angenehmes, befreiendes Gefühl erleben Sie, Sie befreien und lösen sich mit jedem Atemzug von Ihren Egopanzern. Eine weitere Blüte entfaltet sich im Herzchakra und geht weit auf und blüht nach außen. Alle für Sie positiven und guten kosmischen spirituellen Energien atmen Sie tief ein. Alles, was Sie noch beschäftigt, atmen Sie über Ihr Vorstellungsauge aus. Losgelöst und frei fühlen Sie sich, Sie genießen die innere Ruhe und Harmonie, die sich immer mehr in Ihnen und um Sie ausbreitet.

Auch aus Ihrem Stirnchakra wächst jetzt eine Blüte und aus dem Scheitelchakra eine golden-weiße Blume. Aus ihr strömt ein Goldregen über den ganzen Körper hinunter und befreit Sie von all Ihren egoistischen irdischen Bedürfnissen. Die Blume hilft Ihnen, sich dem Geistig-Überirdischen und Unbewußten zu öffnen und sich hinzugeben. Beim Stirnchakra stellen Sie sich einen silbrigen Punkt vor, der sich zu einer Rose formt. Langsam öffnet sich jetzt die silbrige Rose, und ihre Blütenblätter wirken wie ein Radar und beginnen, wichtige, vergessene Informationen aus einem früheren Leben wahrzunehmen und sich bewußt zu machen, was für den Bezug zu Ihrem heutigen Leben von Bedeutung ist. Es wird ganz hell um Sie, und Sie begrüßen Ihren geistigen Helfer und/oder einen geistigen Führer, der bereits wieder neben Ihnen erscheint.

Ein Spaziergang

Ihr geistiger Führer kommt jetzt mit Ihnen auf einen langen Spaziergang. Sie entdecken, daß es einen Berg hinuntergeht, über sanfte Weiden und Wiesen durch Wälder, bis Sie vor sich Häuser-

dächer entdecken. Sie wissen schon: Das muß ein Dorf oder eine Stadt sein. Sie bleiben kurz stehen und genießen den schönen Blick auf diese Dächer. Vor Ihnen sehen Sie eine steinige Treppe mit vielen, vielen Treppenstufen. Langsam steigen Sie Stufe um Stufe hinunter, immer tiefer kommen Sie. Unten angekommen, gelangen Sie auf einen kleinen Platz. Dort setzen Sie sich auf die letzte Treppenstufe und ruhen sich ein wenig aus.

Sie schauen Ihre Füße an. Was tragen Sie an den Füßen? Es wird Ihnen bewußt, daß Sie eine neue Identität bekommen haben. Sind Sie eine Frau, ein Mann oder ein Kind? Wie sehen Sie aus? Wie alt fühlen Sie sich? Wie heißen Sie? Wie heißt der Ort, das Land, wo Sie gerade sind? In was für einer Jahreszeit befinden Sie sich? Welches Jahr kommt Ihnen spontan in den Sinn? Wie fühlen Sie sich?

Ein Schlüsselerlebnis

Ihr geistiger Führer kommt mit Ihnen nach Hause, dorthin, wo Sie wohnen, und Sie erinnern sich an Ihre Lebensumstände, Ihre alltäglichen Lebensaktivitäten und Ihre wichtigsten Bezugspersonen in diesem Leben. In aller Ruhe lassen Sie sich von Ihrem Führer zeigen, was wichtig ist für Sie. Im inneren Dialog besprechen Sie alles, bis Ihnen dieser vergessene Lebensabschnitt ganz klar wieder bewußt wird. Lassen Sie sich Zeit, viel Zeit. Ganz bewußt schauen Sie noch einmal allen Ihren Bezugspersonen tief in die Augen. Erinnern diese Sie an Personen im heutigen Leben?

Ihr geistiger Führer zeigt Ihnen zum Abschluß noch ein ganz wichtiges, bestimmtes Erlebnis aus diesem vergangenen Leben, das für Sie heute ein Schlüsselerlebnis sein wird. Sie bitten Ihren geistigen Helfer, Sie kurz vor Ihren Tod im damaligen Leben zu bringen. Wo sind Sie? Wie alt sind Sie ungefähr? Wie fühlen Sie sich? Sind Sie allein? Ganz bewußt werden Sie jetzt dann sterben, und ganz bewußt erleben Sie das Austreten aus Ihrem Körper.

Noch einmal blicken Sie zurück auf Ihren Körper. Sie erinnern sich kurz an dieses Leben:

- *Was würden Sie nie mehr so machen?*
- *Was wollen Sie unbedingt besser machen in Ihrer Zukunft?*

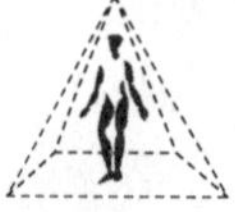

Sie umarmen jetzt geistig Ihren alten Körper und danken ihm für seine geleisteten Dienste. Sie verabschieden sich von Ihrem Ge-

führt(en) und lassen ihn los...

Ihr geistiger Führer ist wieder bei Ihnen. Lassen Sie sich wieder zurückbringen. Die ganze göttliche Urkraft und Liebe fließt durch alle Ihre feinstofflichen Energiezentren. Sie fühlen sich fit und lassen sich geistig, seelisch und körperlich auftanken.

Eine Brücke in die Gegenwart schlagen

Sie bedanken und verabschieden sich vom geistigen Helfer. Alle Blüten in Ihren Chakren schließen sich und ziehen sich zurück, eine göttliche Schutzhülle imprägniert Sie vor negativen und ungünstigen Energieeinflüssen, und langsam werden Sie sich wieder Ihres physischen Körpers bewußt.

Nachdem Sie auch diesen Film aufgeschrieben haben, ist es ganz wichtig zu wissen, was Sie mit den verschiedenen Informationen jetzt anfangen.

Wir wollen vor allem eine Brücke aus dem vergangenen Leben in das Hier und Jetzt schlagen!

Akzeptieren Sie alle Erfahrungen

Jeder Mensch muß seine eigene Sprache zum Verständnis seiner Visionen entwickeln!

Nehmen Sie also alle Ideen ernsthaft an.

Sie sind wichtige Krücken oder Mittel zum Zweck, um Ihre persönliche Gefühlssprache immer besser kennenzulernen. Erst durch die intensive Auseinandersetzung mit dem »Geträumten« und mit viel Erfahrung werden Sie mit der Zeit gefühlssicher im Deuten.

Seien Sie am Anfang *nicht enttäuscht,*
wenn Sie das Gefühl bekommen, die geistige Welt hätte Ihnen eine »falsche Diskette« eingelegt. Es hat bekanntlich alles seinen Sinn, und auch da lernen Sie mit der Zeit, Ihre Rückführungen exakter zu programmieren. Das heißt, daß Sie später selber ganz gezielt Alltagsprobleme bearbeiten können. Beispielsweise bitten Sie Ihren geistigen Helfer am Anfang der Rückführung: »Zeige mir bitte wichtige Ausschnitte aus einem oder mehreren früheren Leben, die mir Aufschluß darüber geben, warum ich heute mit meinem Kind / Partner / Arbeitskollegen usw. Schwierigkeiten habe.«

Seien Sie *nicht frustriert,*

wenn Sie einmal fast nichts erlebt haben. Unser innerer Helfer oder unser höheres Selbst weiß ganz genau, wieviel und was für uns momentan richtig und wichtig zu erfahren ist. Sie stehen, weil Sie mit der spirituellen Welt zusammenarbeiten, immer unter dem göttlichen Schutz und brauchen sich demzufolge einfach nur in Geduld zu üben...

Haben Sie *keine Angst.*

Alles steht unter göttlicher Vorsehung. Das schlimmste, was passieren kann, ist, daß Sie einmal einschlafen. Wenn Sie wachsam immer im inneren Kontakt, das heißt im inneren Dialog mit Ihrem geistigen Helfer sind, sich wehren, fragen und klären, bevor Sie sich in einer bestimmten Situation »weiterführen lassen«, dann sollten Sie auch nie aus einem Alptraum aufschrecken und »aus dem Schlaf gerissen« werden.

3. Übung zum Weissagen

Erkennen Sie wachsam Verdrängungen.

Warum kneifen Sie bei bestimmten Dingen? Dort, wo Sie Widerstände entdecken, sollten Sie bewußt arbeiten. Besonders den schwierigen Situationen sollten Sie nicht ausweichen – oder wäre es vielleicht sinnvoll, mit einem erfahrenen Reinkarnationstherapeuten zusammen eine solche Übung zu machen? Gebrauchen Sie die Rückführung als alternative Psychotherapie und als dankbares Werkzeug der Seelenhygiene.

Mit der dritten Übung lernen Sie, in Ihrer möglichen Zukunft zu lesen:

Setzen Sie sich auf einen Stuhl, die Füße sind wieder auf dem Boden fest verankert, konzentrieren Sie sich auf Ihr Inneres – alles wird ruhig und entspannt. Atmen Sie tief und reinigend ein und aus. Öffnen Sie Ihre Energiezentren, und verbinden Sie sich mit der göttlichen Urkraft, Licht und Liebe und dem höchsten Bewußtsein. Denken Sie an Ihr Ziel, daß Sie – vorausgesetzt Ihr geistiger Helfer findet es sinnvoll und unterstützt Sie – bewußt Ihre Zukunft voraussehen möchten...

Stellen Sie sich jetzt ein goldenes Energieband vor, das von der Mitte Ihres Kopfes durch all die Energiekanäle läuft und über

Ihren Scheitelpunkt austritt. Stellen Sie sich vor, daß es von dort aus in den Himmel steigt, weit in den Kosmos hinauf, ins Zentrum unseres Universums, zu jenem Ort, wo das höchste Bewußtsein, die kollektive Erinnerung oder das kollektive Unbewußte, der göttliche Erinnerungsspeicher, die Kausalebene oder die Akasha-Chronik, liegt.

Verankern Sie sich hier in diesem göttlichen Bewußtsein, das Ihnen vielleicht erscheint

- *als eine große Universität,*
- *als ein goldener Energieball,*
- *als eine Form einer riesigen Bibliothek,*
- *als ein unendliches Filmarchiv,*
- *als eine Computerzentrale*
- *oder als ein Tempel, der von Engeln in wallenden Gewändern bewacht wird.*

Erinnern Sie sich wieder an Ihre Frage bezüglich Ihrer Zukunft. »Wie verläuft die Entwicklung meiner Seele in den nächsten Monaten?« Beobachten Sie, wie die Frage über das goldene Band zum höheren Bewußtsein geleitet wird. Sobald sie dort angekommen ist, wird sich vor Ihnen eine visuelle, akustische oder gefühlsmäßige Vision oder Darstellung Ihrer Zukunft entfalten.

Betrachten Sie die Antwort. Vielleicht entdecken Sie Farben, die bestimmte Eigenschaften in der Entwicklung Ihrer Seele repräsentieren. Vielleicht kommt Ihnen ein Symbol in den Sinn. Das bedeutet, daß dieses Symbol für Sie persönlich oder für andere in Ihrer Umgebung zukünftig wichtig sein könnte. Oder Sie sehen Szenen mit bekannten oder unbekannten Menschen. Der Empfang ist so klar – fast glauben Sie, daß Sie Fernsehen schauen würden, und die Ereignisse wirken auf Sie wie ein Film.

Betrachten Sie diese Visionen bis in alle Einzelheiten. Was wird Ihnen bewußt? Denken Sie daran, daß Sie immer von Ihren geistigen Helfern und Führern begleitet werden und daß Sie diese immer um Rat und Antwort bitten dürfen.

Langsam wird es Zeit zum Umkehren. Bedanken Sie sich für diese Anstöße, und finden Sie zu sich selber zurück. Erwachen Sie wieder – fühlen Sie sich fit und entspannt – mit hoffentlich vielen neuen Zukunftsvisionen…

Ob sich die Anstöße wohl als Wahrheit entpuppen, oder war es ein Wunschtraum, eine alte Sehnsucht? Erinnern Sie sich auch wieder ans Deuten der Symbole. Mit jeder Übung kommen wir dem Verständnis unserer ureigensten Gefühlssprache einen Schritt näher, besonders wenn wir Erlebtes unseres Denkens nicht nur entmystifizieren, mit Glück oder Zufall verwechseln, sondern im Alltagsleben als »Intelligenz unserer Gefühle« ernst nehmen!

Zum Glück offeriert uns das Leben immer wieder die tollsten und unglaublichsten Überraschungen trotz vieler intuitiver oder inspirierter Zukunftsvisionen. Gerade das macht ja unseren Alltag abwechslungsreich, spannend und interessant! Nichtsdestotrotz finde ich eine auf diese vernünftige Art angewandte Zukunftsschau sinnvoll, weil wir wachsamer und verantwortungsbewußt unsere *Gegenwart* gestalten, weil wir immer mehr von uns selber in unser Alltagsleben einbringen können. Schließlich ist ja jeder der Schmied seines eigenen Glücks! Tolle Erfahrungen sind natürlich klare Voraussagen, die vor allem bestätigen wollen, daß es eigentlich keine Zeit gibt!

4. Führung in die Zukunft

So sagte anläßlich einer weihnächtlichen Trancerede der geistige Führer »Licht« von Gordon Higginson in England voraus, daß die Berliner Mauer fallen werde und große Umbrüche zwischen Osten und Westen bevorständen.

Entspannen Sie sich selbständig, von Kopf bis Fuß, von Fuß bis Kopf oder von Ihrer Mitte ausgehend. Atmen Sie durch alle sieben Hauptenergiezentren die jeweiligen entsprechenden Farben je zweimal ein, und lassen Sie diese durch alle Körper fließen…

Stellen Sie sich nun vor, wie Sie zu Hause draußen vor Ihrer Haustür stehen. Wie sieht diese aus? Sie suchen Ihren Hausschlüssel in Ihrer Tasche, schließen die Haustür jetzt auf und treten ein. Gehen Sie in Ihrer Vorstellung in Ihr Schlafzimmer, öffnen Sie Ihre Tasche, und schauen Sie nach, ob diese leer oder voll ist. Wenn sie voll ist, leeren Sie diese jetzt aus…

Spaziergang in die Zukunft

Wenn sie leer ist, packen Sie bewußt all Ihre Sorgen, Zweifel, Ihre Wünsche, Ihre Zukunftsträume, alles, was Ihnen durch den Sinn geht, ein. Schließen Sie Ihre Tasche, und stellen Sie diese beiseite.

Völlig ruhig und entspannt schauen Sie den Fußboden an, auf dem Sie in Ihrer Vorstellung stehen. Ist es ein Holz- oder Steinboden, oder gar ein Teppich? Welche Farbe hat er? Lassen Sie sich von dieser Farbe tragen – während Sie spüren, wie sie wie ein sanfter Nebel beginnt, Sie immer mehr und mehr einzuhüllen – Sie fühlen sich glücklich und geborgen…

Hier und jetzt spüren Sie wieder, wie Ihr höheres Selbst mit dem göttlichen Urquell verschmilzt. Sie werden eins mit dem Kosmos – mit den höchsten spirituellen Ebenen; Sie spüren wieder einen Ihrer geistigen Helfer oder Führer, der bei Ihnen ist – es gibt eine herzliche Begrüßung. Ihr geistiger Helfer wird Sie in Ihre Zukunft begleiten. Sie wissen, daß er Ihnen nur das zeigen und bewußt machen wird, was für Sie richtig und wichtig ist, damit Sie es zu wissen bekommen.

Immer dichter wird dieser farbige Nebel, tief atmen Sie durch und spazieren immer in Begleitung Ihres Schutzengels aus diesem Raum – die Tür ist bereits geöffnet – hinaus in den Korridor…

Sie entdecken, daß Sie in einem unendlich langen Korridor stehen, der wie ein Tunnel wirkt, gefüllt mit diesem durchsichtigen, farbigen Nebel. Angenehm und leicht schreiten Sie vorwärts und weiter – immer vorwärts – Schritt um Schritt – immer weiter und weiter. Ihre feinstofflichen und geistigen Körper suchen sich einen neuen Körper, ganz ruhig sind Sie – wunderbar geborgen, von wunderbaren göttlichen Kräften – glücklich und zufrieden sind Sie ohne Erwartungen. Ganz getrost lassen Sie es einfach geschehen, so wie es kommt.

Weit weg sind Sie irgendwo gelandet. Konzentrieren Sie sich jetzt auf Ihr Aussehen. Wie sehen Sie aus? Wie fühlen Sie sich? Männlich oder weiblich? Wie alt? Tief genießen Sie diese Ruhe. Wie sind Sie gekleidet? Was für Schuhe tragen Sie? Wo sind Sie? Was für eine Jahreszahl schreibt man jetzt? Beobachten Sie ganz genau die Gegend, in der Sie sich jetzt befinden. Wie sieht es hier aus? Gehen Sie jetzt dorthin, wo Sie normalerweise wohnen. Wie sieht es hier aus? Schauen Sie sich Ihre Umgebung gut an – im Haus und auch draußen. Leben Sie alleine hier? Oder etwa mit anderen Wesen? Schauen Sie sich alles in Ruhe an. Was machen Sie beruflich? Wie sieht Ihr Arbeitsfeld aus?

Gehen Sie jetzt innerhalb dieses Lebens zurück an einen markanten Punkt, der Ihnen wegweisende Informationen gibt, warum Sie heute das sind, was Sie jetzt sind. Wie alt fühlen Sie sich? Wieder lassen Sie sich alle äußeren Umstände zeigen – merken Sie sich alles…

Die unmittelbare Zukunft

Gehen Sie in der Zeit vorwärts an einen wichtigen Punkt, der Ihnen wieder etwas Spezielles zeigt, das für Sie bedeutsam zu wissen ist. Noch einen wichtigen Abschnitt zeigt Ihnen Ihr Helfer aus der weiteren Zukunft. Was für eine Jahreszahl schreiben Sie jetzt? Wo genau sind Sie? Schauen Sie sich alle Umstände ruhig an. Gehen Sie vorwärts bis zu Ihrem Tod. Wo sind Sie? Was denken und fühlen Sie?

Erleben Sie jetzt den Tod ganz bewußt, lassen Sie sich vom großen göttlichen Frieden erfüllen. Bewußt lösen Sie sich von diesem physischen Körper – in Harmonie und Ruhe sind Sie – außerhalb von Zeit und Raum. Sie genießen es, feinstofflich zu sein.

Gehen Sie fünf Jahre in Ihre Zukunft. Sofort sehen Sie sich an irgendeinem bestimmten Ort. Wie sieht es hier aus? Lassen Sie sich Zeit; schauen Sie sich in aller Ruhe um; wo sind Sie? Was machen Sie gerade? Sind Sie alleine – ist jemand bei Ihnen? Wenn ja – wer? In aller Ruhe lassen Sie sich alles zeigen, was wichtig ist für Sie…

Es wird langsam Abend – wie verbringen Sie den Abend? Was machen Sie? Gehen Sie aus? Bleiben Sie zu Hause? Alles beobachten Sie gut. Jetzt gehen Sie zu Bett – wie sieht Ihr Schlafzimmer aus? Sie schlafen ruhig ein, und Sie träumen.

Und Sie sehen sich in einem bestimmten Kleid. Wie sind Sie angezogen? Wo sind Sie? Was machen Sie da? Was schreibt man für eine Jahreszahl? Die ganze jetzige Lebenssituation merken Sie sich und beobachten sie; wie fühlen Sie sich?

Und wieder gehen Sie ins Bett – wie sieht jetzt Ihr Schlafzimmer aus? Wieder schlafen Sie ein und genießen die Ruhe und den Frieden. Es ist Herbst anno … (nächsten Jahres). Wo sind Sie jetzt gerade? Was machen Sie? Alles beobachten Sie gut und merken sich, was Ihnen in den Sinn kommt.

Kommen Sie jetzt zurück – es ist jetzt der (aktuelles Tagesdatum)…

Ihre feinstofflichen Körper sind jetzt wieder voll da in Ihrem physischen Körper – und Sie spüren wie dieser langsam wieder erwacht.

5. Unsere Erde als Lernplanet

Bevor Sie richtig erwachen, verbinden Sie sich bewußt noch einmal mit der göttlichen Intelligenz und lassen sich die reinsten Energien schicken, die Sie geistig einpacken und imprägnieren, vor sämtlichen für Sie ungünstigen, geistigen Einflüssen.

Sie sind sich bewußt, daß nur noch diese Energien Sie beeinflussen können, die für Ihre persönliche, seelisch-geistige Entwicklung richtig und wichtig sind.

Tief atmen Sie durch Ihre verschiedenen Energiezentren, die Hände erwachen, die Beine. Dreimal atmen Sie tief durch und zählen bis sechs. Öffnen Sie Ihre Augen, und fühlen Sie sich wieder glücklich und entspannt.

Ein wichtiges Problem in diesem Leben

Schließen Sie wieder die Augen, und werden Sie still. In dieser Ruhe, in der Sie jetzt sind, begrüßen Sie wieder Ihren geistigen Helfer oder Führer, der sich bereits auf die gemeinsame Arbeit freut und Sie erwartet. Er zeigt Ihnen jetzt »heimlich« Ihren jetzigen Bewußtseinsstand. Sie nehmen diesen dankbar und vertrauensvoll an. Da Sie ihn aber schlecht in seiner Richtigkeit überprüfen können, wollen Sie diese Visionen für sich ganz alleine und bescheiden vorläufig zur Kenntnis nehmen:

- *Sind Sie freiwillig hier auf Erden?*
- *Ist das Ihr letztes Leben hier auf Erden?*
- *Spüren Sie, daß Sie dann weiterkommen werden, wenn Sie Ihr jetziges Leben verantwortungsbewußt und gut leben?*

Erinnern Sie sich an ein ganz wichtiges, immer wiederkehrendes Problem in Ihrem jetzigen Leben. Lassen Sie sich Zeit, Ihr geistiger Helfer hilft Ihnen vielleicht in der Wahl und in der Entscheidung auf eine klare Frage.

Dank einer Reise zurück, auf der Ihr geistiger Helfer Sie begleitet, werden Sie wieder an spezifische Abschnitte eines vergangenen

Lebens erinnert, die Ihnen helfen möchten, später eine Brücke zum heutigen Alltag zu schlagen...

Mit Ihrem Helfer spazieren Sie durch die Natur; tief atmen Sie durch und lassen sich auftanken mit den reinsten und hellsten Schöpferenergien. Alle feinstofflichen Schichten um Sie herum und in Ihnen, Ihre astralen und spirituellen Körper werden gereinigt, Sie formulieren noch einmal Ihrem geistigen Führer Ihr Problem oder Anliegen... und lassen es anschließend bewußt los.

Zusammen mit Ihrer göttlichen Führung machen Sie einen langen Spaziergang, bis Sie zu einem großen Dorf- oder Stadtrand kommen. Bereits am Anfang der Stadt oder des Dorfes entdecken Sie an der Straße ein riesiges Gebäude. Sie gehen dort hinein und entdecken im Eingang einen Lift. Beobachten Sie ihn genau (Größe, Material, Farben etc.), und gehen Sie hinein. Wieviele Stockwerke sind auf der Schalttafel angezeigt?

Ihr geistiger Helfer begleitet Sie in die unterste Etage. Drücken Sie auf den untersten Knopf, und fahren Sie ruhig los. Sie steigen aus. Schauen Sie gut, wo Sie sind – vielleicht finden Sie einen Lichtschalter oder warten geduldig, bis Ihr Helfer Ihnen mit seiner Taschenlampe leuchtet...

Ausgewählte Lebensabschnitte

In aller Ruhe schauen Sie sich um, wo Sie da gelandet sind. Sie entdecken rechts neben sich eine Treppe, die hinuntergeht. Gemeinsam mit dem geistigen Helfer steigen Sie Stufe um Stufe hinunter, immer tiefer und tiefer steigen Sie. Sie kommen jetzt in einen großen Raum. Schauen Sie ihn gut an – vielleicht gibt es auch Leute hier...

Lassen Sie alles auf sich wirken, und merken Sie es sich. Jetzt entdecken Sie vor sich eine große Tür. Gehen Sie auf sie zu, öffnen Sie diese, und treten Sie ein. Sie sehen, daß Sie hinaus an die frische Luft kommen. Atmen Sie zwei bis dreimal tief durch, und genießen Sie die angenehm erfrischende Luft. Vor Ihnen entdecken Sie einen Teich und einen Weg, der sich in der Ferne verliert. Gehen Sie jetzt zum Teich, und setzen Sie sich an dessen Rand. Schauen Sie hinein, und sehen Sie, wie das Wasser Ihr Gesicht spiegelt. Wie sehen Sie aus? Ruhig beobachten Sie sich – Ihre Haare, Augen, Ihre Nase... Sind Sie männlich oder weiblich? Wie alt fühlen Sie sich? Wie heißen Sie? Schauen Sie an Ihrem Körper hinunter, welche Kleider tragen Sie?

Erfrischen Sie sich im Teich mit dem kühlen Wasser. Ihr geistiger Helfer freut sich, mit Ihnen einen langen Spaziergang zu unternehmen, wo er Ihnen ganz bestimmte, wohl ausgewählte Ausschnitte aus diesem Leben zeigen möchte. Gemeinsam machen Sie sich mit ihm auf den Weg – am Teich vorbei. Lassen Sie sich vertrauensvoll führen – merken Sie sich aufmerksam alles, was Ihnen in den Sinn kommt, was Sie sehen, spüren, hören, und denken Sie daran, daß Sie Ihren Helfer jederzeit bitten dürfen, er möge Sie weiterführen, wenn Ihnen eine Situation nicht paßt. Von den Schutzengeln begleitet, lassen Sie sich also auf eine lange aufschlußreiche Reise entführen.

Wir merken uns die wichtigsten Erlebnisse, und langsam führt uns unser geistiger Helfer ans Ende dieses Lebens. Er bringt uns fünf Minuten vor den damaligen Tod. Wo sind Sie? Wie fühlen Sie sich? Sind Sie alleine? Bewußt sterben Sie jetzt.

Nachdem Sie dann aus Ihrem Körper ausgetreten sind, schauen Sie ihn noch einmal an, wie er da unter Ihnen als ein gebrauchtes Kleid liegt. Wie sieht Ihre Hülle aus? Was kommt Ihnen in den Sinn, wenn Sie Ihren toten Körper jetzt betrachten? Was würden Sie nie mehr so machen in diesem Leben? Was möchten Sie in Zukunft anders und besser machen?

Umarmen Sie geistig in großer Liebe Ihren ausgedienten Körper, bedanken Sie sich bei ihm für all die wertvollen Erfahrungen, die Sie dank ihm erleben durften, und verabschieden Sie sich von ihm. Drehen Sie sich um, und lassen Sie sich von Ihrem geistigen Helfer wegtragen in einen wohlig leichten, körperlosen, angenehmen, geistigen Zustand.

Pflücke den Tag!

Langsam wird es Zeit zum Umkehren. Ihr geistiger Helfer führt Sie wieder zurück an Ihren Ausgangspunkt, an den Teich. Wieder schauen Sie in den Spiegel des Teiches und sehen Ihr Gesicht von heute…

Erfrischen Sie sich, und genießen Sie die Ruhe. Ihr geistiger Helfer gibt Ihnen eine Geistheilung, bevor Sie zurückkehren – Sie regenerieren und stärken sich. Bedanken und verabschieden Sie sich von ihm, und gehen Sie zurück zur Tür. Steigen Sie die

Treppe hoch durch den Raum, und Sie entdecken, daß Sie mit Ihrem eigenen Licht sehen können. Weiter kommen Sie mit dem Lift hoch und verlassen das Haus; Ihrem Tempo gemäß kommen Sie hierher zurück in Ihre Gegenwart.

Fang den Tag von heute nicht mit den Scherben von gestern an! Werden Sie sich also Ihres Gestern bewußt, verstehen Sie Ihr Verhalten, Ihre Probleme. Freuen Sie sich vor allem des heutigen Tages, denn Sie wissen ja: Scherben bringen Glück.

Quellen der Zitate:

[1]) Maud Nordwald Pollock: Vom Herzen durch die Hände, Freiburg 1994
[2]) und [3]) Khalil Gibran: Ideen und Flügel, Olten
[4]) Khalil Gibran: Der Prophet, Olten 1974
[5]) Sri Aurobindo: Das Göttliche Leben, Band 3, 1991, S. 201f.

Literaturempfehlungen:

Dethlefsen, Thorwald: Das Leben nach dem Leben, München 1984
Leuenberger, Hans-Dieter: Engelmächte, Freiburg 1991
Moolenburgh, H. C.: Engel als Beschützer und Helfer des Menschen, Freiburg 1992
Murphy, Michael: Der QuantenMensch, München 1994
Talbot, Michael: Das holographische Universum, München 1992
Wallimann, Silvia: Mit Engeln beten, Freiburg 1993
Wenberg, Egon: Ein Plädoyer für Engel, Freiburg 1994
Wiesendanger, Harald: Zurück in vergangene Leben, München 1991
Zürrer, Ronald: Reinkarnation, Zürich 1991

Lektion 6

Physische und mentale Medialität

Lernziel der physischen Medialität

Wir streben an, mittels der physischen Medialität irdische Materie zu beeinflussen. Es ist gleichgültig, ob es uns schon gelingt; wir wollen uns vor allem selbst entwickeln – analog dem Schüler, der die verschiedenen Sprachebenen entdeckt hat und dem jetzt der Weg zum Dichter offensteht.

Nur wer die Herzen bewegt, bewegt die Welt.

Ernst Wiechert

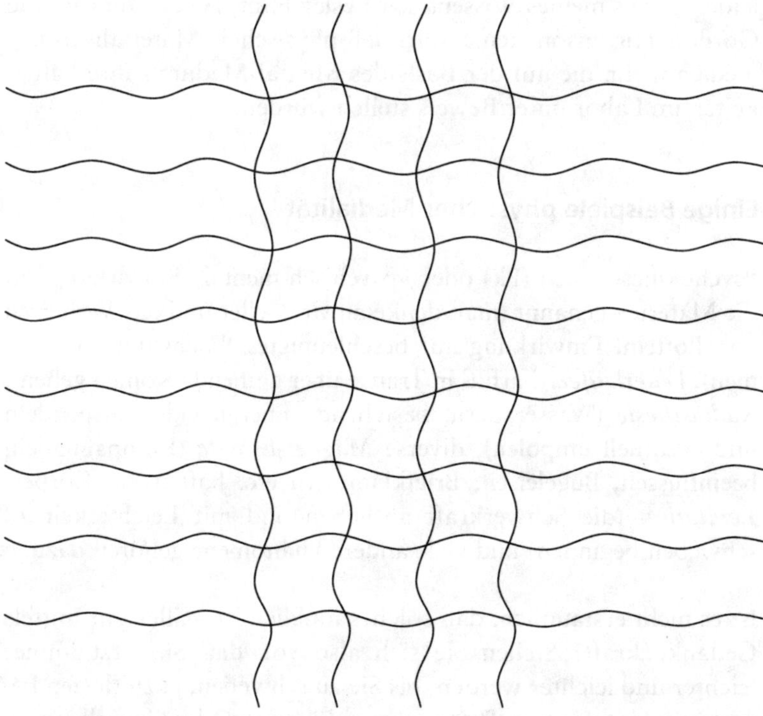

Das Spirituelle beeinflußt die Materie

Das Spirituelle beeinflußt die Materie.
Im extrem Großen und im extrem Kleinen scheint die Physik jene unbekannte Größe – den Geist – gefunden zu haben so, wie Mythos und Religios seit Anbeginn der Zeit uns lehren.

Die Entwicklung der physischen Medialität ist ein sehr seltenes Talent, eine spezielle Aufgabe, könnte man sagen. Mittels der physischen Medialität wird es möglich, irdische Materie zu beeinflussen, zu verändern.

Ist es das physische Medium selbst, das mit seiner psychischen Kraft Materie reproduziert oder beeinflußt – oder kann es aus spiritueller Ebene, von einem nicht inkarnierten Bewußtseinsteil zu solchen Wundertaten eingesetzt, »gebraucht« werden? Das ist die grundsätzliche Frage, die man sich allgemein stellt. Wissenschaftlich gibt es noch keine Erklärungen, nur Vermutungen!

Das Gebiet der physischen Medialität ist sehr vielfältig. Deshalb empfehle ich Ihnen, auch diese physisch-medialen Anlagen Schritt für Schritt und immer in Begleitung Ihrer geistigen Helfer zu entfalten und kritisch zu hinterfragen.

Mentale Einwirkung auf die Materie sowie Materialisationen gehören zum Verständnis der parapsychologischen Forschung, aber leider gibt es meines Wissens seit Lesley Flint, Helen Duncan und Gordon Higginson keine spirituell-physischen Materialisationsmedien mehr, die auf der Basis des Mental-Mediums ihre Fähigkeiten im Labor unter Beweis stellen würden.

Einige Beispiele physischer Medialität

1. Psychokinese

Psychokinese, auch (Pk) oder »psychisch-mentale Einwirkung auf die Materie« genannt (man denke an Uri Geller und das Verbiegen von Löffeln, Einwirkung auf beschleunigtes Wachstum von Blumen): *Feuerlaufen* (barfuß in Trance über glühende Kohlen gehen), *Radiästhesie* (Wasseradern, bestehende Energiefelder auspendeln und eventuell umpolen), diverse *Magnet-Effekte* (Kompaßnadeln beeinflussen, Bügeleisen, Briefklammern etc. haften am Körper) *Levitation* (die Schwerkraft aufheben und mit Leichtigkeit zu schweben beginnen) und viele andere Phänomene gehören dazu.

Die Materie mittels Gedankenkraft beeinflussen

Ist es nicht erstaunlich, daß solches möglich ist – alles nur mittels Gedankenkraft? Stellen Sie sich also vor, daß Sie jetzt immer leichter und leichter werden, bis Sie zu schweben, ja zu fliegen beginnen oder gar übers Wasser gehen können. Oder Sie stellen sich einfach vor, wie Sie ein riesiger Magnet werden, wie Ihr Magnetfeld immer stärker und stärker wird, so stark, daß daran alles Magnetische haften bleibt. Es sind die schönsten Dinge, welche uns die Verrücktheiten oft einhauchen und welche die Wirklichkeit beschreibt, meinte einmal André Gide.

Für all diese Erscheinungen brauchen Sie eine *mentale* Vorbereitung – sei diese aktiv als Willensabsicht oder passiv mittels eines spirituellen Bewußtseinsteils.

Psychische Medialität ist nicht gleichbedeutend mit spiritueller

Wir haben in den vorangehenden Lektionen den Unterschied zwischen der psychischen und der spirituellen Medialität kennengelernt. Kann das Medium psychisch arbeiten und beispielsweise als Hand- oder Kaffeesatz-Leser die Zukunft lesen oder Materie willens seiner Gedankenkraft beeinflussen, bedeutet das noch lange nicht, daß es spirituell arbeitet, das heißt sich von höheren, nicht inkarnierten Bewußtseinsebenen zu physischer Medialität inspirieren lassen kann. Psychisch mediale Anlagen haben nichts mit dem Talent der spirituellen Medialität zu tun.

Es entsteht also auch hier bei der physischen Medialität die Frage, auf was wir unsere Aufmerksamkeit fokussieren.

Demzufolge ist auch für das physische Medium spirituelle Medialität angebracht. Auch hier sollten wir aktiv-passiv sein!

Diese mediale Entfaltung der physischen Phänomene beginnt meistens mit der Trance, sie kann sogar die verschiedensten Materialisationen mittels Ektoplasma beinhalten. Das ist eine spezielle chemische Zellflüssigkeit, die vom begabten, sich freiwillig zur Verfügung stellenden Medium für physische Medialität von geistigen Helfern »entnommen« oder »zur Verfügung« gestellt und für seine Materialisation verwendet werden kann. Vielleicht können bei der physischen, spirituellen Medialität auch einmal Gegenstände durch einen geistigen Helfer bewegt werden.

2. Die Trance

Verschiedene Techniken können das äußere Sinnes-Bewußtsein in die innere Welt versetzen: Die *leichte Trance* ist mit einer normalen Tiefenentspannung oder hohen geistigen Konzentration zu vergleichen, wie wir sie von der normalen Versenkung oder Meditation bereits kennen. Auch in anderen Meditationsformen, wie beispielsweise dem yogischen Zazen, hat man überwiegend

Alpha-Zustand

Alpha-Wellen gemessen. Im Alpha-Zustand oder einem *wachen* Zustand bleibt die Konzentration kontemplativ und unbeweglich, oder das Medium läßt sie fließen, um sein Inneres, sein ganzes schöpferisches Potential oder den unendlichen Wissensspeicher der psychischen und spirituellen Welten zu erforschen und zur Entfaltung bringen zu können.

Theta-Zustand

Theta-Wellen zeigen einen *Halbschlafzustand* an – sie können aber auch kreative, visionäre Zustände beinhalten. Wenn der Theta-Rhythmus durch Biofeedback bewußt herbeigeführt wird, ergibt sich das merkwürdige Phänomen, daß der Mensch wach ist und alles aus der Umwelt wahrnimmt, aber somatisch schläft, d. h. nicht in der Lage ist, sich zu rühren oder zu sprechen. Das Bewußtsein wird in anderen Kulturen beispielsweise durch rhythmische und tänzerische Anregung verändert, weil man aus der Überlieferung weiß, daß Trance die biologische Tür zu anderen Wirklichkeiten ist, wie Felicitas Goodman meint.

Der Theta-Zustand kann auch durch Überreizung des Gehörs – also monotones, gemeinsames Rezitieren von Mantren, Singen von heiligen Texten, Händeklatschen, Stampfen etc. – herbeigeführt werden. Bei der *rituellen* Trance ist die ganze Atmosphäre wie Gruppenerregung, Erwartung, religiöse Überzeugung etc. von großer Bedeutung. Die Empfänglichkeit für rhythmische Reizeinwirkung wird durch Streß und Stoffwechselstörungen (Hypoglykämie, Erschöpfung usw., die man alle als Bestandteil des schamanischen Rituals wiederfindet) erhöht. Forscher kamen zu der Ansicht, daß akustische Reize, die mit 4 bis 7 Schwingungen pro Sekunde auftreten, für die rituelle Arbeit am geeignetsten wären, da sie die in den temporalen Hörregionen der Hirnrinde vorkommenden Thetarhythmen anregen.

Trance-Zustände rufen also immer innere Erregung hervor – sei es durch Angst oder Verzückung. Auch diese verschiedenen Trance-Methoden können dem Bewußtsein neue Welten erschließen, die sonst eher schwer zugänglich sind. Mittels Levitation kann man das ebenfalls erleben: Von vielen Heiligen wie von Theresa von Avila ist bezeugt, daß sie in meditativen Versenkungszuständen über dem Boden schweben konnten.

Ziel der Trance ist die visionäre Erfahrung anderer Dimensionen: einerseits die bewußte Erfahrung der Innenwelt, andererseits das feindifferenzierte Gewahrsein der Außenwelt. Sehr selten sind die psychischen Sinne bei dieser Erfahrung ausgeschaltet. In der Regel sind sie intensiv am Erleben beteiligt, und geübte Trance-Redner haben beispielsweise die Fähigkeit, mit der Außenwelt zu kommunizieren.

Bedeutung der Trance

Der ganze Sinn der Trance ist, daß die Botschaft nicht durch eine zweite Person – das Mental-Medium – vermittelt wird, sondern daß das Medium als Wesen die geistige Persönlichkeit direkt »verkörpert«.

Es ist die Projektion der geistigen Identität durch das Medium; dieses will nicht, daß sich das Medium als Person einmischt. Das ist natürlich sehr schwierig – nichtsdestotrotz gab es in der Vergangenheit aber wundervolle Trance-Medien, wie Maurice Barbanell, Gordon Higginson, Edgar Cayce usw. welche in dieses unbewußte Stadium gehen konnten, so daß die Persönlichkeit des Geistes voll durchscheinen konnte. Ihre Welten und Ideen, ihre Gefühle und Worte können direkt vermittelt werden. Das ist eine wunderbare Art von Medialität.

Durch Trance direkte Vermittlung von der geistigen Welt

Das Medium ist dann die Brücke nicht nur auf mentaler, sondern auf physischer Ebene. Bei der Trance kann die Vermittlung direkt von der geistigen Welt kommen, man erlebt, wie das Medium seinen Körper den höheren Bewußtseinsebenen bewußt als Instrument zur Verfügung stellt.

Trance-Medialität ist die Basis aller Formen der physischen Medialität.

Die direkte Stimme ist ein herrliches Beispiel dafür. Diejenigen, die diese Gabe haben, müssen mittels der Verbindung zur geistigen Welt von *dieser* entwickelt werden.

Es ist niemand anderes als die geistigen Helfer und Führer, die diese Entwicklungsarbeit machen. Wir Menschen machen herzlich wenig: Wir bereiten gute Bedingungen vor, stellen uns zur Verfügung und warten.

Auch diese mediale Disziplin steht und fällt mit dem speziellen Training, das oft jahrelang »äußerlich erfolglos« sein kann – je nach persönlichem Bewußtseinskanal kann die geistige Welt ihr Werkzeug mehr oder weniger gut gebrauchen. Trance ist eine sehr wesentliche und wertvolle mediale Begabung.

Je nach Bewußtseinsschulung wird das Medium gefühlssicherer und kann mit der Zeit immer besser im Hologramm unterscheiden, welche geistigen Impulse zuerst seine mentale, später vielleicht sogar seine physische Intuition inspirieren – ob seine eigenen psychischen Informationen in sein Bewußtsein gelangen oder ob diese als Vermittler, als Mittel zum Zweck, von anderen nichtinkarnierten Impulsen für eine bestimmte Aussage »angeklickt« werden. Entspannt sich das Medium dann einen Schritt tiefer und fällt in einen Trance-Zustand, gelingt es ihm dadurch, sich selber in den Hintergrund zu stellen, und es kann bewußt erleben, wie es von einem anderen Bewußtseinsteil nicht nur zu freien Reden inspiriert wird, sondern wie die geistige Welt die Arbeit übernimmt.

Umgang mit geistigen Wesen

Springen wir nicht über die Hürde, bevor wir in der Lage dazu sind. Was den korrekten Umgang mit Wesen aus der geistigen Welt betrifft, bedeutet der richtige Zeitpunkt alles. Wenn wir innerlich bereit dazu sind, öffnen sich uns auch Möglichkeiten dazu.

Die Entfaltung der Weisheit geht weiter, alles fließt – wie ein Donnerschlag des Wissens wird uns das göttliche Selbst immer bewußter, Schritt um Schritt verlieren wir mittels der medialen Entfaltung die verschiedenen Hüllen des Egos und die Illusion dessen, was wir als das Wesen der Person betrachtet haben.

Stellt das Medium seinen Organismus als Werkzeug einem anderen, nicht-inkarnierten, spirituellen Bewußtseinsteil zur Verfügung, so kann dieser seinem Talent und dem Kanal entsprechend sich verwirklichen. Tiefe oder geistig hohe Inspirationen stammen immer aus der Akasha-Chronik, aus dem Buch des Lebens, in dem das Weltgedächtnis niedergeschrieben ist. Je nach persönlichem Bewußtseinstand kann das Medium auch in dieser physisch-medialen Disziplin 1. geschickt sein *eigenes*, gespeichertes Wissen anzapfen, 2. sich durch *seine Mitmenschen* inspirieren lassen oder/und 3. sich von *nicht-inkarnierten höheren Bewußtseinsteilen* oder *Boten Gottes* zu philosophischen Vorträgen oder prophetischem Wissen inspirieren lassen.

Die ganze Erfahrung kann aber – wie bereits bei der besprochenen Bedeutung der mentalen ASW-Fähigkeit – sehr wohl auch aus Ihrem Unterbewußten stammen und nur von Ihrer Traumbildsprache dramatisiert worden sein.

Trance-Erlebnisse müssen nicht objektiv sein

Der Kernpunkt besteht darin, daß Trance-Erlebnisse nicht immer eine objektive Wahrheit beinhalten. Oft kommt es auch bei dieser Disziplin vor, daß lediglich tiefe psychologische Prozesse im Geist der erlebenden Person reflektiert werden. Es braucht überhaupt keine spirituelle außersinnliche Wahrnehmung vorhanden zu sein. So beeindruckte und überzeugte mich diesbezüglich nur Gordon Higginson, als er in Tief-Trance als eine andere Identität eine normale Demonstration vor Publikum hielt und auf eine phantastische Art und Weise das Weiterleben in anderen Welten bewies.

Der Kern der Aussage ist entscheidend

Ich bin überzeugt, daß das Medium im Alpha-Zustand die gleichen effizienten Erfahrungen und Resultate erleben kann wie das Trance-Medium im Theta-Zustand. Ist es nicht auch in der physischen Medialität immer nur die Qualität des Vermittlers und dessen mediale Fähigkeiten, die ausschlaggebend sind für die *Qualität* der Botschaften aus der geistigen Welt?

Mediale künstlerische Fähigkeiten

Mediale künstlerische Fähigkeiten wie *automatisches Schreiben, Malen und Zeichnen, Musizieren, Singen, Tanzen, Reden etc.* gehen meistens von einem mehr oder weniger ausgeprägten Trance-Zustand aus. Es gibt eine Reihe verblüffender Fälle, in denen verstorbene Meister aus anderen Bewußtseinsebenen in unserer Zeit mittels ihrer sensitiven Instrumente neue Werke geschaffen haben sollen.

Können verstorbene Dichter noch Romane, Gedichte und Schauspiele »schreiben«? Sowie beim Malen kann auch dem Schreib-Medium die Feder von Geisterhand geführt werden. Sogar unterschiedliche Handschriften können auftauchen. Man kann diese auch graphologisch mit den hinterbliebenen Erzählungen über dessen Persönlichkeit vergleichen, und sie können wirklich identisch sein! Interessante spirituelle Führer, die ihre Schreibmedien mit wunderbaren geistig-philosophischen Lehren inspirierten, waren z. B. Red Cloud, Silver Birch und White Eagle.

Automatisches Schreiben

Automatisches Schreiben ist ein seltenes Talent und muß auch – wie alle anderen – trainiert werden. Es ist also ein Unterschied, ob eine Person inspiriert wird und den Wunsch zum Schreiben verspürt oder ob sie als »Gefäß«, als automatisches Schreibmedium, von geistigen Wesen genützt wird. Das Medium, das dieses Talent an sich entdeckt, sollte nicht unbedingt in der medialen Trainingsgruppe arbeiten, sondern mit einer oder zwei Personen diese Begabung ganz gezielt für diesen Zweck regelmäßig üben. Auch hier sollten alle Anweisungen von der geistigen Welt ernst genommen werden.

Musikwerke von Verstorbenen

Viele Medien behaupten, daß sie auch Werke von verstorbenen Komponisten empfangen können. Warum nicht? Beginnt nicht hier für jeden engagierten Musiker das Mysterium der freien Improvisation, der Komposition überhaupt? Gesangsmedien, die nicht nur gute Interpreten sind, sondern wirklich mediale Anlagen haben, können Ihre Stimmbänder demzufolge von feinstofflichen Wesenheiten vibrieren und inspirieren lassen. Lesley Flint, das bekannte englische Medium, konnte in Sitzungen direkt Stimmen von berühmten Persönlichkeiten aus Show, Film und Kunst *akustisch* für alle wahrnehmbar materialisieren. Zu Forschungszwecken konnte er seine seltene Fähigkeit auch im Labor unter Beweis stellen. Leider sind solche physische Medien sehr rar, denn schon die »normale« Hellhörigkeit ist selten. Die physische Hellhörigkeit wird mittels Geräuschen und Vibrationen von höheren Bewußtseinsebenen in der Kehle des physischen Mediums kreiert. Der ätherische Kehlkopf, könnte man sagen, wird mit Ektoplasma mittels der geistigen Kraft zusammengeführt. Oft dient dann eine Art Trichter als Verstärker der aus Geisterhand fabrizierten Geräusche.

Ein anderes Beispiel für außergewöhnliche Auditionen wurde von Freunden von Goethe geschildert. Als er im Sterben lag, hörten verschiedene Menschen in seiner Umgebung eine geheimnisvolle Musik, die aus einer höheren Sphäre zu stammen schien, jedenfalls keiner erkennbaren irdischen Quelle zuzuordnen war.

Nicht nur Töne können materialisiert werden, sondern auch Gerüche. Die Geruchspalette reicht von zartem Rosenduft bis zu verbranntem Horn.

Weitere Arten physischer Medialität

Transfiguration

Bei der Transfiguration kennen wir drei Stadien:

1. Die subjektive Wahrnehmung beispielsweise der Transfiguration für das Medium: Der Sitzer sieht und merkt nichts von seiner physischen Veränderung – das Medium erlebt es innerlich, ohne daß die Außenwelt davon etwas merkt.
2. Die Transfiguration wird für einen medial sensitiven Sitzer im Feinstofflichen wahrnehmbar und sichtbar.
3. Die Transfiguration wird für alle offensichtlich, indem das physische Medium Ektoplasma produziert, damit das Geistwesen sich »materialisieren« und mit dieser »Modelliermasse« nachbilden kann. Es wird gewissermaßen eine verdichtete Nebelmaske über dem Gesicht des Mediums sichtbar. Der Ausdruck des Mediums wird dadurch so stark verändert, daß eine andere Persönlichkeit, z. B. über dem Mediumsgesicht oder als geistiges Phantom neben ihm, für alle wahrgenommen werden kann. Helen Duncan und Gordon Higginson konnten mental wahrgenommene verstorbene Geistwesen physisch materialisieren, daß diese für alle Anwesenden – in Form eines sich aus Ektoplasma bildenden Nebels – für einen Moment sichtbar wurden, ähnlich, wie wir es von der *Geisterfotografie* kennen.

Spukphänomene

Bei Spukphänomenen können einerseits Teilpersönlichkeiten, die im Unterbewußtsein des Mediums versteckt und gelagert sind, durch den »elektromagnetischen« Schock zweier aufeinanderprallender Impulse plötzlich »zum Leben erweckt« und aktiviert werden. Allerdings kommen solche Kräfte nicht immer aus dem Medium selbst. Sie haben für das betreffende Medium oder andere eine Bedeutung, indem sie neue Impulse geben wollen.

Es gibt andererseits auch unerlöste oder gar »verlorene« abhängige Seelen oder Astralkörper, also nicht-inkarnierte Bewußtseins- oder Energieteile, die noch im ätherischen oder emotionalen Bereich herumirren und dankbar sind, wenn sie endlich das göttliche Licht und die Liebe hinter den Wolken der Astralebene wieder erleben können. Weiterhin sind unter diesen Phänomenen erlöste, selbständige Bewußtseinsteile, die bemüht sind, sich selbstverantwortlich von der emotionalen in die mentale, kausale und spirituelle Bewußtseinsebene weiterzuentwickeln.

Auch bei diesem Phänomen kann der Sensitive psychische und spirituelle Bewußtseinsteile wahrnehmen, die für seine weitere Entwicklung und das Verständnis seiner Medialität von Bedeutung sein können.

Außerkörperliche Erfahrungen

Außerkörperliche Erfahrungen (Out-of-body experience) oder Astralreisen

Es gibt vier Stufen bei Astralreisen:
1. Der Schlafende rennt mental im Traum mit seinen psychischen Körpern durch die Landschaft, während sein physischer Körper »ruhig« im Bett liegt.
2. Der Nachtwandler spaziert im Traum unbewußt tatsächlich mit seinem physischen Körper herum, erinnert sich am anderen Morgen aber an nichts mehr.
3. Der Astralreisende denkt sich gefühlsmäßig und hellsichtig an einen anderen, bestimmten Ort und erlebt sich psychisch dort, während er seinen Körper zu Hause im Bett liegen sieht. Das Bewußtsein für das Erlebte ist sowohl psychisch als auch physisch vorhanden.

Nicht selten geschieht es, daß man im normalen Hellsehtraining plötzlich *mental* ein solches out-of-body-Erlebnis erfährt. Man denkt sich nicht nur an einen anderen Ort, sondern erlebt sich tatsächlich dort, im Wissen um die physische Hülle auf dem Meditationssessel.

4. Bei der *Bilokation* materialisiert sich der Astralkörper teilweise oder sogar ganz, während der physische Körper zu Hause geblieben ist. Es handelt sich dabei um eine weitere parapsychologische Fähigkeit, mit seinem Körper oder dessen Astralkörper an zwei oder mehreren Orten (Multilokation) gleichzeitig zu weilen.

Unverwesbarkeit

Ein anderes Phänomen ist die *Unverwesbarkeit* eines Körpers. Viele katholische Heilige haben der Verwesung teilweise oder ganz widerstanden, oft sogar über Jahrhunderte hinweg. Wie die übrigen Charismen, so ist auch die Unverwesbarkeit nicht auf Katholiken beschränkt. So wird z. B. über Swami Paramahansa Yogananda, einen spirituell erfahrenen Lehrer mit großer Anziehungskraft, berichtet, daß sein Körper nach dem Tod nicht der sonst üblichen Auflösung erlag.

Apport-Phänomene

Im Traum erlebte ich, wie sich ein guter Freund von mir telefonisch verabschiedete und mir mitteilte, daß die Zeit für ihn reif sei und er jetzt in die feinstoffliche Welt hinüberwechseln wolle. Kurze Zeit darauf bekam ich dann auch die Bestätigung meiner Wahrnehmung vom Übergang dieses Freundes und ein paar Monate später bereits seine ersten »Lebenszeichen«. Da er ein Künstlerfreund von mir war, hatte ich diverse Zeichnungen von ihm aufgestellt. Plötzlich flatterte grundlos eine seiner Zeichnungen durch den Raum – dieses Phänomen wiederholte sich dreimal. Als Abschluß des Beweises seiner Präsenz lag zu meiner Überraschung eines schönen Morgens sogar eine seiner Zeichnungen – von Geisterhand geführt – auf meinem Schreibpult. Dieses *Apport*-Phänomen besteht also im Herbeischaffen, in der Lage- oder Ortsveränderung materieller Dinge.

Technische Kontakte

Zu anderen geistigen Dimensionen Kontakt aufzunehmen mittels Tonbandstimmenforschung sowie Radio, TV, Computer etc. sind ebenfalls Möglichkeiten der physischen Medialität. Die hochempfindlichen Geräte können immer besser – als verlängerte Antenne der Wahrnehmung sozusagen – eingesetzt werden. Mehrere Menschen haben bereits mittels Computeranlagen oder anderer technischer Ausrüstungen mit Pflanzen oder nicht inkarnierten Bewußtseinen Kontakt aufgenommen und mit ihnen kommuniziert.

Aura-Fotografie

Mittels Aura-Fotografie kann der Astralkörper eines anderen und seine Farben sichtbar gemacht werden. Trotz aller technischen Fortschritte ist mit der Interpretation hier aber noch Vorsicht geboten. Je sensibler das technische Gerät und je medialer der entsprechende Bedienungskanal ist, umso größer wird die elektromagnetische Anziehung. Die Wahrscheinlichkeit der willentlichen Beeinflussung darf nicht außer acht gelassen werden. Entsprechend größer ist die Chance, daß ein phantastisches Phänomen, vielleicht sogar ein sich materialisierender Verstorbener abgelichtet werden kann. Mit Infrarot-Filmtechniken können also auch Gedanken aufgenommen werden – seien es inkarnierte oder nicht inkarnierte Bewußtseinsenergien.

Ufos

Ufos seien Projektionen des kollektiven Unbewußten der Menschheit, meinte C. G. Jung. Aus meinen persönlichen Forschungen und Erfahrungen bin ich allerdings überzeugt davon, daß sie auch Ausdruck anderer intelligenter Zivilisationen, wie wir dank unseren geistigen Helfern bereits erlebt haben, aus feinstofflichen, nichtinkarnierten Bewußtseinsebenen sein können. Je nach unserer geschulten ASW-Fähigkeit nehmen wir diese mentaltelepathisch wahr oder lassen uns mittels ihren materialisierten Kornkreis-Phänomenen zum Denken anregen. Unsere Wahrheit prägt unsere Wirklichkeit.

Während einer Zugreise nach München erlebte ich selbst im tagträumenden Wachbewußtsein, wie sich ein in Regenbogenfarben schillerndes Ufo aus dem Kornfeld erhob und sich leider, für meine Wahrnehmung fast zu schnell, unmittelbar beim Sehen auflöste. Es war keine Täuschung, denn der zurückgelassene Kornkreis wurde vom bayrischen Ufokongreß bald darauf ebenfalls dokumentiert.

In der Sprache der Parapsychologie können alle diese Erscheinungen als »telepathische Psychokinese«, »Selbstautomatismus« oder »unterdrückte Kreativität« erklärt werden. Aus eigener Forschung und Erfahrung aber bin ich überzeugt, daß es nebst der psychischen Medialität eine *spirituelle* Medialität oder Beeinflussung gibt oder anders ausgedrückt, daß nicht-inkarniertes Bewußtsein den irdischen Vermittler *auch* für physi(kali)sche Wunder einsetzen und inspirieren kann.

Wunderheilungen

Wunderheilungen werden von höheren geistigen Wesen oder feiner schwingenden Bewußtseinsteilen veranlaßt und letztlich vollbracht, wenn es im göttlichen Plan des Ratsuchenden geschrieben steht und dieser mit seinem freien Willen bereit dazu ist, gesund werden zu wollen. »Dann werden die Augen der Blinden geöffnet, auch die Ohren der Tauben sind wieder offen. Dann springt der Lahme wie ein Hirsch, die Zunge des Stummen jauchzt auf.« (Jesaja 35, 5–6).

Geistheilungen

Bei jeder Geistheilung werden die persönlichen Heilkräfte des Patienten aktiviert, und, so Gott will, kann es dann in der irdischen und außerirdischen Teamarbeit zu einer Spontanheilung, einem Wunder, kommen. Heilen ist ein Einwirken von feinstofflichen

Schwingungen auf grob- und feinstoffliche Strukturen; Bewußtsein und lebende Materie sind in großem Einklang und wirken beeinflussend aufeinander.

Die entsprechenden Energiesysteme können mittels aktiver Heilmeditation, Trance, Hellsehreisen oder außerkörperlicher Erfahrung aktiviert werden – je nach persönlicher Veranlagung. Je klarer unser mentales Verständnis bezüglich des geistigen Heilens wird, umso weniger Rituale oder spirituelle Heilbehandlungen brauchen wir. Denn ein Gedanke kann schon genügen; der Impuls bewirkt eine Bewegung. Das Biologische wird mit dem psycho-spirituellen Bewußtsein bei Wunderheilungen harmonisiert und wieder ins Gleichgewicht gebracht.

Als Kanal stellt sich dieser bewußte Heiler dann nur noch in der Vorstellung zur Verfügung und beobachtet beispielsweise hellsichtig, wie die feinstofflichen Hände eines geistigen Chirurgen eine geistige Operation vornehmen, oder er sieht mental, wie ein geistiger Begleiter des Ratsuchenden diesem als Heilerkanal dient. Die beiden Engländer Harry Edwards und George Chapman, durch den Dr. Lang aus der geistigen Welt gearbeitet hat, Daskalos aus Zypern und andere haben dies in ihren langjährigen Arbeiten bewiesen. Beispielsweise wurden deformierte Wirbelsäulen geheilt, Geschwüre lösten sich auf, Gelähmte konnten wieder gehen und vieles mehr. Entscheidend zu wissen ist, daß es immer die göttliche Liebe ist, die heilt, und nicht der Geistheiler, das geweihte Wasser oder der heilige Ort selber.

Wundern liegen bisher unbekannte Naturgesetze zugrunde

Alle physi(kali)schen Wunder sind eigentlich keine. Sie erscheinen nur so, weil wir die anderen feinstofflich-physi(kali)schen Gesetzmäßigkeiten, die elektromagnetischen Felder und Kräfte anderer Bewußtseinsebenen (des Ätherkörpers usw.) bis heute noch nicht klar wissenschaftlich erklären können.

Wunderheilungen und die anderen beschriebenen Phänomene wollen uns allen Mut geben, durch unsere persönliche regelmäßige Bewußtseinsschulung und die freudvolle Arbeit an uns selber mittels *unserem wachen Geist und Denkvermögen,* phantastische Erleuchtungen vielleicht einmal selbst erfahren und erleben zu können. Erst dann können wir »wissen«. Gleichzeitig entdecken wir den Sinn des Lebens wieder neu und werden uns bewußt, daß unsere seelisch-geistige Entwicklung vom ersten bis zum letzten Atemzug – egal welchem sozialen, konfessionellen, politischen oder beruflichen Stand Sie angehören – weder einen Anfang noch ein Ende hat.

Gordon Higginson meinte nach seiner 60jährigen Erfahrung als Medium: »... bevor Medien ihre medialen Talente entwickeln, sollten diese durch Meditation und spirituelles Bewußtsein zuerst geschult werden. Kommt nicht die mediale Entwicklung zum Mental-Medium zuletzt? Ist nicht die *Vorbereitung* der wichtigste Schlüssel dazu, es sei denn, wir können den spirituellen Stand halten, wie ihn uns viele erstklassige Medien vorgelebt haben, ohne daß sich die Arbeit im Verlaufe der Zeit verschlechtert. Leider ist das eines der Probleme verschiedener heutiger Medien. Sie haben einen bestimmten Stand erreicht und nie versucht, sich höher zu entwickeln. Sie blieben auf dieser einen Bewußtseinsstufe stehen, um davon bloß aus einem materiellen Blickwinkel heraus und nicht aus dem Spirituellen schauen zu können. Egoismus ist auch bezüglich der medialen Entwicklung ein Problem. ... Die Antwort ist, daß wir nie die Tugend der Demut vergessen dürfen.«[1])

Wir sollen zuerst ein »reines« Gefäß werden. Machen wir also aus einfachen Dingen keine Wunder, sondern reduzieren wir Wunder zu einfachen Dingen, wie der englische Philosoph Francis Bacon meinte.

Praktische Übungen zur mentalen Medialität

Die Toten niemals rufen!

Das Medium kann als Gefäß emotional, mental oder auch physisch wirken, je nach Veranlagung. Es muß sehr behutsam und sorgfältig sein, damit es die geistige, nicht inkarnierte Welt nicht »herbeizwingt« oder gar ruft. Wir wissen, daß wir die Toten ruhen lassen sollen und daß diese sich immer freiwillig melden, wenn sie es für richtig erachten. Wir sollen also in medialen Entwicklungsgruppen sicher nicht zusammenkommen, um die geistige Welt rufen zu wollen.

Die wichtigste Voraussetzung jedes Mediums ist zuerst zu realisieren, daß wir uns in die ätherische Dimension einschwingen und einstimmen lernen müssen. Es geht in erster Linie nicht darum, sofort herausfinden zu wollen, wie wir Kontakt zu jemandem finden könnten, der vielleicht bereits in die andere Dimension gegangen ist. Bevor das vielleicht einmal geschehen kann, müssen wir unsere Sinne – den Draht zur geistigen Welt – entwickeln. Dazu muß das Medium lernen, sich von der materiellen, irdischen Welt immer besser lösen zu können, um sein Bewußtsein auf eine andere Schwingungsebene oder in eine feinstofflichere Welt zu richten. Wie ein Gefäß kann sich das Medium dann mit der Zeit von Mitteilungen und Botschaften auffüllen lassen, die aus der geistigen Welt strömen. Dann erst wird es Empfänger – nicht mit vorgefaßten Ideen oder erzählender Phantasie, die sagt, was man zu tun hat.

»Gefäß« sein und nicht vorgefaßte Ideen und Phantasien weitergeben

Hier beginnt die eigentliche spirituell-mediale Lehre, indem man lernen muß, diese Zeichen und Wunder richtig zu interpretieren und zu verstehen. Sie teilen uns die Gefühle und Gedanken derer mit, welche einen Kanal für diese Information aus einer höheren Bewußtseinsebene werden möchten. Unsere Fähigkeit und Geschicklichkeit der Interpretation ist demzufolge entscheidend. Jedes Medium muß diesen spirituellen Aspekt immer wieder trainieren und weiter entwickeln.

Sie können nur das vermitteln, was Sie fähig zu verstehen sind.

Entwickeln Sie sich mit dem richtigen Material oder Gedankengut weiter, wenn Sie ein spirituell-medialer Kanal werden möchten; bleiben Sie nicht auf der psychischen Ebene Ihrer Medialität stehen.

Sie erwarten als mentales und vielleicht sogar physisches Medium, jede lebende Vibration auf Ihre Art zu erfassen und möglichst treffsicher orten zu können. Wenn Sie eine geistige Schwingung wahrgenommen haben, müssen Sie diese so weitervermitteln, wie sie sie fühlen und empfangen. Nichts Persönliches und keine Untermalungen Ihres Unterbewußten mischen Sie der erhaltenen Botschaft bei; Sie brauchen keine fertigen Lösungen. Versuchen Sie einfach mit Liebe, alles so zu vermitteln, wie Sie es erhalten.

Suchen Sie sich jetzt einen Platz in der Natur, einer schönen Kirche, einem ruhigen Zimmer – irgendeinen Raum, in dem Sie mit

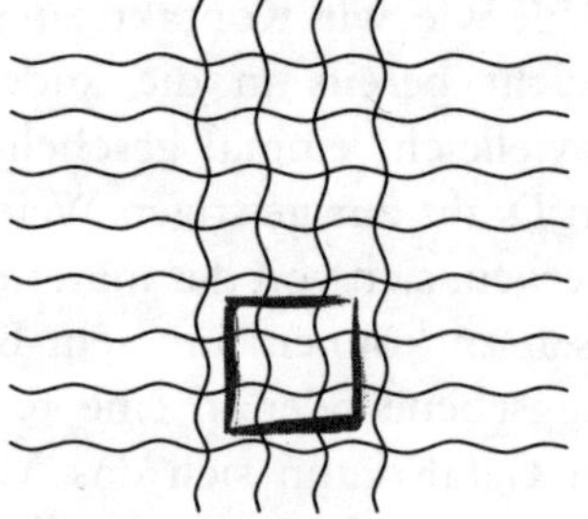

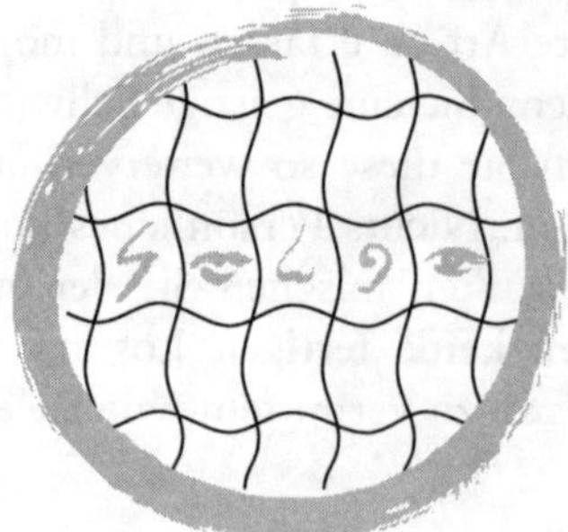

Holografischer Lebensstrom

sich und Ihren Gedanken allein und ungestört sein können. Ihr geistiger Helfer freut sich auf Ihre Zusammenarbeit. Folgende Übungen möchten Sie zu Ihrer weiteren medialen Arbeit inspirieren:

Einzelübungen

1. Maske

Ihr geistiger Helfer bringt Ihnen jetzt eine ganz speziell für Sie angefertigte Maske. Lassen Sie sich Zeit, beriechen, betasten, beschauen, behören und befühlen sie diese, und nehmen Sie auch hier wieder Kontakt mit ihr auf, und lassen Sie sie sprechen.

Was meint Ihr geistiger Helfer dazu? Ergänzt oder korrigiert er Ihre Interpretationen? Wie lautet Ihre persönliche Standortbestimmung?

2. Herbstblatt

Ihr geistiger Helfer überreicht Ihnen jetzt ein speziell für Sie gefundenes Herbstblatt. Er erzählt Ihnen ganz genau, wo er es gefunden hat und warum er Ihnen ausgerechnet dieses heute schenken möchte.

Lassen Sie zum Abschluß auch noch das Blatt zu Ihnen sprechen. Vielleicht erzählt es Ihnen, wie es vom Baum oder Busch gefallen ist, warum und wie es diesen Flug erlebt hat. Vielleicht erzählt es Ihnen auch, warum es »diese Eigenschaften« hat und keine anderen.

Entdecken Sie Parallelen zu Ihrem persönlichen Leben, hier und jetzt?

3. Tarot-, Patience- oder andere Spielkarten

Alleine können Sie eine ähnliche Übung mit Tarot-, Patience- oder anderen Spielkarten machen. (Anfänglich sind Patiencekarten zu empfehlen.) Mit dem »Gesicht« nach unten nehmen Sie die Karten in die Hand.

Schließen Sie die Augen, und akzeptieren Sie den ersten Impuls, der Ihnen bezüglich der obersten Karte in den Sinn kommt. Vertrauen Sie Ihrer Intuition, kontrollieren Sie sofort Farbe, Form etc., bevor Sie fortfahren.

Konzentrieren Sie sich zuerst nur auf »schwarz« oder »rot«, anschließend auf Herz, Karo, Kreuz oder Pique, bevor Sie sich dann nur auf die Zahlen konzentrieren. Erst später empfiehlt es sich, alle Eigenschaften der Karten kombiniert herauszufinden.

Bei Tarot-Karten ist es wichtig, den Traum oder die ganze Bildergeschichte zusammenzufassen und sich zuletzt für eine Vision zu entscheiden.

4. Präkognition

Nehmen Sie ein leeres Notizbuch. Entspannen Sie sich, und gehen Sie in Ihrer Vorstellung an Ihren geistigen Arbeitsplatz. Bitten Sie Ihren inneren Helfer oder Ihr höheres Selbst, Ihnen jetzt eine Situation aus der Vergangenheit in Erinnerung zu bringen, die Sie selber erlebt haben. Warten Sie ruhig, bis Ihnen etwas in den Sinn kommt, bis Ihnen etwas erscheint. Notieren Sie alles sorgfältig, und beobachten Sie auch Ihre Reaktionen bei dieser Erinnerung…

Gehen Sie wieder zurück an Ihren Arbeitsplatz, und stellen Sie sich vor, wie Sie sich auf einen fliegenden Teppich setzen, der mit Ihnen in die Zukunft losfliegt. Wichtig ist, daß Sie sich ganz klar auf ein noch nicht eingetroffenes, zukünftiges Ereignis freuen. Zählen Sie bis fünf, wissen Sie, daß Sie jetzt in der Zukunft angekommen sind, und bitten Sie nun Ihr höheres Selbst oder Ihren geistigen Helfer, er soll Ihnen eine Situation, ein Bild oder eine Idee von einem zukünftigen Ereignis zeigen.

Warten Sie geduldig auf die neuen Vorstellungen und Einbildungen. Merken und beobachten Sie alles gut, was Ihnen durch den Kopf geht. Öffnen Sie die Augen, und schreiben Sie sich den ganzen Film auf. Schreiben Sie sich jetzt beide Erlebnisse, das vergangene und das zukünftige, auf. Das ist nur eine Übung, um Ihnen zu zeigen, wie auch Sie latent die Möglichkeit haben, sich sowohl an Vergangenes wie auch an Zukünftiges zu erinnern.

Lassen Sie in Ihrem Notizbuch Platz für spätere Bemerkungen frei. Interessant wird es dann, wenn Sie Ihre Zukunftsvision mit der Wirklichkeit vergleichen können. Achten Sie auch auf die Nachrichten, TV-Sendungen und das sonstige zukünftige Tagesgeschehen, damit Sie Ihre Visionen möglichst klar und präzise aufschlüsseln können.

5. Ein Seelenbild malen

Hat bald jemand aus Ihrem Freundeskreis Geburtstag? Warum malen Sie diesem zur Abwechslung nicht einmal ein Seelenbild,

oder schreiben ihm ein Gedicht? Lassen Sie sich in aller Ruhe von Ihrem geistigen Helfer dazu inspirieren. Bestimmt freut er sich, Ihre Medialität auch im kreativen Ausdruck zu fördern. Malen, schreiben Sie medial, für sich und andere, bereiten Sie sich und anderen Freude mit Ihrer Kunst.

Partnerübungen

1. Senden und Empfangen

Suchen Sie einen Partner oder »Eingeweihten«. Dieser zieht jetzt seine Schuhe aus und bewegt sich lautlos im Raum, während Sie mit verbundenen Augen sprechend hin und her spazieren. Wenn Sie »stop« sagen, sollte Ihr Spielgefährte möglichst unbeweglich und ruhig atmend stehen bleiben, damit Sie ihn mit ihren physischen Sinnen nicht wahrnehmen können. Können Sie die »Vibrationen« Ihres Partners fühlen? Zeigen Sie jetzt mit einer Geste, wo im Raum Ihr Partner stehen könnte. Zuerst zeigen Sie vielleicht nur die Richtung an. Später können Sie sogar den genauen Standort beschreiben. Ihr Spielgefährte verläßt jetzt den Raum, damit Sie den Unterschied – seine Präsenz – spüren können.

2. Karten

Organisieren Sie sich einen Spielpartner. Der eine ist Empfänger, der andere Spielleiter. Der Leiter mischt die Karten (Tarot-Karten beispielsweise), nimmt zehn heraus und legt diese verkehrt in einer Reihe auf den Tisch. Der Empfänger entspannt sich, meditiert und bereitet sich vor, mediale Sinneseindrücke zu empfangen. Wenn der Empfänger bereit ist, legt er die Hände mit geschlossenen Augen über die erste Karte und erzählt die erste Idee, die ihm in den Sinn kommt.

Der Spielleiter merkt sich alles und notiert sich sämtliche Aussagen des Vermittlers schriftlich bezüglich aller geistigen Impressionen der Karten, ohne ein Feedback oder Zeichen zu geben, ob die Informationen richtig oder falsch sind. Am Schluß wird erst ausgewertet und die Gefühlssicherheit des Mediums kontrolliert.

Der Empfänger sollte sich dann beim Vergleichen und Auswerten seiner Resultate an seine medialen Eindrücke erinnern und bei Fehlern herausfinden, was falsch interpretiert wurde. So kann mit der Zeit immer besser zwischen eigenen psychischen Informationen und äußeren Einflüssen unterschieden werden.

3. Karten

Karten sind auch dankbare Hilfsmittel, um die Telepathie zwischen Ihnen und einem Spielgefährten bewußt zu trainieren. Dieser schaut sich intensiv eine Karte an und sendet Ihnen ganz bewußt Gedanken über dieses Bild. Arbeiten Sie auch hier relativ schnell – die ersten Ideen sind meistens die besten. Es ist sinnvoll, mindestens zehn Karten zu »senden und empfangen«, damit man so richtig in Schwung kommt.

4. Mental-Medium sein

Sie machen es sich jetzt wieder bequem, atmen zwei bis dreimal tief durch und entspannen Seele, Geist und Körper. Als Werkzeug freuen Sie sich, sich wieder der geistigen Welt zur Verfügung zu stellen. Sie genießen die innere Harmonie, die erwacht, Sie zentrieren und konzentrieren sich und kommen in die eigene Mitte.

In Ihrer Vorstellung spazieren Sie jetzt zu Ihrem Lieblingsplatz. Es ist ein angenehmer Ruhe- und Arbeitsplatz, wohin Sie sich ungestört vom Alltagslärm von allem zurückziehen können.

- *Hellsehend wollen Sie ganz bewußt Ihre Umgebung jetzt wahrnehmen…*
- *Hellfühlend lassen Sie sich völlig gehen; gelassen und ruhig sind Sie, völlig entspannt und ohne Erwartungen…*
- *Hellriechend konzentrieren Sie sich auf alle Düfte, die um Sie herum sind…*
- *Hellhörend nehmen Sie alle Geräusche wahr…*

Immer tiefer entspannen Sie sich – immer besser können Sie sich in Ihrer Mitte zentrieren.

Ein geistiger Helfer erscheint Ihnen wieder. Nach der herzlichen Begrüßung stellt er Ihnen jetzt einen geistigen Helfer Ihres Freundes vor, der mit seiner Erscheinung zuerst seinem Adressaten sein Weiterleben beweisen möchte, und Ihnen bietet er eine Gefühlskontrolle, damit Sie nicht Intuition, Märchen, Wunschträume oder Unverarbeitetes aus Ihrem eigenen Unterbewußtsein mit der medialen Botschaft verwechseln.

Wenn der göttliche Plan es jetzt will, zeigt Ihnen Ihr geistiger Helfer also den geistigen Helfer des Freundes. Ist dieser gerade »abwesend«, freuen Sie sich Ihres persönlichen geistigen Führers, der Ihnen jetzt einen Ausschnitt aus einem vergangenen Leben Ihres noch lebenden Freundes in Erinnerung rufen möchte. Dazu führt er Sie in ein kleines Kino, wo Sie sich in aller Ruhe bequem hinsetzen.

Sie sehen, wie Ihr Helfer bereits einen ausgewählten Film vorbereitet hat für Sie. Ruhig schauen Sie diesen Film an, und vergessen Sie nicht, daß Sie innerlich immer im Kontakt mit Ihrem geistigen Helfer sind und ihn fragen dürfen, wenn etwas unscharf ist oder eine gewisse Szene zum besseren Verständnis vielleicht wiederholt werden sollte.

Langsam geht der Film zu Ende. Gemeinsam mit Ihrem Helfer deuten Sie das Erlebte, seine Symbole, Sie interpretieren es, um

1. *eine Brücke zum Hier und Jetzt schlagen zu können,*
2. *ein praktisches Werkzeug formen zu können, das als wertvolles Hilfsmittel nachher vom Adressaten hier und jetzt verwendet und angewendet kann.*

Sie bedanken sich für diese Zusammenarbeit, verabschieden, schließen sich und kehren zum Lieblingsplatz zurück. Sie merken und notieren sich alles und erzählen Ihrem Freund das Geträumte.

5. Mental-Medium sein

Um die persönliche Gefühlssicherheit immer wieder überprüfen zu können, eignen sich auch »Privatsitzungen« im Freundeskreis. Schauen Sie zur Abwechslung einmal mit offenen Augen, ob und wer sich aus der geistigen Welt für Ihr Vis-à-vis melden und vielleicht einen Gruß vermitteln möchte.

Wird ein geistiger Helfer klar als Verstorbener erkannt, kann das Mental-Medium versuchen, weiter in Kontakt mit diesem zu bleiben und sich auf Botschaften (als Gedankenanregung für sein Gegenüber) zu konzentrieren, die weitervermittelt werden möchten.

Sollte der eindeutige mental-spirituelle Beweis Ihrer Gefühlssicherheit heute nicht klappen, weil Sie vielleicht unkonzentriert, müde sind oder unter dem Wetter leiden, arbeiten Sie beispielsweise ganz bescheiden auf der mental-psychischen Ebene weiter, um die Übungszeit auszunutzen.

Bitten Sie Ihren geistigen Helfer, er soll Ihnen jetzt bestimmte Symbole, die eine ganz bestimmte Bedeutung für Ihren Partner haben, zeigen. Ihr geistiger Helfer macht mit Ihnen nun einen langen Spaziergang durch eine ganz spezielle Gegend, die in Bezug zu Ihrem Partner steht. Achten Sie auf die Landschaft, auf die Farben und Formen, fragen Sie immer nach der Bedeutung des Gezeigten, bis Sie klarer die gezeigten Symbole dieses Traumes deuten können.

Abschließend fragen Sie dann bei Ihrem Partner klar und unmißverständlich Ihre ASW-Eindrücke ab, damit Sie Ihre Intuition mittels Ja- und Nein-Antworten kritisch überprüfen können. Erzählen Sie erst am Schluß Ihren Traum. Schauen Sie gemeinsam die Symbole an, und helfen Sie einander in ihrer Interpretation. Dank dieses Feedbacks stellen Sie Ihren Kompaß immer exakter ein.

Gruppenübungen

1. Blinde Kuh

Wenn Sie den Standort eines Spielgefährten in einem Raum lokalisieren konnten, organisieren Sie sich ein paar Freunde. Wie in der obigen Partner-Übung spaziert eine »blinde Kuh« durch das Zimmer, während die anderen sich auch ruhig und frei bewegen. Bei »stop« bleiben alle möglichst regungslos stehen – mindestens einen Meter Abstand zwischen den einzelnen Personen ist anfangs günstig. Die Übung besteht darin, möglichst klar durch das Wahrnehmen der Aura die entsprechenden Personen herauszuspüren: Wer ist wer?

Wenn Sie Fortschritte machen beim Aura-Erfühlen und -Erkennen, erlauben Sie den Mitspielern, daß diese beim nächsten Spiel näher beieinander stehen dürfen. Mit der Zeit, wenn Sie ein wirklich guter Aura-Detektiv geworden sind, werden Sie bestimmt immer gefühlssicherer auch den genauen Standort der betreffenden Aura eines Freundes medial erfassen können.

2. Versteckte Objekte

Bevor sich die Gruppe auflöst, soll jetzt jemand zwei beliebige Gegenstände im Raum verstecken, während alle Mitspieler ihre Augen verschließen. Diese versuchen nun, mental herauszufinden, wo die versteckten Objekte sind. Das ist eine gute Möglich-

keit, verlorene Sachen zu lokalisieren; das Wo ist wichtiger als das Was. Unsere Logik hat nämlich die Tendenz, sich bereits fixe Vorstellungen zu machen; deshalb ist es bei solchen Übungen wichtig, daß die Gegenstände an unerwarteten Plätzen versteckt werden.

Versuchen Sie nicht länger als zwei Minuten, medial herauszufinden, wo die Gegenstände sein könnten. Normalerweise werden Sie feststellen, daß meistens der erste Eindruck der beste ist.

Damit Sie sicher sind, daß Sie nicht telepathisch von der Person, die den Gegenstand versteckt hat, beeinflußt werden oder daß Sie telepathisch bei dieser die Informationen »abzapfen«, arbeiten Sie nur spirituell, das heißt ganz bewußt nach dem Motto: »Dein Wille geschehe«. Ihr geistiger Helfer zeigt Ihnen dann genau das, was für das Verständnis Ihrer weiteren medialen Entfaltung richtig und wichtig ist. Nur so ist ein »seriöses« Erfassen des Gegenstandes gewährleistet…

3. Telepathie

In Ihrer Übungsgruppe denkt sich der Übungsleiter einen Vor- oder Nachnamen eines Menschen, den er kennt, der aber momentan nicht anwesend sein sollte. Die auf Empfang eingestellten Sensitiven versuchen, den gedachten Namen und soviel Information wie möglich über die unbekannte Person herauszufinden… Nach einigen Minuten der Konzentration schreiben alle Teilnehmer alle Ideen auf. Es ist sehr sinnvoll, alle Details schriftlich festzuhalten, denn zu gerne läßt man sich sonst beim mündlichen Erzählen von den Vorgängern beeinflussen.

Jeder liest vor, und der Gruppenführer kommentiert anschließend die Ideen, sagt, was richtig und was falsch war. Wechseln Sie dann den Gruppenleiter aus, und wiederholen Sie dieses ASW-Spiel, wieder mit einem Unbekannten. Das ist für die anschließende Kontrolle sehr wichtig, damit Sie Ihre Intuition kennenlernen und nicht von erahntem Wissen beeinflußt werden.

4. Medium sein

Bilden Sie in Ihrer Gruppe einen Kreis, und stellen Sie zwei Stühle hinein. Ein Medium verbindet sich die Augen und setzt sich in die Mitte, vis-à-vis nimmt ein »unbekanntes« Gruppenmitglied Platz und stellt sich als Versuchsperson zur Verfügung. Der Gruppen-

leiter vermittelt anschließend immer das positive oder negative Kopfnicken des Versuchskaninchens, das auf diese Art und Weise stumm die Aussagen des Sensitiven kommentiert.

Das Medium kann seine Hände über die geöffneten Hände der Versuchsperson legen, damit es die persönlichen Energieimpulse dieser Person besser medial wahrnehmen kann, oder es läßt sich völlig frei von seinem geistigen Helfer inspirieren. Alle Eindrücke, Ideen und Visionen sollten dann erzählt werden, damit die persönliche Gefühlssicherheit direkt und unmittelbar kontrolliert werden kann…

Nach ungefähr fünf Minuten wechseln Sie das »blinde« Medium und dessen Sitzer aus, bis alle die Gelegenheit hatten zu trainieren…

5. Medium sein 

Ein Gruppenleiter übernimmt in dieser Übung die irdische Vermittlung, er behält – im Gegensatz zur Gruppe – die Augen geöffnet. Alle Teilnehmer sitzen im Kreis um ihn herum. Jeder entspannt Körper, Seele und Geist individuell. Der Gruppenleiter sucht sich »heimlich« jemanden aus der Gruppe aus und gibt diesem ein Zeichen. Dieser wartet jetzt mit offenen Augen, bis er sich später dann, als Versuchsobjekt für die Gruppe, zur Verfügung stellen kann…

Die Studenten verbinden sich alle bewußt auf ihre Art und Weise mit dem höchsten Bewußtsein, begrüßen herzlich ihren geistigen Helfer oder Führer und freuen sich auf die bevorstehende, gemeinsame Arbeit. Die geistigen Helfer bringen jedem eine spezielle Farbe als Geschenk, die alle feinstofflichen Körper regeneriert und jedes, wie einen leeren Tank, mit den hellsten und reinsten kosmischen Energien auffüllt. Wenn Ihr Gefährt(e) dann völlig gereinigt, fit und konzentriert für die geistige Arbeit ist, stellt sich das vorher bestimmte Versuchskaninchen in die Mitte der Gruppe.

Alle Teilnehmer befinden sich in ihrer Vorstellung bereits wieder an ihrem Lieblingsarbeitsplatz. Ihr geistiger Helfer stellt ihnen nun einen Freund aus der geistigen Welt vor, der in Bezug zum Versuchskaninchen steht und der mit seiner Erscheinung nun gerne das Leben nach dem Tod beweisen möchte.

Alle konzentrieren sich auf die auftauchenden Visionen, Ideen, Geräusche, Gefühlsimpulse, Gerüche usw. und versuchen, sich mit der Zeit wachsam ein Bild von diesem Gast in der geistigen Welt zu machen. Sobald sich bei jemandem eine klare Beschreibung und eine konkrete Frage, die mit Ja oder Nein beantwortet werden kann, innerlich konkretisiert, soll er diese jetzt stellen. Das Versuchskaninchen wird stumm mit Kopfnicken antworten, und der Gruppenleiter wird verbal laut vermitteln.

Im Team versucht nun die Gruppe so viel als möglich herauszufinden – vielleicht glückt es, zusammen einen klaren Beweis eines verifizierbaren geistigen Helfers zu vollbringen… Am Schluß der Konzentration auf die geistige Welt führt der Gruppenleiter die Teilnehmer wieder zurück ins Hier und Jetzt. Alle verabschieden und bedanken sich bei ihrer geistigen Führung für diese Zusammenarbeit, schließen ihre feinstofflichen Energiezentren für unnötige, für sie negative geistige Belastungen, werden sich langsam wieder ihres physischen Körpers bewußt und erwachen. Das Versuchskaninchen sitzt auch wieder auf seinem Stuhl und bleibt anonym. Dadurch wird zusätzlich für die Studenten ihr Selbstvertrauen gefördert, da sie absolut ins »Schwarze« zielen müssen.

Verschiedene Deutungsbeispiele, Anregungen und Erklärungen

Mentale Symbole

Nach den beschriebenen ASW-Übungen möchten Sie Ihre medialen Fähigkeiten bestimmt jetzt auch ohne Hilfsmittel wie Karten testen und üben. Die psychische Medialität entwickelt sich zur spirituellen. Was Sie beim optimalen medialen Training benötigen werden, ist nur das ganze Repertoir Ihrer mentalen Symbolik, das Sie sich bei der Interpretation Ihrer Träume – den Botschaften von uns und an uns – bereits angeeignet haben, beim speziellen Training der einzelnen medialen Fähigkeiten und eben bei den täglichen Übungen.

Mentale Symbole, die wir für uns »erfinden« und mit denen wir ein genaues Abkommen haben – deren genaue Bedeutung wir also vorher festlegen – können als Hilfsmittel der medialen Arbeit gedanklich eingesetzt werden.

Beispielsweise können *mentale Symbole* wie »Schuhgrößen« zu uns sprechen. Wenn Sie sich medial auf eine Person einschwingen, wünschen Sie sich z. B. ein Paar Schuhe gedanklich für diese Person wahrzunehmen, die diese symbolisch charakterisieren... Arbeitsschuhe erzählen Ihnen dann beispielsweise, daß diese Person hart arbeitet; altmodische Schuhe könnten über ihr altmodisches Denk- und Glaubenssystem erzählen; Kinderschuhe für einen Erwachsenen deuten auf eine gewisse Unreife usw. Während Sie Ihre Ideen vermitteln, sprechen die Schuhe zu Ihnen weiter: Diese bewegen sich fortwährend und verändern sich.

Kreieren Sie mit der Zeit Ihre eigene symbolische Auswahlsendung, entwickeln Sie Ihr persönliches Hilfsmittel – Ihr psychisches sowie spirituelles Modell.

Werden Sie treffsicher in Ihrer Deutung, so wie uns auch die verschiedenen Symbole in den Tarot-Karten, in der Astrologie oder der Zahlenmystik Unterschiedliches, aber situationsbezogen ganz Exaktes vermitteln oder in uns auslösen wollen. Auch diese inneren Visionen können Sie immer mit Ihrem geistigen Helfer besprechen. Alle Symbole sind schließlich universell, das heißt ein Teil von menschlichen Erfahrungen. Sowie ein blühender Apfelbaum ein Zeichen von Frühling ist oder die Farbe grün für Wachstum und Gesundheit stehen kann, so sind alle Visionen persönlich und kollektiv zugleich...

Im Kleinen liegt das Große

Sie trainieren Ihre psychischen Fähigkeiten am besten, indem Sie besonders auf die kleinen Begebenheiten zu achten lernen und sich diese merken. Normalerweise und für die meisten Menschen bleiben sie unbemerkt, da sie erstens feinstofflich sind und zweitens nur sehr schnell wahrzunehmen sind.

Achten Sie auf den Augenblick – das ist der Kern der medialen Arbeit, die auf Selbstbeobachtung und Selbstverwirklichung beruht.

Unterscheidungsfähigkeit in der psychischen Medialität

Dank der Übungen lernen Sie, zwischen Ihrem eigenen programmierten, persönlichen Unterbewußtsein und dem Überpersönlichen zu unterscheiden und den klaren Bildern zu vertrauen, die außerhalb von Ihnen existieren. Sie haben gelernt, alles zu kategorisieren und nach gut oder schlecht, richtig oder falsch zu beurteilen; Ihre Psyche hat aber keine Verwendung für diese Einteilung, sondern für sie gilt das, was ist.

Ich gebe Ihnen ein Beispiel, wie ich das ausprobiert habe: Ich unterrichtete in einer Gruppe von Studenten und wollte ihnen die Realität der psychischen oder medialen Fähigkeiten beibringen. Ich machte eine Kurzsitzung für jeden Teilnehmer. Bei einem Studenten sah ich mit meinen geistigen Augen, wie er auf seinen Skiern sehr schnell einen schwierigen Steilhang hinunterfuhr. Mein Eindruck war, daß er sich als ungeübter Skifahrer völlig überfordert vorkommen mußte. Ich beschrieb diese Vision. Er bestätigte mir, daß er nur »zufällig« kürzlich auf Skiern stand und praktisch ohne Erfahrung einen viel zu steilen Hang herunterfahren mußte, der nur für Fortgeschrittene zu empfehlen gewesen wäre. Er raste so schnell hinunter, daß er überhaupt nichts mehr sah.

Ich pickte also mit meiner Medialität eine ganz bestimmte, überprüfbare Tatsache und Aktivität von ihm auf. Ich spürte intuitiv, daß diese tatsächliche Begebenheit als Symbolik aber noch mehr bedeutete und fragte ihn, ob er üblicherweise durchs Leben rase, oft mit dem Kopf durch die Wand, mehr oder weniger ohne links und rechts oder die Welt um sich herum wahrzunehmen. Er bestätigte das. Daraus ergab sich, vorsichtiger zu sein, denn eines Tages könnte ihn sonst seine Ungeübtheit auf irgendeinem Gebiet, auf dem er sich überschätzte, zu Fall bringen. Eine langsamere und sicherere Praxis allgemein würde ihn vermutlich sicherer und produktiver durchs Leben führen...

Die Ski-Fahrer-Vision ist also konkret aufzufassen, und gleichzeitig stecken wichtige andere Bedeutungen dahinter. Damit sehen Sie, wie die Psyche automatisch diese bestimmte Aktivität herauspickte und medial erfaßte, um an diesem Beispiel die Wirklichkeit von ASW beweisen zu können. So steht die gleiche Vision auch für die Identifikation eines geistigen Helfers: Vor zehn Jahren verunfallte ein Bekannter von ihm beim Skifahren tödlich.

Am selben Abend lenkte ich meine Aufmerksamkeit auf eine Studentin und erzählte ihr folgende Vision, die ich soeben hatte: Ich sah, wie eine Hand eine Tablette hielt und die andere ein Glas Wasser. Ich fühlte, daß sie ein Aspirin nehmen wollte. Diese angesprochene Studentin schüttelte verständnislos ihren Kopf, als ich sie danach fragte. Dafür lachte der Student neben ihr und sagte, daß ich diese Vision für ihn bekommen hätte. Und zwar habe er starkes Kopfweh und hätte sich soeben gewünscht, daß ihm jemand ein Aspirin mit einem Glas Wasser bringe.

Dieser Wunsch des zweiten Studenten war stark genug, um als Gedanke zwischen die Aufmerksamkeit meiner ASW und der anderen Studentin zu kommen. Das wäre ein gutes Beispiel für eine falsche Zuordnung außersinnlicher Wahrnehmungen.

Geduld und Disziplin

Um ein Werkzeug für reine Informationen zu werden, wird große Disziplin und Ergebenheit von allen gefordert. Auch in der medialen Entwicklung gilt die alte Volksweisheit: ohne Fleiß kein Preis! Wichtig scheint mir, sich daran zu erinnern, daß seelisch-geistige Bewußtseinsentfaltung uns ins »ewige« Leben begleitet, während irdische Intellektschulung und materieller Erwerb leider hier gelassen werden müssen.

Was machen wir, wenn der beschriebene geistige Helfer einmal vom Übungspartner nicht erkannt wird? Es kann gut sein, daß der Angesprochene sich nicht sofort an das beschriebene Wesen – die verdichteten Gedanken und Gefühle in seiner gespeicherten Datenbank – erinnern kann; denn irdische Begegnungen können flüchtig oder schon vor sehr langer Zeit geschehen sein, und demzufolge sind die Spuren der Gedankenerlebnisse bereits verwischt. Wichtig ist dann, daß sich das Medium trotz allem treu bleibt: Denn nicht selten geschieht es, daß oft viel später plötzlich doch noch ein positives Feedback kommt, da durch das »Wühlen in der Erinnerungskiste« Vergessenes ans Tageslicht kommen kann. Hier erwacht das Selbstvertrauen.

Sollte trotz aller Recherchen dennoch keine Übereinstimmung stattfinden können, ist es wichtig, daran zu denken, daß auch das Medium nur durch Fehler lernt, denn irren ist bekanntlich menschlich.

Es könnte auch einmal sein, daß das Medium eine noch lebende Person wahrgenommen hat. Hier gälte es dann, sorgfältig abzuklären, warum sie dem Medium in den Sinn gekommen oder »eingehaucht« worden ist. Geschah es, damit der Sensitive lernt, gefühlssicherer zwischen inkarnierten und nichtinkarnierten Astralkörpern unterscheiden zu lernen? Oder wollte ein geistiger Helfer Licht auf diesen Bekannten werfen, damit man sich mit diesem »vergessenen« Verwandten wieder einmal abgibt oder auseinandersetzt?

Bedeutungsvielfalt geistiger Helfer

Geistige Helfer können auch »doppelt« oder »übereinandergelagert« vom Medium wahrgenommen werden: Stellen Sie sich vor, wie eine Warteschlange von geistigen Wesen sich darauf freut, von ihrem Schützling beim Mediumsbesuch endlich als noch »lebendig« wahrgenommen werden zu können. So kann der Kanal auch einmal gestört sein, oder verschiedene Frequenzen beeinflussen sich gegenseitig. Das wird daran deutlich, daß der Übungspartner sich anhand der Beschreibungen an Merkmale verschiedener Personen gleichzeitig erinnern kann.

Wie die Symbolvielfalt, wird Ihnen auch die Bedeutungsvielfalt der geistigen Helfer immer bewußter. Immer klarer lernen Sie, zwischen psychischen und spirituellen entmystifizierten Symbolen zu unterscheiden – das Selbstwertgefühl erwacht.

Diskretion und Ethik

Das Medium soll niemandem seine Meinung aufdrängen, sondern mit seinen Visionen neue Lebensimpulse für eigenes kreatives Denken und Handeln vermitteln. Auch Medien sollen anderen Menschen immer nur das zufügen, was diese auch ihnen zufügen dürfen. Das wichtigste ist, daß alle Taten und »Fehler« aus Liebe geschehen. Es ist immer nur die Absicht, die zählt.

Das Medium lernt auch die Bedeutungsmöglichkeiten des Blicks zurück oder nach vorne. Verantwortungsbewußt will es nicht wieder neues Karma säen, sondern dem Betreffenden, dem es seinen Traum erzählt, möglichst beide Seiten der Münze aufzeigen, damit dieser dann selber herausspürt, welchen Weg er weitergehen will.

Quelle des Zitats:

1) Gordon Higginson: On the Side of Angels, London 1993

Literaturempfehlungen:

Achterberg, Jean: Die Frau als Heilerin, München 1991
Cayce, Edgar: Die Geheimnisse des Bewußtseins, München 1994
Goodman, Felicitas: Trance. Der uralte Weg zum religiösen Erleben. Gütersloh 1992
Nowotny, Karl: Mediale Schriften, Bd. 1 bis 6, München 1989 ff.

Nachwort zu Teil I und II

Sie haben jetzt die Teile I und II des vorliegenden Arbeits- und Lehrbuchs gelesen. Sie haben sich einen allgemeinen Überblick über die Grundlagen und Techniken der psychischen und spirituellen Medialität geschaffen. Ihr sinnlicher Draht zur geistigen Welt – Ihre fünf medialen Sinne – sind jetzt erwacht, und Sie haben damit ein neues Hilfsmittel immer besser handhaben gelernt. Sammeln Sie jetzt so viele Erfahrungen wie möglich damit, verund bearbeiten Sie diese für sich allein oder im Kreis Gleichgesinnter, und erforschen Sie mutig immer wieder den neuen Planeten Ihrer inneren Persönlichkeit. Lassen Sie auch diesen im hellsten Licht erstrahlen. Sie beginnen dank der praktisch angewandten transpersonalen Psychologie, immer klarer zu wissen.

Erforschung des »inneren« Planeten

Wenn Sie sich Ihre Gefühlssicherheit als Mental-Medium beweisen, in dem Sie vielleicht sogar anderen Menschen das Weiterleben nach dem Tod als Realität aufzeigen, leisten Sie einen Beitrag zum künftig weltweiten, selbstverantwortlichen spirituellen Denken. Sie werden ein Mensch des Neuen Zeitalters, der seine angeborenen Sinne verantwortungsvoll anwendet und dadurch für die Arbeit an sich selber neu motiviert werden kann.

Beginnt nicht mit der Erforschung der *inneren* Planeten, das 21. Jahrhundert in einem neuen spirituellen Licht zu erstrahlen? Vor allem wenn diese entwickelten Sinne dann verantwortungsvoll mit spirituellen Impulsen den praktischen Alltag befruchten können. Ist nicht auch mediale Entwicklung eine Gewohnheits- und Erziehungssache?

Wiederholung der Übungen

Als medial Interessierter beginnen Sie jetzt mit der Basis-Lektüre wieder so oft von vorn, wie es Ihnen beliebt. Wie in der Natur wächst alles seinem ureigensten Tempo gemäß, nicht nur physiologisch, sondern auch psychologisch. Bestimmt erleben Sie die diversen vorgegebenen Übungen »neu« und wieder völlig anders. So wie Sie jetzt nämlich bereits ein ganz anderes Bewußtsein haben als noch vor einer Woche, bekommen Sie bestimmt dementsprechend immer wieder überraschend neue Visionen. Und zwar so, als wenn Sie den Turm von Babel spiralförmig erklimmen: Sie kommen immer wieder an der gleichen Aussicht vorbei, aber – und das ist entscheidend – jedes Mal von einer etwas höheren

Warte aus – sofern Sie sich aktiv weiterentwickeln natürlich. Deshalb bitte nicht zu lange stehen bleiben! Ein Menschenleben ist so kurz – und doch ist man nie zu alt für neue Erfahrungen und Erkenntnisse. Es ist doch nichts wandelbarer als der Mensch.

Alles, was in Form gebracht werden muß, braucht viel Zeit und Können. Wie oft ertappten Sie sich schon im irdischen Alltagsleben dabei, wie tollste Phantasien und gute Ideen in der Wunschwelt stecken blieben? Diese in die Realität dann umsetzen zu können, bedingt fleißige Arbeit. Theorie und Praxis waren noch immer zwei verschiedene Paar Schuhe.

Fühlen Sie sich selbstverständlich frei in Ihrer persönlichen Entfaltung, benutzen Sie die Vorlage dieses medialen Grundlagenbuches auch als Inspirations-Pool. Ich freue mich und hoffe, daß daraus tausend und mehr andere kreative, spirituelle Impulse und neue Modelle entstehen, die auf allen irdischen Ebenen bereichernd eine neue Epoche einläuten und verwirklichen!

Eigene Übungen entwickeln

Erfinden und kreieren Sie dafür Ihre maßgeschneiderten Übungen und Bilderreisen für sich und vielleicht sogar für andere. Wichtig ist, daß Sie im medialen »Konditionstraining« bleiben, damit Sie sich die spirituelle, mediale Geisteshaltung einverleiben und zur Gewohnheit werden lassen können. Was würden sonst alle unsere feinstofflichen, geistigen Helfer und Führer ohne uns »Grobstofflichen« machen? Ist nicht auch in diesem Bereich Teamgeist angesagt?

Prüfen Sie also immer wieder Ihre Geister, und vergessen Sie nie: Engel sind immer gut, wenn sie nicht fallen! Lassen Sie sich in geistigen Gefilden nie auf einen Machtkampf ein, so wie Sie das bestimmt auch im irdischen Alltagsleben nicht mehr brauchen und sich allen irdischen Herausforderungen wacker für Ihre persönliche Entwicklung stellen. Alles, was Schöpfung ist, ist gut. Ist es nicht nur unsere Perspektive, die daraus eine Hölle oder ein Paradies macht? Je größer die Dynamik, um so größer die Kraft. Nur Geduld bringt Rosen und ohne Fleiß kein Preis – auch in der seelisch-geistigen Entwicklung.

Schön, daß Sie die Medialität als mögliches Hilfsmittel der transpersonalen, praktischen Psychologie angenommen haben. Zukünftig wollen Sie deshalb vor allem auch wieder innerliche Abenteuerreisen unternehmen und sich mit sich selber auseinandersetzen, damit Sie das Alltagsleben als Lebensschule mit all seinen Hürden leichter akzeptieren und sinnvoll und konstruktiv bewältigen können.

Verbindung zum Alltag suchen

Vergessen Sie nicht, die Brücke von den medialen Erkenntnissen auch immer sofort in den praktischen Alltag zu schlagen. Die intensive Auseinandersetzung mit Ihren psychischen und spirituellen Wahrnehmungen, deren Entmystifizierung und die Umsetzung, die Materialisierung Ihrer geistigen Visionen in die irdische Welt, läßt Sie letztlich Ihr Paradies kreieren…

Herzliche Gratulation zu Ihrem Durchhaltewillen, Ihrer Einsicht und Ihrer aktiv-passiven Disziplin! Fühlen Sie sich tatsächlich berufen? Dann sind auch Sie bestimmt ein Mensch, der gerne für sein Ziel zu allen Anforderungen bereit ist. Ich freue mich, daß Sie sich jetzt als Lernender bis zum sicheren Mental-Medium weiterentwickeln möchten. Wenn es in Ihrem göttlichen Plan in dieser Inkarnation vorgesehen ist, freuen sich all Ihre geistigen Helfer und Führer sehr, Ihnen dabei Schritt um Schritt weiterzuhelfen. Vielleicht werden Sie selber an Ihrem Wohnort sogar einmal ein medialer Trainingsleiter oder ein spiritueller Lehrer. Ich bin überzeugt, daß Ihr Mentaltraining ein zuverlässiges Sprungbrett zu höheren, anderen Bewußtseinsebenen ist, von dem aus Sie vielleicht sogar die Sterne eine Stufe weiter vom Himmel herunterholen können.

Vergessen Sie dabei Ihre verschiedenen geistigen Helfer, Lehrer und Begleiter nie, die Sie mit Ihrem inneren Wissen auf Ihrem äußeren Weg zum ewigen Ziel bringen werden!

Ich schlief und träumte, das Leben sei Freude.
Ich erwachte und sah, das Leben war Pflicht.
Ich handelte und siehe, die Pflicht ist Freude.

Tagore

In diesem Sinne viel Spaß bei Ihrer medialen Entwicklung und eine erfolgreiche Reise zu Ihrer Wahrheit!

TEIL III

Die spirituelle Medialität der Zukunft

Unser Gott, der du bist unser geflügeltes
Ich, es ist dein Wille in uns, der will.
Es ist dein Wunsch in uns, der wünscht.
Es ist dein Drängen in uns,
das unsere Nächte, die dein sind, in Tage verwandelt,
die auch dein sind.
Wir können dich um nichts bitten,
denn du kennst unsere Bedürfnisse,
ehe sie in uns geboren werden;
dich brauchen wir; und indem du uns mehr
von dir gibst, gibst du uns alles.

Khalil Gibran

Ein jeder, der sich in die Bereiche des Geistigen bewegt, dort seine eigenen Erfahrungen sammelt und diese in sein Leben einfließen lassen möchte, wird sich bewußt werden, daß damit sein Denken, Fühlen und Handeln – sein gesamtes Wertesystem – eine tiefgreifende Wandlung erfahren.

In der Sankt-Pauls-Kirche in Baltimore wurde 1692 der folgende Text gefunden. »Diese Reise zur Weisheit« mag Ihnen als Einstimmung zum dritten Teil meines Buches dienen.

Die »Reise zur Weisheit«

»*Geh behutsam Deinen Weg*
inmitten des Lärms
und der Last dieser Welt,
und vergiß nie,
welcher Frieden im Schweigen liegt.
Lebe, soweit als möglich
und ohne Dich selbst aufzugeben,
in guten Beziehungen zu anderen Menschen.
Verkünde Deine Wahrheit ruhig und klar.
Höre auch anderen zu,
sogar den Törichten und Unwissenden:
auch sie haben ihre Geschichte.
Vermeide laute und aggressive Menschen,
sie bringen nur geistigen Verdruß.
Es ist möglich, daß Du entweder stolz
oder verbittert wirst,
wenn Du Dich mit andern vergleichst;
denn immer wird es bedeutendere und
unbedeutendere Menschen geben als Dich selbst.
Freue Dich des Erreichten genauso wie Deiner Pläne;
doch sei stets voller Demut.
Sei Du selbst.
Heuchle vor allem keine Zuneigung,
und spotte nicht über die Liebe.
Trage freundlich die Bürde der Jahre,
und gib mit Anmut alles auf,
was der Jugend zusteht.
Nähre die Kraft Deines Geistes,
um plötzlichem Unglück gegenüber gewachsen zu sein.
Viele Ängste entstehen aus Ermüdung
und Einsamkeit.

Neben einer heilsamen Disziplin
sei freundlich zu Dir selbst.
Du bist ein Kind des Universums,
nicht weniger als die Bäume und die Sterne.
Du hast ein Recht darauf, hier zu sein.
Und die Kraft des Universums wird sich so entfalten,
wie es sein muß,
ob Dir das klar ist oder nicht.
Deshalb lebe in Frieden mit Gott,
was immer Du Dir unter ihm auch vorstellst.
Und was immer Deine eigenen Bemühungen
und Absichten auch sein mögen;
halte Frieden mit Deiner Seele
in diesem lärmenden Durcheinander des Lebens.
Mit all ihrem Schein, ihren Kümmernissen
und zerbrochenen Träumen
ist diese Welt dennoch wunderbar.
Sei achtsam.
Strebe danach, glücklich zu sein.«

Der Weg der Menschheit

Evolution

Betrachten wir den Weg der Menschheit seit Anbeginn der Zeit, offenbart sich uns auf den ersten Blick ein nahezu immer gleiches Mosaik aus Schmerz und Wachstum. Durch die Epochen hindurch gewinnen diese Bilder an Geistigkeit – wenn auch nur Steinchen für Steinchen. Der Mensch – an sich betrachtet – lebt zu Beginn der Evolution noch in der Welt des Instinkts, getrieben von dem Bedürfnis, sich selbst zu erhalten. Durch die Jahrtausende hindurch lernt er, sich mit seinem geistigen Ich zu verbinden, und erlangt ein Ich-Bewußtsein, das, je mehr er seinen Geist integriert, in wahre Bewußtheit mündet.

Der Mensch, als eine Art sich zu verstofflichen betrachtet, wählt den Planeten Erde, weil er entscheidende Möglichkeiten des Wachstums bietet: Über die irdischen Gefühle wird die Dualität des Kosmos erfahren. Der freie Wille eröffnet einen Weg, Fehler zu begehen und diese zu erkennen bzw. sich bewußt für den Einklang mit dem göttlichen Willen zu entscheiden. Das menschliche Betroffensein, das Leid, erweckt den Wunsch, frei zu sein von Schmerz – was nur dann geschehen kann, wenn Leidenschaft aufgegeben, beobachtet, erfahren, bearbeitet und erkannt wird.

Ein jeder Mensch strebt – auf seine Art und seinem Wachstumstempo gemäß – nach dem Paradies auf Erden. Wie er dieses Ziel erreicht, hängt von seiner bereits erarbeiteten Bewußtseinsstufe und seiner Einsichtsfähigkeit ab. Jeder Mensch hat den freien Willen, seinen Garten Eden zu hegen und zu pflegen oder verwildern zu lassen. Toleranz, Geduld, Disziplin und Liebe als Hilfsmittel können dadurch jeden Tag trainiert werden. Hauptwerkzeug dieser Arbeit an sich selber ist für alle Menschen der gleiche sinnliche Draht zur geistigen Welt, dessen ewig fließender Lebensstrom dank den medialen fünf Sinnen so lange beobachtet, erkannt und erfaßt wird, bis man weiß und sich auf der Spirale weiterentwickeln kann.

Wahrheitssuchende und Weise

Daneben finden sich durch alle Epochen hindurch Wahrheitssuchende, die von einer Sehnsucht nach dem goldenen Zeitalter getrieben wurden und mit ihrer hieraus erwachsenden Kreativität die Menschen weit über ihre Zeit hinaus befruchteten. Viele Künstler erfuhren auf ihrem (Schaffens-)Weg tiefe Krisen, die sie der Wahrheit näherbrachten und in ihnen eine tiefe Gläubigkeit erweckten.

Ebenso gab und gibt es Weise, die das Wissen um Wahrheit und Erlösung in sich tragen, weil sie von höheren Bewußtseinsebenen geprägt sind.

Im Erwachen der Medialität und der damit einhergehenden Suche nach geistiger Harmonie offenbart sich uns der Weg von einer höheren, feinstofflichen Warte aus und zeigt uns seine Beschaffenheit in der Vergangenheit, der Gegenwart sowie sein Ziel. In unserer Zukunft wollen auch wir uns bemühen, im selbst erarbeiteten »Paradies auf Erden« rasten zu können. Lassen Sie uns nun ein gemeinsames Gedankenexperiment unternehmen, und folgen Sie mir ins 21. Jahrhundert.

Utopia (Angewandte Medialität der Zukunft)

Durch unser Kaleidoskop erblicken wir eine Erde, auf der sich vieles gewandelt hat – und noch wandeln wird. Einschneidende Erdveränderungen und Phasen des gesellschaftlichen Umbruchs haben neuen Strukturen in allen Bereichen des Lebens Platz geschaffen. Der Mensch erlebt sich in seinem Umfeld nicht mehr ausschließlich mit den physischen Sinnen, sondern hat seinen Blick mittels seiner psychischen Sinne in die Welt des Geistigen erweitert. Er hat neue Perspektiven gewonnen und beginnt, seine neuen Erkenntnisse und Ideen in das irdische Leben umzusetzen.

Erziehung

Vergiß es nicht, Mensch!
Alles was du bist, alles was du willst, alles was du sollst,
geht von dir selber aus.

Heinrich Pestalozzi

Partnerschaftliche Beziehungen statt Hierarchie

Die hierarchische Struktur vergangener Epochen wird abgelöst durch das Modell der holografischen Lebensbegleitung: Die wechselseitige Beziehung zwischen Erzieher und Erziehendem rückt in den Vordergrund, indem erkannt wird, daß keiner über dem anderen steht, daß der Begleiter nur vielleicht öfters hier auf Erden war.

Die mediale Schulung ist eingegliedert in die private (familiäre) und die öffentliche Erziehung (des Schul- und Bildungswesens). Auf dieser Basis denken und handeln die Menschen ganz anders als im 20. Jahrhundert: die »Selbsterziehung« – das Ziel, der eigene Lehrmeister, Arzt und Priester zu werden – steht im Mittelpunkt.

Während das Schulwesen aus dem Mittelalter stammt und die Pädagogik aus der Zeit der Aufklärung, ist die Verknüpfung der spirituellen Medialität mit dem Intellekt eine andere Perspektive des 21. Jahrhunderts. »Die Welt ist ohne den Geist für den Menschen wie ein Buch, abgefaßt in einer Sprache, die er nicht lesen kann, doch von dem er weiß, daß sein Inhalt lebensbestimmend ist«. Dieser Gedanke von Rudolf Steiner [1]) wird endlich in die Tat umgesetzt, weil mit allen zehn Sinnen gelehrt und gelernt wird und die regelmäßige innere und äußere Auseinandersetzung sowie Pflege des inneren »heiligen Feuers« ehrgeizig angestrebtes Lebensziel die Lehrpläne bestimmt. Automatisch wird dadurch der praktisch gelebte Alltag verändert.

Eltern werden ihren Kindern bewußt das Leben schenken, sie mit Gottvertrauen begleiten und sich entfalten lassen. Sie wissen, daß sie nicht »ihre« Kinder sind, sondern Inkarnationen des Geistes, und damit allein sie selbst sein sollen. Sich auftuende Probleme werden als gemeinsame Lernerfahrungen verstanden. In der Gewißheit, in ihrer Eigenart angenommen zu werden, wächst das natürliche Selbstvertrauen der Kinder und damit auch das Vertrauen in den Wert der eigenen inneren Stimme. Auf diesem Fundament lernen die Kinder, Brücken zwischen Himmel und Erde zu schlagen und diese auf eine natürliche, selbstverständliche Art zu erhalten. Glaube, geistige Führung und spirituelle Erfahrungen bekommen in der Gemeinschaft immer wieder neuen Raum.

Reformation des Schulwesens

In der Schule wird in den ersten Jahren den intuitiven Impulsen besondere Beachtung geschenkt; behutsam und sorgsam wird der natürlichen Weisheit des Kindes Rechnung getragen. Der Schüler wird persönlich angesprochen und in seinem Lernprozeß begleitet. Damit die persönliche Kreativität sich den Anlagen und dem individuellen Wachstumstempo gemäß harmonisch entwickeln kann, wird die Phantasie angeregt und dem Schüler die Möglichkeit gegeben, ihr Ausdruck zu verleihen. Im Laufe der Jahre lernt der Schüler, sich mit seinen inneren Stimmen auseinanderzusetzen und auch spirituelles Wissen fließen zu lassen. Eine natürliche Ordnung in emotionalen und intellektuellen Ebenen wird besser gewährleistet. Intuition und geschulter Intellekt werden verschmolzen, und statt vom IQ redet man nun vom »PSI-Q«. Die Jugendlichen werden auf den Weg geleitet, sich selbst zu verwirklichen und aus ihrem vollen Potential zu schöpfen.

Persönlichkeitsschulung

Parallel zur üblichen Wissensvermittlung wird die Persönlichkeit geschult. Die Schulbücher werden nicht mehr das Lernen verhindern, da die zu lernenden Stoffmengen der individuellen intellektuellen Verarbeitung angepaßt sind. Auch der Stil der Lehrbücher ist nicht mehr nur rein wissenschaftlich, sondern bemüht, pädagogisch wertvoll zu vermitteln und der Lernfunktion der linken wie der rechten Gehirnhälfte gerecht zu werden. Der Lernprozeß wird der jeweiligen Situation immer wieder neu angepaßt und vom Lehrer geprägt.

Auch dieser unterzieht sich verantwortungsbewußt dem ständigen Prozeß seiner Persönlichkeitsschulung und freut sich, als Begleiter seiner Schüler zu fungieren und ganzheitlich unterrichten zu können. Nicht nur Schulintelligenz wird bewertet, ebenso Lebensintelligenz und soziales Verhalten der heranwachsenden Persönlichkeiten.

Visionen inspirieren den Lebensweg

Inspirierte Visionen – präkognitiver wie rekognitiver Art – helfen dem Heranwachsenden, eigenverantwortliche und selbständige Standortbestimmungen vorzunehmen, um sich seines Wissens wie auch seines praktischen Weges immer bewußter zu werden. Die spirituelle Medialität wirft Licht auf den Plan des Lebens und damit auf die Wahl des Berufes.

Von innerem Wissen geleitet, folgt der Auszubildende seiner persönlichen Berufung; äußerlicher Schein und Trug können ihn von seiner ursprünglichen Bestimmung nicht mehr abhalten, weil er sich seiner wahren Neigung bewußt ist. Mit dem Ziel, sich seelisch-geistig zu entfalten und auch die anderen Lebewesen als Kinder des Geistes zu ehren und zu ihrem Wohl beizutragen, wird der Berufsweg zu einer Reise zum Ich. Der Student gewinnt durch Einsichten ein neues Verständnis zu »minderwertigen Arbeiten« und gibt durch sein Verhalten seinem Berufsstand ein neues Image. Nicht nur das äußere Alter spielt eine Rolle, vielmehr entscheiden innere Reife, gelebte Ethik, Moral und die Arbeit am eigenen Wesenskern ...

Über all den beruflichen Bestrebungen steht der Wunsch nach Bewußtheit. So lernt der Auszubildende seine Arbeit als Meditation auszuüben, verankert im Hier und Jetzt, in der Hingabe an den Augenblick.

Die Erziehung endet nicht mit dem Eintritt in das Berufsleben, sondern wird als fortlaufender Prozeß von der Geburt bis zum Tod betrachtet: Selbstfindung, Weiterbildung und Bewußtseinserweiterung sind ihre Grundpfeiler durch alle Zeiten hindurch.

Die Künste

Höheres gibt es nichts, als der Gottheit sich mehr
als andere Menschen zu nähern
und von hier aus die Strahlen der Gottheit unter das
Menschengeschlecht zu verbreiten.

Ludwig van Beethoven

Waren im ausklingenden 20. Jahrhundert die Künste oftmals Mittel zur Selbstdarstellung und Eigen-»Therapie«, zeigt sich uns nun (wieder) die Tendenz, sich vom eigenen Ich wegzubewegen, um *den anderen* zu erreichen, ihn positiv und konstruktiv zu berühren.

Neuer Realismus

Ein »neuer Realismus« spiegelt die Suche nach Harmonie und Ästhetik, die Wiederverbindung mit der Natur und den Wunsch nach zeitloser Gültigkeit der geschaffenen Werke. Das Entstehen jedes wahren Kunstwerks ist mit einer Geburt zu vergleichen, für deren Frucht der Schöpfer verantwortlich zeichnet. So werden Werke voller energetischer Heilkraft kreiert. Handwerkliches Können und Streben nach Individualität stehen im Dienste dieser Werte.

Wesen der neuen Kunst

Hologramme, Seelenbilder und Porträts aus der geistigen Welt sowie interessante metaphysische Fotografien sind Zeugnisse der sich entfaltenden Medialität, die nach Ausdruck verlangt. Die Suche nach Einklang mit dem Material, nach lichteren Farben, Mehrdimensionalität und Wandlungsfähigkeit des Werkes zeigt das Bedürfnis des Künstlers wie des Betrachters, sich auf verschiedenen Bewußtseinsebenen zu bewegen und diesen Ausdruck zu verleihen. Das Wesen der Kunst liegt nun darin, mit den höheren Wesensanteilen im Menschen in einen Dialog zu treten und so zu einer höheren Form des Bewußtseins zu gelangen.

Indem sich das Gehör sensibilisiert und sich dem Hellhörenden weitere Klangdimensionen auftun, entsteht in der *Musik* eine neue Harmonielehre, die die Obertonschwingungen eingliedert und nach dem Klang der Stille sucht. Die »Musik der Natur« wird im Lauschen auf ihre Instrumente – den Regen, den Wind in den Bäumen – entdeckt, und die Menschen werden durch all diese Inspirationen vermehrt selbst musizieren wollen. Man sucht nach Möglichkeiten, den Klang eines Menschen, seiner Aura, in seinen verschiedenen Stimmungen zu vertonen oder zu verstärken, um neue »Opern« – und entsprechend neue Bühnen- und Farb-Klangbilder – schreiben zu können.

In der *Literatur* zeugen »phantastisch-realistische« Geschichten von erlebten anderen Dimensionen. Die Poesie strebt nach Ausdruck und Harmonie, nach Zeitlosigkeit, und das inspirierte Schreiben befruchtet die Philosophie, welche ihrerseits wieder stark an der Natur orientiert ist und somit an die Aufklärung anknüpft.

Ein neues Lexikon über die universale, non-verbale Kommunikation wird geschrieben. Esoterische Begriffe werden entmystifiziert und neu beleuchtet.

Psychologie und Religion

»Bei mir sind die ›Zwischenwände‹ durchsichtig ... und ich kann den Strom des Lebens wahrnehmen.«

C. G. Jung

Die Psychologie ist nicht mehr rein seelisch ausgerichtet, sondern bezieht den Geist mit ein. Spirituelle Krisen werden als solche erkannt und in Wachstumschancen transformiert. Der umfassende Blick in die vielen Schichten der Vergangenheit, die die Gegenwart prägen und verursachen, erlaubt ein Aufschlüsseln persönlicher Probleme und neue therapeutische Ansätze, vor allem auf dem Gebiet der Imagination.

Unterscheidung zwischen verschiedenen Bewußtseinsebenen

Das Grundbedürfnis des Menschen – nämlich seine Heimat im Geistigen wiederzufinden – steht im Mittelpunkt der Psychologie. Der Beruf des Psychologen wandelt sich dementsprechend. Er kann zwischen der emotionalen, mentalen, kausalen und spirituellen Bewußtseinsebene gefühlssicher unterscheiden. Er leitet andere Menschen an, ihre eigene Medialität zu erwecken und begleitet sie als Medium auf ihrem Weg der Selbsterfahrung und Selbstfindung. Medialität ermöglicht immer mehr Menschen, sich vor dem Spiegel der Erkenntnis selbst einzuschätzen und unter Anleitung der geistigen Welt zum eigenen Therapeuten zu werden. Die Menschen erliegen immer weniger Fehlprojektionen; Partner, Arbeitslage, gesundheitliche Defizite werden als wertvolle Herausforderung erfahren und das Schicksal als Chance zur Selbsterkenntnis angenommen.

Die Religion wird entmystifiziert, weil die Menschen den göttlichen Funken in sich wiederentdecken und um Gott als die höchste Bewußtseinsebene in sich wissen. Sie sind sich bewußt, mit Körper, Seele und Geist ein Abbild des Dreieinen zu sein. Die Weltreligionen und spirituellen Bewegungen der Vergangenheit werden als ein schützendes Dach einer Kathedrale empfunden, deren oberstes Fenster sich erneut auftut und göttliches Licht auf

eine im Wandel begriffene Welt strömen läßt. Zwischen den Religionen gibt es keine Kriege, sondern wechselseitige Übereinstimmungen; die Menschen erkennen »das Eine« in allen Religionen.

Medizin und Naturwissenschaften

> *»Die Naturwissenschaft braucht der Mensch zum Erkennen, den Glauben zum Handeln.«*
>
> Max Planck

Psychosomatik statt Apparatemedizin

Auch das Gebiet der Medizin hat eine Wandlung durchgemacht. Statt der früheren Apparatemedizin steht nun die Psychosomatik im Vordergrund, wenngleich neue Methoden wie Geistchirurgie von sich reden machen. Die Diagnostik ist dank der Hellsichtigkeit der Ärzte präziser und umfassender geworden. Im Lesen der Aura offenbaren sich nicht allein physische Störungen, sondern auch deren Verbindung zur Psyche sowie ihre tieferen Ursachen. Die Erkenntnisse aus der neuen Psychologie fließen besonders in die Ausbildung der jungen Ärzte und in die neuen Behandlungsmethoden mit ein.

An erster Stelle steht hier die Motivation zur Selbstheilung des Patienten. Die sich entwickelnde Medialität soll jedem Kranken den Weg zur Heil-Werdung aufzeigen: Der Arzt wird somit zum Lehrer – und auch zum Priester, indem er spirituelle Heilenergien durch sich fließen läßt. Er ist sich bewußt, daß jeder Kanal ständig gereinigt werden muß, und sieht deshalb auch seine eigene seelisch-geistige Auseinandersetzung als unumgängliches Mittel an, um mit dem Herzen klar schauen zu können.

Energetische Medizin

Die wissenschaftliche Entdeckung des feinstofflichen Körpers fördert die weitere Erforschung der »Energie-Medizin«; ein neues Verständnis für diverse Immunschwächen, nervlich und hormonell bedingte Störungen entsteht. Die Heilung der Aura und der Chakren wird erforscht; die hieraus erwachsenden Kenntnisse lassen die Heilmethoden sogenannter primitiver Kulturen in einem neuen Licht erscheinen.

Psychiatrische Krankheiten werden medial untersucht. Hochsensitive Patienten lernen unter ärztlicher Führung schrittweise ihre eigene Medialität erkennen und einschätzen, um sich vor negativen Einflüssen schützen zu können und somit stabiler zu werden und um Eingebungen von angstmachenden Einbildungen zu trennen.

Auch den Drogensüchtigen werden wertvolle Hilfestellungen gegeben: Bewußtseinsverändernde Zustände und »Halluzinogene« in Form von mentalen Übungen sowie starke Gefühle von Geborgenheit in erlebbarer spiritueller Harmonie machen die Drogen überflüssig und helfen dem sensiblen Menschen, zurück zu sich selbst zu finden und seiner eigenen Kraft zu vertrauen.

Die Naturwissenschaften haben ihre Anbindung an die Natur wiederentdeckt und erkennen in ihr den allgegenwärtigen Lehrmeister. Die Bionik stellt ein breites Fundament für technische Neuerungen dar. Wissenschaftler und Forscher finden zu einem Konsens und lassen sich gemeinsam inspirieren. Um die Fehler der Vergangenheit zu vermeiden, schulen sie ihre präkognitiven Fähigkeiten und reisen in ihrer Vorstellung in die Zukunft, um dort die Auswirkungen ihrer Erfindungen und Projekte zu überprüfen.

Neue naturwissenschaftliche Gesetze

Mit der wissenschaftlichen Entdeckung des Ätherkörpers beschäftigen neue physikalische Gesetze die Geister. Das wiederum beflügelt die einzelnen Disziplinen zu neuen Höhen ... Der »Stoff, aus dem die Träume sind«, wird alchimistisch-wissenschaftlich bewiesen und erklärt. Naturwissenschaftler fragen sich, ob das gesamte Universum neu definiert werden muß.

Archäologie, Ökologie, Geschichte und Architektur

Bedenke, daß du nur Schauspieler bist in einem Stücke,
das der Spielleiter bestimmt.

Epiktet

Die Archäologie erfährt weitere Inspirationen durch die psychometrische Forschung. Zeugnisse uralter Weisheiten werden neu entschlüsselt und entmystifiziert. Geografische Veränderungen bringen überraschende Einblicke in Versunkenes und Verborgenes, woraus eine andere Sichtweise der Geschichte erwächst. Neue

Geheimnisse tun sich auf, um den Forschergeist des Menschen lebendig zu halten. Der wache Blick auf die Natur eröffnet ein neues Verantwortungsbewußtsein gegenüber der Natur.

Indem die Geschichte der Menschheit nicht mehr nur linear betrachtet, sondern jeder Mensch in seiner Zeit als Einzelwesen erkannt wird, das einem in Grundzügen vorgegebenen Lernprozeß unterliegt, verändert sich die Wertigkeit für den Betrachter historischer Ereignisse. Die Frage nach dem Warum führt ihn zur Schau der geistigen Gesetze.

Energiefelder in der Architektur

Die Wahrnehmung und das Wissen der Energiefelder der Erde dienen der Architektur, um sinnvolle, natürlich angepaßte Konstruktionen am richtigen Ort zu schaffen. (Bereits im Mittelalter wurden Kathedralen auf energievollen Kreuzpunkten konstruiert.) Der Mensch paßt sich bewußt in der Wahl der umweltfreundlichen Baumaterialien und dessen Konstruktion der Natur an und nicht umgekehrt.

Unternehmen

Das Wachstum eines Betriebs und seine Gestaltung hängen mit seinen darin wirkenden Menschen und ihren zu verwirklichenden Zielen zusammen. Betreuungs-, Lern- und Aufnahmefähigkeit wird beispielsweise durch eine ganzheitliche Innenarchitektur gefördert. Bewußter Einsatz von eventuell diskret verwendeten Farben, Klängen sowie Düften und gesundheitsbewußte Ernährung, die je nach Zweck beliebig eingesetzt und verändert werden können, prägen die meditative Lebens-, Arbeits- und Wohnatmosphäre. Positives Denken wird dadurch gefördert und damit das Immunsystem gegen Mißerfolg und Spannungen geschützt.

Die Justiz

Nichts ist quälender als die Kränkung menschlicher Würde,
nichts erniedrigender als die Knechtschaft.
Die menschliche Würde und Freiheit sind uns natürlich.
Also wahren wir sie oder sterben wir mit Würde.

Cicero

Kein Be- und Verurteilen mehr

Die Menschheit wird das Werten verlernen – indem sie anerkennt, daß Schuld und Nicht-Schuld nur zwei Polaritäten einer Wahrheit sind. Einer neuen irdischen Gerechtigkeit kann der Weg geebnet werden, zumal auch der Prozeß des Verstehens krimineller Handlungen ganzheitlicher wird.

Gefängnisse werden zu Rehabilitationszentren, in denen Techniken der Bewußtseinserweiterung gelehrt werden, um den Straftätern andere Perspektiven zu weisen. Die Polizei ermittelt auf neue Arten. Richter, die die Aura lesen können, binden ihre medialen Informationen in die Rechtsprechung mit ein. Sensitive werden zu »Lügendetektoren«. Die Psychometrie gibt weitere Aufschlüsse über die Schuldigen, über Vermißte und bei Raubüberfällen.

Die Gesellschaft

Man hat in der Menschheitsentwicklung nicht das Recht,
sich als Individualität zu fühlen,
wenn man sich nicht zu gleicher Zeit als Angehöriger
der ganzen Menschheit fühlt.

Rudolf Steiner

Auf der Basis einer freien und medialen Entfaltung der menschlichen Individualität steckt sich der Bürger als einzelner das Ziel, als Bestandteil einer spirituellen Gemeinschaft zu wirken. Er wird sich immer bewußter, daß er im Schöpfungsprozeß wichtig ist und daß seine Kreativität, seine Intelligenz, sein Handeln, seine Liebe und sein positiver Wille die Entwicklung des ganzen Universums mitbestimmen und prägen. Synergien werden angestrebt:

Morphogenetische Felder

Sowohl in den Naturwissenschaften und Künsten als auch in dem sozialen Gefüge werden »Verbindungsnetze« oder morphogenetische Felder hellgesehen und in Teamarbeiten immer internationaler, vernetzt gelebt. Europäisch und weltweit werden neue Lebensqualitäten und ein neues Gleichgewicht kraft des Forscher- und Eroberergeistes der weiteren Generationen gefunden. Ziele, die dem Wohle der Menschheit und der Natur dienen, lassen neue Synthesen entstehen. Bestimmte Verbindungen und Wahlverwandtschaften zwischen den einzelnen Wesen werden erkannt, und individuell wird ein gemeinsames Ziel angestrebt. Verflechtungen auf wirtschaftlicher, kultureller und sozialer Ebene vollziehen sich langsam, aber sicher. Die Bereitschaft zur Synthese und Integration ist die treibende Kraft jeder Entwicklung.

Die Neugierde um den Esoterik-Boom und die New-Age-Bewegung legt sich – Umsetzung und bewußte, selbstverantwortliche Integrierung in den gelebten Alltag beginnt, sich immer sichtbarer zu materialisieren. Theorien werden einsichtig in die Praxis umgesetzt. Die Menschen werden immer besser sehen, daß Macht keinesfalls gleichbedeutend ist mit Charakterstärke oder daß sie Haltung und Anschauung rechtfertigt. Die drei Tugenden, die bereits Konfuzius lehrte – lernen, ergründen und prüfen – werden wieder gelebt. Die Verbindung zur Natur und der Gedanke der Reinkarnation lassen ein Zurücktreten von der unbedingten Verwirklichung des Egos jetzt und unmittelbar möglich werden.

Konfuzianische Tugenden

Die Schattenseiten der gelebten Medialität werden sich im Mißbrauch der medialen Fähigkeiten zeigen. »Gedankenkriege« fordern den einzelnen auf, entsprechende spirituelle Schutzmaßnahmen vorzunehmen. ASW wird zu Spionage-Zwecken eingesetzt. Technische Geräte werden mit geistig-mentalen Fähigkeiten manipuliert, die Wirtschaft boykottiert sowie in die Berufs- und Privatsphäre »ungeliebter Nachbarn« eingegriffen. Dementsprechend ist die geistige Umwelt belastet.

Die Erde als polarer Planet

Sowie im Mittelalter Auge um Auge – Zahn um Zahn gekämpft wurde, in der französischen Revolution Gewehrkugeln regneten und im 20. Jahrhundert per Knopfdruck Raketen über riesige Distanzen präzis abgefeuert wurden, werden die Gedanken- und Gefühlskriege des 21. Jahrhunderts zwar unsichtbar, weniger offensichtlich und unheimlicher – wie in jeder anderen Epoche, aber dem gleichen Zweck dienen: der Motivation einer »Bewegung«. Damit meine ich, daß die Erde immer noch als Schauplatz und Lernplanet von schwarz und weiß, von Yin und Yang, von Gut und Böse gebraucht wird, wo sich die vielschichtigen Polaritäten – letztlich zu aller Bewußtseinsentwicklung – hologrammartig durchdringen.

Dadurch, daß sich unsere Erde nach dem gleichen irdisch-physikalischen Naturgesetz der Polarität weiterdrehen wird, gibt es immer dort einen starken Schatten, wo die Sonne hell scheint. Auf allen Ebenen wird sich unser Bewußtsein um eine Stufe der Erkenntnis erweitert haben – vom Grobstofflichen ins Feinstoffliche und umgekehrt, vom Dunklen ins Schwarze – vom Hellen ins Licht, jeder seinem individuellen Bewußtseinsstand, seinem persönlichen Lernprogramm und seinem eigenen freien Willen gemäß.

Partnerschaft und Familie

Liebe besitzt nicht und läßt sich nicht besitzen.
Denn Liebe genügt der Liebe …
und denke nicht, Du könntest der Liebe Lauf lenken,
denn Liebe, so sie dich würdig schätzt,
lenkt DEINEN Lauf.

Khalil Gibran

Der Mann entwickelt und lebt seine weiblichen Anteile, so wie auch die Frau ihre männlichen Anteile integrieren lernt. Jeder Partner ist sich der Notwendigkeit seiner individuellen Entwicklung bewußt und gibt sich nur noch in »freiwillige« Abhängigkeit. Aus tiefer Überzeugung, daß ein gemeinsames Kind ebenfalls in freiwilliger Entscheidung zu ihnen kommt, freuen sich die Eltern auf die gemeinsamen Lernprozesse und Wachstumsmöglichkeiten. Jedes Familienmitglied lebt seinen Fähigkeiten, momentanen Veranlagungen und Entwicklungsbedürfnissen gemäß und läßt auch den anderen die für ihn notwendigen Schritte vollziehen. Daneben bemüht sich jeder, im Teamgeist zu wirken, den anderen voll zu unterstützen und doch sich selbst zu verwirklichen.

Gleichwertige Partnerschaften

Ziel dieser neuen Generationen werden gleichwertige Partnerschaften mit einem hohen Maß an Eigenständigkeit sein. Jeder handelt in dem Wissen, daß er genug Raum bekommt, um die Lernerfahrungen seines Lebensschulprogramms sammeln und verarbeiten zu können, und zwar so, wie es nach seinem Lebens- und Lernplan ansteht. Er wird geben können, ohne nehmen oder etwas Bestimmtes dafür bekommen zu wollen, weil ihm das Gesetz der Resonanz kein Geheimnis mehr ist, weil er sich aktiv-passiv seiner innersten Bestimmung nach führen läßt und sich dadurch verantwortungsbewußt, sich selbst und anderen gegenüber, verhält. Auf dem Fundament der Selbstverwirklichung wird er offen werden für die Liebe. Der Partner wird ein Lied in seinen Träumen sein, ein Ton voller Zauber, der den Funken seines Geistes entzündet und in seinem Herzen erklingt – was nur vom Glück der Seele übertroffen wird, die ihrem Schöpfer begegnet.

Unabhängig und frei erkennt der ganzheitliche Mensch in seinem Partner seine entsprechende Ergänzung, ohne die er als irdisches Wesen nicht vollkommen ist. Das Paar bleibt sich treu, solange der gegenseitige Lern- und Austauschprozeß konstruktiv und lebendig ist. Wachstum und Veränderung werden zugelassen, so wie jeder Ast eines Baumes die Freiheit hat, in seine eigene Richtung weiterzuwachsen.

Kommt für den einen Partner die Zeit, das irdische Leben zu verlassen, wird der andere nicht weinend am Grab stehen, denn der Zurückgebliebene weiß, daß sein Partner nicht dort ruht, sondern durch die göttliche Liebe des Großen Geistes immer mit ihm in Verbundenheit bleiben wird und in der feinstofflichen Welt weiterexistiert.

Gemeinsame Interessengruppen

Die Freundschaft kennt keinen Stand,
wie die Seele kein Geschlecht.

Jean Paul

Vernetztes Denken und auch gemeinsames Tun ist ein natürliches Bedürfnis. Beruflich wie auch privat sind Interessengemeinschaften von wichtiger Bedeutung, da sie regionale, nationale oder internationale Netzwerke bilden in der freien, individuellen, spirituellen Welt. Der gegenseitige freie Austausch ist dem Interessierten zugänglich und ermöglicht es ihm, eine immerwährende, gegenseitige Befruchtung zu gewähren, die zu immer wieder neuem Wachstum verhilft, bis alle Kulturen sich vernetzt haben und einander gegenseitig in ihren Stärken und Schwächen weiterhelfen, sie lehren und sich ergänzen.

Stimmen zur angewandten Medialität

Betrachten wir an dieser Stelle noch einmal die Gegenwart voller Achtsamkeit: Einige Steinchen in dem Bild unseres Kaleidoskops, das uns das ausklingende 20. Jahrhundert zeigt, scheinen heller zu leuchten als in vergangenen Epochen. Der neue Zeitgeist bringt Licht und Luftigkeit in das Gefüge unserer Gesellschaft. Unkonventionelle kreative Menschen geben in all den Bereichen des menschlichen Seins und Werdens unübersehbare Impulse.

Spuren von erlebten Ebenen des Bewußtseins, die mit den medialen Sinnen erobert werden, zeugen schon heute von der Entdeckung eines neuen Kontinents des Geistes. Haben Sie, liebe Leserin, lieber Leser, den Mut, sich mit der Entfaltung Ihrer Medialität »auf zu neuen Ufern« zu begeben; fahren Sie nicht nur an der Küste entlang, ohne das Festland aus den Augen zu verlieren – wagen Sie sich auf offene See, um neue Lande zu entdecken. Das Meer der Erkenntnis wird Sie tragen.

In Verbindung mit meinem Lehrbuch habe ich einige Persönlichkeiten befragt, die Spiritualität und mediale Erfahrungen schon heute in ihr Alltags- und Berufsleben einbinden. Ich möchte diese Aussagen hier als Gedankenanstoß an Sie weitergeben.

Dr. Rudolf Mayer-Freiwaldau, Soziologe, Schriftsteller und Maler, München:

Wie erleben Sie Ihre Intuition?

Ich habe zwei Erfahrungswege: Etwas kommt mir »spontan« in den Sinn. Ich teste, ob es sich auf etwas zurückführen läßt, das ich kenne, insbesondere bei »Schreibideen« oder »Bildentwürfen«. Oder ich versuche loszulassen, wenn ich ein Problem zu lösen habe (nachdem ich geprüft habe, ob es nicht ein selbstgemachtes ist). Was mir dann als »Lösung« wie selbstverständlich zufällt, ist intuitiv.

Wie wenden Sie Ihre Intuition im Alltag an?

Nicht auf Intuition warten

Besonders wichtig ist nach meiner Erfahrung, sich freizumachen von dem Zwang, hier und jetzt des Rätsels Lösung zu erfahren. Also nicht krampfhaft warten, sondern offen und aufmerksam beobachten!

Warum interessieren Sie sich für Spiritualität?

Ich denke, zum Menschsein gehört Spiritualität. Man kann sich bewußt darum kümmern oder sie verkümmern lassen. Ohne Meditation und gebetsähnliches Verhalten ist Spiritualität nicht zu pflegen. Das Problem der Religionsgemeinschaften ist, daß dort die Spiritualität immer weiter abnimmt.

Jeder Mensch trägt eine gewisse mediale, intuitive Veranlagung und Begabung in sich. Könnten Sie sich vorstellen, daß Sie Ihre Gedanken- und Gefühlssprache strukturiert schulen oder lernen würden?

Natürlich! Ich habe darin auch eine gewisse Erfahrung, z.B. »Medien-Fortbildung« in England und Intuitionskurse bei Gail Ferguson/USA. Das Problem ist die ständige Praxis und Übung auch in kleinen Gruppen und der Austausch über die Erfahrungen.

Sehen Sie in Ihrem Beruf eine praktische Möglichkeit, dies zu integrieren, oder sehen Sie es eher als Religio und Philosophia an?

Als Schriftsteller, Maler und Dozent sehe ich viele Möglichkeiten. Oder besser gesagt: Ohne Intuition ist eine künstlerische und lehrende Tätigkeit überhaupt nicht möglich. Dazu gehört auch das Zulassen des Intuitiven bei Studenten und Kursteilnehmern.

Finden Sie eine mediale Entwicklung oder ein Intuitionstraining als Persönlichkeitsschulung sinnvoll?

Intuitionstraining auf alle Fälle! Mediale Schulung gerät nach meiner Auffassung zu leicht in den Strom z.T. unerkannter Wünsche, etwas aus der Welt der Verstorbenen zu erfahren, das mir die eigene Aufmerksamkeit für die Welt oder die Intuition nicht schnell genug erschließt. Ich bin überzeugt, daß wir hier ganz stark das Mögliche vom Notwendigen trennen müssen. Wenig ist notwendig!

Wenn Sie im Alltagsleben mit Ihrer Emotionalität, Ihrer Sensitivität leben, sind Sie sich bewußt, was Intuition oder Inspiration ist?

Emotionalität

Sensitivität als Teil meiner Aufmerksamkeit und des Gewahrwerdens muß immer präsent sein. E-motionalität im Sinne von »aus der Bewegung kommen« ist zu vermeiden. Aber Motion = Gefühl ist oft identisch mit Intuition, wenn sie nicht auf Erinnerung oder Projektion rückführbar ist. Inspiration ist hingegen gekoppelt mit Erinnern und Planen.

Welches persönliche Anliegen haben Sie bezüglich der Medialität für die Zukunft?

Ich glaube, daß unser Eins-Werden mit der Welt in der hiesigen anfangen muß. Die Welt der Verstorbenen muß als integriert verstanden werden. Aber: Wie soll ich die anderen Welten begreifen, wenn ich nicht »das Veilchen auf der Wiese« oder »die Träne im Auge der Verkäuferin« bemerke und darauf zu reagieren geübt habe? Nur das Notwendige »medialisieren«!

Sehen Sie diese ganzheitliche Erziehung auch bei den Kindern?

Wenn die Kinder klein genug sind, muß nur die Möglichkeit der Intuition und der praktischen Medialität zugelassen und dadurch gefördert werden. Ein Weg in Kindergarten und Schule ist (nach dem Elternhaus) die freie musische Betätigung und alle Arten von Träumen. Ich weiß nicht, ob man Kindern schon ein Bewußtsein von Medialität vermitteln muß. Wenn sie erlebt werden darf, wird sie von selbst zu einem Teil des »Wahrnehmungsapparates« werden.

Katja Müri, Psychotherapeutin und Graphologin SVDG, Zürich:

Könnten Sie sich vorstellen, mediale intuitive Begabung zu schulen?

Persönlichkeitsschulung vor Medialität

Grundsätzlich ja. Allerdings meine ich, man sollte nicht jedermann in die mediale Ausbildung nehmen, außer es würde vor Beginn eine konkrete Persönlichkeitsschulung vorgenommen – mit Kontrollen. Medialität ist noch keine Auszeichnung, es gibt charakterlich sehr gute und auch miese Medien. Man sollte Menschen, die charakterlich nicht geeignet sind, gar keine Chance geben, sich medial zu betätigen. Sie werden die Medialität negativ einsetzen, beispielsweise als Machtinstrument, als Ego-Trip, als Geldquelle etc.

Finden Sie mediale Schulung als Persönlichkeitsentwicklung sinnvoll?

Ich glaube nicht, daß die mediale Schulung bereits eine Persönlichkeitsentwicklung ist, zumindest nicht so, wie ich diese sehe. Jeder Mensch hat eine spezifische Schwingung, und gemäß dem Gesetz der Anziehung ist auf der anderen Seite des »Telefons« jemand mit einer ähnlichen Schwingung. Das heißt, wer aus selbstsüchtigen Gründen zum Medium wird, kann unmöglich auf der anderen Seite eine hochstehende geistige Entität haben, er bekommt sozusagen automatisch das andere Ende der »Wurst«.

Was meinen Sie zur Persönlichkeitsschulung in Form von medialer Entwicklung bei Kindern?

Es wäre weniger mühsam als bei Erwachsenen. Kinder sind bis zu einem gewissen Alter hellsichtig und verlieren das mit der Einschulung und der Förderung der sogenannten realen oder intellektuellen Fähigkeiten. Man könnte sie schneller und besser schulen als die bereits »verbogenen« Erwachsenen.

Was ist für Sie als Psychotherapeutin und Graphologin
a) ein Medium?

Das ideale Medium wäre eine Person, die eine alte Seele hat, das innere Bedürfnis, anderen Menschen zu raten und zu helfen, damit sie dieses oft schwierige Erdenleben besser verstehen und sinnvoll akzeptieren und ihre Aufgabe erfüllen. Eine hohe Eigenentwicklung ist dazu notwendig, eine tiefe Gläubigkeit ebenfalls.

Das ideale Medium

b) das Medium 2000?

Es wird immer mehr mediale und hellsichtige Menschen geben, und dadurch werden Lügen, Intrigen, Falschheit transparent und mit der Zeit unmöglich.

Was sind Ihre persönlichen Anliegen bezüglich der Medialität für die Zukunft?

Sorgfältig ausgewählte Menschen, die dem »Raster« der Anforderungen entsprechen. Nur weil es »in« ist oder »interessant« oder eine Verdienstmöglichkeit, sollte seriöserweise niemand Medium werden.

Rüdiger Dahlke, Arzt, Johanniskirchen, Deutschland:

Wie erleben Sie Intuition?

Ich erlebe Intuition als sehr hilfreich und könnte mir Psychotherapie oder überhaupt die Arbeit in der ärztlichen Praxis ohne sie kaum vorstellen.

Wenden Sie Intuition im Alltag an?

Ich denke, Intuition fließt dauernd in alle alltäglichen wie auch alle beruflichen Entscheidungen und Handlungen mit ein. Selbst

Intuition ist alltäglich

große Wissenschaftler betonen ja nicht selten, daß ihnen die Intuition wesentlich geholfen hat bei ihren Entdeckungen. Das bekannteste Beispiel ist wohl Einstein, der von sich sagte, daß Intuition bei seinen Forschungen wichtiger gewesen sei als sein Intellekt.

Können Sie sich vorstellen, die mediale, intuitive Begabung zu schulen?

Ja, da z. B. das analoge Denken, das wir in Seminaren wie dem Urprinzipienkurs »Das senkrechte Weltbild« lehren, was auch eine Art Intuitionstraining ist. Es hilft einem, die Archetypen sehen zu lernen. Wenn diese Art des Schauens in Fleisch und Blut übergeht, nennt man das Ergebnis Intuition. Außerdem habe ich selbst einmal eine Schulung in Medialität bei einem brasilianischen Ehepaar mitgemacht. Diese hat zwar bei mir keine besonderen Ergebnisse hervorgebracht, aber ich konnte doch erleben, daß es bei einigen Teilnehmern zu erstaunlichen Erfolgen kam.

Wie wenden Sie Ihre Intuition im Berufsleben an?

Im therapeutischen Bereich, insbesondere in unserer Form der Reinkarnationstherapie, spielt, wie schon gesagt, die Intuition eine erhebliche Rolle. Nicht nur auf Seiten des Therapeuten ist sie von großer Wichtigkeit, sie wird auch im Laufe der Therapie beim Patienten zunehmen.

Finden Sie die mediale Schulung als Persönlichkeitsentwicklung sinnvoll?

Durch Medialität ein Gegengewicht zum männlich-intellektuellen Denken

Ja, sehr. Über diesen Weg könnte ein Gegengewicht und damit Ausgleich zum männlich-intellektuellen Denken geschaffen werden. Solch ein Gleichgewicht wird in Zukunft immer wichtiger werden, da wir mit dem Paradigmenwechsel ein neues Weltbild bekommen werden, das ein dem weiblichen Pol verpflichtetes Denken erfordern wird.

Es gibt zwei Möglichkeiten, diese Schulung anzugehen: intuitiv oder strukturiert. Was entspricht Ihrem Gefühl?

Die Wirksamkeit hängt sicher ganz vom einzelnen ab. Mir persönlich liegt der Weg über das senkrechte oder analoge Denken am besten, weil er intellektuell beginnt und trotzdem im Intuitiven mündet.

Was ist Ihr persönliches Anliegen für die Zukunft der Medialität?

Ich habe da kein Anliegen, bin aber überzeugt, daß Medialität eine immer größere Rolle im gesellschaftlichen Leben spielen wird.

Sehen Sie die ganzheitliche Erziehung auch bei den Kindern?

Ich hielte es für sinnvoll, den Kindern nicht erst den weiblichen Pol des Denkens zu vermiesen, um ihn dann später mühsam wieder zurückzugewinnen. Eine Erziehung, die den Gefühlen, Emotionen und letztlich auch der Intuition mehr Raum geben würde, könnte hier eine Menge Leid ersparen. Eine Erziehung zur Medialität kann ich mir im Augenblick inmitten einer auf Effizienz und Hochleistung gepolten Gesellschaft nicht vorstellen.

Prof. Dr. theol. Willi Massa, katholisch-orthodoxer Priester, Leiter eines ökumenischen Zentrums, Mettlach-Tünsdorf, Deutschland

Wie erleben Sie Ihre Intuition?

Als Gesamteindruck einer Situation, im Traum als Bild, das im Wachen nicht schwindet und das Empfinden des Stimmigseins hervorruft. Als Einfall und Wort, das genau trifft.

Wenden Sie Ihre Intuition im Alltag an? Wie?

Immer häufiger und sicherer. Es ist, als wenn eine Stimme sagt: »Vergiß das nicht, denk daran, tu das« – häufig steht diese im Gegensatz zum argumentierenden Bewußtsein. Folge ich diesem, zeigt sich die intuitive Stimme immer als richtig.

Interessieren Sie sich für Spiritualität?

Ja sehr. Für mich gibt es im Leben nur eines zu finden: den göttlichen Lebensgeist. Alles andere ordnet sich ihm zu. In ihm liegt die Größe unseres Menschseins, die Kraft zum Gestalten und Lieben und die Solidarität mit allem.

Jeder Mensch hat eine gewisse mediale, intuitive Veranlagung und Begabung in sich. Könnten Sie sich vorstellen, daß Sie Ihre Gedanken- und Gefühlssprache strukturiert schulen oder lernen würden?

Ja, ganz gewiß. Schon mancher hat sich entwickelt durch imaginative Meditation und Kontemplation.

Sehen Sie in Ihrem Beruf eine praktische Möglichkeit, dies zu integrieren, oder sehen Sie es eher als Religio und Philosophia an?

Medialität im Dienste des Göttlichen

Mediale Begabung sollte letztendlich im Dienste des göttlichen Kerns des Menschen stehen, wie alle Kräfte, die wir haben. Doch lassen sie sich auch nur auf somatischem und psychischem Terrain einsetzen, falls die religiöse Dimension noch verschlossen ist.

Finden Sie mediale Entwicklung oder Intuitionstraining als Persönlichkeitsschulung sinnvoll?

Ja, der kommende Mensch wird diese Kräfte in besonderer Weise brauchen. Unsere intellektuelle Schulung braucht die Ergänzung des Intuitiven.

Es gibt zwei verschiedene Möglichkeiten, diese mediale Schulung anzugehen: einerseits intuitiv, anderseits strukturiert. Welches entspricht Ihrem Gefühl?

Mir entspricht strukturiertes Vorgehen.

Wenn Sie im Alltagsleben mit Ihrer Emotionalität, Ihrer Sensitivität leben, sind Sie sich bewußt, was Intuition oder Inspiration ist?

Intuition ist fast immer vor Emotionalität wirksam, schneller da. Die psychischen Prozesse scheinen langsamer zu verlaufen. In Achtsamkeit lassen sich die verschiedenen Ebenen erkennen.

Welches persönliche Anliegen haben Sie bezüglich »Medialität« für die Zukunft?

Die Verbindung von Medialität mit Spiritualität. Sonst begeben sich die neuen, geschulten Kräfte in den Dienst des egobezogenen Bewußtseins.

Sähen Sie diese ganzheitliche Erziehung auch bei den Kindern?

Bei ihnen sehe ich wachsende Begabung für Medialität, und wir (meine Frau und ich) suchen nach Wegen, diese »Geschenke für die Zukunft« zu entwickeln.

Prof. Dr. Jörg Rehberg, Jurist für Strafprozeßrecht an der Universität Zürich:

Warum interessieren Sie sich für Spiritualität?

Todeserlebnis als Auslöser für mediales Interesse

Der Grund ist nicht so einfach anzugeben, vielleicht kann ich es so sagen: aus dem festen Empfinden heraus, daß das äußer-

liche Leben nicht eine feste Begrenzung ist und auch für sich alleine betrachtet keinen Sinn hat, sondern daß der Sinn erst dadurch kommt, indem man an etwas Höheres glaubt, und daß das Leben vielleicht eine Bewährungsprobe und Gelegenheit ist. Das einzelne Leben ist nur ein Aspekt eines größeren Daseins oder Bewußtseins. Ich erinnere mich, daß ich damals in der Schule mit folgendem Gedanken die größte Mühe hatte: Nach dem Tod ist man einfach nicht mehr da. Das hat mir sicher Anlaß für mein späteres Interesse daran gegeben. Ich habe in älteren Büchern in der Bibliothek über Spiritismus etc. nachgelesen, und seither interessiert mich das sehr. Der Anfang aber war wirklich ein Todeserlebnis und die immer größer werdende Überzeugung: »So muß es sein.« Die Reinkarnation ist eine Selbstverständlichkeit für mich.

Was sagt Ihnen das Wort Medialität?

Ich glaube, ich muß das ziemlich allgemein formulieren und sagen: Jeder Mensch, der die Begabung hat, etwas aus einem höheren Bewußtsein zu vermitteln, ist medial; dabei ist es noch offen, von wem diese Botschaften kommen. Von einzelnen Wesen kommen allgemeinere Botschaften. Wesentlich ist, daß das Medium diese in unser Bewußtsein, ins Normalbewußtsein, transformieren kann.

Sie sagen, es spielt keine so große Rolle, von welcher Ebene bzw. von welchem Wesen eine Botschaft kommt. Haben Sie sich schon grundsätzlich einmal überlegt, ob das nicht auch Gefahren für das Medium beinhalten kann, wenn es z. B. von einem Spukgeist inspiriert werden sollte?

Verwechslung von Unter- und Überbewußtsein

Ich meine, man muß schon stark nach dem Gehalt dieser Botschaften unterscheiden, und da ist natürlich sicher einmal die Möglichkeit gegeben, daß das Medium selber eher aus seinem eigenen Unterbewußtsein etwas hervorholt und dies für etwas Überbewußtes hält. In diesen oberen Sphären sind sehr verschiedene Wesen vorhanden, die im Grunde genommen die Stufe noch nicht erreicht haben, die es braucht, um etwas an Wahrheit, Wirklichkeit vermitteln zu können, sondern die noch irgendwie erdgebunden sind. Ich habe hier jene Leute vor Augen, die nach ihrem Tod unter Umständen sogar Besitz nehmen von jemandem und sich sicher dazwischenschalten können. Deshalb glaube ich, ist es sehr wichtig, daß man kritisch wird und unterscheidet, ob die Botschaft nun einen Gehalt hat oder ob es nur eine Behaup-

tung oder ein Erlebnis gewesen ist, was im Grunde genommen nichts geben oder einen sogar auf einen falschen Weg bringen kann. Ich glaube, es ist sehr wichtig zu lernen, das Gute vom Schlechten zu unterscheiden.

Jeder Mensch hat eine gewisse mediale Begabung in sich. Angenommen Sie hätten diese, wollten Sie sie schulen, entwickeln und warum?

Ja, unbedingt. Weil es einen ganz sicher voranbringen kann, das Bewußtsein für diese ganze Schöpfung zu erweitern, und es könnte eine ungeheure Bereicherung dieses Lebens werden, weil man alles in einem andern Licht zu sehen vermag. Das ist das erste, was mir dazu einfällt.

Sehen Sie in Ihrem Beruf als Jurist eine praktische Möglichkeit, dies zu integrieren, oder sehen Sie es eher als Religio und Philosophia an?

Medialität im juristischen Bereich

Bis zu einem gewissen Grad kann man die Medialität bestimmt anwenden. Ich denke da an rätselhafte Einzelfälle, die dann die Strafrechtspflege beschäftigen. Sehr häufig werden zum Beispiel Pendler tätig. Meistens mit geringem Erfolg, da sich auf diesem Gebiet Leute mit sehr unterschiedlicher Begabung tummeln. Aber für mich ist es eigentlich klar, daß man in vielen ungeklärten Fällen weiterkommen könnte. In einem aktuellen Fall gibt es eine neue Etappe, und der wesentliche Anstoß dazu erfolgte durch Medien.

Wenn bei Ihnen also das Talent zur Medialität vorhanden wäre, würden Sie es entwickeln und als Jurist selber einsetzen oder jemanden hinzuziehen, der die Fähigkeit dazu hätte?

Eigentlich beides. Aber natürlich darf man es nicht vermischen mit einer juristischen Tätigkeit in ein und demselben Fall. Man kann diesem nicht zur gleichen Zeit privat nachgehen und als Richter urteilen.

Was genau hat eigentlich Ihr Interesse an der medialen Entwicklung geweckt? War es ein bestimmtes Erlebnis?

Im Mittelschulalter hatte ich ein kurzes Todeserlebnis, das mir die Überzeugung gab, daß es ein Weiterleben nach dem Tod gibt. Wenn man das einmal erlebt hat, dann weiß man einfach, daß es so ist. Man weiß aber noch nichts über die Medialiät. Diesbezüglich war es sicher der Kontakt mit verschiedenen Medien. Sie könnten mich nun fragen, wieso ich Medien aufgesucht habe. Es geschah aus privaten Gründen. Die Hilfesuche war der Grund. Sie hat sich aber mit der Zeit auf eine gewisse Neugierde ausgeweitet.

Dahinter zu sehen oder einfach zu sehen, was Medien eigentlich können?

In jenen Jahren war mir ein damals bekannter Handleser eine große Hilfe. Ich bin zwei- oder dreimal bei ihm gewesen. Ich gab ihm einen Handabdruck, habe zwei bis drei Zeilen geschrieben, die er ebenfalls betrachtete, und ich hatte das Gefühl, der öffnet mich wie ein Buch. Er hat mir sehr viel Mut gegeben. Einzelheiten haben sich bewahrheitet, und es hat mir bei den damaligen und auch bei späteren Entscheidungen weitergeholfen.

Dann kam eine Phase, in der ich neugierig geworden bin. Damals habe ich eine Reihe solcher Sachen mitgemacht, einmal eine erfolgreiche Veranstaltung übers Tischerücken. In einem Zeitungsinterview habe ich das erwähnt und mich dadurch lächerlich gemacht.

Ich gratuliere Ihnen zu diesem Mut. Es hat überhaupt nichts mit Lächerlichkeit zu tun, weil es funktioniert. Ich kenne das, da gibt es gar keine Zweifel.

Experimente mit Tonbandstimmen

Eine Zeitlang habe ich dann mit Tonbandstimmen experimentiert, und teilweise hatte ich sogar kleine Erfolge.

Sie selber haben für sich experimentiert, und Sie konnten Stimmen auffangen?

Ja, kurze Sätze.

Das ist interessant. Waren das Geistwesen aus Ihrem Bekanntenkreis, Verstorbene, oder waren es fremde Energien, bei denen Sie nicht wußten, wer es war?

Ich weiß es nicht. Es waren nur kurze Durchsagen und zudem in so künstlich wirkenden Stimmen. Ich konnte sie nicht identifizieren, und ich zweifelte immer etwas, ob diese Tonbandstimmen sehr viel bieten konnten. Das scheint jetzt bei erfahrenen Experimentatoren der Fall zu sein. Aber bei mir waren es eher banale Aussagen.

Waren für Sie Medien, die auch auf der Mentalebene als Kanal arbeiten, von der Qualität her ein Unterschied?

Ja. Tischerücken allein ergibt noch keine Botschaft, es ist einfach ein Phänomen. Wenn aber eine Aussage gemacht wird, ist das etwas anderes.

Haben Sie für sich selber da einen Kompaß oder einen Gradmesser kreiert, an dem Sie sofort spüren, ob das seriös ist oder nicht?

Überprüfung medialer Botschaften

Dieses Sensorium muß man durch Erfahrungen entwickeln. Ich betrachte aber auch den Umstand als entscheidend, ob und wie weit man von den Medien befragt wird. Ich habe zum Beispiel einmal einen Astrologen erlebt, der nach jeder seiner Aussagen fragte »Ist es nicht so?« und je nach der Antwort seine Deutung anpaßte. Es fehlte die Spontaneität. Das ist ein Maßstab, und es machte mich mißtrauisch. Es gibt Leute, bei denen merkt man schon nach wenigen Minuten, daß sie völlig daneben liegen. Es ist wahrscheinlich auch so, daß gewisse Leute zu gewissen Medien passen und andere nicht.

Also, Gleich und Gleich gesellt sich gern?

Jedenfalls erlebte ich ein Medium, das überall große Erfolge gehabt hatte, mir aber überhaupt nichts sagen konnte. Die Aussagen waren komplett falsch. Andererseits habe ich in einer kritischen Lebenssituation eine tolle Erfahrung bei einem unbekannten Medium gemacht. Aus einem Mißverständnis heraus habe ich einen Gegenstand für die Psychometrie mitgenommen und fragte das Medium nach seiner Herkunft. Es meinte dann: »Sie kommen doch nicht deswegen, Sie haben doch ganz andere Probleme …« Das überzeugt sicher am meisten, wenn jemand sagen kann »Du bist in dieser Situation …« und das Problem genau erkennt. Ich habe das bei zwei Medien erlebt. Aufgrund meiner damaligen negativen Erfahrungen empfand ich die Astrologie als »Hinterletztes«. Später traf ich zwei Astrologen, die – ohne irgendeine Frage gestellt zu haben – meine ganze Situation entwickelten. Das war eine enorme Lebenshilfe für mich. Die Astrologie zeigt einem Möglichkeiten, nicht einfach unveränderbare Tatsachen. Dann interessierte ich mich auch sehr für Reinkarnation und habe mehrere Medien kennengelernt, die mir Anstöße diesbezüglich gaben.

Haben Sie ein solches Leben nachkontrolliert und beweisen können?

Ja, ich habe – soweit es möglich war – nachkontrolliert, anhand von Spezialliteratur. Allerdings war es nie ein Schlüssel-

erlebnis, aber die Schilderungen brachten einem doch gewisse Charakterzüge näher, die man im jetzigen Leben hat.

Spuren früherer Leben

Ein anderes Medium vermittelte Durchsagen in Tieftrance. Einmal erzählte sie von einer Tropenlandschaft, von Papageien, die sie nachmachte, dieses Bildhafte war toll. Sie war sehr lebendig, einfach; sie war Näherin und interessierte sich nicht für die Dinge, die sie durchgab, nur das, was sie selber betraf. Bei dieser Frau ließ sich auch einiges nachprüfen. Sie kam bei mir immer wieder zurück auf ein Studentenleben an der Universität von Coimbra, Portugal. Zu dieser Zeit wußte ich nicht einmal genau, wo das war. Sie hat mir von Studenten erzählt, die kahl geschoren waren etc. Sie schilderte Details und meinen damaligen Namen. Ich habe mich dann in diesen alten Matrikelbüchern gefunden. Das war sehr beeindruckend! Ich habe mir an Ort und Stelle einen Führer genommen, der mir all die Gebräuche und Details näherbrachte. Er erklärte mir, daß es einen Brauch gegeben hatte: Die Studenten des ersten Semesters durften sich in der Nacht nicht in der Nähe der Universität aufhalten, andernfalls wurden ihnen die Haare kahlgeschoren. All das hatte mir das Medium genau erzählt. Ich war nur etwas enttäuscht, daß ich nicht alles einfach wiedererkennen konnte. Aber es scheint, daß ich da falsche Bezüge hergestellt habe.

Wenn Sie im Alltagsleben als Jurist mit Ihrer Emotionalität, Ihrer Sensitivität leben, sind Sie sich bewußt, was Intuition oder Inspiration ist?

Es ist für mich ungeheuer schwer, zu unterscheiden zwischen Intuition oder Inspiration. Ich glaube, soweit bin ich nicht. Die Intuition kommt auch aus einer höheren Sphäre, jedenfalls höher als die Astralebene. Und es ist wahrscheinlich eine Spezialität eines kopflastigen Berufs: Jeder ungewöhnliche Gedanke, der mir kommt, wird gerne mit »Blödsinn, das kann ja nicht sein« abgetan. Dabei meldet sich die Intuition gerade auf solche Weise.

Aber das ist doch sicher das menschliche Polaritätsproblem, das mehr oder weniger alle Leute kennen, oder?

Sicher. Aber wenn man so gewohnt ist, in diesen Bahnen zu denken, ist die intellektuelle kritische Barriere sehr massiv. Und das ist vielleicht auch der Grund, weshalb in der Schweiz so wenige Intuition und Inspiration ernst nehmen.

Aber erfreulicherweise gibt es immer mehr. Und weil Leute wie Sie dies ernst nehmen und den Mut haben, Zivilcourage zu zeigen, hilft das sehr vielen Leuten, sich selbst zu öffnen. Ich glaube, Sie sind ein Pioniergeist. Finden Sie mediale Entwicklung als Persönlichkeitsschulung sinnvoll?

Ich finde das unbedingt. Ich finde diese Entwicklung zur Persönlichkeit eine ideale Richtung, um ein größeres Bewußtsein zu bekommen. Natürlich sind hier jene Fälle auszunehmen, die das nur als Mittel sehen, finanziellen Erfolg zu bekommen. Das nenne ich auch nicht mehr »Persönlichkeitsschulung«. Aber ich finde dies ein gutes Mittel, um größere Zusammenhänge zu sehen und die Relativität des Geschehens um uns erkennen zu können, ein anderes Verhältnis zu den Mitmenschen und zu den Problemen zu bekommen. Das wäre ja ideal.

Es gibt zwei verschiedene Möglichkeiten, diese mediale Schulung anzugehen. Einerseits sehr intuitiv, andererseits kann man sehr strukturiert darangehen. Welches entspricht Ihrem Gefühl?

Aus meinen bisherigen Erfahrungen erscheint es mir sinnvoll zu sein, diese Entwicklung strukturiert anzugehen. Natürlich steht und fällt diese Ausbildung mit demjenigen, der sie macht. Aber wenn es nicht zur Alltagsschulung gehört, heißt das ja nicht, daß man nicht auch Struktur hineinbringen kann. Ich arbeite in einer Gruppe mit, in der die Aufgaben eher intuitiv angegangen werden. Da wird dann nachher darüber diskutiert. Die strukturierte Schulung leuchtet mir aber schon sehr ein; vorausgesetzt ist einfach, daß es nicht theoretisch abgehandelt wird, sondern selbst gelebt und erlebt wird.

Welches persönliche Anliegen haben Sie bezüglich der Medialität für die Zukunft?

Ethik und Moral

Ich wünsche mir, daß immer mehr Leute solche Anstöße – gute natürlich immer vorausgesetzt – wahrnehmen. Ich sehe das nämlich als Existenzproblem an. Nicht daß ich ein Pessimist bin, aber im Moment sehe ich in dieser Welt einen Niedergang bezüglich ethisch-moralischer Haltung. Auch das Verhältnis zur Natur stimmt nicht; die Natur wird ausgebeutet. Es herrscht der Egoismus. Jeder will nur seine eigenen Bedürfnisse befriedigen. Da wäre sicher Medialität geeignet, um einen größeren Wertmaßstab und ein größeres Bewußtsein zu bekommen.

Sehen Sie das auch in der Schulung bei den Kindern?

Das wäre der Idealfall. Nur scheint mir da das Problem zu sein, genügend geeignete Lehrpersonen, die das eben nicht nur intellektuell abhandeln, zu finden.

Prof. Dr. Milan Ryzl, Naturwissenschaftler und Parapsychologe, John F. Kennedy University, Orinda, USA:

Wie erleben Sie Ihre Intuition?
Als spontane Einfälle, auftauchende Gedanken und/oder Führung in Lebenssituationen.

Wenden Sie Ihre Intuition im Alltag an?
Vor wichtigen Entscheidungen praktiziere ich oft Meditationen oder lasse mich einfach führen.

Interessieren Sie sich für Spiritualität? Warum?
Um die spirituelle Sphäre und Erlebnisse wissenschaftlich zu studieren.

Könnten Sie sich vorstellen, daß Sie Ihre Gedanken- und Gefühlssprache strukturiert schulen oder lernen würden?
Ich erwarte, daß es eines Tages in Schulen gelernt wird.

Spiritualität in der Schule

Sehen Sie in Ihrem Beruf eine praktische Möglichkeit, dies zu integrieren, oder sehen Sie es eher als Religio und Philosophia an?
Im Beruf und im Alltagsleben auch.

Finden Sie mediale Entwicklung oder Intuitionstraining als Persönlichkeitsschulung sinnvoll?
Ja.

Es gibt zwei verschiedene Möglichkeiten, diese mediale Schulung anzugehen, einerseits intuitiv, andererseits strukturiert. Welches entspricht Ihrem Gefühl?
Persönlich bin ich für den strukturierten Zutritt; aber was besser ist, hängt von der Situation ab (psychologische Bedingungen und interpersonelle Beziehungen).

Wenn Sie im Alltagsleben mit Ihrer Emotionalität, Ihrer Sensitivität leben, sind Sie sich bewußt, was Intuition oder Inspiration ist?
Manchmal, nicht sehr oft, manchmal erst viel später.

Sehen Sie ganzheitliche Erziehung auch bei den Kindern?
Besonders bei Kindern (aber eine Adaptierung von Methoden ist nötig).

Rainer Holbe, Journalist, TV-Moderator und Schriftsteller, Luxemburg:

Wie erleben Sie Ihre Intuition?

Indem ich sie mir bewußt mache. Buddha sagte: Wir schaffen *die Welt mit unseren Gedanken!*

»Ich bin Intuition«

Wenden Sie Ihre Intuition im Alltag an? Wie?

Indem ich sie zulasse. Intuition bin ich.

Warum interessieren Sie sich für Spiritualität?

Weil wir alle ganzheitliche Wesen sind: Körper, Seele und Geist (spirit!) sind eins.

Jeder Mensch hat eine gewisse mediale, intuitive Veranlagung und Begabung in sich. Könnten Sie sich vorstellen, daß Sie Ihre Gedanken- und Gefühlssprache strukturiert schulen oder lernen würden?

Der Sinn unseres Lebens ist auch: Lernen. Wir sind der Evolution gegenüber verpflichtet, uns zu entwickeln. So ist Intuition lern- und entwickelbar wie Sprechen, Laufen, Klavierspielen.

Sehen Sie in Ihrem Beruf eine praktische Möglichkeit, dies zu integrieren, oder sehen Sie es eher als Religio und Philosophia an?

Glücklich ist, wer seinen Beruf als Berufung begreift. Ich trenne nicht zwischen Freizeit und Arbeitszeit, Religio und Philosophia. Ich lebe und werde mir dessen bewußt.

Finden Sie mediale Entwicklung oder Intuitionstraining als Persönlichkeitsschulung sinnvoll?

Es gehört zur Evolution, daß sich die Persönlichkeit entwikkelt. Da dies jedoch kein selbständiger Prozeß ist, muß jeder dazu beitragen, nach seinen Möglichkeiten.

Es gibt zwei verschiedene Möglichkeiten, diese mediale Schulung anzugehen, einerseits intuitiv, andererseits strukturiert. Welches entspricht Ihrem Gefühl?

Sowohl als auch. Ich denke darüber nicht nach – ich lasse es zu.

Wenn Sie im Alltagsleben mit Ihrer Emotionalität, Ihrer Sensitivität leben, sind Sie sich bewußt, was Intuition oder Inspiration ist?

Als ganzheitliches Wesen trenne ich nicht und bemühe mich nicht, ständig zu forschen, was aus intuitiven bzw. inspirativen Quellen kommt. Hauptsache, es erreicht mich!

Welches persönliche Anliegen haben Sie bezüglich »Medialität« für die Zukunft?

Ich wünsche mir, daß immer mehr Menschen ihren Kern – und damit auch ihre Medialität – entdecken. Sie ist in uns allen.

Sehen Sie diese ganzheitliche Erziehung auch bei den Kindern?

Kinder muß man nicht erziehen. Es reicht, wenn man ihnen ihre spirituelle Lebenssicht läßt, mit der sie geboren werden.

Kindern ihre Spiritualität lassen

Dr. rer. pol. Walter Killer, Zürich:

Wie stellen Sie sich zur angewandten Medialität im 21. Jahrhundert?

Jede Zukunftsvision, wie in Utopia beschrieben, muß meines Erachtens mit einem Fortschritt verbunden sein. Fortschritt allerdings nicht im Sinne von beliebigem Vorwärtsgehen, denn dies kann genauso bedeuten, daß man sich entwicklungsmäßig rückwärts bewegt. Daß wir uns zur Zeit in einer allgemeinen Stagnation befinden, wird in vielen Bereichen offensichtlich. Grundlegende Erneuerungen werden kaum mehr gemacht, weder in den Naturwissenschaften, noch in der Medizin. Auch das Schulwesen ist mehr oder weniger immer noch dasselbe, wie zu Pestalozzis Zeiten, und auch in der Technik sind praktisch nur noch Verbesserungen am Bestehenden zu beobachten.

Zur Zeit keine Fortschritte mehr erkennbar

Daß Fortschritt nur noch eine quantitative und keine qualitative Angelegenheit ist, sieht man eindrücklich an der Wirtschaft. Erfolge werden nur noch auf zwei Arten erreicht: mit einer größeren Produktion pro Mitarbeiter oder mit Fusionen. Daß dies aber auf die Dauer nicht so weitergehen kann, ist einleuchtend.

Da wir also auf allen Seiten an eine Grenze gestoßen sind, bin ich ebenfalls überzeugt, daß etwas grundlegend Neues zum heute bekannten Wissen hinzukommen muß. Daß diese Neuerung im Bewußtseinssprung »ganzheitliches Denken« und in der Einführung des neuen Hilfsmittels »Medialität« liegt, ist für mich deshalb nicht utopisch, sondern ziemlich realistisch. Ob sich das im ein-

zelnen genau so entwickelt, wie dort beschrieben, ist für mich dabei von untergeordneter Bedeutung. Viel wichtiger ist, daß man in dieser Vision erkennen kann, daß der Ansatz aus unserer derzeitigen Sackgasse führen kann.

Ein weiterer Grund, weshalb ich diese Entwicklung als realistisch beurteile, liegt darin, daß bereits die ersten Ansätze in dieser Richtung zu erkennen sind. Die Natur zwingt uns dazu. Wenn wir überleben wollen, müssen wir diese wieder als Ganzes und uns als integrierenden Teil sehen. Die Natur kennt keine, wie auch immer geartete, Grenze. Wenn wir den letzten Regenwald umgeholzt haben, werden wir dies mit Bestimmtheit auch hier in Europa klimatisch spüren. Und bevor wir noch den letzten Wassertropfen vergiftet haben, werden wir uns auch schon selber ausgerottet haben.

Aber auch in der Medizin hat man festgestellt, daß der Mensch kein Gebilde ist, bei dem man nur die Einzelteile in Ordnung halten muß, damit er funktioniert. Das Wohl hängt auch von der Psyche ab und diese wiederum vom Umfeld. Deshalb ist es unumgänglich, daß auch hier eine umfassendere Betrachtungsweise die traditionelle Lehre erweitern muß.

Grenzen der Naturwissenschaft

Daß sich andererseits die medialen Aspekte langsam im Alltagsleben integrieren werden, ist zu Zeit nur schwer zu erkennen. Zum einen, weil sich auf diesem Gebiet zu viele Scharlatane und Selbstdarsteller produzieren und zum anderen, weil das Außersinnliche nicht mit den heute in der Wissenschaft gängigen Methoden nachzuweisen ist. Die lange und unbestritten erfolgreiche Tradition der Beweisführung in der Naturwissenschaft ist in diesem Bereich nicht oder noch nicht anwendbar. Leider lassen sich Phänomene wie Telepathie oder Intuition nicht auf Befehl mit einem technischen Apparat sichtbar machen, so daß eine Akzeptanz solcher Erscheinungen vielen schwerfällt. Das wiederum erschwert die Forschung auf diesem Gebiet und hat dazu geführt, daß in der Praxis die Anwendung solcher Techniken bis heute noch nicht allgemein eingeführt wurde.

Paradigmenwechsel

Mir scheint, daß wir in dieser Hinsicht etwas Ähnliches erleben wie beim Übergang vom Mittelalter in die Neuzeit. Das aristotelische Lerngebäude, mit der Ergründung der Wirklichkeit durch rein gedankliche Logik, hat auch damals zu einem gewissen Ende der Entwicklung geführt. Erst die Einführung einer neuen Methode, die der physikalischen Versuche durch Leute wie Galilei, brachte wieder neuen Schwung und damit einen Aufbruch in einen neuen Zeitabschnitt.

Ganzheitlichkeit statt Zerlegen in Einzelteile

Dieser Wechsel führte dann zu den heute bekannten Universitäten, deren Grundthese lautet, das Ganze in die Einzelteile zu zerlegen und diese gesondert zu untersuchen. Zweifellos haben wir damit einen großen Schritt sowohl im Wissen wie im Bewußtsein gemacht. Aber nun scheint dieses Rezept nicht mehr zu genügen. So wie damals die Grundthese war, das Ganze in den Einzelteilen zu untersuchen und eine neue Technik, die der physikalischen Versuche, verlangte, so wird auch die neue Sichtweise, die Einzelteile wieder im Gesamtzusammenhang zu sehen, eine neue Technik erfordern. Es wird dies die Anwendung der Medialität sein.

Aus diesem Grund bin ich überzeugt, daß dieses Buch einen wichtigen Beitrag liefern wird, daß die neue Technik über kurz oder lang in der Wissenschaft Anerkennung findet und uns damit weiterhilft bis zum Ende dieser Etappe. Daß dies wiederum ein langer Weg sein wird, ist anzunehmen, denn von Galilei bis heute sind ebenfalls gut 400 Jahre vergangen, und es ist nicht ersichtlich, weshalb diese Abschnitte in zwei, drei Generationen durchlaufen sein sollen.

Schlußwort

Nicht unser Hirn, sondern unser Herz
denkt den größten Gedanken.
Unser Herz aber oder unsere Seele
oder der Kern unserer Persönlichkeit
ist ein Funke aus dem Lebenslichtmeer Gottes.

Jean Paul

Liebe Leserin, lieber Leser, ganz herzlich möchte ich Ihnen für Ihr Vertrauen danken. Sie können mit diesem Lehrbuch Schritt um Schritt die Basis der psychischen und spirituellen Medialität erarbeiten und kennen die wichtigsten Verhaltensregeln im Umgang mit dem ABC Ihrer Gedanken- und Gefühlssprache. Jetzt liegt die *ganze Verantwortung bei Ihnen,* wie Sie mit Ihren Psi-Energien umgehen, wie Sie mit ihnen haushalten und sie einsetzen. Ich hoffe nicht nur auf gute »Psi-Q«-Erfolge, sondern auf das selbstverantwortliche ethische Umsetzen im Alltag dank geistiger Impulse.

Der seelisch-geistige Polsprung hat begonnen – holen Sie sich Ihre geistigen Helfer und Führer aus einem anderen Reich zu Rate, und entdecken Sie gemeinsam Ihren inneren Priester, Heiler und Lehrer!

Stehen Sie im Prozeß der ewigen Wandlung nicht still. Die Wellen der Ereignisse werden sonst über Sie hinwegfließen wie über eine Muschel, die am Grund liegt. Nützen Sie als »Eingeweihter« jetzt die Kraft der Wogen, damit Sie nicht gegen Ihren Willen von der Strömung mitgerissen werden, sondern sich wie der geübte Wellenreiter geschickt an neue Ufer tragen lassen können.

Ich wünsche Ihnen göttlichen Schutz auf Ihrem medialen Entwicklungsweg und auch viele irdische Freuden hier auf unserer schönen Erde. Verdrängen Sie dieses Leben nicht, das doch nur eingebettet ist in ein anderes vor ihm und nach ihm.

Ich wünsche Ihnen einen erfolgreichen und interessanten Sprung in das 21. Jahrhundert und auch in einen Alltag, der mit immer neuen spirituellen Erkenntnissen angereichert ist.

Quelle des Zitats:

[1]) Rudolf Steiner: Einführung in die Anthroposophie, Dornach 1988

ANHANG

TRILOGOS – ein berufsbegleitendes Modell stellt sich vor

TRILOGOS

INSTITUT FÜR ANGEWANDTE
NUMINOLOGIE UND GRENZWISSENSCHAFTEN

Während meiner langjährigen Tätigkeit als Medium und spirituelle Lehrerin entwickelte ich die vorliegenden sechs Grundlagenseminare der spirituellen Medialität. 1990 gründete ich dann das Institut TRILOGOS in Küsnacht-Zürich in der Schweiz. Es ist ein Institut für angewandte Numinologie (»numen« bedeutet »göttlich wirkende Macht« im Lateinischen) und Grenzwissenschaften mit eigenen Schulungsräumen für Persönlichkeits- und mediale Entwicklung. Das Institut ist bestrebt, mediale bzw. psycho-spirituelle Entwicklung, das heißt die seelisch-geistige Entfaltung auf verschiedenen Bewußtseinsebenen in der Materie zu vermitteln.

Drei Möglichkeiten

Auf drei verschiedene Arten können Sie TRILOGOS kennenlernen:

Für Interessenten

1. Sind Sie vorerst nur interessiert und suchen Sie Gesprächs- und Übungspartner, dann bietet Ihnen TRILOGOS:

- eine freiwillige Standortbestimmung (aus medialer, graphologischer und astrologischer Sicht), die Ihnen sinnvolle Möglichkeiten Ihrer persönlichen Entwicklung aufzeigt,
- das in diesem Lehrbuch behandelte Grundlagenwissen in Form von Seminaren und Intensiv-Kursen bei Fachleuten,
- regelmäßige Trainingsmöglichkeiten auf jeder Stufe der medialen Entwicklung,
- Vorträge und ergänzende Fachseminare aus anderen grenzwissenschaftlichen Bereichen,
- mediale Beratungen.

Für Studenten

2. TRILOGOS-Ausbildungen
   Selbsterkenntnis steht am Anfang jedes geistigen Fortschritts. Nebst Grundlagenwissen wollen Sie sich in der medialen Entwicklung engagieren. Verschiedene Wege stehen Ihnen zur Wahl. Als Student arbeiten Sie durch inneres Erleben an stetiger Bewußtseinserweiterung – Ihrem Tempo gemäß.

   2.1 Die obligatorische Standortbestimmung (aus graphologischer, astrologischer und medialer Sicht) will nicht verurteilen, sondern klären und bietet Ihnen somit eine seriöse Starthilfe, als TRILOGOS-Student einen der Ausbildungswege zu beginnen:
   a) Individuelles Programm – Eigenerfahrungen machen,
   b) Ausbildung zum medialen Trainingsleiter,
   c) Ausbildung zum Mental-Medium.

   Für Praktikanten

   2.2 Individuelle Bewährungszeit als TRILOGOS-Praktikant

   Für Medien

   2.3 Arbeit als TRILOGOS-Medium

3. Interessieren Sie sich für vernetztes Denken im Alltag, sind Sie bestrebt, den Erfordernissen der Zeit gerecht zu werden und möchten Ihren Weg immer wieder neu auf den des höheren Willens abstimmen, dann besuchen Sie das TRILOGOS-FORUM. Es findet einmal pro Jahr statt und bietet Ihnen eine innovative Plattform für eine ganzheitliche, unternehmerische und persönliche Entwicklung.

Für weitere Informationen wenden Sie sich bitte an folgende Sekretariats- und Kontaktadresse:

TRILOGOS-Sekretariat
Postfach 1566
CH–8700 Küsnacht-Zürich
Tel. u. Fax. 0041 / (0)1 / 915 29 23
(Mo – Fr: 9 – 11 Uhr)

Die Original-Lithographie »Es werde Licht« von Linda Roethlisberger, Seite 206, ist beim TRILOGOS-Sekretariat erhältlich.

Glossar

Ätherische Substanz	Gasförmige Materie oder »Luft«.
Ätherkörper	Der erste Licht- oder feinstoffliche Körper; er umgibt und durchdringt den physischen Körper in einem Abstand von etwa drei bis fünf Zentimetern und dient als geistige Schutzhülle oder »zweite Haut«.
Akasha-Chronik	Theosophische Bezeichnung eines Astralgedächtnisses, in dem alle Ereignisse, Gedanken und Gefühle der Erde seit Anbeginn der Welt bewahrt sind.
Archetyp	In der Psychologie C. G. Jungs ein »Urbild« im kollektiven Unbewußten.
Astralebene	Seins- und feinstoffliche Wahrnehmungsebene, die parallel zur physischen Dimension liegt, sich jedoch in einem anderen Schwingungszustand befindet.
Astralleib oder -körper	Der »zweite« feinstoffliche menschliche Körper, die beseelende Kraft, die dem Körper »Bewußtsein« verleiht.
ASW (= Außersinnliche Wahrnehmung)	»Geistige« Wahrnehmung ohne die normalen fünf physischen Sinne. Zur ASW gehören Telepathie (Hellsehen), Hellhören, -fühlen, -riechen und -wissen, also die fünf psychischen oder medialen Sinne.
Aura	»Ausstrahlung« des nicht-materiellen, feinstofflichen Energiefeldes von Mensch, Tier und Pflanze, das von einem Hellsichtigen wahrgenommen werden kann.
Besessenheit	Die Vorstellung oder das Gefühl, von einem feinstofflichen Geistwesen »in Besitz genommen« zu sein. Dessen Persönlichkeitszüge werden ganz oder teilweise übernommen, und der Besessene agiert scheinbar unabhängig von dem betroffenen Menschen. Geisterbesessenheit erinnert an bestimmte Formen der Schizophrenie.
Bewußtheit	Der Zustand des einfachen, subjektiven Gewahrseins von Lebensfunktionen im Hier und Jetzt und damit Auslöser von Verhaltensmustern, die auf Gewohnheit beruhen.

Bewußtsein – Die Beziehung zwischen Materie und Geist.

Bilokation – In der Parapsychologie die Fähigkeit, mit seinem Körper (bzw. dessen materialisiertem Astralkörper) an zwei oder mehreren Orten (»Multilokation«) gleichzeitig zu weilen.

Bioplasma – 1966 von dem russischen Wissenschaftler V. S. Grischenko geprägter Begriff zur Beschreibung des »fünften Zustands von Materie«, den er zu den bekannten Aggregatzuständen fest, flüssig, gasförmig und plasmatisch hinzurechnet.

Chakren – Spirituelle Nerven- oder Energiezentren entlang der Wirbelsäule, die mit dem Zentralnervensystem feinstofflich verbunden sind. Jedes Chakra fungiert als Energietransformator und -verteiler. Jeder Mensch hat sieben Hauptchakren.

Channeling – Medium (= Kanal, Instrument, Werkzeug oder Vermittler) sein.

Déjà-vu – (franz.: »schon gesehen«): Das Gefühl, einen zuvor noch nicht besuchten Ort oder eine zuvor noch nicht erlebte Situation schon einmal gesehen bzw. durchlebt zu haben; gilt oft als Beweis für die Reinkarnation.

Dematerialisation – (ein Begriff aus dem Spiritismus) Wenn bei einem Medium durch eine natürliche Körperöffnung (meistens ist es der Mund) Ektoplasma austritt, können Materialisationen auftreten. Wird das Ektoplasma wieder resorbiert, spricht man von »Dematerialisation«.

Drittes Auge – Das sechste der sieben Hauptchakren; befindet sich mitten auf der Stirn.

Ektoplasma – (griech. »ekto« = »nach außen projizieren« und »plasma« = »Substanz«): Geheimnisvolle Substanz, die bei einer spiritistischen Sitzung vom Körper eines Mediums ausgehen soll. Sie wird als gallertartig oder zahflüssig geschildert, ist meist von weißer Farbe und soll normalerweise aus dem Mund des Mediums austreten. Spiritisten halten diesen Zellstoff für eine Materialisation des Astralleibes.

Elementarwesen – In der Theosophie die körperlose Seele eines gottlosen, schlechten Menschen. Das Elementarwesen eines nicht höher Entwickelten kann längere Zeit der Erdebene verbunden bleiben und pflegt dann als Spuk-, Poltergeist oder Gespenst zu erscheinen.

Elementargeister
(auch Elementale oder Geistwesen genannt): personifizieren nach Überzeugung von Magiern die Eigenschaften der vier Elemente. Es sind dies die Geschöpfe Salamander (Feuer); Meerjungfrauen und Undinen (Wasser); Sylphen (Luft), Gnomen und Kobolde (Erde).

Engel
(griech. »angelos« = »Bote«): Im Christentum, Judentum und Islam unsterbliche Wesen, die als Mittler zwischen Gott und den Menschen fungieren.

Erzengel
In der christlichen Mythologie die den sieben Himmeln zugeordneten Engel: Michael, Gabriel, Raphael, Uriel, Jophiel, Zadkiel und Samuel.

Engel, gefallener
Ein wegen Ungehorsam gegen das Gebot Gottes aus dem Himmel ausgestoßener Engel. Gefallene Engel werden mit den Kräften der Finsternis assoziiert und gelten als Dämonen. Klassisches Beispiel ist Luzifer.

Farbtherapie
(Chromotherapie): Analyse und Verwendung von Farben beim Geistheilen.

Fernheilung
Eine Form der Geistheilung, die sich in Abwesenheit des zu Heilenden vollzieht.

Feinstofflicher Körper
Einer bestimmten Bewußtseinsebene gleichzusetzender Körper, der von geringerer Materie als der physische Körper ist.

Gedanken- und Gefühlssprache
Die nonverbale Kommunikation, Telepathie, Medialität oder der sinnliche Draht zur geistigen Welt.

Geist
(lat. »spiritus«, griech. »pneuma«, engl. »spirit«):

1. Bewußtsein, Wahrnehmungs- und Denkvermögen des Menschen = die untere Mentalebene, ein niederer Aspekt des Selbst;
2. »göttlicher Funke« oder Wesenskern = die obere Mentalebene, die den Menschen nach mystischer Überzeugung mit dem Göttlichen, dem Höheren Willen, vereint. Er ist das eigentliche und wichtigste Lebensprinzip;

3. der kosmische Geist = die kausale und spirituelle Ebene, der »Weltgeist« bzw. die »Weltseele«. Das kosmische Bewußtsein kann mit dem kollektiven gleichgesetzt werden;
4. der universale Geist = der Geist des höchsten Wesens oder Gott, der das Universum durchdringt und aller Schöpfung Sinn und Ordnung gibt.

Geistchirurgie (geistige oder psychische Chirurgie): Ein auf den Philippinen und in Brasilien praktiziertes Heilverfahren, bei dem der Geistheiler ohne Zuhilfenahme von Instrumenten operative Eingriffe am Körper eines Patienten vornimmt.

Geister Feinstoffliche Wesen, häufig die Geister verstorbener Anverwandter, die nach Überzeugung vieler Menschen auf die Welt der Lebenden Einfluß nehmen können.

Geistheilung Therapeutisches Verfahren mit Hilfe spiritueller und übersinnlicher Kräfte.

Goldenes Zeitalter Das mythische erste Zeitalter der Menschheit. Manche Okkultisten setzen es mit Atlantis und Lemuria gleich, die gelegentlich als »Höhepunkte der Zivilisation« und Quelle wahren esoterischen Wissens bezeichnet werden.

Grenzwissenschaft Im deutschen Sprachraum die übliche Bezeichnung jener erst teilweise erforschten Disziplin, die früher als »okkult« (verborgen) bezeichnet und durch die Parapsychologie nur teilweise behandelt wurde.

Halluzination Lebhaftes Trugbild oder Wahrnehmungszustand, der von der vertrauten, normalen Alltagsrealität abweicht; Halluzinationen können durch psychedelische Drogen ausgelöst werden.

Hypnose Eine Art Trance, in der die Konzentrationskraft des betreffenden Menschen gesteigert sowie Erinnerungen und Wahrnehmungen aus seinem Unterbewußtsein hervorgehoben werden.

Holografisches Universum Erklärungsmodell, das besagt, daß jedes Teilelement im Kosmos – und sei es noch so klein – das Ganze enthalte.

Inkarnation Wörtlich »Fleischwerdung« oder Verkörperung, im weiteren Sinne die gegenwärtige Lebenszeit eines Menschen.

Inspiration	In der weltlichen Magie das Offensein für Eingebungen des persönlichen guten Geistes, höheren Selbst oder Genius.
Intuition	Eine subjektive Geistesgabe, die sich häufig in Eingebungen und Wahrnehmungen äußert, die ihren Ursprung nicht im verstandesmäßigen Denken haben.
Karma	Ein hinduistisches Konzept von Ursache und Wirkung. Wer tugendhaft lebt, baut gutes Karma auf, während ein lasterhaftes Leben schlechtes Karma anhäuft. Nach Überzeugung der Hindus sind die gegenwärtigen Lebensumstände eines jeden die Auswirkungen des in früheren Leben angesammelten Karmas.
Kirlianfotografie	Eine von dem sowjetischen Elektroingenieur Semjon D. Kirlian entdeckte Technik, mit der der Energiepegel lebendiger »Objekte« (Hände, Finger, Blätter usw.) auf Fotos sichtbar wird.
Kollektives Unbewußtes	Ein Begriff des Psychologen C. G Jung, nach dessen Auffassung gewisse Urbilder im Unbewußten nicht individuellen Ursprungs sind, sondern kollektiv bei allen Menschen aller Kulturen vorkommen.
Kosmos	Ein altgriechisches Wort für »Ordnung«, mit dem Pythagoras das Weltall beschrieben hat.
Logos	(griech. »Wort«, »Vernunft«): Bezeichnung für eine Gottheit im manifestierten Universum.
Mentaltraining	Training, durch das die Denkprozesse mittels Gedanken und Gefühlsimpressionen aktiviert werden.
Magie	Nutzbarmachung der geheimen Käfte in der Natur und der Versuch, auf geistigem Wege Einfluß auf Ereignisse zu nehmen. Liegen gute Absichten zugrunde, spricht man von weißer Magie; ist jedoch bezweckt, anderen Schaden zuzufügen, spricht man von schwarzer Magie.
Materialisation	Die angebliche »Verdinglichung« einer verstorbenen Person, aber auch die Vergegenständlichung anderer geistiger Zusammenhänge (z. B. Wünsche und Vorstellungen).
Medium	Person, die als Vermittler zwischen der feinstofflichen, geistigen und materiellen Wirklichkeit dient.

Medialität
Die psychischen und die spirituellen Fähigkeiten der außersinnlichen Wahrnehmung eines Menschen. Je nach persönlichem Bewußtseinsstand werden die verschiedenen feinstofflichen Welten wahrgenommen, erlebt und interpretiert.

Mystik
Das Streben nach Vereinigung mit dem Göttlichen.

Nahtoderfahrung
Erfahrung von Krankenhauspatienten, die für klinisch tot erklärt, aber dem Leben wiedergegeben wurden. Während der Phase des klinischen »Todseins« haben die Patienten Erlebnisse in der geistigen Welt.

Okkultismus
(latein. »occulere« = »verbergen«): Ursprünglich die Bezeichnung für verborgenes, geheimes, im Alltagsleben nicht anerkanntes Gedankengut; mittlerweile hat er einen allgemeineren Charakter und umfaßt die Gebiete Magie, Mystik, Theosophie, Esoterik und Spiritismus.

Präkognition
Eine Form der außersinnlichen Wahrnehmung, bei der zukünftige Ereignisse vorausgewußt werden.

Prana
(im Sanskrit »Atem, Lebenshauch«): Einerseits der Atem und bestimmte Energieströme im Körper, andererseits aber auch im weiteren Sinne die Lebenskraft oder kosmische Energie, die alles Lebendige durchdringt.

Psychokinese (PK)
In der Parapsychologie die paranormale Fähigkeit, Gegenstände durch Geisteskraft zu bewegen.

Psychometrie
Diagnostisches Verfahren zur Bestimmung der Charaktereigenschaften von nicht anwesenden Menschen mit Hilfe von Gegenständen aus deren Besitz.

Parapsychologie
Wissenschaft, die Psi-Phänomene wie Telepathie, Spuk etc. erforscht.

Psi
Sammelbezeichnung für alle paranormalen Fähigkeiten.

Psyche
(griech. »Seele«): Bewußte und unbewußte Vorgänge im Menschen.

Reinkarnation
Überleben eines Wesensteils nach dem Tode und die darauffolgende Wiederverkörperung in einem anderen physischen Körper.

Sechster Sinn	Umgangssprachlicher Ausdruck für die außersinnliche Wahrnehmung, die die Grenzen der vertrauten fünf Sinne übersteigt.
Sensitive	siehe Medium.
Silberschnur	Feinstoffliche »Nabelschnur« oder Verbindung zwischen den verschiedenen Bewußtseinsebenen; bei Astralreisen kann der Reisende mittels der Silberschnur wieder in seinen Körper zurückkehren.
Spiritismus	Der Glaube an die Möglichkeit einer Kommunikation zwischen den Geistern der Toten bzw. nichtinkarniertem Bewußtsein und den Lebenden mit Hilfe eines Mediums.
Spiritualität	Die geistige Suche nach dem Sinn und Ziel des Lebens; Spiritualität strebt die geistige Anerkennung des Seins an.
Telepathie	Gedankenübertragung als außersinnliche Wahrnehmung, umgangssprachlich auch als Gedankenlesen bezeichnet.
Trance	1. (hypnotisch): Eine durch Hypnose hervorgerufene Bewußtseinsveränderung, die eine Konzentrationssteigerung bei dem betreffenden Menschen bewirkt und unterbewußte Erinnerungen wachruft; 2. (medial): im Spiritismus und in manchen Primitivreligionen dadurch gekennzeichnet, daß ein Mensch bei normalem Wachbewußtsein andere als seine vertrauten Verhaltensmuster zeigt; diese sind durch eine Sekundärpersönlichkeit verdrängt worden, die so handelt, als sei das Medium von einer fremden Persönlichkeit »besessen«.
Unbewußtes / Unterbewußtsein	Der Bereich der Psyche, der nicht der bewußten Wahrnehmung unterliegt.
Visualisation	Technik, sich etwas Geistiges bildlich vorzustellen und über längere Zeit bewußt zu machen.
Vorsehung	Eine übernatürliche Macht, die dem Lauf der Dinge meist eine positive Wendung gibt und sich damit vom Schicksal unterscheidet, das sich sowohl günstig als auch ungünstig auswirken kann.

Legende für die verwendeten Symbole

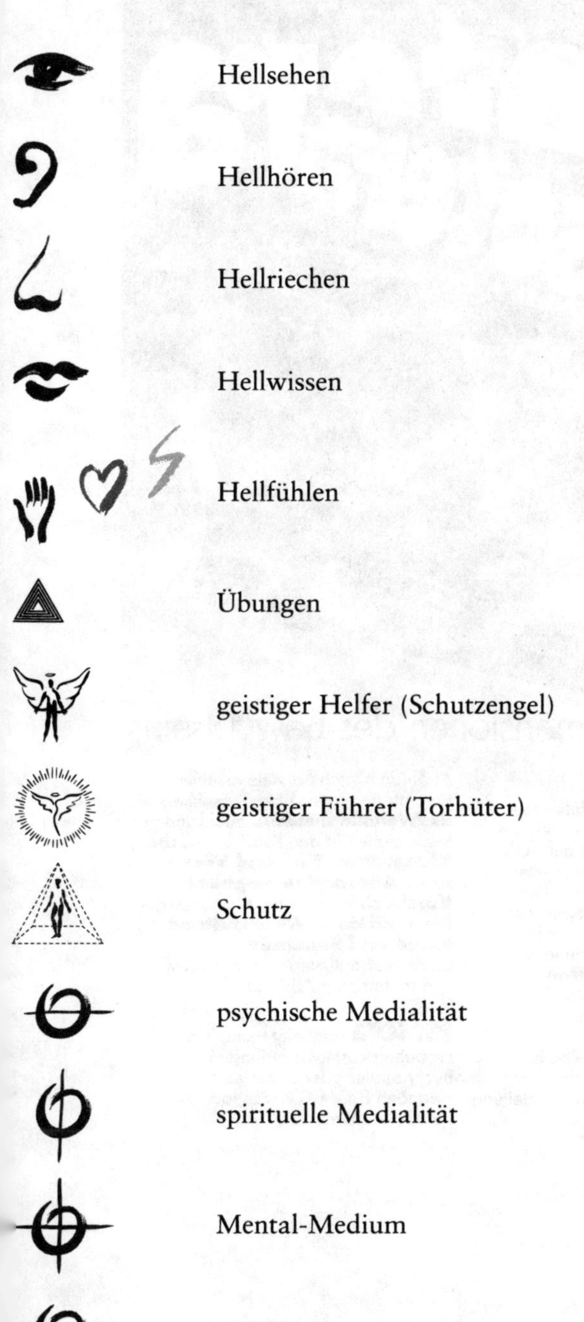